W0255320

Erfolgskonzepte Praxis- &
Krankenhaus-Management

Harald Pless

Führen im Krankenhaus

Betriebswirtschaft, Recht, Organisation,
Kommunikation für Leitende Ärzte

 Springer

Harald Pless
http://www.dionost.de
Coburg, Deutschland

ISSN 2627-2636   ISSN 2627-2644   (electronic)
Erfolgskonzepte Praxis- & Krankenhaus-Management
ISBN 978-3-662-60981-1   ISBN 978-3-662-60982-8   (eBook)
https://doi.org/10.1007/978-3-662-60982-8

Die Deutsche Nationalbibliothek verzeichnet diese Publikation in der Deutschen Nationalbibliografie; detaillierte
bibliografische Daten sind im Internet über http://dnb.d-nb.de abrufbar.

Ihr Bonus als Käufer dieses Buches

Als Käufer dieses Buches können Sie kostenlos unsere Flashcard-App „SN Flashcards"
mit Fragen zur Wissensüberprüfung und zum Lernen von Buchinhalten nutzen.
Für die Nutzung folgen Sie bitte den folgenden Anweisungen:

1. Gehen Sie auf **https://flashcards.springernature.com/login**
2. Erstellen Sie ein Benutzerkonto, indem Sie Ihre Mailadresse angeben,
   ein Passwort vergeben und den Coupon-Code einfügen.

Ihr persönlicher „SN Flashcards"-App Code   8F5AD-43020-DFE81-18800-31509

Sollte der Code fehlen oder nicht funktionieren, senden Sie uns bitte eine E-Mail mit
dem Betreff **„SN Flashcards"** und dem Buchtitel an **customerservice@springernature.com**.

Für Doris

Sehr betroffen war ich, als ich vor einiger Zeit einen ganzseitigen Erfahrungsbericht einer 91-jährigen Patientin in der Frankfurter Allgemeinen Sonntagszeitung las (Frisé 2017). Der Autorin, einer ehemaligen Redakteurin dieser Zeitung, gelang es sehr plastisch, den Alltagsbetrieb in einem deutschen Akutkrankenhaus aus Patientensicht (nach einem Oberschenkelbruch) zu schildern. Sie berichtete vom Chefarzt, der zwar freundlich, aber wortkarg war und sich vor allem mit dem Computer auf dem Visitenwagen beschäftigte und dabei nicht durch Fragen stören lassen wollte. Ihre starken Schmerzen blieben unbehandelt. Die eiligen und ständig wechselnden Assistenzärzte fielen ihr auf, auch diese vor allem mit der Dokumentation beschäftigt. Die gehetzten Pflegekräfte, die für ihre eigentliche Aufgabe, die Pflege, keine Zeit mehr hatten und sich über die Geringschätzung ihrer Arbeit beklagten. Noch viele andere Eindrücke schilderte sie, über Abläufe, die mir nach 35-jähriger Tätigkeit als Klinikarzt insbesondere aus den letzten Jahren meiner Arbeit bekannt vorkamen.

In der Idealvorstellung kann der Arzt dem Patienten aus unendlichen Ressourcen die optimale Therapie zukommen lassen. Die Realität sieht leider anders aus. Im Gesundheitsmarkt tummeln sich eine Vielzahl von Teilnehmern mit eigenen und meist divergierenden Interessen. Und die Ressourcen sind keineswegs unendlich. Der Gesetzgeber gesteht dem Patienten daher nicht – wie oft vermutet – eine optimale (Schulnote 1) Behandlung zu, sondern diese muss ausreichend, zweckmäßig und wirtschaftlich sein § 12 Abs. 1 S. 1 SGB V, also Schulnote 4!

Dem Leitenden Arzt im Krankenhaus kommt daher eine besondere Rolle zu: Er muss eine Vielzahl von Interessen bedienen, wobei die des Patienten sicher die wichtigsten sind. Auch seine eigenen darf und muss er berücksichtigen. Die Aufgaben des Leitenden Arztes gehen daher weit über rein medizinische Fragestellungen hinaus: Sie sind ethischer, betriebswirtschaftlicher, rechtlicher, sozialer, pädagogischer und kommunikativer Natur. All diese Gebiete waren aber nicht Gegenstand des Medizinstudiums und wurden meist auch nicht im weiteren Berufsleben strukturiert erlernt.

Diese Lücke will das vorliegende Buch schließen, wobei durch das kompakte Format sichergestellt werden soll, dass die für ärztliche Führungskräfte wesentlichsten Botschaften vermittelt werden können. Für tiefergehende Erkenntnisse sollen die Literaturhinweise eine Hilfestellung geben.

Danksagung: Mein herzlicher Dank geht an Frau Dr. Esther Dür und Herrn Hinrich Küster vom Springer Verlag für die kompetente und engagierte Betreuung. Bedanken möchte ich mich auch bei den vielen Menschen, die mich in meinem Berufsleben unterstützt und inspiriert und so dieses Buch erst möglich gemacht haben.

Und natürlich – last not least – bei meiner Frau Doris für ihre Geduld und ihr Feedback.

Zum Gendering: Aus Gründen der besseren Lesbarkeit und Verständlichkeit der Texte wird in Springer-Publikationen in der Regel das generische Maskulinum als geschlechtsneutrale Form verwendet.

PS: Das Manuskript wurde Anfang März 2020 eingereicht, also just zu dem Zeitpunkt, als die Corona-Pandemie eine Bedeutung für deutsche Krankenhäuser erlangte. So konnten zwar keine konkreten Erfahrungen mit dieser Krise in das Buch aufgenommen werden, dennoch finden sich insbesondere in den Abschnitten Ethik, Aufbau- und Ablauforganisation sowie Risikomanagement wichtige Hinweise für eine solche Situation.

Harald Pless

Inhaltsverzeichnis

Über den Autor

Dr. med. Harald Pless (Jahrgang 1959) ist Internist mit den Zusatzbezeichungen (interventionelle) Kardiologie, Notfallmedizin und Intensivmedizin. Er war 35 Jahre als Klinikarzt tätig und weiterbildungsbefugt für Innere Medizin und Intensivmedizin.

Unter anderem bekleidete er folgende Funktionen: Beauftragter für die Medizinstudenten im Praktischen Jahr; QM-, DRG-, MDK- und Strahlenschutz-Beauftragter; Lehrbeauftragter der Hochschule Coburg.

Folgende Studiengänge hat er berufsbegleitend abgeschlossen:

- Krankenhausmanagement für Ärzte (MHM: Medical Hospital Manager; Fachhochschule Hannover, 2000)
- Betriebswirtschaft für Ärztinnen und Ärzte (MBA: Master of Business Administration; Hochschule Neu-Ulm, 2009)
- Bachelorstudium Wirtschaftsrecht (LL.B.: Bachelor of Laws; Euro-FH Hamburg, 2018).

Seit 2018 arbeitet er freiberuflich.

1.1 Ökonomie in der Klinik

Es ist offensichtlich und nicht mehr zu leugnen, dass die deutschen Krankenhäuser eine ungute Entwicklung genommen haben. Darunter leiden alle Beteiligten, zuvorderst die Patienten, aber auch die Mitarbeiter aller Berufsgruppen. Dabei schließe ich die Administration ausdrücklich mit ein, sogar die Lokalpolitiker, die mit unangenehmen Fragen aus ihrer Wählerschaft konfrontiert werden.

Wie konnte es soweit kommen? Deutschland hat doch ein im internationalen Vergleich vielfach gelobtes Gesundheitssystem, das auch noch durch ständige „Reformen" verbessert wird.

2003 wurde das G-DRG-System („German Diagnosis Related Groups") in Deutschland eingeführt. Damit werden die Krankenhausleistungen pauschaliert mit den Krankenkassen abgerechnet. Erklärtes Ziel war eine Effizienzsteigerung im stationären Teil des Gesundheitssystems durch Schaffung neuer Anreize, also eine Ökonomisierung des Gesundheitswesens, bei dem bisher andere Aspekte als Markt, Wettbewerb oder Deckungsbeitrag führend waren.

Tatsächlich hatte das vorherige System ausgedient. Die Vergütung von Klinikleistungen mit tagesgleichen Pflegesätzen, ergänzt durch einige Sonderentgelte, bot vor allem zwei Anreize: die Verlängerung der Verweildauer und die möglichst zahlreiche Erbringung von mit Sonderentgelten belohnten Leistungen. Im Ergebnis wurde Deutschland zu einem Land mit langen Krankenhausverweildauern, hohen Bettenzahlen und vielen Herzkatheter- und anderen Eingriffen. Die Qualität der Abläufe und Ergebnisse oder wirtschaftliche Verfahrensweisen wurden dagegen nicht gefördert.

Eine Systemänderung war also notwendig.

Für die dann durchgeführte Reform wurde das DRG-System aus Australien übernommen und auf deutsche Verhältnisse adjustiert. Neu und weltweit einzigartig war, dass bis

© Springer-Verlag GmbH Deutschland, ein Teil von Springer Nature 2020
H. Pless, *Führen im Krankenhaus*, Erfolgskonzepte Praxis- & Krankenhaus-Management, https://doi.org/10.1007/978-3-662-60982-8_1

auf wenige Ausnahmen (in der Psychiatrie) alle Krankenhausleistungen auf diese Art abgerechnet werden sollten. Geplant war ein System mit etwa 600 DRGs und einfacher, weil pauschalierter Abrechnung zum Bürokratieabbau.

Nun ist ein wesentliches Merkmal einer pauschalierten Abrechnung die fehlende Einzelfallgerechtigkeit. Dieses Manko soll durch die Vorteile der Vereinfachung ausgeglichen werden mit dem Ziel, dass die Vergütungs*summe* aller pauschal abgerechneten Leistungen mit der von detailliert einzeln kalkulierten Leistungen identisch ist. Leider wird in Deutschland das DRG-System aber in einer Weise praktiziert, die mit einer vereinfachenden Pauschalierung nichts mehr zu tun hat. Offenbar möchte man die Quadratur des Kreises, also Pauschalen *mit* Einzelfallgerechtigkeit. Aus den geplanten 600 sind mittlerweile über 1300 DRGs geworden, ergänzt durch Zusatzberechnungen mit Zu- und Abschlägen bei Abweichungen von vereinbarten Leistungszahlen und bei Über- oder Unterschreiten von Grenzverweildauern. Ergänzend kommen Zusatzentgelte, Komplexpauschalen und ähnliches hinzu. Die Bestandteile der Abrechnung eines einzelnen Krankenhausfalles sind mittlerweile so vielfältig, dass von einer Pauschale nicht mehr die Rede sein kann. Im Ergebnis ist das ganze System so komplex, dass ein großer Teil der Klinikabrechnungen von den Krankenkassen moniert wird. Konsekutive Kürzungen wirken sich nicht selten existenzgefährdend für die Krankenhäuser aus. Die Streitigkeiten, bei denen in einem erheblichen Teil der Fälle auch die Gerichte bemüht werden, belasten die Justiz in signifikantem Ausmaß.

Ausgehend von den zur Zeit der Jahrtausendwende bestehenden Verhältnissen war die Motivation für die Systemumstellung durchaus legitim. Tatsächlich hat die Maßnahme auch zu einer gewaltigen Disruption im Gesundheitswesen geführt. Die Krankenhausverweildauern gingen drastisch zurück und eine tiefgreifende Ökonomisierung setzte ein. Begriffe wie QM (Qualitätsmanagement), MDK (Medizinischer Dienst der Krankenkassen, künftig MD = Medizinischer Dienst), untere Grenzverweildauer und Komplexpauschale sind auf einmal im Krankenhaus allgegenwärtig und wichtig. Es kam zu einer enormen Arbeitsverdichtung im ärztlichen und pflegerischen Bereich. Gleichzeitig wurden immer mehr und zusätzliche Spezialisten sowohl in den Kliniken (Medical Controlling) als auch seitens der Krankenkassen (MD) notwendig, denn der Dokumentations- und Abrechnungsaufwand ist geradezu explodiert.

Eine Schlüsselrolle kommt dabei dem MD zu, der die Abrechnungen begutachtet. Dieser hat sich zu einer gewaltigen Organisation entwickelt und benötigt dafür Ressourcen: Geld, Personal, insbesondere Ärzte. Diese fehlen dann im klinischen Dienst. In ähnlicher Weise werden im Krankenhaus Ressourcen für Abrechnungszwecke gebunden. Dies beginnt schon bei den Dokumentationspflichten und den damit zusammenhängenden Organisationsmaßnahmen und hört bei den Pflichten im Zusammenhang mit den MD-Begehungen noch nicht auf.

Ohne hier auf Details eingehen zu wollen (diesbezüglich siehe Abschn. 3.4), ist festzustellen, dass die vor knapp 20 Jahren durchgeführte Umstellung des Abrechnungsverfahrens zwar zu einer Ökonomisierung in Krankenhäusern geführt hat, aber zu dem Preis einer massiven Bürokratisierung sowie einer Arbeitsverdichtung für das Personal, einer

Verschlechterung des Betriebsklimas und damit einhergehend ganz allgemein zu einer nachrangigen Priorisierung der Patienteninteressen.

Zeitlich parallel mit der Systemumstellung entwickelte sich ein zunehmender Ärztemangel sowohl im stationären als auch im niedergelassenen Bereich. Der Fachkräftemangel ist jetzt zusätzlich in der Pflege angekommen und auch dort hochproblematisch. Ob und inwieweit die sich verschlechterten Arbeitsbedingungen hier kausal sind, ist schwer zu beurteilen. Jedenfalls ist gerade dem Personalmanagement eine hohe Aufmerksamkeit zu widmen.

Was geht das alles die Ärzte an, deren Kernleistung doch eigentlich eine medizinische sein soll? Sehr viel: Insbesondere Ärzte mit Führungsaufgaben müssen mit den Rahmenbedingungen und Regeln dieses Systems umgehen können. Sie müssen wissen, welche weiteren Berufsgruppen für den Erfolg ihrer Arbeit wesentlich sind, sie müssen die entsprechenden Kommunikationstechniken kennen und sie müssen betriebswirtschaftliche und juristische Werkzeuge anwenden können. Ohne Kenntnis der richtigen Stellschrauben können Ärzte nicht die Medizin machen, die sie für richtig halten.

Die noch immer verbreitete Auffassung unter Ärzten, mit all dem möge man sie in Ruhe lassen (schließlich sei die Aufgabe der Ärzte die Medizin und mit dem ganzen übrigen Gedöns sollen doch bitte andere betraut werden), ist weltfremd und nicht sachgerecht. Immerhin setzt bei rund der Hälfte der Ärzte ein Umdenken ein, dann nämlich, wenn sie sich niederlassen und plötzlich selbst zum Unternehmer werden. Aber auch die Ärzte, die ihr gesamtes Berufsleben der Klinik treu bleiben, sind tagtäglich mit Aufgaben konfrontiert, deren Lösung sie im Medizinstudium nicht gelernt haben. Das Wort „Betriebswirtschaft" kommt in der Approbationsordnung für Ärzte (Stand Juli 2017) nicht vor. Auch das Wort „Recht" erscheint nur im Zusammenhang mit der Rechtsmedizin; arbeits-, zivil-oder verwaltungsrechtliche Kenntnisse werden vom deutschen Arzt offensichtlich nicht erwartet.

Gerade der Arzt mit Führungsfunktion in der Klinik hat hier eine herausragende Bedeutung. Er kann die medizinischen mit den ökonomischen Aspekten verbinden und dabei am ehesten den damit einhergehenden ethischen Verpflichtungen dem Patienten und der Gesellschaft gegenüber gerecht werden. Ihm obliegt es, durch eine hervorragende Abteilungsführung nicht nur medizinisches, sondern auch menschliches Vorbild zu sein.

Hierfür muss er aber neben seiner medizinischen Expertise auch über das notwendige betriebswirtschaftliche, juristische und kommunikative Rüstzeug verfügen. Dazu soll dieses Buch beitragen.

1.2   Ethische Aspekte und Modelle

Spätestens seitdem Kliniken bzw. Gesundheitskonzerne auch als Aktiengesellschaften auftreten, hat der Shareholder Value in der Klinik Einzug gehalten. Als Folge wird diskutiert, ob es überhaupt erlaubt sein kann, als Investor mit Krankheiten Geld zu verdienen. Dabei werden Interessenskonflikte vermutet, denn dem Gewinnerzielungsanspruch des

Anteilseigners könnten die Interessen des durch die Natur seiner Erkrankung möglicherweise für die Klinik unwirtschaftlichen einzelnen Patienten gegenüberstehen.

Dabei wird übersehen, dass es unabhängig von der genannten Problematik im Gesundheitswesen oft um Geld geht. Auch kommunale oder kirchliche Kliniken müssen wirtschaftlich arbeiten und sind rechenschaftspflichtig. Die Mitarbeiter – also auch die Ärzte – möchten Geld verdienen. Große Kliniken sind nicht selten ein bedeutender Arbeitgeber und Wirtschaftsfaktor für die Region, das gesamte Gesundheitswesen volkswirtschaftlich sowieso.

Stimmt in einer Klinik das Betriebsklima, die Aufbau- bzw. Ablauforganisation und die Fehlerkultur (die Liste ließe sich noch verlängern), dann ist das alles im Sinne des Patienten. Ein in diesem Sinne gut organisiertes Krankenhaus arbeitet darüber hinaus auch effizient. Gute Qualität nutzt gleichermaßen dem Patienten und dem Träger. Ein schlecht organisiertes und daher unwirtschaftliches Krankenhaus hat häufig auch medizinisch schlechte Ergebnisse.

Die Qualität der medizinischen Behandlung ist daher nicht primär von der Unternehmensform abhängig, sondern von der Professionalität der Arbeit und der Unternehmenskultur.

Es ist nun die Herausforderung für die Führungskräfte, die Gratwanderung zu meistern, die darin besteht, eine gleichmäßig hohe medizinische Qualität zu leisten und dabei trotzdem die Wirtschaftlichkeit nicht aus den Augen zu verlieren.

Ärzte, die einer Befassung mit ökonomischen Aspekten kritisch gegenüberstehen, begründen dies vielfach auch mit ethischen Argumenten. Die Aufgabe der Ärzte sei es, eine den Patienten gerechte Medizin zu betreiben. Die dafür notwendigen Ressourcen seien von der Administration, der Politik, der Gesellschaft usw. zur Verfügung zu stellen. Aus ärztlicher Sicht seien allein die Interessen des einzelnen Patienten zu berücksichtigen. Eine Rationierung sei abzulehnen.

Eine solche Auffassung verkennt, dass Ärzte tagtäglich mit dem klassischen **ethischen Dilemma** konfrontiert werden. Dieses besteht darin, dass mindestens zwei Handlungen, die beide geboten sind, sich gegenseitig ausschließen. Entscheidet man sich für eine Handlung, muss man die andere, die aber auch geboten wäre, unterlassen. Muss beispielsweise ein schwerkranker Patient auf einer schon voll belegten Intensivstation aufgenommen werden, hat dies zur Folge, dass ein anderer Patient in eine nachgeordnete Station (z. B. Intermediate Care) verlegt werden muss. Würde dieser aber von einem Verbleib auf der Intensivstation medizinisch doch noch profitieren, hat der diensthabende Arzt schon rationiert.

Die exorbitant hohen Kosten für manche Therapien bei z. B. unheilbar krebskranken Patienten haben bereits zu einer Diskussion über die Finanzierbarkeit geführt. Ärzte können sich aus solchen Konflikten nicht herausstehlen. Wer, wenn nicht der Arzt, ist fachlich am besten in der Lage, hier Entscheidungshilfen zu leisten? Ressourcen sind nicht unendlich, auch in der Medizin nicht. Die korrekte Allokation ist am ehesten durch den Arzt zu gewährleisten.

Die zur Verfügung stehenden Ansätze moderner Ethik mögen zwar den gesellschaftlichen Diskurs befruchten, eine Lösung im Einzelfall können sie aber meist nicht anbieten.

Trotzdem sollen nachfolgend einige Ethik-Modelle vorgestellt werden, die vielleicht bei manchen Überlegungen eine Hilfestellung bieten könnten.

Zunächst sind aber die Begriffe „Moral" und „Ethik" voneinander abzugrenzen. Während die Moral für Werte, Handlungsmuster oder Prinzipien steht, wird in der Ethik eben dieses Wertesystem hinsichtlich seiner Anwendbarkeit und Eignung hinterfragt.

Fundamentale Bedeutung hat der **kategorische Imperativ** (= „unbedingtes Gebot") von Immanuel Kant (1724–1804). Kant stellte die Verantwortung des einzelnen Menschen fest und stand damit im Gegensatz zu den bisher führenden Vorstellungen des schicksalhaft und göttlich vorgegebenen Lebenslaufes. Damit rückt der menschliche Wille in den Mittelpunkt. Dieser Wille muss zu einem vernunftmäßigen und prinzipientreuen Verhalten gezwungen werden („Imperativ"). Kategorisch ist der Imperativ deshalb, weil er ohne Rücksicht auf weitere Ziele erreicht zu werden hat.

Der erste kategorische Imperativ lautet:

„Handle nur nach derjenigen Maxime, durch die du zugleich wollen kannst, dass sie ein allgemeines Gesetz werde."

Dabei ist der gute Wille (also nicht der tatsächliche Erfolg) des Handelnden zu beurteilen (**Gesinnungsethik**).

Max Scheler (1874–1928) kritisierte an Kants Lehren die rein formale Ausrichtung, da nur die Erfüllung der Werte gefordert würde, ohne diese zu hinterfragen. Er schuf daher die **Materiale Wertethik**, bei der eine hierarchische Graduierung von Werten und damit eine Priorisierung möglich ist. Diese Güterabwägung soll im ethischen Dilemma hilfreich sein.

Die **Verantwortungsethiken** gehen bei der Bewertung des Handelns über die Gesinnungsethik hinaus und fordern eine Auseinandersetzung mit den Konsequenzen des Tuns (der gute Wille allein reicht nicht). Die Abwägung der Konsequenzen hat nach Hans Jonas (1903–1993) sehr weit zu erfolgen und müsse die technische Entwicklung und die Folgen für Andere (einschließlich ungeborener Generationen) einbeziehen.

Der **Utilitarismus** (John Stuart Mill 1806–1873) versucht, die Menge des zu erreichenden Glücks quantitativ zu erfassen, um dann möglichst viel Glück für möglichst viele Menschen zu bewirken: „Das größte Glück der größten Zahl."

In der **Diskursethik** (Jürgen Habermas, geb. 1929) sollen Teilnehmende des Diskurses ihr Anliegen sprachlich vorbringen und die Adressaten dieses Anliegen respektieren bzw. argumentativ wiederlegen. Es setzt sich schließlich das beste Argument durch: „Der zwanglose Zwang des besseren Arguments."

John Rawls (1921–2002) ging bei seinem Vorschlag der **Gerechtigkeitsethik** davon aus, dass es eine gerechte Gesellschaft nur dann geben kann, wenn die Gestaltenden unbefangen sind, also keine eigenen Interessen zu verteidigen hätten. Sie dürften daher ihre eigene Position im System nicht kennen. Rawls sprach von einem „Schleier der Unwissenheit".

Die genannten abstrakten Gedankenmodelle können leider dem diensthabenden Kardiologen, der nachts zwei gleichzeitig eingetroffene Herzinfarktpatienten zu versorgen hat, aber lediglich über ein Herzkatheterlabor verfügt, nur bedingt weiterhelfen. Darf er utilitaristisch abwägen, also Menschenleben gegeneinander aufrechnen?

Diese im Krankenhaus konkret, interessanterweise aber bisher weitgehend ohne gesellschaftlichen Widerhall auftretende Problematik wird aktuell im Zusammenhang mit dem autonom fahrenden Auto intensiv diskutiert.

Wie sind die Algorithmen zu programmieren, wenn ein Unfall nicht mehr zu verhindern und nun eine Entscheidung zu treffen ist, ob zur Vermeidung eines Frontalzusammenstoßes möglicherweise Fußgänger geopfert werden müssen?

Das klassische ethische Dilemma ist definitionsgemäß nicht lösbar, auch nicht durch die genannten Modelle. Diese können lediglich Hilfestellungen geben. Manche Entscheidungen, die im Tagesgeschäft der Kliniken getroffen werden müssen, werden möglicherweise den Interessen einzelner Patienten zuwiderlaufen. Dies ist dann am ehesten zu vertreten, wenn das höhere Gut die Gesundheit eines anderen Patienten ist, wie bei dem Beispiel der Zuordnung knapper Intensivpflegebetten. In der Notaufnahme hat mittlerweile die Triage Einzug gehalten.

Problematisch wird es spätestens dann, wenn ökonomische Interessen (z. B. die des Klinikträgers, der Krankenkasse oder gar eigene) bevorzugt bedient werden. In die Zwickmühle kommen Ärzte tagtäglich, wenn Sie den Spagat zwischen dem Wunsch der Patienten nach einer **optimalen** gegenüber der Vorgabe des Gesetzes, nämlich der **ausreichenden** Versorgung bestehen müssen.

Hier sind der gesellschaftliche Diskurs und die Aufklärung gefragt. Die meisten Patienten sind der fälschlichen Auffassung (und sie werden durch die Aussagen der Politik darin bestärkt!), dass sie das Recht auf eine optimale Versorgung haben. Es darf nicht allein die Aufgabe des Arztes sein, hier für Aufklärung zu sorgen. Dass ärztlicher Sachverstand für den Aufbau einer qualitativ hochwertigen medizinischen Versorgung und für die Allokation knapper Ressourcen benötigt wird, bleibt davon unberührt.

Die ökonomischen Rahmenbedingungen, und zwar insbesondere die Abrechnungsmodalitäten, müssen so gestaltet werden, dass Interessenkonflikte - soweit möglich - strukturell vermieden werden. Insbesondere das DRG-System hat hier vollständig versagt, aber auch die privatärztliche Abrechnung ist unter diesem Aspekt zu hinterfragen.

Der Arzt ist sicher nicht schlecht beraten, wenn er sich im Zweifel an den ersten kategorischen Imperativ erinnert.

Übersicht Ethik-Modelle
- Gesinnungsethik (Kant): Kategorischer Imperativ
- Materiale Wertethik (Scheler): Werte-Hierarchie
- Verantwortungsethik (Jonas): Abwägung der späteren Konsequenzen
- Utilitarismus (Mill): Das größte Glück der größten Zahl
- Diskursethik (Habermas): Der zwanglose Zwang des besseren Arguments
- Gerechtigkeitsethik (Rawls): Schleier der Unwissenheit

1.3 Leitbild

Die allermeisten Kliniken haben mittlerweile ein Leitbild entwickelt und präsentieren dieses im Foyer oder auf der Webseite.

Leider treffen diese Leitbilder nur selten auf echtes Interesse bei den Zielgruppen, also in erster Linie den Patienten und den Mitarbeitern. Die Patienten, denen bei der Aufnahme ein großer Stapel von Formularen, Prospekten, Aufklärungsbögen und ähnliches in die Hand gedrückt wurde, lesen das Leitbild meist nicht durch, und wenn doch, dann können sie mit den in der Regel unspezifischen Formulierungen wenig anfangen. Die Mitarbeiter belächeln das Leitbild, denn sie wissen, dass die Wirklichkeit – leider – ganz anders ist.

Bevor Sie also uninteressiert weiterblättern, sollten Sie dennoch überlegen, ob ein gutes und vor allem ein auch gelebtes Leitbild nicht von großem Wert sein könnte.

Übersicht Leitbild
Welche Funktion hat ein **Leitbild** für eine Organisation (hier: die Klinik)? Es soll …

- die Bedürfnisse der Partner (Patienten, Mitarbeiter, Bevölkerung usw.) würdigen
- die Werte und die Philosophie der Organisation abbilden
- dadurch die „corporate identity" unterstützen
- die besonderen Kompetenzen der Organisation darstellen
- eine Art Grundgesetz bilden, das für alle Mitarbeiter, aber auch die Führung eine Verpflichtung darstellt und auf das Bezug genommen werden kann
- ein positives, aber realistisches Bild der Organisation zeichnen
- die Ziele intern und extern transparent machen

oder – kürzer gefasst – durch die Darstellung der Unternehmenskultur, -ziele und -philosophie den Rahmen für die Strategie des gesamten Unternehmens, aber auch für einzelne Verhaltensweisen bilden.

Daraus ergeben sich **Chancen** und **Risiken**.

Gelingt es, ein organisationsspezifisches und wirklichkeitsnahes Leitbild zu entwickeln, dieses dann auch im Alltag zu kommunizieren und für Argumentationen zu verwenden, dann hat man die **Chance**, dass sich die dort formulierten Prinzipien auch verinnerlichen. Ist dann alles in sich stimmig und wird Verstößen gegen das Leitbild auch nachgegangen, dann stellt sich Glaubwürdigkeit und Respekt ein.

Anders als das Grundgesetz der Bundesrepublik Deutschland wird ein Leitbild aber nie einklagbar sein, denn es ist keine Rechtsquelle im engeren Sinne. Das macht es verwundbar und besonders schutzbedürftig. Gerade Führungskräften sollte ein gelebtes und starkes Leitbild ein Anliegen sein. Sie sollten daher Verstöße rügen bzw. dem Leitbild entsprechende Vorgänge befördern und so das Leitbild tagtäglich kräftigen.

Wird das Leitbild vernachlässigt, verwirklicht sich das **Risiko**, dass es belächelt und ignoriert wird und in der Folge in der Versenkung verschwindet. Im schlimmsten Fall ist es sogar kontraproduktiv, dann nämlich, wenn es zu den wahren Zuständen völlig diskrepant ist und dies niemanden stört.

Die Formulierung des Leitbildes ist eine anspruchsvolle Aufgabe. Die Erstellung sollte durch eine (kleine) Arbeitsgruppe erfolgen, die in Gesprächen mit der Führung, den wichtigsten Berufsgruppen, aber natürlich auch mit Patienten bzw. den Patientenvertretern die jeweiligen Bedürfnisse, Visionen usw. erfragt.

Daraus sind dann praxisnahe und griffige Formulierungen zu bilden. Diese dürfen weder staubig noch langweilig sein, aber auch nicht schwülstig oder zu euphemistisch. Es muss bedacht werden, dass die abstrakten Formulierungen auf konkrete Sachverhalte anwendbar sind, so dass beispielsweise ein Mitarbeiter wirksam mit Bezug auf das Leitbild gegen bestimmte Vorgehensweisen argumentieren kann.

Das Leitbild soll nicht nur den gegenwärtigen Zustand, sondern auch die Ziele und somit die erwünschte Zukunft darstellen. Alleinstellungsmerkmale der Klinik müssen hervorgehoben und das Zusammengehörigkeitsgefühl unterstützt werden.

Ist das Rohkonzept fertig, dann bedarf es der Überarbeitung durch ein professionelles Lektorat. Dadurch wird sichergestellt, dass die Sprache fehlerfrei ist und moderne Erkenntnisse bezüglich der Kommunikation einfließen.

Auch die graphische Darstellung bzw. Formatierung sollte durch eine professionelle Firma erfolgen. Die Wirkung erfolgt nämlich weniger durch die reine Sachaussage, sondern mehr auf anderen Ebenen, siehe hierzu auch Abschn. 2.3 (Kommunikation).

Liegt das Leitbild vor, muss es intern und extern kommuniziert werden. Steter Tropfen höhlt den Stein. Findet sich das Leitbild ansprechend gestaltet nicht nur im Foyer, sondern auch in jedem Patientenzimmer, in Gemeinschaftsräumen und in den meisten Prospekten, ist schon ein Fundament geschaffen.

Auf diesem können die Führungskräfte aufbauen, wenn sie in der Begründung für Maßnahmen, Veränderungen oder allgemeinen Verhaltensweisen auf das Leitbild Bezug nehmen. Sie müssen sich aber auch beim Wort nehmen lassen, dann nämlich, wenn das eigene Vorgehen möglicherweise nicht mit dem Leitbild übereinstimmt.

So kann es gelingen, dass das Leitbild keine Lachnummer, sondern ein weithin akzeptierter Rahmen für sämtliche Unternehmensaktivitäten ist und die Unternehmenskultur abbildet.

1.4 Der Patient steht im Mittelpunkt?

Im Vorwort wurde schon auf den Erfahrungsbericht der hochbetagten Patientin Frau Frisé hingewiesen. Allein mit der Darstellung dieses Einzelfalls wurde fast die gesamte Misere des Krankenhausbetriebs abgebildet, vor allem aber der wesentlichste Befund offenbart: Die eigentliche Hauptperson, der Patient, steht nicht mehr im Mittelpunkt.

Vielmehr sind die sonstigen Akteure in Kliniken im Wesentlichen mit sich selbst beschäftigt. In der aktuellen Politik ist ähnliches zu beobachten: Die Parteiprominenz sorgt sich vor allem um die Besetzung von Posten und widmet ihre Aufmerksamkeit den damit zusammenhängenden Ränkespielen. Die Belange der Wähler dürfen da nicht stören.

Den im Krankenhaus Aktiven sind sicher weniger Vorwürfe zu machen als den Politikern, denn sie sind gleich in **mehrere straffen Korsette** geschnürt:

Kein anderes Land arbeitet im stationären Sektor so kostengünstig wie Deutschland (Behar et al. 2018). Die Effizienzpotentiale der Kliniken sind also mittlerweile weitgehend gehoben. Dort, wo sie es noch nicht sind, liegt es eher an schlechter Führung als an unwilligem oder gar überflüssigem Personal. Der **Kostendruck** der nun unterfinanzierten Krankenhäuser hat vielfach dazu geführt, dass die Abläufe durch Unterbesetzung ineffizient und qualitativ schlecht werden.

Auf dem Arbeitsmarkt hat sich ein Fachkräftemangel sowohl im ärztlichen als auch im pflegerischen Bereich entwickelt. Dies verstärkt den schon aus finanziellen Gründen bestehenden **Personalmangel.**

Immer neue gesetzliche Vorschriften führen zu einer überbordenden Bürokratie in allen Bereichen. Komplizierte Vergütungsregularien (DRG-System), Qualitätssicherungsvorschriften, juristische Absicherung, Pflegedokumentation, standardisiertes Entlassungsmanagement und vieles mehr sind hier zu nennen. Im Ergebnis verbringt das medizinische Personal mehr Zeit mit **Dokumentation** als beim Patienten.

Die hohe **Arbeitsdichte**, die zunehmende Ineffizienz der Abläufe und die Transformation der Arbeit weg von medizinischen hin zu Dokumentationsaufgaben zermürbt das Personal. Obwohl im Laufschritt arbeitend, können viele Mitarbeiter ihr Arbeitspensum nicht mehr mit der gebotenen Sorgfalt erledigen und gehen abends bzw. nach Schichtende mit schlechtem Gewissen nach Hause.

Jeder ist also damit beschäftigt, irgendwie durch den Tag zu kommen und dabei unangreifbar zu bleiben. Denn viele fühlen sich bedroht: durch Juristen, Controller, Vorgesetzte und natürlich durch die Kollegen, die im gleichen Hamsterrad rennen.

Wie kann man jetzt noch erwarten, dass Fürsorge für den und Empathie mit dem Patienten im Vordergrund des Handels stehen? Dass der Patient im Mittelpunkt ist, seine Sorgen, Bedürfnisse und medizinischen Erfordernisse?

Dieses Buch beschäftigt sich nur mit *nicht*-medizinischen Themen. Verstehen Sie es trotzdem als Aufruf für eine menschlichere Medizin. Nutzen Sie allen Einfluss, den sie haben, um den Patienten wieder Hauptperson werden zu lassen. Ihre sorgfältige und verständnisvolle Visite ist wichtiger als die Baubesprechung, die MD-Begehung oder das QM-Audit. Lassen Sie sich nicht vereinnahmen und prüfen Sie sorgfältig Ihre Prioritäten. Auch als Führungskraft müssen Sie vor allem Arzt bleiben.

1.5   Ziele

„Nachdem wir das Ziel endgültig aus den Augen verloren hatten, verdoppelten wir unsere Anstrengungen." (Mark Twain)

Welche Ziele haben Sie? Haben Sie sich überhaupt schon über Ihre Ziele Gedanken gemacht? Wenn ja, wie haben Sie Ihre Ziele ermittelt? Gibt es Ziele, die Ihnen wichtiger sind?

Dies ist nur eine kleine Auswahl von Fragen, die Sie sich im Zusammenhang mit Zielen stellen sollten. Erst wenn Sie einigermaßen strukturiert Ihre Ziele ermittelt haben, lohnen sich auch die Anstrengungen, um sie zu erreichen. Wer ziellos ist, verzettelt sich und erreicht trotz großem Aufwand: Nichts.

Wer dagegen seine Ziele konsequent durchdacht hat, kann seinen Aufwand entsprechend konzentrieren, effizient arbeiten und seine Mitarbeiter führen.

Bevor Sie weiterlesen, nehmen Sie sich maximal 10 Minuten Zeit und notieren Sie sich, wann Sie das letzte Mal über Ihre Ziele nachgedacht haben. Vermerken Sie diese Ziele. Haben Sie konkrete Planungen unternommen, um die Ziele zu erreichen?

Vielleicht werden Sie festgestellt haben, dass Ihnen nur wenige Ziele einfallen, diese nicht mit konkreten Planungen verbunden sind und/oder dass Sie dieses Thema bisher noch nicht strukturiert analysiert haben. Damit gehören Sie zu der Mehrheit der Führungskräfte.

Nachfolgend finden Sie Vorschläge zu einer möglichen Vorgehensweise.

Der **erste Schritt** ist die **Findung** von Zielen, am besten mit Hilfe von Kreativitätstechniken. Gut einsetzbar ist das „Brainfloating" in seinen Formen „Brainstorming" (mündlich) oder „Brainwriting" (schriftlich). Das Prinzip besteht darin, sämtliche Ideen ungefiltert zu äußern und zu dokumentieren. In diesem Stadium ist Kritik (noch) nicht erlaubt, damit keine Ideen unterdrückt werden. Das Brainfloating kann allein oder in einer Gruppe durchgeführt werden. Wollen Sie sich als Führungskraft über Ihre Ziele klarwerden, ist vielleicht das gemeinsame Brainfloating mit dem Ehepartner oder sehr guten Freunden hilfreich. Sinnvoll ist die Wiederholung nach einigen Tagen, um den Ideenschatz möglichst groß zu halten.

Im **zweiten Schritt ordnen** Sie die genannten Ziele. Dabei werden Redundanzen eliminiert und zusammengehörige Ziele in Gruppen zusammengefasst („geclustert"). Jetzt ist auch Kritik möglich. Unsinnige, ungewollte oder offensichtlich nicht erreichbare Ziele dürfen gestrichen werden. Zur Dokumentation bietet sich ein Mindmap an, alternativ ein Zettelkasten.

Eine weitergehende **Analyse** der Ziele findet im **dritten Schritt** statt. Ihre Ziele sollten nämlich bestimmte Qualitätsmerkmale aufweisen:

- Ziele sollten so konkret und **spezifisch** wie möglich formuliert sein.
- Ziele müssen **messbar**, also nicht nur in subjektiven Beschreibungen anzugeben sein.
- Ziele müssen **akzeptiert** werden. So ist die Empfehlung an den übergewichtigen Patienten, sein Gewicht zu halbieren, zwar konkret und messbar, wird aber kaum akzeptiert werden.

- Ziele müssen **realistisch** sein (siehe auch vorangegangenes Beispiel)
- Ziele müssen **terminierbar** sein, es muss also mit Angabe eines Datums festgelegt sein, wann das Ziel erreicht werden soll.

Aus den Anfangsbuchstaben der genannten Adjektive lässt sich das Akronym „SMART" bilden.

Übersicht: Ziele sind SMART
Ziele sind

- **S** pezifisch
- **M** essbar
- **A** kzeptiert
- **R** ealistisch
- **T** erminierbar

Überprüfen Sie nun Ihre Ziele im Hinblick auf die genannten Kriterien. Dabei sollten Sie nicht zu streng sein, also keine wichtigen Ziele löschen, nur weil sie nicht alle Kriterien erfüllen.

Es folgt der **vierte Schritt**: Die **Priorisierung**. Es könnte nämlich sein, dass sich bestimmte Ziele gegenseitig ausschließen oder nicht gleichzeitig erreichbar sind. Dann müssen Sie festlegen, welche Ziele wichtiger sind.

Nun haben Sie schon eine sehr konkrete Aufstellung Ihrer Ziele, womit die Zielbildung abgeschlossen ist.

Zur weiteren Planung sollten Sie jetzt die erforderlichen Maßnahmen sowie die festgelegten Termine in Ihren Kalender einarbeiten.

To-do-Liste: Ziele		
Maßnahme	Termin	Folgetermin
Brainstorming		
Ziele ordnen		
Ziele analysieren		
Ziele priorisieren		
Arbeitskalender aktualisieren		

1.6   Leitende Ärzte und ihre Stakeholder

Ein Leitender Arzt, gebeten, ein Organigramm seiner Abteilung zu erstellen, wird meist die übliche Pyramide einer Einlinien-Organisation zeichnen, mit sich selbst an der Spitze.

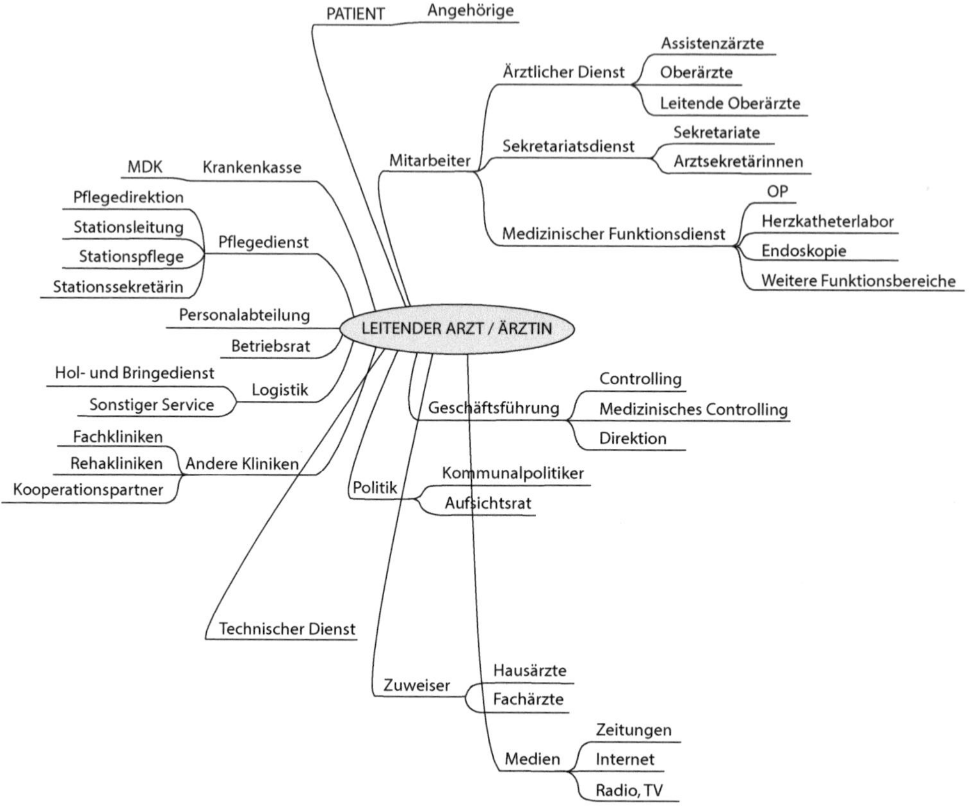

Abb. 1.1 Mindmap Stakeholder

Das sei ihm auch gegönnt, schließlich hat er sich diese Position durch jahrzehntelange Ausbildung und Arbeit verdient. Fehl ginge aber seine eventuelle Vermutung, nun müssten alle Beteiligten ihm zuarbeiten, er dagegen sei niemandem Rechenschaft schuldig. Tatsächlich ist es aber so, dass auch und gerade der Chefarzt Dienstleister für die meisten seiner Partner ist. Diese Partner werden in neudeutsch als „Stakeholder" bezeichnet. Dieses Netzwerk lässt sich am besten mit einer „Mindmap" darstellen (Abb. 1.1).

Betrachten wir zunächst den wichtigsten Stakeholder, den **Patienten**. Dieser steht bekanntlich immer im Mittelpunkt (böse Zungen behaupten, genau deshalb stünde er auch immer im Weg). Zwischen dem Patienten und dem Chefarzt besteht üblicherweise ein indirekter Vertrag über das Krankenhaus (Behandlungsvertrag), eventuell auch ein direkter Vertrag (Wahlleistungsvereinbarung). Juristisch gesehen handelt es sich um einen Dienstvertrag § 611 BGB bzw. Behandlungsvertrag § 630a BGB, durch den der Arzt zur Durchführung einer Leistung, nicht aber zwingend zum Erfolg verpflichtet wird (das wäre dann ein Werkvertrag § 631 BGB). Typischerweise haben beide Vertragspartner Nebenpflichten, z. B. die der adäquaten gegenseitigen Information. Somit werden beide zu Dienstleistern füreinander.

Dieses Prinzip der gegenseitigen Dienstleistung (althochdeutsch: dionost®) ist auf die meisten Beziehungen des Leitenden Arztes zu seinen Stakeholdern anzuwenden. Auch dem mindestens zwei Hierarchiestufen unter ihm stehenden Assistenzarzt gegenüber wird der Chefarzt selbst zum Dienstleister, nämlich dann, wenn er als Weiterbilder fungiert oder ein Zeugnis ausstellen muss.

Das Verhältnis zwischen Arzt und Patient ist aber trotzdem ein besonderes. Gelegentlich, insbesondere in ökonomischen Zusammenhängen, wird letzterer als Kunde bezeichnet. Möglicherweise soll dadurch die ansonsten vermutete Unterlegenheit im Verhältnis zum Arzt egalisiert werden. Diese Betrachtungsweise lässt aber mehrere Aspekte außer Acht. Zunächst kann sich der Patient – z. B. in einer Zwangslage bei einer akuten Erkrankung oder Verletzung – nicht immer (wie in einer Marktwirtschaft üblich) seinen Vertragspartner oder den Ort und Umfang der Leistungserbringung aussuchen. Er bleibt auch sonst de facto dem Arzt in mancher Hinsicht unterlegen; so hat dieser beispielsweise einen erheblichen Informationsvorsprung gegenüber dem Patienten. Am wichtigsten aber erscheint mir, dass der Arzt gegenüber dem Patienten eine besondere ethische Verpflichtung hat, denn dieser vertraut ihm sein wertvollstes Gut an, seine Gesundheit nämlich, bzw. sogar sein Leben. Diese Verpflichtung des Arztes privilegiert den Patienten gegenüber dem bloßen Kunden. Seine (nicht nur vertragsgemäßen) Kundenrechte seien ihm natürlich trotzdem zugestanden. Dazu gehören – und das wird im Krankenhaus gelegentlich vergessen – die Höflichkeit im Umgang, die Schaffung einer Atmosphäre der Begegnung auf Augenhöhe usw.

Der Leitende Arzt hat noch viele weitere Stakeholder. Bei den Mitarbeitern handelt es sich neben den **Kollegen des ärztlichen Dienstes** auch um das **Sekretariatspersonal**, den **Medizinisch-Technischen Dienst** und natürlich das **Pflegepersonal**, das, auch wenn es ihm meist nicht direkt unterstellt ist, den größten Teil des Behandlungsteams darstellt.

Der adäquate Umgang mit Kollegen und Mitarbeitern, auch und gerade anderer Berufsgruppen, ist nicht nur ein wesentliches Führungswerkzeug, sondern sollte in einer zivilisierten Kultur selbstverständlich sein. In der nach wie vor stark hierarchisch geprägten Krankenhausstruktur ist aber Überheblichkeit oder gar Arroganz trotzdem immer noch anzutreffen. Eine souveräne Führungskraft hat das nicht nötig. Mehr dazu im Abschn. 1.10 (Führungsinstrumente).

In der **Klinikleitung** (Geschäftsführung/Direktion) hat der Leitende Arzt seinen nächsten wichtigen Stakeholder. Das Verhältnis wird dann am besten sein, wenn beide die gleiche Sprache sprechen, wenn also ärztlicherseits ein betriebswirtschaftliches und auf der Seite der Administration ein medizinisches Verständnis besteht. Auch hier findet sich das Prinzip der gegenseitigen Dienstleistung wieder.

Leider gern, aber fälschlicherweise vernachlässigt werden der **Betriebsrat** und die **Technische Leitung**. Der Betriebsrat gewinnt spätestens dann an Bedeutung, wenn er bezüglich Veränderungsprozessen Mitspracherechte hat. Eine Führungskraft, die sich auch als loyaler Fürsprecher für seine Mitarbeiter sieht, wird aber schon früher den Kontakt zum Betriebsrat gesucht haben. Auch die Technische Leitung wird nicht erst bei Problemen (z. B. bei dem Ausfall eines wichtigen Gerätes) zum wichtigen Partner. Ein Krankenhaus ist technisch hochkomplex. Die kooperative Planung neuer Anlagen ist von größter Bedeutung, um Fehlinvestitionen zu vermeiden.

Der Interaktion mit Geschäftsführung, Pflegedirektion, Betriebsrat und Technischer Leitung sind eigene Abschn. (1.8 bzw. 1.9) gewidmet.

Die Liste der Stakeholder ist noch viel länger:

Oftmals, insbesondere in kritischen Erkrankungsfällen, sind die **Angehörigen** der Patienten mit ins Boot zu holen. Eine rechtzeitige Einbindung kann späteren Vorwürfen vorbeugen. Vieles wird in der Kommunikation mit dem Patienten einfacher und entspannter, wenn sich alle drei Seiten einig sind und gut informiert führen. Auch hier gilt: Gegenseitige Dienstleistung, wenngleich in etwas übertragenem Sinn.

Geeignetes Personal zu finden und zu halten ist mit die wichtigste Aufgabe eines Chefs. Entsprechend ist also ein intensiver Kontakt zur **Personalabteilung** aufzubauen. Im Abschn. 4.3 wird auf die verschiedenen Möglichkeiten der Organisationsstruktur von Personalabteilungen ausführlich eingegangen. Die engste Zusammenarbeit ist im sogenannten partizipativen Modell vorgesehen.

Es können hier nur einige Krankenhausstrukturen aufgezählt werden. Nicht unerwähnt bleiben darf aber die interne **Logistik** bzw. der „Hol- und Bringedienst". Oft beschimpft, weil die Patienten natürlich immer zu spät kommen, sind die Mitarbeiter aber meist unschuldig. Wertschätzung für diese Abteilung ist lohnend, denn die meisten Abläufe in der Fachabteilung sind von einem funktionierenden Patiententransfer abhängig. Dies wird spätestens dann erkannt, wenn ein defekter Aufzug den OP-Plan durcheinanderwirbelt.

Weitere Stakeholder finden sich außerhalb der Klinik. Die **Zuweiser** sollen eben nicht nur zuweisen, sondern auch nachbehandeln. Eine entsprechende Kommunikation – via Telefon, Arztbrief oder Fortbildungsveranstaltung – ist wertvoll und sogar juristisch vorgeschrieben. Der in fast allen Krankenhäusern ungeliebte und daher sträflich vernachlässigte Arztbrief ist darüber hinaus ein wichtiges Führungsinstrument; doch dazu später mehr (Abschn. 6.6).

Kontakte zu pflegen sind weiterhin mit **anderen Kliniken**, damit Verlegungen von Patienten reibungslos funktionieren. Weitere Kooperationen vielfältigster Art sind möglich: Gemeinsam durchgeführte Eingriffe, Hospitationen, Personalaustausch, Lehre, Veröffentlichungen, medizinische Studien und vieles mehr. Wer muss hier innovativ denken, Fantasie beweisen und die Initiative ergreifen: Natürlich die leitenden Ärzte.

Auf die Bedeutung der **Krankenkassen** bzw. des **MD** wurde schon hingewiesen. Trotz in der Regel divergierender Interessen ist eine kooperative Zusammenarbeit frei von (negativen) Emotionen meist möglich. Jedenfalls kann ich mich an viele MD-Begehungen in bester, sogar fröhlicher Arbeitsatmosphäre erinnern. Manchmal bedurfte es aber auch eines etwas pointierteren Austausches der Meinungen.

Auch die **Medien** spielen eine wichtige Rolle: Positiv dann, wenn erfreuliche Nachrichten zu verkünden sind (hier gilt der bewährte Merksatz: Tue Gutes und rede darüber), negativ dann, wenn etwas schiefgelaufen ist. Hier ist eine professionelle Kommunikation besonders wichtig. Schön, wenn schon vorher entsprechende Kanäle bestanden, so dass einer überflüssigen Kakophonie vorgebeugt werden kann (Abschn. 2.13).

Last not least ist die **Politik** zu nennen. Gerade bei kommunalen Häusern bilden die Kommunalpolitiker den Aufsichtsrat der Klinik bzw. des Konzerns. Entsprechend notwendig ist die Einbindung der maßgeblichen Personen bei wichtigen Entscheidungen oder Vorgängen.

Dies war nun also eine lange Aufzählung der Stakeholder. Der Leitende Arzt mag zwar an der Spitze der Einlinien-Organisation seiner Abteilung stehen; im Kontext seiner gesamten Partner steht er aber in der Mitte. Die Verbindungen sind keine Einbahnstraßen, sondern beruhen auf gegenseitigem Geben und Nehmen.

Weder die textliche Auflistung noch die Abbildung erheben Anspruch auf Vollständigkeit. Insbesondere in großen Häusern oder Universitätskliniken können noch viele Stakeholder hinzukommen.

Deutlich wird, dass der Chefarzt nicht einfach nur der Chef der nachgeordneten Ärzte ist („Einlinien-System"), sondern dass er in der Mitte eines Netzwerks steht. Dieses bedarf der ständigen Pflege durch **Gespräche**, Einbindung in Vorgänge, Empathie, Unterstützung usw. Werden diese Führungsaufgaben oder auch nur ein Teil davon vernachlässigt, kann das gravierende Folgen haben.

Aus dem Gesagten ergeben sich für Sie eine Reihe von Aufgaben, dargestellt in der folgenden To-do-Liste. Solche Listen werden Sie wiederholt in diesem Buch finden. Wollten Sie alle sorgfältig abarbeiten, wäre das zeitlich kaum zu leisten. Sie sollten die Aufstellungen daher für Ihren Zweck modifizieren, vor allem aber überlegen, welche Tätigkeiten Sie delegieren könnten (mehr dazu in Abschn. 1.17 und 4.15).

To-do-Liste: Stakeholder		
Gesprächstermin vereinbaren mit	Termin	Folgetermin
Ärztliche Mitarbeiter		
Betriebsrat		
Geschäftsführung		
Kommunalpolitik		
Leitung Funktionsdienste		
Leitung kooperierender Kliniken		
Leitung Logistik		
Personalleitung		
Pflegedirektion		
Sekretariatsdienst		
Stationsleitungen		
Technischer Dienst		
Vorsitz Ärztlicher Kreisverband		
usw.		

Die Gespräche können zunächst dem allgemeinen Austausch dienen, andererseits aber auch konkrete Ziele haben. Grundsätzlich sollten Sie dabei nicht nur Ihre eigenen Wünsche und Anliegen vorbringen, sondern auch die der Gesprächspartner erfragen oder antizipieren. Dadurch signalisieren Sie Wertschätzung und Empathie. Sie erhalten wichtige Informationen und erreichen, dass die Termine gerne wahrgenommen werden.

Die Gesprächsatmosphäre sollte entspannt sein; ein Getränkeangebot ist selbstverständlich. Machen Sie sich Notizen, die Sie im Anschluss diktieren. Vereinbaren Sie mit Ihrer Sekretärin, dass diese Aufzeichnungen elektronisch geordnet abgelegt werden. Vor dem nächsten Gespräch sichten Sie diese Dokumentation, so dass Sie auf frühere Absprachen Bezug nehmen können. Dies betrifft auch und vor allem Zusagen, die Sie selbst gegeben haben. Ergeben sich aus der Besprechung Aufgaben, die von Ihnen zu erledigen sind, so müssen diese in Ihren Arbeitsplan eingetaktet werden. Aufgaben der Gegenseite sind ebenso stringent im Auge zu behalten.

Ergänzend zu Ihren Notizen sind wichtige Gespräche bzw. Ergebnisse zu protokollieren, wobei der/die Gesprächspartner die Möglichkeit haben müssen, das Protokoll zu bestätigen. Dies soll kein Zeichen des Misstrauens sein, sondern nur Missverständnissen vorbeugen. Es hat sich bewährt, das Protokoll als E-Mail zu gestalten: „Herzlichen Dank für unser nettes Gespräch heute, bei dem wir Folgendes vereinbart haben: … Sollte ich etwas missverstanden haben, bitte ich um eine Klarstellung. …"

Ganz schlecht wäre es, wenn – und so passiert das leider oft genug – gegenseitige Zusagen im Sande verlaufen. Dies wäre sogar kontraproduktiv, denn Sie würden rasch in den Ruf kommen, dass Ihre gut gemeinten Gespräche sinnlos und daher Zeitvergeudung sind. Vergessen Sie bitte nicht, dass Sie als Führungskraft unter besonderer Beobachtung stehen. Das ist für Sie Chance und Risiko zugleich.

Sollte aus der Auflistung der Gesprächspartner der Eindruck entstehen, dass nur mit Abteilungsleitern oder sonstigen Führungsmitarbeitern gesprochen werden sollte, dann ist das nicht richtig – im Gegenteil. Gerade auch die Kommunikation mit nachgeordneten Mitarbeitern ergibt Aufschlüsse über die Probleme im Tagesgeschäft. Ganz mutige (und souveräne!) Chef- oder Oberärzte arbeiten auch mal hier und da eine Schicht im Pflegedienst mit. Abgesehen davon, dass sie hierdurch Wertschätzung demonstrieren, erreichen sie einen Ansehensgewinn und erfahren ganz viel über ihre Abteilung oder ihr Krankenhaus.

1.7 Stakeholder: Patient

Der wichtigste Stakeholder ist der Patient. Seine Anliegen müssten daher im Vordergrund stehen. Dass das leider nicht immer so ist, wurde in Abschn. 1.4 schon besprochen. Auch auf die besondere Beziehung zwischen Arzt und Patient wurde schon in Abschn. 1.6 eingegangen.

Hier sollen jetzt die besonderen Bedürfnisse des Patienten angesprochen werden. Seine individuellen Wünsche sind im Rahmen der Evidenzbasierten Medizin (EBM, siehe Abschn. 1.13) zu berücksichtigen. Sie zu erforschen und zu kennen, ist die leider oft vergessene primäre Aufgabe der Ärzte.

Sehr lehrreich ist ein Rollentausch, wenn also erfahrene Klinikärzte plötzlich zum Patienten im Krankenhaus werden. Die Sichtweise wird sich schlagartig ändern. Die Visite, in der Rolle als Arzt gerne vernachlässigt, wird nun als Patient als wichtigstes Tagesgeschehen erlebt.

Das ist so, weil die Visite zumindest zweierlei bietet (siehe auch Abschn. 5.4): Erstens Informationen jeglicher Art und zweitens die Möglichkeit, sich selbst zu offenbaren und damit Einfluss auf das Geschehen zu nehmen.

Dabei sind die Patienten unterschiedlich: Manche sind sehr wissbegierig, andere desinteressiert. Einige indolent, andere wehleidig. Wir treffen intelligente und belesene Individuen, aber auch auf Menschen mit begrenztem intellektuellem Hintergrund. Laut Wikipedia sind in Deutschland 4 % der Erwachsenen totale und 14 % funktionelle Analphabeten. Wer häufig Aufklärungsgespräche mithilfe der vorgedruckten Bögen führt, kann das bestätigen.

Leitlinien können daher dem individuellen Patienten nicht gerecht werden. Wer nur die Stenose im Herzkranzgefäß oder das schwer arthrotische Hüftgelenk sieht und daraus eine standardisierte Konsequenz zieht, springt zu kurz. Das Vorgehen wird bei dem 40-Jährigen anders sein als bei dem 90-Jährigen. Aber auch bei zwei 40-Jährigen muss die Situation bezogen auf die jeweilige Person bewertet werden, denn der Leistungssportler hat andere Bedürfnisse als der Bürokaufmann. Hinzu kommen familiäre, kulturelle, weltanschauliche, religiöse und viele andere Aspekte.

Vom Arzt wird viel verlangt: Er muss alle Aspekte erfragen, empathisch sein und dabei eigene Vorlieben, vor allem aber fremde (z. B. ökonomische) Interessen zurückstellen. Auch Verständnis für das Empfinden des jeweiligen Patienten muss er mitbringen, selbst dann, wenn er ihn für wehleidig, pedantisch, aufdringlich, unsympathisch oder – salopp gesagt – nervig hält. Der souverän kommunizierende Arzt kann damit umgehen und jedem gerecht werden. Mitleid im Wortsinne darf er aber nicht haben. Mit jedem Patienten zu leiden, das kann man nicht aushalten. Verständnis haben und das Leid lindern kann und muss man aber schon.

All dies müssen Sie nicht nur selbst beherzigen, sondern als Leitender Arzt als grundsätzlichen Stil, als Kultur im Umgang mit dem Menschen auch Ihren Mitarbeitern auferlegen. Dass das nur geht, wenn Sie dabei Vorbild sind, versteht sich.

Ein hilfreiches Werkzeug sind Evaluationen. Hierfür gibt es mittlerweile kommerziell angebotene Lösungen jeglichen Umfangs. In den meisten Kliniken sind Nachbefragungen mittlerweile etabliert. Die Frage ist aber, ob die Ergebnisse transparent kommuniziert, zur Kenntnis genommen und vor allem, ob auch Konsequenzen daraus gezogen werden.

Empfehlenswert ist es daher, dreigleisig zu fahren:

1. Nutzen Sie die offiziellen **Evaluationen** Ihrer Klinik. Mindestens einmal pro Quartal sollten Sie (und Ihre Abteilung) sich die Ergebnisse präsentieren lassen. Interpretieren Sie die Daten sorgfältig.
2. Lassen Sie **Internet-Portale** auswerten. Hier kursieren oft völlig ungefiltert böswillige und zum Teil aggressive Äußerungen. Leider ist es so, dass sich die große Menge der zufriedenen Patienten nicht äußert, wohl aber der einzelne unzufriedene. Vielleicht fin-

den sich auch komplett erfundene Posts, die der Klinik schaden sollen. Andererseits ist jede Kritik zu würdigen.

3. **Fragen Sie selbst** Patienten nach ihren Eindrücken und bitten um (positive wie negative) Kritik. Möglicherweise sind unter vier Augen erbetene Anmerkungen am aussagekräftigsten. Spontan geäußerte Kritik ist wertvoll, darf daher keinesfalls abgetan werden.

Zwei häufige Kritikpunkte von Patienten in den allermeisten Kliniken sind **mangelnde Information** und **Wartezeiten** – am schlimmsten ist die Kombination von beidem.

Dass aber auch lange Wartezeiten toleriert werden, wenn ausreichend informiert wird, zeigt folgendes tatsächlich selbst erlebte Beispiel:

Beispiel

Es ist der 24. Dezember, vormittags. Im Rahmen des oberärztlichen kardiologischen Rufdienstes war ich zuständig für die Visiten auf der Privat- und Intensivstation sowie für die Notfallinterventionen im Herzkatheterlabor. Die Visite auf der Intensivstation hatte ich gleich morgens durchgeführt. Auf der Privatstation warteten noch ca. 15 Patienten; bei vielen von ihnen war die Entlassung geplant.

Nun allerdings kamen nacheinander zwei Patienten mit akutem ST-Hebungsinfarkt in das Herzkatheterlabor, wobei es dem zweiten sehr schlecht ging. Noch während seiner aufwändigen Versorgung kündigte die Rettungsleitstelle den dritten Notfall an. Es war nun klar, dass die Visite erst am frühen Nachmittag stattfinden konnte. Ich bat daher die Arztsekretärin (siehe Abschn. 4.16), nicht nur das Pflegepersonal, sondern auch jeden Patienten persönlich über die Situation zu informieren und die Visite für 14 bis 16 Uhr anzukündigen.

Tatsächlich kam ich erst um kurz nach 14 Uhr auf die Station und erwartete wegen des speziellen Datums lauter über die Verspätung empörte Patienten. Das Gegenteil war der Fall. Da alle Betroffenen rechtzeitig informiert wurden und sich daher entsprechend eingerichtet hatten, schlug mir keine Verärgerung, sondern Bedauern über meinen arbeitsreichen Dienst entgegen. Die Arztsekretärin hatte offensichtlich die richtigen Worte gefunden. Eine harmonische und zügige Visite bei zufriedenen Patienten war das Ergebnis. ◀

Man kann sich allerdings vorstellen, wie die Patienten in obigem Beispiel ohne adäquate Information reagiert hätten. Leider ist das aber der Regelfall. Nicht nur über logistische Probleme wird schlecht aufgeklärt, sondern auch über die Erkrankung, die Prognose und die therapeutischen Möglichkeiten. Die Folgen sind Verunsicherung, Verärgerung, mangelnde Compliance und heutzutage möglicherweise Shitstorms im Internet.

Viel Ärger im Krankenhaus ließe sich also vermeiden, wenn eines der wesentlichsten Anliegen der Patienten ausreichend berücksichtigt würde. Das Aufklärungsgespräch (siehe auch Abschn. 7.14) ist daher nicht nur eine juristische Notwendigkeit, sondern eine Chance und von essenzieller Bedeutung.

Das zweite häufige Ärgernis ist die Wartezeit vor diagnostischen oder therapeutischen Maßnahmen. Es ist nicht hinnehmbar und wird entsprechend auch zu Recht kritisiert, wenn Patienten zum Teil Stunden in Warteräumen oder Fluren wartend verbringen. Notwendig ist daher eine Erhebung über tatsächliche Wartezeiten in der Klinik und – soweit möglich – die Abhilfe.

So könnte beispielsweise das Bestellsystem optimiert, der Fahrdienst besser besetzt, die Untersuchungen in unterschiedlichen Abteilungen aufeinander abgestimmt, manche Maßnahmen direkt auf der Station durchgeführt oder auf Überflüssiges schlicht und einfach verzichtet werden.

1.8 Stakeholder: Geschäftsführung

Natürlich ist die **Geschäftsführung/Direktion** für den Leitenden Arzt ein besonderer Gesprächspartner. Die Interessen werden sich oft decken – z. B. hinsichtlich des Erfolgs der Abteilung und der zu leistenden Qualität – aber auch oft nicht, möglicherweise dann, wenn es um Ressourcen geht oder um strategische Ausrichtungen.

Insofern sind die Gespräche sehr gut vorzubereiten.

Die Tagesordnung/die geplanten Gesprächsthemen sollten gut bekannt sein. Da es häufig um Ressourcen (Personal, Betten, Geräte usw.) geht, sind die wichtigsten Kennzahlen (siehe Abschn. 3.5) vorab zu ermitteln und mitzubringen bzw. einzuprägen.

Vor der Vorstellung strategischer Konzepte oder geplanter Projekte denken Sie sich gut in die Geschäftsführung ein. Diese muss nämlich auch alle diejenigen, die durch Ihre Pläne möglicherweise tangiert sind, berücksichtigen. Zusagen an Sie werden vorhersehbar in Proteste oder Forderungen Anderer münden. Die Geschäftsführung dagegen will Präzedenzfälle jeglicher Art vermeiden.

Sie sind also dann gut vorbereitet, wenn Sie auch die Interessen der betroffenen Stakeholder analysiert haben. Hatten Sie diese im Rahmen Ihres Netzwerks bereits einbezogen und mit eigenen Vorteilen versorgt, könnten Sie so eventuelle Bedenken zerstreuen.

Überlegen Sie sich einen roten Faden, ein Gesamtkonzept. Ihre aktuellen Pläne sollten sich hier einfügen, jedenfalls nicht im Widerspruch stehen.

Erwarten Sie bei einem ersten diesbezüglichen Gespräch keine sofortige Zustimmung. In aller Regel wird sich der Geschäftsführer zumindest bei bedeutsamen Plänen Bedenkzeit vorbehalten. Vermeiden Sie aber unbedingt ein sofortiges Nein, denn das wäre ohne Gesichtsverlust kaum zu revozieren.

Es gibt nichts umsonst im Leben (TANSTAAFL: „There ain't no such thing as a free lunch."). Eine eventuelle Zusage wird der Geschäftsführer also wahrscheinlich mit Forderungen oder Erwartungen an Sie verknüpfen, selbst dann, wenn Ihre Pläne ohnehin vorteilhaft für ihn wären. Möglicherweise können Sie seine Vorstellungen antizipieren und sich schon im Vorfeld überlegen, zu welchen Zugeständnissen Sie bereit wären. Vielleicht hatten Sie aber auch schon Vorleistungen erbracht und sollten nicht versäumen, diese zu betonen („Tue Gutes und rede darüber").

Bedenken Sie im Gespräch, dass sachliche Inhalte nur den kleineren Teil der Kommunikation ausmachen. Das gilt auch für Verhandlungen (siehe Abschn. 2.1, 2.2 und 2.3). Betreiben Sie aktives Zuhören und ziehen Sie alle kommunikativen bzw. rhetorischen Register.

Werden unerwartete Forderungen an Sie gestellt, könnten Sie ebenfalls Bedenkzeit erbitten. Das lässt sich leicht dadurch begründen, dass Sie sich zunächst gut informieren möchten. Das gilt insbesondere dann, wenn Vorwürfe gegen Sie, die Abteilung oder Ihre Mitarbeiter erhoben werden. Dann sind spontane Rechtfertigungen, Entschuldigungen oder gar Beschuldigungen Anderer meist wenig hilfreich.

Ebenso sollten Sie an Sie herangetragene Erwartungen nicht gleich abwiegeln. Zeigen Sie sich kooperativ ohne unbedachte Zusagen zu machen. Ein Geschäftsführer hört den ganzen Tag Begründungen, warum etwas angeblich *nicht* geht. Seine Aufgeschlossenheit gegenüber Bedenkenträgern wird daher überschaubar sein. Aber auch für ihn gibt es nichts umsonst. Lassen Sie sich Ihre Kooperation also belohnen!

Keine Kompromisse dürfen Sie machen, wenn es um Ihre Kernkompetenz geht, die Medizin. Da darf Ihnen der Geschäftsführer nicht reinreden. Die medizinischen Entscheidungen treffen Sie und die ärztlichen Kollegen Ihrer Abteilung. Das Weisungsrecht (Direktionsrecht) des Arbeitgebers nach § 106 GewO findet dort seine Grenzen, wo zur Entscheidungsfindung die ärztliche Approbation benötigt wird. Je nach Organisationsstruktur und Problemstellung könnten Sie dann also allenfalls vom Ärztlichen Direktor überstimmt werden.

Beispiel 1

Sie werden nachmittags zur Geschäftsführung gebeten, weil das Haus überfüllt ist; mehrere Patientenbetten stehen schon auf dem Flur. Man fordert Sie auf, noch am gleichen Nachmittag Patienten vorzeitig (gegenüber der bisherigen Planung) zu entlassen.

Dem sollten Sie sich verweigern, denn Ihre Entlassungsstrategie hatte ja Gründe, die Sie nicht ohne weiteres über Bord werfen sollten. Der Zeitpunkt der Entlassung ist (so sollte es zumindest sein) nach rein medizinischen Kriterien festzulegen. Die Zuständigkeit liegt also bei Ihnen und nicht bei der Geschäftsführung. Auch logistisch ist ein solches Ansinnen nur schwer zu erfüllen und wird bei allen Beteiligten (Patient, Stationsarzt, Pflegepersonal usw.) auf Unverständnis stoßen. Medizinische Nachteile für den Patienten sind zu befürchten. Ihre Autorität könnte beschädigt werden.

Außerdem ist ein solches Vorgehen nicht gesetzeskonform (siehe Abschn. 6.5, standardisiertes Entlassungsmanagement). ◄

Beispiel 2

Durch eine Noro-Virus-Epidemie ist es zu etlichen Durchfallerkrankungen sowohl bei Patienten als auch beim Personal gekommen. In Absprache mit dem Hygienearzt ordnet der Ärztliche Direktor bestimmte Vorgehensweisen auf einer Station Ihrer Abteilung an.

Da der Ärztliche Direktor nach Maßgabe einiger Landeskrankenhausgesetze für die Sicherstellung der medizinischen Versorgung verantwortlich ist, kann er dann also auch in medizinischen Fragen in *allen* Abteilungen entscheiden. Sie müssen daher kooperieren. Falls aus Ihrer Sicht Fehlentscheidungen getroffen wurden, ist das anzumerken und zu dokumentieren. ◄

Bleiben Sie authentisch und lassen Sie sich nicht korrumpieren. Das geht am besten, wenn Sie selbst unangreifbar sind. Insoweit sollten also auch Ihre Kennzahlen halbwegs stimmig sein. Ist die Verweildauer in Ihrer Abteilung doppelt so hoch wie der InEK-Durchschnitt, haben Sie ein Problem. Machen Sie also Ihre Hausaufgaben (in diesem Buch finden Sie wahrscheinlich mehr davon, als Ihnen lieb ist)!

Grundsätzlich ist natürlich ein kooperatives Klima in der Zusammenarbeit mit der Geschäftsführung anzustreben. Gegenseitige Blockaden sind kontraproduktiv, besser ist ein Geben und Nehmen. Emotionen sollten vermieden werden oder zumindest verborgen bleiben. Seien Sie loyal (und erwarten Sie das Gleiche von der Geschäftsführung!).

Vielleicht kommt es trotz allem Bemühen Ihrerseits nicht zu einem Einvernehmen. Wenn Sie mit Ihren Vorstellungen bei der Geschäftsführung immer und immer wieder scheitern oder gar hintergangen werden, sind offene Worte angebracht. Nun wäre es aber blauäugig, Samthandschuhe zu erwarten. In Führungsetagen ist der Wind oft eisig und sind die Vorgehensweisen robust. Es geht – wie in der Politik – um Interessen, nicht um Freundschaften.

Manchmal sind aber auch harte Konsequenzen notwendig. Denken Sie an die alte Weisheit der Dakota-Indianer: *„Wenn Du entdeckst, dass Du ein totes Pferd reitest, steig ab."*

1.9 Stakeholder: Pflegedirektion, Betriebsrat, Technische Leitung

Die größte Berufsgruppe im Krankenhaus ist die Pflege, mit der Sie auch tagtäglich eng zusammenarbeiten. Die **Pflegedirektion** ist daher für Sie ein weiterer wichtiger Gesprächspartner.

Sie sollten das Gespräch mit der Pflegedirektion aktiv suchen, z. B. im Rahmen eines „Jour fix", also einer regelmäßigen Besprechung, die auch ohne besonderen Anlass stattfindet. So lernt man sich besser kennen und trifft sich nicht nur im Krisenmodus.

Mit der Pflegedirektion gibt es vieles zu regeln. Die Organisationsentwicklung (Aufbau- und Ablauforganisation) ist ein Thema, dass beide Seiten tangiert. Wenn Sie hierüber in kleinem Kreis Einigkeit erreichen, kann das (auch von der Geschäftsführung) kaum ignoriert werden.

Ihre Mitarbeiter erwarten klare Vorgaben, z. B. bei der Aufgabenverteilung. Wer ist für die Blutentnahmen zuständig? Wer schreibt nachts ein EKG, wenn ein Patient auf der Station Beschwerden hat? Wenn konsentierte und dokumentierte Regeln fehlen, kann das zu einem dauerhaften Ärgernis zwischen den Assistenzärzten und den Pflegekräften werden.

Auch Personalfragen könnten auf der Tagesordnung stehen. Sie könnten z. B. Wünsche hinsichtlich der pflegerischen Leitung der Privatstation haben. Wenn Sie dies oder ähnliches äußern, ist natürlich Diplomatie und Respekt angebracht, denn hier hat die Pflegedirektion das letzte Wort.

Den **Betriebsrat** können und dürfen Sie nicht ignorieren. Seine Aufgaben und Rechte sind im Betriebsverfassungsgesetz normiert, insbesondere in den §§ 87 und 88 BetrVG.

Gegebenenfalls ist daher ein Jour fix auch mit dem Betriebsrat sinnvoll, damit Sie den vor Ort gepflegten Stil kennenlernen. Der kann nämlich sehr unterschiedlich sein. Wünschenswert für alle Beteiligten einschließlich der vom Betriebsrat vertretenen Beschäftigten wäre eine gute Zusammenarbeit innerhalb der Quadriga Geschäftsführung, Ärztliche Leitung, Pflegedirektion und Betriebsrat.

Leider finden sich aber oft traditionelle Feindschaften und verhärtete Fronten. Manche Betriebsräte gefallen sich in der Rolle, immer erst einmal gegen alles zu sein und wittern hinter jeder geplanten Änderung Nachteile für die Beschäftigten. Andere (oder die Gleichen) geben nur vor, die Interessen der Mitarbeiter zu vertreten, instrumentalisieren diese aber zum persönlichen Machterhalt.

Trotzdem sind Vorurteile Ihrerseits fehl am Platz. Wenn Sie Ihre Mitarbeiter als wichtige Stakeholder wahrnehmen und einen adäquaten Umgang pflegen, sollten Sie und der Betriebsrat viele gemeinsame Ziele haben. Das lässt sich am besten durch Gespräche herausfinden.

Unschön wäre es, wenn sich Ihre Mitarbeiter bei Konflikten innerhalb der Abteilung nicht vertrauensvoll an Sie, sondern an den Betriebsrat wenden. Dem sollten Sie durch ein entsprechendes Personalmanagement vorbeugen. Erledigte Hausaufgaben sind die beste Prävention.

Fortschritte und Änderungen in Ihrer Abteilung sind häufig mit der Anschaffung von Großgeräten oder anderem technischem Ausbau verbunden. Zuständig ist der **Technische Leiter**. Auch mit ihm sollten Sie daher eine gute Zusammenarbeit pflegen. Finden Sie heraus, ob er Bremser oder Visionär ist!

Gute Technische Leiter kennen das Haus aus dem Effeff und haben viele Ideen für Verbesserungen. Auch wenn schon aus finanziellen Gründen nicht alles verwirklicht werden kann, hören Sie ihm zu. Berücksichtigen Sie seine Vorschläge bei Ihren eigenen Plänen. Die erfolgreiche Verwirklichung ist dann viel wahrscheinlicher.

1.10 Führungsinstrumente

Sie werden Ihre Ziele (Abschn. 1.5) nicht allein erreichen können. Vielmehr benötigen Sie die Unterstützung vermutlich aller Stakeholder, die Sie in Abschn. 1.6 identifiziert haben.

Der Begriff „Führung" ist in diesem Zusammenhang sehr weit zu fassen. Er beschränkt sich keineswegs nur auf eine hierarchische Bedeutung. Vielmehr haben Sie auch dann, wenn Sie die Geschäftsführung von Ihren Zielen überzeugen konnten, Führung ausgeübt. Auch der Patient wird geführt, wenn er – informiert durch eine gelungene Kommunikation – der vorgeschlagenen Behandlungsoption zustimmt und entsprechend kooperiert.

Gelegentlich wird Führung mit Macht gleichgesetzt. Dies drückt sich dann leider häufig auch durch entsprechende Verhaltensmuster aus.

Natürlich haben Sie als Führungskraft Macht. Macht steht Ihnen aber nicht immer zur Verfügung. Im Gespräch mit der Geschäftsführung beispielsweise können Sie Macht nur selten einsetzen und wenn Sie es doch tun, erreichen Sie meist keinen nachhaltigen Vorteil (im Gegenteil: Der Versuch, mit Macht gegen die Geschäftsführung zu agieren, scheitert meist, siehe Abschn. 1.8).

Sie werden also – unter der jeweiligen Beachtung des Gesprächspartners, der Ziele und der Situation – auf weitere Instrumentarien zurückgreifen. Wenn Ihnen das geschickt gelingt, werden Sie entdecken, dass Macht meist verzichtbar ist.

Die nachfolgende Liste guter Führungsinstrumente (siehe auch Abb. 1.2) erhebt keinen Anspruch auf Vollständigkeit, die Reihenfolge ist alphabetisch:

- **Betriebsklima**: Sorgen Sie für ein gutes Betriebsklima. Seien Sie ein freundlicher Chef, ohne „Everybody's Darling" zu sein. Umso wirkungsvoller ist es dann übrigens, wenn Sie mal richtig böse sind.
- **Bitte**: Die freundliche und höfliche Art, einen Wunsch vorzutragen.
- **Delegation**: Durch die Delegation eigener Aufgaben werten Sie Mitarbeiter auf (Empowerment). Außerdem gewinnen Sie selbst Zeit für andere Tätigkeiten.
- **Einbindung**: Bitten Sie bei Entscheidungen die Mitarbeiter um ihre Meinung und würdigen Sie diese.
- **Empathie**: Empathie macht sich vor allem dann bemerkbar, wenn sie fehlt. Mitarbeiter oder beispielsweise auch ein sich beschwerender Patient entgleiten, wenn sie sich nicht ernst genommen fühlen.

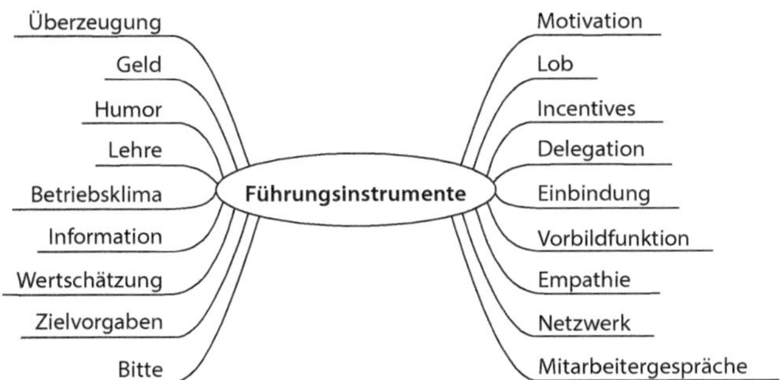

Abb. 1.2 Mindmap Führungsinstrumente

- **Geld**: Auch nicht ganz unwichtig, nutzt sich aber als Führungsinstrument ab. Die Gehaltserhöhung mag im ersten Monat noch wirken, wird danach aber als selbstverständlich empfunden.
- **Incentives**: Feierlichkeiten, Fortbildungsreisen und Freistellungen für Hospitationen sind kleine Bonbons, mit denen Sie engagierten Mitarbeitern danken können.
- **Information**: Fehlende Transparenz ist ein häufiger Hemmschuh. Wenn Sie aber über Ihre Ziele und die Gründe informieren, wird Ihr geplanter Weg nachvollziehbar und unterstützt.
- **Humor**: Trägt zur Entspannung bei. Die richtige Dosis ist wichtig, um Klamauk oder Zynismus zu vermeiden. Man darf auch mal über sich selbst lachen, natürlich ohne sich lächerlich zu machen.
- **Lehre**: Weitergabe von Wissen ist ein ausgezeichnetes Führungsinstrument. Es sollte nicht nur im Hörsaal, sondern auch im Alltag (OP, Herzkatheterlabor, Visite etc.) eingesetzt werden.
- **Lob**: Das preiswerteste, wirksamste und doch am wenigsten eingesetzte Führungsinstrument. Lob (es muss aber ehrlich, glaubhaft und angemessen sein) wirkt in alle hierarchischen Richtungen. Siehe hierzu auch Abschn. 2.8.
- **Mitarbeitergespräche**: Werden meist vernachlässigt. Dabei bekommen beide Seiten die Möglichkeit zu einem gegenseitigen Feedback (Abschn. 2.7).
- **Motivation**: Ein motivierter Partner wird Sie aus intrinsischer Überzeugung unterstützen (Abschn. 2.9).
- **Netzwerk**: Früher Vitamin B genannt. Bauen Sie sich – z. B. auch durch die weiteren genannten Instrumente – ein hilfreiches Netzwerk auf. Pflegen Sie dieses.
- **Überzeugung**: Überzeugen Sie durch Argumente. Ein überzeugter Partner ist verlässlicher als ein überredeter.
- **Vorbildfunktion**: Leben Sie das Verhalten vor, das Sie sich von anderen wünschen.
- **Wertschätzung**: Ein in letzter Zeit modern gewordener Begriff. Er bedeutet, dass die Leistung Anderer nicht nur wahrgenommen, sondern auch gewürdigt wird. Gerade im Krankenhaus wird die oft schwere Arbeit von Kollegen, Mitarbeitern und weiteren Berufsgruppen leider meist als selbstverständlich und daher unkommentiert hingenommen.
- **Zielvorgaben**: Jährliche Vereinbarungen über die erwarteten Leistungen. Die Erfüllung der Vereinbarungen ist mit Belohnungen verbunden. Nachteil: Die Vereinbarungen können von einer Seite als das Minimum, von der anderen als das Maximum verstanden werden. Wenn die Ziele nicht „SMART" sind (konkret und messbar), droht Streit. Manche Zielvereinbarungen sind ethisch nicht vertretbar (z. B. die Vorgabe einer Mindestzahl von bestimmten Eingriffen).

Ach so ja, die Macht fehlt im Mindmap (Abb. 1.2). Macht aber nichts.

1.11 Umgang mit Macht

Die im vorigen Kapitel genannten Führungsinstrumente könnte man auch positive Werkzeuge nennen, denn ihr Einsatz wird den Partnern (Stakeholdern) in der Regel willkommen sein.

Dieses Instrumentarium sollte daher Ihr bevorzugtes sein. Allerdings wird es nicht immer ausreichen, so dass wir uns nun mit den eher unwillkommenen Maßnahmen beschäftigen müssen. Jede Führungskraft muss täglich unliebsame Entscheidungen treffen und wird auch selbst von solchen bedroht werden.

Was ist **Macht**?

Laut Wikipedia: „Macht bezeichnet die Fähigkeit einer Person oder Gruppe, auf das Denken und Verhalten einzelner Personen, sozialer Gruppen oder Bevölkerungsteilen so einzuwirken, dass diese sich ihren Ansichten oder Wünschen unterordnen und entsprechend verhalten."

Dieser Definition folgend wären also alle – sowohl die positiven als auch die negativen – Instrumente Werkzeuge der Macht, denn sie alle dienen dazu, Unterordnung oder gefälliges Verhalten zu befördern. Trotzdem sollen hier im Zusammenhang mit der „Macht" vor allem die negativen Aspekte konnotiert werden, mit der „Führung" dagegen die positiven. Diese Unterscheidung ist an dieser Stelle vor allem didaktischer Natur und weder sprachlich noch soziologisch zu begründen.

In diesem Sinne wären die Werkzeuge der Macht (wieder alphabetisch aufgeführt):

- **Akademische Meriten**: Wissenschaftliche Arbeit ist eng mit Hierarchie und Macht verknüpft. Professoren in Schlüsselstellungen haben nicht nur die Möglichkeit, den Zugang zu wissenschaftlichen Projekten zu öffnen oder zu schließen, sondern ihnen obliegt es auch, akademische Titel wie Promotion oder Habilitation zu befördern – oder eben zu be-, oder gar zu verhindern. Gerade an Universitätskliniken ist dies das Machtinstrument schlechthin.

- **Anordnung**: Eine Anordnung kann jemand treffen, der dazu aus hierarchischen oder juristischen Gründen befugt, also mit entsprechender Macht ausgestattet ist. Die Anordnung ist zu befolgen, unabhängig davon, ob sie gefällt oder nicht, und (in Grenzen) selbst dann, wenn sie unsinnig erscheint. Sie kann gegebenenfalls mit Sanktionen (s.u.) durchgesetzt werden.

- **Aufgabenverteilung**: Die Kompetenz, Aufgaben und Zuständigkeiten zuzuordnen, ist ein sehr wirksames Machtinstrument. Im schlimmsten Fall ermöglicht es die Ausgrenzung (s. u.), geschickt eingesetzt ist es aber auch ein positives Instrument, z. B. bei Zuteilung einer attraktiven Aufgabe oder von Verantwortung. Wenn Sie die Aufgabenverteilung (z. B. den Dienstplan oder die Stationsbesetzung) an Personen oder Teams delegieren, müssen Sie sich immer vorbehalten, dass die letzte Entscheidung bei Ihnen liegt. Außerdem sind gewisse juristische Aspekte zu beachten (u. a. Organisationsverschulden, siehe Abschn. 7.9.).

- **Ausgrenzung**: Ein hässliches Instrument. Dadurch werden Partner, vor allem Mitarbeiter, von Vorgängen wie z. B. interessanten Aufgaben, wissenschaftlicher Tätigkeit oder auch sozialen Interaktionen ferngehalten. Der Übergang zum Mobbing ist fließend.
- **Bossing**: Mobbing durch den Chef. Bewusstes Vergraulen von Mitarbeitern.
- **Gruppenbildung**: „Divide et impera" wurde nicht nur im Römischen Reich erfolgreich als Machtinstrument praktiziert. Das Prinzip ist die Förderung der Bildung von Gruppen, die dann im Wettbewerb stehen (was positiv sein kann) oder sich gegenseitig bekämpfen (was oft, aber nicht immer im Sinne des Mächtigen ist).
- **Informationsweitergabe**: Wissen ist Macht. Führungskräfte haben in der Regel einen Wissensvorsprung, sei es fachlicher, logistischer oder sozialer Natur. Dieser Vorsprung ist als Machtinstrument einsetzbar und somit negativer Gegenspieler zum Führungsinstrument Transparenz. Die selektierte Informationsweitergabe führt immer auch zur Ausgrenzung derer, denen die Information vorenthalten wird. Davon zu unterscheiden ist die Diskretion, die bei vielen Sachverhalten unerlässlich ist. Die sprichwörtliche Klatschtante ist die Person, die vertrauliche Informationen weitergibt und dadurch (vermeintlich) Macht ausübt.
- **Sanktion**: Eine Sanktion ist eine Strafmaßnahme im weitesten Sinne. Ihre negative Auswirkung soll gewünschtes Verhalten durchsetzen. Es gibt aber auch positive Sanktionen, z. B. Belohnungen.
- **Tadel**: Das negative Gegenstück zum Lob. Tadel muss nicht nur sparsam, sondern auch in der richtigen Form eingesetzt werden. Häufig zu beobachten, aber fast immer schlecht ist es, in Gegenwart Anderer (z. B. Patienten oder Kollegen) zu tadeln. Durch den damit einhergehenden Gesichtsverlust des Getadelten wird der Vorgang von der sachlichen auf die emotionelle Ebene verschoben, was mehr Probleme hervorruft als löst. Durch einen inadäquat vorgetragenen Tadel wird sich der Tadelnde meist selbst beschädigen.

Letztlich lässt sich den meisten positivem Führungsinstrumenten jeweils ein negatives Machtinstrument gegenüberstellen:

Führungsinstrument	Machtinstrument
Lob	Tadel
Einbindung	Ausgrenzung
Bitte	Anordnung
Wertschätzung, Empathie	Ignoranz
Zuteilung attraktiver Aufgaben	Zuteilung unattraktiver Aufgaben
Transparenz	Desinformation
Überzeugung	Überredung
Humor	Klima der Angst
Positive Vorbildfunktion	(Fehlende Vorbildfunktion)
Förderung der akademischen Karriere	Akademische Ausbeutung
Positive Sanktion	Negative Sanktion
Integration, Teambildung	Spaltung
Belohnung	Bestrafung

Leider lässt sich nicht verallgemeinern, ob eher Führungs- oder eher Machtinstrumente grundsätzlich erfolgreicher sind. Der herumschreiende Choleriker, der seine Mitarbeiter entmündigt und seine Abteilung in einem Klima der Angst „befehligt", könnte aus seiner Sicht durchaus erfolgreich sein: Die Ergebnisse der Arbeit können gut sein, er sitzt fest im Sattel und ist unverzichtbar.

Aber auch der humorvolle Charismatiker, dem alle Mitarbeiter freiwillig die Wünsche von den Lippen ablesen und dessen Abteilung fast von allein läuft, ist erfolgreich.

Dies sind natürlich Extrembeispiele. Auch könnten beide Charaktere scheitern: Dem Choleriker laufen die guten Mitarbeiter weg, die schlechte Fehlerkultur führt zu Schäden, die Geschäftsführung toleriert den Stil nicht mehr usw. Aber auch sein freundlicher Gegenpart könnte Probleme bekommen: Durch Laissez-faire kommt es zu Fehlern, Disziplinlosigkeit entsteht und – falls die Freundlichkeit mit Blauäugigkeit gepaart ist – die Autorität des Chefs ist gefährdet.

Macht ist oft nicht nur ein Mittel, um ein Ziel zu erreichen. Vielmehr ist die Macht an sich emotionell besetzt und kann so zum Treiber eines Menschen und zum Selbstzweck werden. Konsekutiv wendet dieser all seine Kraft auf, um möglichst viel Macht zu erreichen und zu erhalten. Um die Erreichung anderer Ziele geht es dann gar nicht mehr, sondern nur darum, Macht auszuüben, und zwar regelhaft mit den oben als negativ beschriebenen Instrumenten. Sicher könnten Sie spontan einige Ihnen bekannte Personen aufzählen, die dieser Beschreibung gerecht werden. Narzissten sind oft dabei.

Die Strategie des Umgangs mit solchen Personen muss gut abgewogen werden, da die Gegenseite das Ziel ja gerade nicht in der Sache, sondern im Machtausbau sieht. Sachbezogene Argumente werden daher nur dann wirksam sein, wenn sie unschlagbar sind. In einer solchen Situation ist Empathie besonders wichtig. Versuchen Sie, sich in Ihren Gesprächspartner hinein zu versetzen. Was bewegt ihn, was könnte ihn überzeugen?

Gefährlich kann es sein, hier die Machtfrage zu stellen, also anzudeuten, dass man bereit ist, an der Macht zu rütteln.

Dies kann manchmal unbewusst, vielleicht schon durch ein einziges Wort passieren. So ist die Frage „*Warum?*" in dieser Hinsicht nicht ungefährlich. Ihr Gegenüber wird dadurch hinterfragt und ist gezwungen, sich zu rechtfertigen. Die Frage nach einem Grund für eine Entscheidung oder Handlung sollte also nur gut abgewogen gestellt werden.

Endgültig in den Bereich des Machtkampfs einzuordnen sind „Wenn, dann …"-Formulierungen: „Wenn ich nicht mehr Personal bekomme, dann schließe ich eine Station." Damit setzten Sie nicht nur unter Druck, Sie erpressen regelrecht. Kaum ein Gesprächspartner kann darauf eingehen, denn er würde nicht nur Macht aufgeben, sondern zusätzlich auf Dauer erpressbar bleiben.

Ganz törichte Mitarbeiter verknüpfen „*Wenn, dann …*" mit der Drohung der eigenen Kündigung: „Wenn ich diesen Urlaub nicht bekomme, gehe ich." Eine solche Aussage macht eine weitere vertrauensvolle Zusammenarbeit unmöglich. Das Gespräch kann dann nur sofort beendet werden, am besten mit Hinweis auf die nach § 623 BGB notwendige Schriftform der Kündigung. Wird diese vom Mitarbeiter dann nicht ausgesprochen, sind künftig im Umgang mit ihm eher Macht- als Führungsinstrumente angemessen.

Machtkämpfe sind im Leben, gerade im Berufsleben, an der Tagesordnung. Gelegentlich sind sie subtil, z. B. bei der Frage, wer sich dabei durchsetzt, ob eine Besprechung um 15:00 oder um 15:15 Uhr beginnt. Auch die Sitzordnung bei einer Konferenz kann auf einmal an Bedeutung gewinnen. Man sollte für sich selbst analysieren, wie wichtig einem solche Spielchen sind. Besser ist es meist, sich bei den wesentlichen Fragen durchzusetzen. Die Sitzordnung ergibt sich dann bei der nächsten Besprechung von allein.

Oft ist es strategisch auch sinnvoller, in kleinen Dingen nachzugeben, um diese „Großherzigkeit" dann als Argument einzubringen, wenn es um das Wichtige geht.

In aller Regel machen wir uns die täglichen kleinen und größeren Machtkämpfe nicht bewusst, sondern handeln instinktiv und ungeplant. Wir verlassen uns auf unsere subjektiven Eindrücke und unsere Erfahrungen. Konkrete Planungen finden selten statt.

Das sollten Sie ändern. Erstellen Sie zwei Listen:

1. Zunächst schreiben Sie die kleinen, aber häufigen Konflikte oder Entscheidungssituationen auf.
2. Dann erstellen Sie eine (vermutlich deutlich kleinere) Liste der größeren Machtkämpfe der nächsten Zeit, bei denen Sie sich durchsetzen wollen.

In einem zweiten Schritt überlegen Sie jeweilig erfolgversprechenden Strategien und Instrumente, die sie einsetzen wollen.

Drittens kommt nun der wahrscheinlich schwierigste Schritt: Setzen Sie diese Pläne ganz gezielt um. Dabei müssen Sie Ihre spontanen Instinkte und Subjektivitäten überwinden.

Die Erfahrungen, die Sie dabei machen, bringen Sie in Ihre immer wieder zu aktualisierenden Planungen ein. Dadurch üben Sie Führungs- und Machtinstrumente und verfeinern Ihr Arsenal.

Übersicht: Führungs- und Machtinstrumente
- Die Summe der Werkzeuge, mit denen Sie Ihre Ziele erreichen wollen, ist prägend für Ihren Führungsstil
- Führungsinstrumente haben (fast immer) positive, Machtinstrumente (oft) negative Auswirkungen
- Bevorzugen Sie daher die (positiven) Führungsinstrumente. Nutzen Sie die (negativen) Machtinstrumente dann, wenn sie nötig sind
- Wägen Sie in jeder Situation sorgfältig ab, welches Instrument Sie einsetzen wollen. Genau wie bei einem chirurgischen oder handwerklichen Eingriff entscheidet die Wahl des richtigen Werkzeugs oft über Erfolg oder Misserfolg
- Begegnen Sie Ihrem Gesprächspartner mit Empathie. Durchschauen Sie seine Strategie und erkennen Sie, welche Instrumente er benutzt
- Vermeiden Sie unnötige Machtkämpfe. „Warum" und „Wenn dann" sind problematisch
- Notwendige Machtkämpfe müssen Sie gut vorbereiten. Bedenken Sie Ihre Strategie bei der Wahl der Werkzeuge

To-do-Liste: Führungs- und Machtinstrumente		
Maßnahme	Termin	Folgetermin
Liste **häufiger** Konflikte erstellen		
Hierfür Instrumente und Strategien auswählen		
Liste **größerer** Konflikte erstellen		
Hierfür Instrumente und Strategien auswählen		
Listen, Instrumente und Strategien aktualisieren		monatlich

1.12   Führen als kulturelle Leistung

Führungsqualitäten und -kompetenzen scheinen im Berufsleben keine besondere Bedeutung zu haben – jedenfalls taucht das Thema in den meisten Ausbildungscurricula nicht auf, schon gar nicht in der Ärztlichen Approbationsordnung. Die Pflege ist da schon weiter: Die pflegerische Leitung einer Station ist erst nach einem Stationsleitungskurs möglich.

Ärzte werden zwar vergleichsweise früh mit Führungsverantwortung versehen (schließlich hat schon der jüngste Stationsarzt Führungsaufgaben), geschult werden sie dafür aber nicht. Dies, obwohl Führungskompetenz in allen Fachgebieten nötig ist, und zwar unabhängig davon, ob in der Klinik oder in der Praxis gearbeitet wird.

Im Ergebnis sieht man auf allen Hierarchieebenen grottenschlechte Führungspersönlichkeiten – aber auch sehr gute. Leider eben zufällig, was sicher zum Teil mit der fehlenden strukturierten diesbezüglichen Ausbildung zu tun hat.

Führung ist Kultur und die Gesamtheit aller mit Führung zusammenhängenden Vorgänge einer Organisation ist deren Führungskultur. Diese wiederum wird geprägt durch die Führungskräfte.

Die Führungskultur einer Organisation hat Einfluss auf nahezu alle Vorgänge. So werden z. B. das Betriebsklima und die Produktivität beeinflusst. In der Folge hängen also zumindest indirekt die Struktur der Belegschaft (Kompetenz, Leistungsbereitschaft, Fluktuation) und das betriebswirtschaftliche Ergebnis von der Führungskultur ab. Die Liste ließe sich noch deutlich verlängern.

Leitende Ärzte in Kliniken haben also nicht nur medizinisch, sondern kulturell (im Sinne der Führungskultur) und betriebswirtschaftlich eine Schlüsselposition. Die rasch fortschreitende Spezialisierung führt sogar dazu, dass immer weniger die medizinische, sondern zunehmend andere Qualifikationen wichtig werden. Die Führungskompetenz, gepaart mit kommunikativen, betriebswirtschaftlichen und juristischen Kenntnissen, ist hier zu nennen.

Geht man ins Theater, ins Konzert oder in die Galerie, erwartet man zu Recht kulturelle Höchstleistungen. Bei der so wichtigen Führungs*kultur* ist die Gesellschaft aber nicht so wählerisch.

In den vorangegangenen Kapiteln wurden die zur Führung notwendigen Werkzeuge dargestellt und analysiert. Führung ist keine mathematisch genaue Wissenschaft mit einer eindeutig falschen oder richtigen Lösung. Vielmehr gibt es viele Grautöne, die alle richtig sein können.

Somit gilt es für die Führungskraft, einen eigenen (erfolgversprechenden!) Stil herauszuarbeiten.

Nun kann keiner aus seiner Haut und es ist auch nicht hilfreich, eine Fassade aufzubauen. Vielmehr ist Authentizität gefragt. Man muss sich selbst kennenlernen. Hierbei können eigene Beobachtungen und Selbsteinschätzungen hilfreich sein. Das reicht aber wegen der natürlich bestehenden Befangenheit nicht aus. Daher sollte man den Mut haben, (sehr gute) Freunde oder Kollegen um ihre Meinung zu bitten. Gegebenenfalls könnte auch ein Coaching notwendig werden.

Auch eine gemeinsame und gegenseitige Bewertung in einer Abteilung ist möglich. Um (psychische oder soziale) Verletzungen zu vermeiden, muss aber technisch sichergestellt sein, dass nur der Bewertete die ihn betreffenden Bewertungen einsehen kann und die Herkunft der Beurteilung anonym bleibt, sofern das gewünscht ist.

Eine gute Möglichkeit, sich selbst kennenzulernen, sind Seminare mit Rollenspielen, die auf Video aufgenommen werden. Damit hierbei valide Ergebnisse erhalten werden, müssen solche Verfahren **extern** sowie geographisch und sachlich abgegrenzt von dem tatsächlichen Wirkungsbereich durchgeführt werden. Dann aber ist es sehr lehrreich, sich selbst mit allen verbalen und nonverbalen Äußerungen zu sehen. Wenn dann noch die schonungslose Analyse der anderen Kursteilnehmer sowie des Seminarleiters folgen, kann das auch schmerzhaft werden. Wenngleich emotionell belastet, verlässt man diesen schützenden Raum unbeschädigt und um viele Erkenntnisse reicher.

Dieses Wissen kann bei dem „Tailoring" der eigenen Führungscharakteristik verwendet werden. Auch wenn die Persönlichkeit an sich nicht geändert werden kann und sollte, sind für bedeutsame Führungskräfte intensive Schulungen in Rhetorik und Kommunikation unerlässlich. Der damit verbundene zeitliche und finanzielle Aufwand lohnt sich. Vielleicht stellt man sogar rechtzeitig selbst fest, dass man für bestimmte Führungsaufgaben nicht geeignet ist und kann die Lebensplanung entsprechend adjustieren.

Bei der Wahl des geeigneten Führungs- oder Machtinstruments werden also die eigenen Vorlieben und Fähigkeiten eine Rolle spielen, aber auch die jeweilige Situation und Konstellation. Falls ausreichend, wird in den meisten Fällen das (positive) Führungsinstrument zur Anwendung kommen. Trotzdem kann es notwendig werden, sich auch mit einem (negativen) Machtinstrument durchzusetzen. Gut ist es natürlich, wenn positive Werkzeuge ausreichen. Die eigene Autorität muss aber erhalten werden, sonst ist die Führungspotenz in Gefahr. Wird ein Ziel sekundär als unsinnig erkannt, muss man jedoch die Stärke haben, sich zu korrigieren. Dies wird erfahrungsgemäß meist honoriert, also als souverän eingeordnet. *„Wer A sagt, muss nicht B sagen. Er kann auch erkennen, dass A falsch war"* (Bertolt Brecht).

Führung hängt eng zusammen mit Vertrauen. Das bekommt man nicht geschenkt, man muss es sich erarbeiten. Wesentlich hierfür ist wiederum *Authentizität* und *Loyalität*:

Sagen, was man denkt und **tun, was man sagt.**

Es kann kein Vertrauen entstehen, wenn nicht erkennbar wird, für welche Werte man steht oder wenn man mit zweierlei Maß misst. Vertrauen gibt es nur bei *bidirektionaler* Loyalität. Ihre Mitarbeiter werden nur dann für Sie einstehen, wenn sie sich auf Ihre Loyalität verlassen können.

Vertrauen aufzubauen, kann sehr mühsam sein. Umso leichter ist es allerdings, es wieder zu verlieren. Manchmal reicht eine unbedachte Äußerung.

Akzeptieren Sie *Kritik*! Allerdings muss sie in adäquater Form vorgetragen worden sein. Kritik ist immer wertvoll, denn sie demaskiert Verbesserungspotentiale. Insofern haben auch Fehler einen gewissen Wert, denn sie ermöglichen es, dazuzulernen. Nicht ein Fehler ist fatal, sondern seine eventuelle Wiederholung. Ebenso schlecht ist Nachlässigkeit, denn sie führt zu Fehlern allein deshalb, weil die gebotene Mühe nicht aufgewandt wurde (und nicht, weil ein Erkenntnisdefizit bestand).

Ein weiterer wichtiger Faktor innerhalb der Führungskultur ist das *Hierarchiegefälle*. Es spielt auch bei der Sicherheit eine wichtige Rolle.

Dies sei wieder an zwei Extrembeispielen verdeutlicht:

Ist das Hierarchiegefälle „Null", dann haben alle Teilnehmer die gleichen Rechte, vordergründig mag das für alle außer dem Chef angenehm sein. Eine Autorität, die bei einem Notfall die oberste Entscheidungsinstanz ist (wie ein Flugzeugkapitän), gibt es aber nicht. Es ist also zufällig, ob die richtige Entscheidung getroffen wird, also schlecht für die Sicherheit.

Aber auch das andere Extrem ist nachteilig: Bei einem sehr steilen Hierarchiegefälle, ähnlich wie bei einer Diktatur, darf sich das völlig entmündigte Team nicht mehr äußern. Auch dies ist nur vordergründig angenehm für den Chef, denn das Korrektiv durch die Gemeinschaft entfällt. Bei einem Irrtum der Führungskraft kommt es zum Fehler, zur Komplikation.

Somit ergibt sich ein optimales Hierarchiegefälle:

Wie das Optimum aussieht, hängt von der individuellen Situation ab. Dabei ist die gesamte Gemengelage zu berücksichtigen: Die Führungsperson, die Arbeitsgruppe, die Erfordernisse der Arbeitssituation usw. In einem herzchirurgischen OP gibt es sicher andere Optima als auf einer psychosomatischen Station.

Generell gilt aber, dass es keine zu großen Brüche in der Gesamtorganisation geben darf, die Führungskulturen der einzelnen Unterorganisationen also untereinander nicht völlig divergent sein können. Dies zu erreichen, ist nun die **Kunst** des Leiters einer untergliederten Abteilung genauso wie des Direktors eines Klinikums mit vielen Fachabteilungen.

Es kann also zu Recht von Führung als einer **kulturellen Leistung** gesprochen werden.

1.13 Evidenzbasierte Medizin

Unter evidenzbasierter Medizin (EbM) wird häufig fälschlicherweise eine sich nur auf externe Daten (klinische Studien oder Veröffentlichungen) gründende Medizin verstanden. Entsprechend wird ein individuelles therapeutisches Vorgehen in der Klinik häufig mit den Worten „Gibt es denn dafür Daten?" hinterfragt.

Eine allein auf Daten – auf Evidenz! – fixierte Medizin wird dem Patienten aber nicht gerecht. Evidenzbasierte Medizin ist „nicht die Lehre von der doppelblindrandomisierten Studie" (Jonitz 2016), sondern etwas ganz anderes.

Übersicht

Evidenzbasierte Medizin (EbM) ist mindestens ein Dreiklang und beinhaltet:

- die gegenwärtig besten vorhandenen Daten aus der Gesundheitsforschung
- die individuelle Expertise des Therapeuten
- die Präferenz des Patienten.

(*„Evidence based medicine is not „cookbook" medicine. Because it requires a bottom up approach that integrates the **best external evidence** with **individual clinical expertise** and **patients' choice**, it cannot result in slavish, cookbook approaches to individual patient care."*) (Sackett 1996)

Erst die Integration aller drei Arme zu einem Konzept für den individuellen Patienten führt zu der für ihn besten Entscheidung.

So ist bei einem 95-jährigen Patienten dieselbe Situation ganz anders zu bewerten als bei einem 50-jährigen. Manchmal ist es auch sinnvoll, die **besser beherrschte** Methode anzuwenden als die in Studien erfolgreichere.

Leitlinien beziehen sich auf die Ergebnisse von Studien bzw. bei deren Fehlen auf Expertenmeinung. **Studienergebnisse** sind in vielerlei Hinsicht kritisch zu beleuchten. Durch Ausschlusskriterien sind sie nur für eine Teilgruppe relevant, die Ergebnisse werden aber verallgemeinert. Evidenzen werden überschätzt oder euphemistisch dargestellt. Die Beurteilung von Risiken oder Prognosen anhand von statistischen Parametern ist komplex und wird von den meisten Ärzten nicht beherrscht. Viele selbstverständliche Vorgehensweisen in der Medizin wurden nie wissenschaftlich untersucht, so dass keine Daten zur Verfügung stehen.

Das Kleben an Leitlinien hat vielfach kontraproduktive Auswirkungen: Ressourcenverschwendung, Schädigung von Patienten, fehlende Bereitschaft von Ärzten für eigenverantwortliche Entscheidungen. Der ständig die neuesten Veröffentlichungen zitierende Arzt mag zwar belesen sein, meist hat er aber nicht verstanden, was evidenzbasierte Medizin ist. Leitlinien können nicht die klinische Expertise ersetzen (Mühlhauser & Meyer 2016).

Der **Patientenwille** ist letztlich immer entscheidend, wenngleich natürlich ein Arzt nicht gezwungen werden kann, etwas aus seiner Sicht völlig Unsinniges zu tun. Bei der Aufklärung zu den unterschiedlichen Therapien muss aber möglichst unbefangen vorgegangen werden, um den wirklichen Willen des Patienten nicht zu hintergehen.

Das eben macht ärztliche Arbeit aus: Die Wertung aller zur Verfügung stehenden Informationen (Daten + individuelles Können + Patientenwillen) und dann die verantwortungsvolle Entscheidung.

1.14   Krankenhäuser können und müssen besser werden

In einer Titelgeschichte im September 2019 forderte das Magazin „stern" mehr „Medizin für Menschen" und verband dies mit einem Ärzteappell (Albrecht 2019). Verbunden wurde dies mit einer Unterstützung der online-Petition eines Patienten: „Mensch vor Profit".

In der Veröffentlichung wurden viele Aspekte journalistisch (und leider auch reißerisch) aufgearbeitet, die auch in diesem Buch beklagt werden. Dennoch wäre der Schluss, dass mit der Gesundheit kein Geld verdient werden dürfte, grundfalsch. Das Gesundheitswesen ist ein wichtiger Wirtschaftsfaktor, mit dem auch viele Arbeitsplätze verbunden sind. Wenn es ethisch in Ordnung ist, dass pflegerisches und ärztliches Personal mit der Behandlung von Patienten Geld verdienen, warum sollten dann nicht auch die damit befassten Unternehmen rentabel arbeiten dürfen? Gut organisierte Kliniken schreiben schwarze Zahlen *und* bieten gute Qualität. Unrentable Krankenhäuser dagegen haben meist auch medizinisch schlechte Ergebnisse.

Der Systemfehler besteht also nicht im angestrebten Profit an sich, sondern in Fehlanreizen. Das DRG-System belohnt vieles, was kontraproduktiv hinsichtlich Qualität ist:

- Technisch aufwändige Prozeduren wie Gelenkprothesen oder kardiologische Eingriffe
  - Teure Geräte werden angeschafft und müssen sich amortisieren
- Die Aufteilung der Behandlung auf mehrere stationäre Aufenthalte
  - Vermehrte Belastung der Patienten. Verteuerung durch unnötig hohen Aufwand
- Komplexpauschalen, die an genau definierte Voraussetzungen geknüpft sind
  - Extrem hoher Dokumentationsaufwand
  - Damit die begehrte Komplexpauschale abrechenbar ist, muss der Patient in der entsprechenden Abteilung behandelt werden. Dies kann schlecht für den Patienten sein, wenn er z. B. in einer geriatrischen Abteilung liegt, aber unfallchirurgische oder kardiologische Kompetenz braucht

Dies sind nur wenige Beispiele. (Leitende) Ärzte spielen dabei natürlich eine Schlüsselrolle, denn sie könnten sich ja den Fehl-Anreizen widersetzen.

Was also ist zu tun?

1. Saubere Indikationsstellungen,
   - die sich nach medizinischen Erfordernissen richten
   - die die individuelle Situation und den Wunsch des Patienten würdigen (siehe Abschn. 1.13, Evidenzbasierte Medizin)
   - die auch die Empfehlungen „Klug entscheiden" (www.klug-entscheiden.com) berücksichtigen
2. Vorhaltung einer Krankenhaus-Infrastruktur,
   - die der regionalen Situation angepasst ist
   - und somit keine Fehlanreize aus Amortisationsgründen generiert
   - die gute fachliche Standards sicherstellt
   - deren Unternehmenskultur die in diesem Buch aufgeführten Empfehlungen berücksichtigt
3. Exzellentes Personalmanagement
   - bei der die individuellen Kompetenzen und Bedürfnisse anerkannt werden
   - und daher Delegation („Empowerment") gefördert, Substitution aber vermieden wird (siehe Abschn. 4.15)
   - das auf Nachhaltigkeit und geringe Fluktuation setzt
   - und daher für angemessene Arbeitsbedingungen sorgt
4. Rückkehr zu einer Medizin-zentrierten Gesundheitspolitik
   - bei der medizinische und nicht ökonomische Schwerpunkte gesetzt werden
5. Schaffung einer finanziellen Infrastruktur,
   - die Krankenhäusern, die die Punkte 1 bis 3 befolgen, ein gutes Auskommen (vielleicht sogar bei guter Organisation Rendite!) ermöglicht
   - und daher das DRG-System vollständig überarbeitet/ersetzt
   - die bei der Gestaltung der Entgelte für die Leitenden Ärzte jegliche Fehlanreize vermeidet (z. B. Zielvereinbarungen, Privatliquidationen usw.)

Zu diesen Punkten sind einige Anmerkungen zu machen:

Ad 1: EBM muss neu gedacht und gelehrt werden. Vor allem aber muss die Verdrängung der EBM durch die Ökonomie rückgängig gemacht werden. Indikationsstellungen sind nach medizinischen und nicht nach ökonomischen Kriterien zu treffen. Der ehemalige Vorstandsvorsitzende der Charité Einhäupl vertritt die Auffassung, dass ca. 50 % der Bandscheibenoperationen besser nicht durchgeführt werden sollten (Einhäupl 2019).

Ad 2: Gerade dieser Punkt birgt Sprengstoff: Tatsächlich wird nicht jedes kleinere oder mittelgroße Krankenhaus zu halten sein, ebenso wenig wie jede geburtshilfliche, endoprothetische oder Herzkatheter Abteilung. Dies ergibt sich nicht nur aus (hier berechtigten) ökonomischen Erwägungen, sondern auch aus Gründen der fachlichen Kompetenz (Stichwort Mindestzahlen) und des Personalmangels. Doppelstrukturen sind zu vermeiden und vorhandenes kompetentes Personal effektiv einzusetzen. Bürgermeister und Landräte müssen hier vielleicht die eine oder andere Demonstration aushalten. 60 % der deutschen Krankenhäuser haben weniger als 200 Betten (Kleibrink et al. 2019). Die so gebundenen

Mittel und das Personal fehlen an anderen Stellen im System. Im Ergebnis leidet die Versorgungsqualität.

Ad 3: Der adäquate Umgang mit und Einsatz von Mitarbeitern ist eine der wichtigsten Stellschrauben auf dem Weg zu einem besseren Krankenhaus. Von gutem Personalmanagement profitieren alle: natürlich die Mitarbeiter selbst durch gute Arbeitsbedingungen und einen individualisierten Einsatz, die Patienten, die von zufriedenem Personal betreut werden und die Klinik, in der effektiv und qualitativ hochwertig gearbeitet wird. Beim Personalmanagement ist es am einfachsten, Fehlentwicklungen aufzudecken und zu korrigieren – das muss man aber auch wollen.

Ad 4: Ärzten (und da soll jetzt kein Standesdünkel durchklingen) muss wieder Verhör geschafft werden, denn sie erbringen gemeinsam mit der Pflege – und einigen anderen Berufsgruppen wie beispielsweise der Physiotherapie – die Kernleistungen im Krankenhaus. Es mag banal klingen, ist aber symptomatisch: Oberärzte haben häufig keine eigenen Zimmer mehr, weil diese für QM/Controlling/Codierung zweckentfremdet werden. Stationsärzte führen die Angehörigengespräche auf dem Flur.

Ad 5: Während die Punkte 1 bis 3 lokal bzw. regional bewältigt werden könnten, sind die gesundheitspolitischen Hürden sicher die größten. Doch auch diese sind zu bewältigen, andere Länder (z. B. Dänemark) haben es vorgemacht.

Fazit: Krankenhäuser **müssen** besser werden, denn der jetzige Zustand ist für alle Seiten inakzeptabel. Die Patienten werden nicht mehr gut, sondern unter-, über- und fehlversorgt. Das Personal entflieht dem System, das keine menschengerechten Arbeitsbedingungen mehr vorhält. Auch ökonomisch zeichnet sich ab, dass das durch Fehlanreize und Überversorgung teure System zunehmend unfinanzierbar wird.

Krankenhäuser **können** auch besser werden, denn die Punkte 1 bis 3 (4) sind durch engagierte Führungskräfte – ärztliche und nicht-ärztliche – gut zu erreichen.

1.15 Innovative Führungsmodelle

Besucht man Internetportale von Kliniken, findet man meist die konventionelle Führungsstruktur: Abgeschlossene Fachabteilungen mit einem, vielleicht zwei Chefärzten. Weil am häufigsten, bezieht sich auch dieses Buch auf diese typische Struktur, z. B. bei der Besprechung von betriebswirtschaftlichen Kennzahlen oder dem Thema Chefarztkonferenz.

Das bedeutet nicht, dass dieses Führungsmodell das beste sein muss, im Gegenteil. Die kleinen „Königreiche" sind mit vielen Nachteilen verbunden.

So können Abteilungsegoismen ineffektiven Ressourceneinsatz zur Folge haben, sowohl was Personal als auch was Geräte angeht. Führt der innerbetriebliche Wettbewerb dazu, dass die eine Abteilung der anderen etwas „nicht gönnt", ist das kontraproduktiv für die Wertschöpfung. Auch die medizinischen Indikationsstellungen könnten sich verschieben, wenn beispielsweise die Internisten eher konservativ bzw. interventionell behandeln, die Chirurgen aber bei demselben Krankheitsbild operieren. Schließlich möchte jede Abteilung die DRG für sich verbuchen.

Immerhin haben sich zur Vermeidung derartiger Phänomene interdisziplinäre Konferenzen institutionalisiert wie z. B. die Tumorkonferenz oder das „Heart Team", bestehend im Kern aus Kardiologen und Kardiochirurgen.

Denkbar wäre auch die Aufgabe der bisherigen Grenzen zwischen konservativen und operativen Disziplinen. Es gibt durchaus gleichermaßen ökonomisch wie medizinisch erfolgreiche **gemeinsame Abteilungen** für anatomische Bereiche wie Abdomen oder Thorax, geführt im Kollegialsystem. Die dann enge Zusammenarbeit von Internisten und Chirurgen innerhalb einer einzigen organisatorischen Struktur fördert das Verständnis füreinander und befruchtet die fachliche Kompetenz. Die Chance für den Patienten, dass der bestmögliche diagnostische oder therapeutische Weg gefunden wird, ist so am größten. Ein großer Teil der Verlegungen würde entfallen und somit auch der Wechsel von Zuständigkeiten und Bezugspersonen.

Dieses Modell vollzieht eine Entwicklung nach, die sich medizinisch sowieso schon abzeichnet: Die Internisten werden interventioneller und die Chirurgen minimalinvasiver. Die Methoden gleichen sich immer mehr an. Bei der kathetergestützten Aortenklappenimplantation (TAVI) stehen oft beide Fachärzte am Tisch.

Kritisch ist dagegen das Modell der vollständig fachübergreifenden Bettenbetreuung (z. B. durch allgemeinmedizinische oder geriatrische Ärzte) zu sehen, während Eingriffe (seien sie internistischer oder chirurgischer Natur) von spezialisierten Teams (ohne eigene Betten) als isolierte Dienstleistungen durchgeführt werden. Den hierfür benötigten Generalisten, der die Stationen versorgt, gibt es nicht mehr. Die zu treffenden fachlichen Entscheidungen sind angesichts der rasch fortschreitenden medizinischen Entwicklung hierfür zu komplex. In der Konsequenz müssten ständig Konsile angefordert, durchgeführt und bewertet werden. Eine solche Verzettelung ist ineffektiv, führt zu Diskontinuitäten und verlängert die Verweildauer.

Die Idee des „**Networkings**", also der multiplen Verzahnung, ist in einer gemeinsamen internistisch/chirurgischen Struktur noch am besten gelöst. Eine solche Netzwerkbildung ist dann aber das Gegenteil der abgeschotteten Abteilung mit Wagenburgmentalität und kann nur erfolgreich sein, wenn durch das innerbetriebliche Anreizsystem hierfür die Voraussetzungen geschaffen werden. Im Ergebnis wäre es aber für alle Seiten von Vorteil: Der Patient profitiert von der umfassenden fachlichen Versorgung, die behandelnden Ärzte durch Kompetenzgewinne und die Vermeidung zermürbenden Gerangels um Patienten und die Klinik durch ökonomische Vorteile als Folge von Synergieeffekten.

Natürlich ist das so nicht in jedem Haus zu verwirklichen, vielmehr sind die lokalen Verhältnisse zu würdigen. Auch werden gerade Chefärzte vielleicht stutzig, bietet doch das gute alte Königreich für sie persönlich Vorteile: eine unangefochtene Position an der Spitze, ein entsprechendes Ansehen und ein guter Verdienst. Wer aber glaubt, er könne sich – nur weil er jetzt Chefarzt sei – entspannt zurücklehnen und auf früher erworbenen Lorbeeren ausruhen, hat sich getäuscht. Die Disruptionen sind gewaltig und tangieren das Gesundheitswesen in vielerlei Hinsicht: Medizinischer Fortschritt, Digitalisierung, politische und ökonomische Verwerfungen, Umweltproblematiken sowie gesellschaftliche Entwicklungen wie der Arbeitsmarkt oder die Demographie. Volatilität allenthalben.

Erfolgreich sein wird hier vor allem derjenige, der am flexibelsten ist. Dabei darf **Flexibilität** nicht mit Opportunismus verwechselt werden. Die eigenen Werte und Ziele müssen zwar regelmäßig neu geortet und gewertet, dürfen aber nicht über Bord geworfen werden. Die Adaptation an den Mainstream ist kein Garant für Erfolg. Im Gegenteil: man darf nicht hinterher-, sondern muss vorausgehen. Dann können die eigenen Vorstellungen am ehesten verwirklicht werden.

Gefragt sind somit Führungskräfte mit persönlicher Reife und **Souveränität**. Leitende Ärzte müssen nicht mehr alles selbst können, aber die Innovationen ins Haus holen und etablieren. Sie haben für die personellen und organisatorischen Voraussetzungen zu sorgen, damit qualitativ und menschlich hochwertige Medizin bei gutem Betriebsklima und ökonomisch effektiv stattfinden kann. Dafür braucht es nicht zwingend eine eigene Abteilung, sondern eine Führungskultur, die die in Abschn. 1.10 genannten Instrumente umfassend einbezieht. Für einen so ausgestatteten und in der Mitte eines Netzwerks stehenden Arzt ist der Chefarzttitel nachrangig. Seine Meinung wird immer gefragt und sein Einfluss immer hoch sein. Seine Freude an der Arbeit übrigens auch – und das sollte wichtiger sein als die Befriedigung narzisstischer Neigungen.

Auf das „Networking" und das Prinzip der **gegenseitigen Dienstleistung** wurde schon in Abschn. 1.6 hingewiesen. Netzwerke sind die neuen Teams (von Blanquet 2017). Viele Aufgaben können von einzelnen Abteilungen nicht autark gelöst werden, vielmehr bedarf es eines nicht nur die Abteilungs- sondern auch die Klinikgrenzen überschreitenden Netzwerks. Beispielhaft sei auf Schlaganfall- oder Herzinfarktnetzwerke hingewiesen. Auch die Teleradiologie führt zu Synergieeffekten. Bestandteil eines Netzwerks zu sein und somit auf kostenträchtige eigene Infrastruktur verzichten zu können, hat für manche Kliniken existenzielle Bedeutung erlangt. Die Aufgabe – und wieder wird es neudeutsch – des „Synaptings" liegt bei dem Leitenden Arzt.

Die **Sektorengrenzen** (stationär vs. ambulant) müssen als nächstes hinterfragt werden. Die Patienten halten sich schon lange nicht mehr daran und gehen mit dem Schnupfen nicht zum Hausarzt, sondern in die Notaufnahme der Klinik. Mittlerweile gibt es vielfältige Angebote der Politik, die Sektorengrenzen aufzuweichen. Da dies den Einfluss der traditionell für den ambulanten Sektor zuständigen Kassenärztlichen Vereinigungen beschädigen könnte, kann der dort entstehende Widerstand nicht verwundern. Möglicherweise hilft die Macht des Faktischen, nämlich dann, wenn sich keine Ärzte mehr niederlassen wollen.

Die schon jetzt bestehenden Möglichkeiten für Ärzte, sowohl ambulant als auch stationär tätig sein zu können, sollten sorgfältig erwogen werden. Spezialambulanzen, Belegarzttätigkeit, Teilzeitarbeit in Praxen, die Bereitschaftsdienstpraxis in den Räumen der Notaufnahme, Beteiligung an MVZs – der Fantasie sind kaum noch Grenzen gesetzt. Auch hier gilt: man muss es nicht persönlich machen. Warum sollte ein Oberarzt nicht einen halben Kassensitz in der Facharztpraxis am Ort haben? Die Zusammenarbeit mit den wichtigen Zuweisern wäre sicher gefördert – und wieder eine neue „**Synapse**" geschaffen.

Sie sollten die Lektüre dieses Buches jetzt kurz unterbrechen und nachdenken. Wie ist es um Ihr Netzwerk bestellt? Worauf basiert Ihr Führungsmodell? Was müssen Sie jetzt alles tun, um die Strukturen des Bereiches, in dem Sie tätig sind (um das Wort Abteilung zu vermeiden) zu verbessern und gleichzeitig Ihren Einfluss zu sichern? Welche Synapsen sind zu schalten? Welchem Netzwerk ist beizutreten, welches ist aufzubauen?

Die To-do-Liste müssen Sie diesmal also selbst erstellen.

1.16　Führungsteam

Es ist durchaus üblich, dass neue Chefärzte Kollegen aus ihrer früheren Wirkungsstätte mitbringen und als Oberärzte installieren. Dafür gibt es mehrere Gründe.

Erstens hat man loyale Mitstreiter und kann so dem möglichen Gegenwind der alteingesessenen Oberarztriege ein eigenes Bollwerk entgegensetzen. Vielleicht waren einige dieser Oberärzte Mitbewerber auf die Chefarztposition und werden den erfolgreichen Auswärtigen kaum herzlich willkommen heißen.

Zweitens möchte man sicher die bisher erlernten Vorgehensweisen auf den neuen Arbeitsplatz übertragen. Das geht leichter, wenn man Gleichgesinnte an seiner Seite hat.

Trotzdem ist es fraglich, ob diese Strategie empfehlenswert ist. In dem Maße, in dem man den mitgebrachten Kollegen verpflichtet ist, wird man gegen die anderen Oberärzte arbeiten müssen. Das dann schlechte Betriebsklima ist vorhersehbar. Die nicht selten zu sehende Vorgehensweise, dass die „alten" Oberärzte weggemobbt werden sollen, ist nicht nur aus menschlichen Gründen abzulehnen, sondern auch kontraproduktiv, denn die Erfahrung und das Netzwerk derjenigen geht verloren.

Eine souveräne Persönlichkeit überzeugt durch Kompetenz sowie gute Führungsarbeit und hat daher die mitgebrachten Fürsprecher nicht nötig. Viel besser ist es, das bisherige Team einzubinden und auf die neuen Ziele – die gemeinsam zu erarbeiten sind – einzuschwören.

Führen Sie ausführliche Einzelgespräche mit allen neuen Kollegen. Auch wenn die Oberärzte zunächst am wichtigsten sind, sollten Sie mit *allen* sprechen. So können Sie gut das Stimmungsbild in Ihrer Abteilung recherchieren. Natürlich werden nicht alle Ärzte freundschaftlich und aufgeschlossen, aber auch auf keinen Fall alle gegen Sie eingestellt sein.

Auf dem bei diesen Gesprächen generierten Wissen können Sie nun Ihre Strategie aufbauen. Die Ziele der Mitarbeiter sind hierfür einzuarbeiten. Dabei sind natürlich nicht nur die Wünsche, sondern auch die speziellen Kompetenzen und Talente zu berücksichtigen. Finden Sie für jeden Kollegen die Position, die am besten für ihn passt. Werten Sie ihn auf, indem Sie eigene Führungsaufgaben delegieren – davon profitieren Sie beide.

Ergeben sich Lücken zu Ihren eigenen Zielen, könnten Sie beispielsweise Fortbildungen (vielleicht auch eine Hospitation in Ihrer früheren Abteilung!) anbieten. Auf diese Weise bringen Sie Ihre Wertschätzung für Ihre neuen Mitarbeiter zum Ausdruck. Natürlich wird nicht jeder das Angebot annehmen und trotzdem abwandern. Diese Fluktuation können Sie dann immer noch nutzen, um Ihnen bekannte Kollegen einzustellen.

Gerade die Diskrepanz zwischen dem möglicherweise befürchteten Mobbing und der tatsächlichen Einbindung aller könnte Erleichterung hervorrufen, so dass Sie Ihre Position frühzeitig festigen können. Wenden Sie sich bewusst auch an diejenigen, deren Widerstand Sie erwarten bzw. die sich initial schon als Ihre Gegner zu erkennen gegeben hatten. So können Sie durchaus auf einen Stimmungswandel hoffen.

Im Ergebnis haben Sie dann ein Führungsteam, das kompetent alle medizinischen Erfordernisse abdeckt und Sie gleichzeitig in der Führungsarbeit unterstützt. So können Sie sich meist auf positive Führungsinstrumente beschränken und Machtinstrumente vermeiden.

Spielen Sie sich dagegen auf wie der große Zampano, wecken Sie nicht nur überhöhte Erwartungen an Ihre eigenen Leistungen (die Sie möglicherweise nicht werden erfüllen können), sondern werden außerdem feststellen, dass sich gerade diejenigen, die Sie am meisten brauchen, von Ihnen abwenden.

Im Gegensatz zu früher wird von Chefärzten nicht erwartet, dass sie das ganze medizinische Spektrum ihrer Abteilung selbst abdecken können. Die Aufgabe besteht vielmehr darin, die Abteilung *insgesamt* so zu organisieren, dass sie entsprechend effektiv und effizient ist. Dass dann einzelne Spezialisten in bestimmten Bereichen Ihnen fachlich überlegen sind, macht gar nichts. Entscheidend ist, dass Sie deren Interessen so berücksichtigen, dass sie Gründe haben, für Sie und nicht gegen Sie arbeiten.

Abb. 1.3 symbolisiert das Gesagte. In der linken Abbildung sind die Ziele und Wünsche des Chefarztes (großer Kreis) und der Oberärzte (kleine Kreise) nicht völlig kongruent. Rechts: Nach Adaptation der chefärztlichen Ziele sind die der Oberärzte fast alle berücksichtigt. Der Oberarzt ganz rechts muss sich selbst noch anpassen oder das Team verlassen. Beachte: Auch wenn die chefärztlichen an die oberärztlichen Ziele angepasst wurden, so sind sie in der Summe bzw. der Wertigkeit mindestens gleichgeblieben (symbolisiert durch die etwa gleichgroße Fläche des Kreises bzw. der Ellipse).

Der geschickte Aufbau des Führungsteams ist für Ihren Erfolg eminent wichtig. Das gilt auch und besonders dann, wenn ein innovatives Führungsmodell angedacht ist.

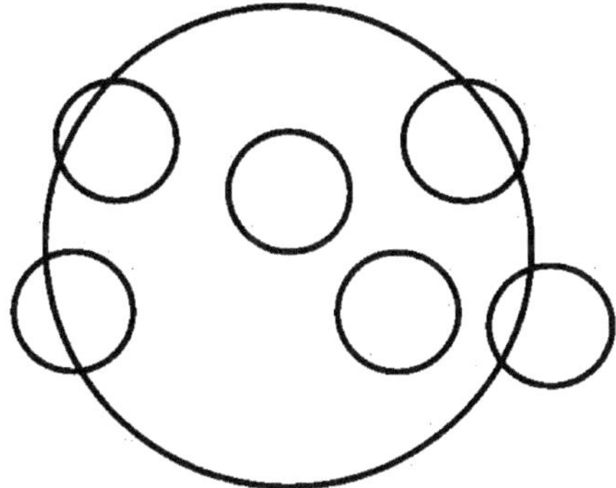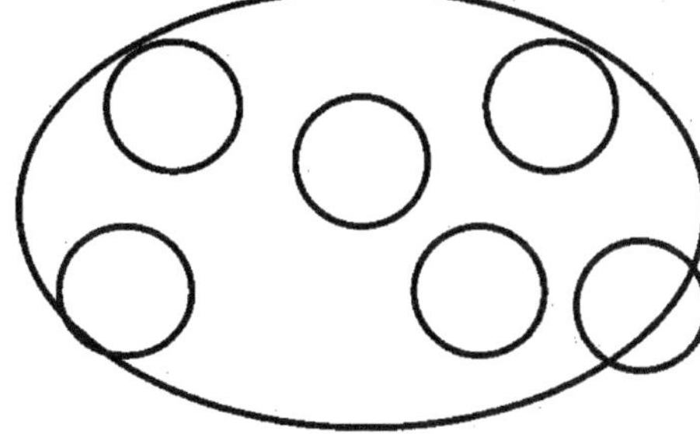

Abb. 1.3 Führungsteam.

Sie sollten also entsprechende Mühe und Sorgfalt aufwenden. Dabei dürfen und müssen Sie Ihre eigenen Interessen, auf die in den folgenden beiden Kapiteln eingegangen wird, natürlich besonders berücksichtigen.

To-do-Liste: Führungsteam		
Maßnahme	Termin	Folgetermin
Einzelgespräche führen		
Ziele und Strategie adaptieren		
Positionen und Aufgaben festlegen		
Förderungsmaßnahmen (z. B. Fortbildungen, Hospitationen) anbieten		
Führungsteam formen		

1.17 Eigenorganisation und Zeitmanagement

„Es gibt Diebe, die von den Gesetzen nicht bestraft werden und dem Menschen doch das Kostbarste stehlen: die Zeit." (Napoleon Bonaparte)

Die folgenden Zeilen werden sich möglicherweise unterscheiden von dem, was Sie in den üblichen Ratgebern lesen. Das liegt daran, dass die Empfehlungen überwiegend auf eigenen Erfahrungen mit dem Krankenhausalltag beruhen.

Einige Empfehlungen zur Eigenorganisation gelten allgemein, also für jeden, bei anderen dagegen muss individuell ausgewählt werden. Denn natürlich organisieren sich Menschen je nach Charakter und Temperament unterschiedlich.

So bevorzugen manche **digitale**, andere dagegen **analoge** Planungssysteme. Die Vorteile der digitalen Systeme liegen in der möglichen Vernetzbarkeit mit dem Sekretariat, so dass beide Seiten jederzeit online die aktuelle Planung einsehen können. „Digital Natives" werden damit gut zurechtkommen. Ältere Generationen bevorzugen vielleicht die Optik des analogen Terminkalenders und die meist schnellere Schreibe mit dem Kuli. Nachteil des analogen Kalenders ist die Notwendigkeit, ihn zusätzlich zum Smartphone mitführen zu müssen.

Sehr vereinfachend soll hier außerdem zwischen dem **kreativen, eher chaotischen** und dem **strukturierten, eher pedantischen** Typus unterschieden werden. Natürlich gibt es viele Zwischenstufen und weitere Kriterien. Auch unterschiedliche Kulturen haben eine Bedeutung (siehe Abschn. 4.10).

Der **Kreative** ist sehr flexibel, jederzeit ansprechbar und hilfsbereit. Gerne lässt er sich ablenken. Seine Verlässlichkeit dagegen ist gering. Der Schreibtisch ist überfüllt. Wichtige Dokumente gehen hier gerne mal verloren.

Der **Strukturierte** lässt sich ungern von seiner Planung, die er sorgfältig pflegt, abbringen. Er ist zuverlässig und ordentlich. Spontane Entwicklungen wird er manchmal verpassen.

So haben beide Typen ihre Stärken und Schwächen, die hier auch nicht gewertet werden sollen. Beide sollten sich aber darauf einlassen, die nachfolgenden Hinweise hinsichtlich ihrer Brauchbarkeit für die eigene Situation zu prüfen.

Denn das alles haben sie gemeinsam:

- ein großes Bündel von Aufgaben,
- mehrere Rollen im Beruf: Arzt, Vorgesetzter, Angestellter, Wissenschaftler usw.,
- mehrere Rollen im Privaten: Ehepartner, Elternteil, Sportler, Häuslebauer usw.,
- eigene Vorlieben und Karriereziele …
- … und viele Zeitdiebe, die Sie am effizienten Ausüben ihrer Rollen hindern.

Sie sollten zunächst ihre eigenen **Ziele und Vorlieben** erforschen (siehe auch Abschn. 1.5). Somit ist das also auch der erste Punkt auf der To-do-Liste.

Stimmt Ihr tatsächlicher Alltag mit diesen überein? Davon würden alle profitieren, Sie natürlich, aber auch alle anderen Stakeholder, denn das, was Sie gerne machen, machen Sie wahrscheinlich auch gut.

Wenn Sie dagegen Diskrepanzen zwischen der Realität und den eigenen Wünschen entdecken, müssen Sie dieses Delta genauer analysieren: Was kann delegiert oder vielleicht sogar ganz weggelassen werden? Was ist effizienter zu erledigen, so dass Sie weniger Zeit damit verbringen? Schneidern Sie Ihren Alltag auf sich selbst zu. Lassen Sie sich nicht ständig von Anderen vereinnahmen, vergessen Sie aber nicht, dass auch Sie Dienstleister für Ihre Partner sind (siehe Abschn. 1.6) und Ihre Aufgaben nicht vernachlässigen dürfen. Auch wenn Sie Ihre eigenen Interessen berücksichtigen dürfen und sollen, kann es nicht gut gehen, den gesamten Arbeitstag lang nur noch die Hobbies zu pflegen.

Freunden Sie sich daher mit dem **Pareto-Prinzip** an (Abb. 1.4): Es besagt, dass man bei der Bearbeitung einer Aufgabe mit den ersten 20 % Aufwand bereits 80 % Erledigungsanteil erreicht. Die restlichen 20 % sind sehr viel mühevoller und bedürfen dann 80 % des Gesamtaufwandes für eine vollständige Erfüllung. Sie sollten also bei jeder Ar-

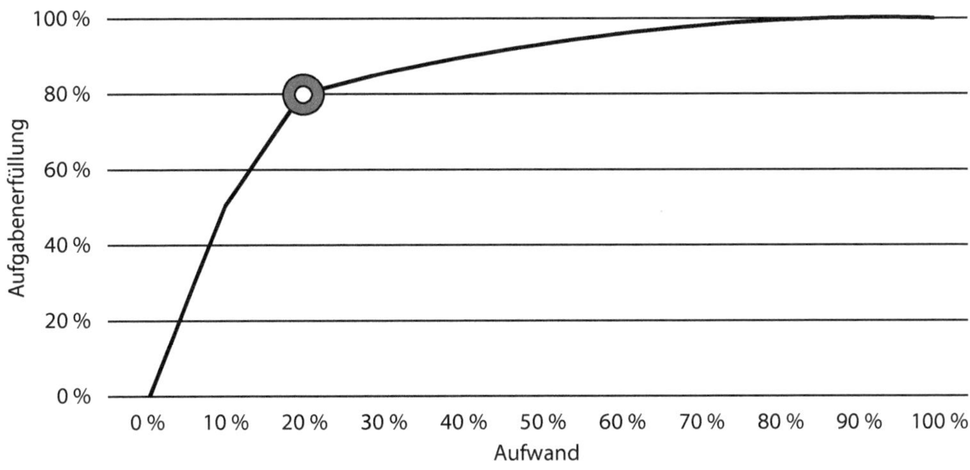

Abb. 1.4 Pareto-Prinzip

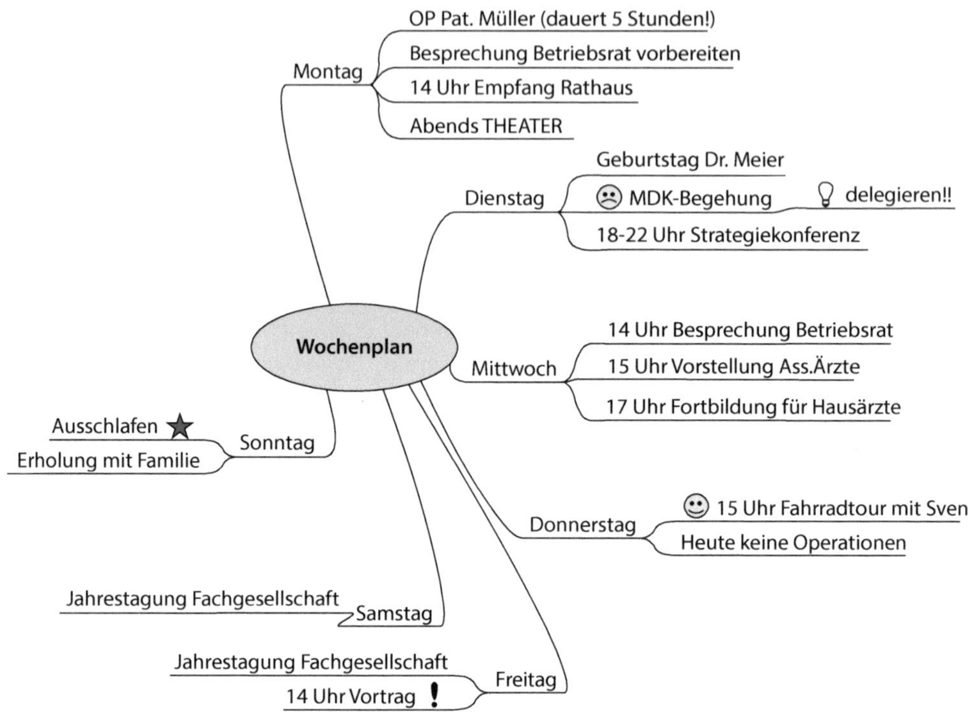

Abb. 1.5 Mindmap Wochenplan

beit prüfen, ob nicht 80 % Erledigung ausreichend ist. Es muss nicht immer alles perfekt sein!

Zugegeben, in der Medizin sollten Sie tatsächlich nur mit 100 % zufrieden sein. Aber vielleicht reicht es, wenn Sie persönlich nur 20 % Aufwand (und somit 80 % Erledigung) erbringen und den restlichen Aufwand **delegieren**, z. B. an Kollegen in der Ausbildung oder nicht-ärztliches Assistenzpersonal. Zum Thema Delegation siehe auch Abschn. 4.15.

Ein weiteres hilfreiches Tool ist das **Mindmap**. Sie haben es in diesem Buch schon mehrfach kennengelernt. Es kann vielfach genutzt werden: Zum Brainstorming bei der Ideenfindung, zur Darstellung der Ziele und Vorlieben sowie zur Tages- und Wochenplanung (Abb. 1.5). Auch die persönliche Planung einer Besprechung ist damit möglich, denn Sie können die einzelnen Themen geclustert mit den jeweiligen Aspekten auftragen.

Die Vorteile des Mindmaps liegen darin, dass einzelne Gesichtspunkte nicht wie bei einer Tagesordnung oder Einkaufsliste linear aufgereiht werden, sondern vernetzt und hierarchisch geordnet werden. Zusammenhänge oder auch Kausalitäten können verdeutlicht werden.

Je nach Geschmack sind optische Verstärkungen durch Farben oder Bilder möglich. Besonders wichtige Aspekte können so hervorgehoben werden. Man kann es analog malen, aber auch unter Anwendung von Software-Applikationen erstellen. Sie finden kostenlose oder hochprofessionelle (und entsprechend teure) Versionen im Internet.

Identifizieren Sie die **Zeitfresser**. Wodurch werden Sie ständig gestört? Wann kommt es immer zu Verzögerungen? Welche Besprechungen sind sinnlos oder schlecht organisiert? Welche langwierigen Tätigkeiten können Sie delegieren? Führen Sie am besten eine Woche lang Buch und gehen Sie dann konsequent gegen unnötigen Zeitaufwand vor.

Zu den Zeitfressern gehören **Unterbrechungen**. Ständige Störungen kosten Zeit, Effizienz, Qualität und Nerven. Ähnlich wie bei einem Eingriff gibt es „Rüstzeiten" nach jeder Unterbrechung, und wenn es sich nur um das erneute Konzentrieren, die Rekapitulation der Gedanken handelt. Sorgen Sie also dafür, dass Sie begonnene Tätigkeiten störungsfrei beenden können.

Das moderne Folterinstrument ist das **mobile Telefon**. Tragen Sie es nur dann, wenn Sie zwingend erreichbar sein müssen. Verweisen Sie Anrufe, die nicht sofort beantwortet werden müssen, *immer* an das Sekretariat. Das spricht sich herum, so dass Ihr Telefon seltener klingeln wird. Bei Visiten geben Sie es an eine Assistenzkraft, am besten – wenn vorhanden – an die Arztsekretärin weiter (siehe Abschn. 4.16). Planen Sie für jeden Nachmittag einen Zeitraum (z. B. 1 Stunde) zur Abarbeitung der Rückrufliste und sonstige Telefonate ein.

Lernen Sie das **Nein-Sagen**. Wer nur aus Harmoniegründen immer ja sagt, wird sich bald vor (leider auch unangenehmer oder unnötiger) Arbeit nicht mehr retten können. Vor der Annahme einer Aufgabe prüfen Sie daher sorgfältig den damit verbundenen Aufwand. Passt die Tätigkeit in Ihr Wunschprofil? Eine eventuelle Ablehnung begründen Sie freundlich und nachvollziehbar. Vielleicht könnten Sie die Bitte auch weiterreichen, bestenfalls an jemand, der sich dadurch geschmeichelt fühlt. So ist dann allen drei Seiten gedient.

Priorisieren Sie also selbst! Arbeiten Sie nicht fremdbestimmt, sondern analysieren Sie genau, was Sie in welchem Umfang selbst erledigen möchten oder müssen.

Pflegen Sie dabei eine **realistische Zeitplanung**! Niemandem ist gedient, wenn Sie alle Aufgaben annehmen, die Hälfte dann aber unerledigt liegen bleibt. So wird der gesamte Ablauf gestört, viele Leute sind verärgert und Sie sind ständig unter Zeitdruck.

Vermeiden Sie **Hektik**, also hastiges und damit zumindest in Teilen zielloses Handeln. Die Effizienz ist gering und die Fehlerquote hoch. Außerdem wirkt Hektik ansteckend. Durch ein geeignetes Risikomanagement (siehe Abschn. 6.3) können Sie auch in kritischen Situationen ruhig bleiben.

Meist warten morgens einige unerwartete und daher nicht im Terminkalender stehende Probleme auf Sie: die Erkrankung eines wichtigen Operateurs, der Ausfall eines Gerätes, die Norovirus Epidemie auf einer Station oder ähnliches. All dies bedarf sofortiger Reaktion. Planen Sie daher für jeden Morgen eine **Pufferzeit** von 30 Minuten ein. Wenn Sie diese wider Erwarten nicht benötigen, lässt sich die Zeit sicher anderweitig sinnvoll nutzen.

Sorgen Sie – auch wenn Sie eher dem chaotischen Typus angehören – für ein Mindestmaß an **Ordnung**. Suchen kostet Zeit und Stimmung, führt zu Fehlern.

Vielleicht sind Sie der Meinung, dann am leistungsfähigsten zu sein, wenn Sie unter maximaler **Anspannung** stehen. Dem ist – zumindest aus wissenschaftlicher Sicht – zu widersprechen. Vielmehr gibt es ein Optimum des Anspannungszustandes, bei dem man am effektivsten arbeitet (Yerkes-Dodson-Gesetz, s. Abb. 1.6):

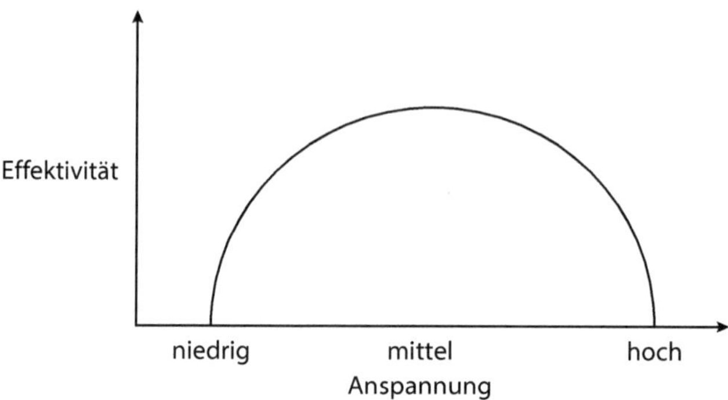

Abb. 1.6 Yerkes-Dodson-Gesetz

Gönnen Sie sich **Pausen**, selbst wenn Sie der Meinung sind, dass dafür nun wirklich keine Zeit ist. Die Arbeit nach einer Pause ist effizienter und angenehmer. Durch den Erholungseffekt arbeiten Sie schneller, so dass Sie die Pausenzeit vielleicht sogar kompensieren können.

Übersicht Zeitmanagement
- Wählen Sie ein Planungssystem
- Was sind Sie für ein Typ (kreativ/chaotisch oder strukturiert/pedantisch)?
- Finden und priorisieren Sie Ihre Ziele und Vorlieben
- Wenden Sie das Pareto-Prinzip an
- Lernen Sie zu delegieren
- Arbeiten Sie mit dem Mindmap
- Identifizieren und bekämpfen Sie Zeitfresser
- Vermeiden Sie Unterbrechungen
- Strukturieren Sie Ihr Telefonverhalten
- Lernen Sie das Nein-Sagen
- Priorisieren Sie selbst
- Pflegen Sie eine realistische Zeitplanung
- Vermeiden Sie Hektik
- Planen Sie eine morgendliche Pufferzeit
- Sorgen Sie für Ordnung
- Gönnen Sie sich Pausen

To-do-Liste: Zeitmanagement		
Maßnahme	Termin	Folgetermin
Finden Sie Ihre Ziele und Vorlieben		
Wählen Sie ein Planungssystem		
Identifizieren und bekämpfen Sie die Zeitfresser		
Verwirklichen Sie auch die übrigen Punkte der Übersicht		

1.18   Persönliche Lebensplanung

„Leben ist das, was passiert, während du eifrig dabei bist, andere Pläne zu machen." (John Lennon 1980 im Lied „Beautiful Boy")

Soll man also auf Pläne verzichten, sich zurücklehnen und darauf warten, was das Leben bereithält, was das Schicksal mit einem macht? Mitnichten.

Spätestens seit Kant ist der Mensch dazu aufgefordert, eigenverantwortlich zu handeln und seinen Willen zu gebrauchen. Hans Jonas ergänzte, dass dies verantwortungsbewusst zu geschehen hat.

Natürlich lassen sich Pläne oft nicht verwirklichen. Wer häufig Bahn fährt, wird hier gerne und überzeugt zustimmen. Trotzdem erstellt die Bahn unbeirrt Fahrpläne, wohl wissend, dass diese zu einem nicht unerheblichen Teil Makulatur werden.

Pläne setzen Ziele voraus. Nur dann, wenn Sie Ihr Ziel kennen, sind Sie in der Lage, den Weg dorthin zu planen. Auf das Thema Ziele sind wir im Abschn. 1.5 schon ausführlich eingegangen. Den dortigen Empfehlungen folgend, sollten Sie also Ihre persönlichen Ziele finden, analysieren, ordnen und priorisieren.

Möglicherweise stellt sich dann heraus, dass Sie einerseits akademisch hochdekorierter Chefarzt mit wohlgefülltem Bankkonto werden wollen, andererseits würden Sie auch gerne sechs Monate im Jahr in Florida Golf spielen (in dieses Bild sind nun wirklich alle verfügbaren Klischees reingepackt!). Was haben Sie falsch gemacht? Richtig, ihre Ziele sind nicht SMART, also unter anderem nicht realistisch.

Wenn Ihr Partner (m/w/d) schon feststeht, bzw. schon eine Familie existiert, muss diese natürlich in Ihre Überlegungen eingebunden werden. Karriereplanung ist immer auch Lebensplanung (Martin 2016). Gerade wer sein privates Umfeld vernachlässigt, also seinen eigenen beruflichen Weg über alles stellt, könnte genau daran scheitern.

Ansonsten ist Scheitern übrigens überhaupt nichts Schlimmes, im Gegenteil. Zwar wird vor allem in Deutschland Scheitern sehr negativ assoziiert, in anderen Kulturen dagegen gilt der schon mehrfach Gescheiterte als wegen seiner Erfahrung angesehen. Scheitern erfordert (manchmal mühevolle) Korrekturen des Weges, ist aber – jetzt mal emotionslos betriebswirtschaftlich gesehen – Teil des PDCA-Zyklus (siehe Abschn. 3.1), wobei „A" für „Act" steht, also die durchzuführende Aktion, nachdem „C" („Check") deren Notwendigkeit ergeben hat.

Auch der „Plan" („P") ist Teil des Zyklus, muss also bei jeder Umdrehung hinterfragt und angepasst werden. Im Laufe der Jahre wird er immer stabiler.

Bei der Definition der Ziele haben Sie diese analysiert, also unter anderem die Vorteile der Zielerreichung dem dafür notwendigen Aufwand gegenübergestellt. Dieser Schritt wird gerne vergessen, so dass manche Promotion oder Habilitation entnervt abgebrochen wurde oder wegen des trotzdem investierten Aufwands die Partnerschaft in die Brüche ging.

Die Zielanalyse ist also nicht banal, sondern muss sorgfältig und vor allem nachhaltig erfolgen. Interessen ändern sich genauso wie die Lebensumstände. So könnte es vielleicht sein, dass Sie nach hälftiger Fertigstellung der Habilitation entdecken, dass Sie sich gerne niederlassen möchten oder dass sich das dritte Kind ankündigt. Sie müssen also versuchen, solche Entwicklungen zu antizipieren bzw. in der Priorisierung zu berücksichtigen.

Zu kalkulieren ist also in zweierlei Hinsicht: Einerseits ist innerhalb des Berufes abzuwägen, was Ihnen wichtiger und wie es am besten zu erreichen ist. Andererseits ist zu überlegen, welchen Raum Ihr Berufsleben in Ihrem gesamten Lebensentwurf einnehmen darf. Nur ungern möchte ich in diesem Zusammenhang den Begriff „Work-Life-Balance" bemühen, denn Arbeit ist auch Leben (soll erfüllen und Spaß machen), Arbeit und Leben sind also kein Widerspruch.

Gerade aber auch deshalb sollte es Ihnen nicht passieren, dass Ihr Arbeitstag erst nach 12 oder 14 Stunden endet. Ihre Familie leidet darunter, ebenso Ihr übriges Sozialleben, Ihr Körper und Ihre Psyche. Hält dieser Zustand einige Jahrzehnte an, kommen Sie in Gefahr, noch vor Erreichen des Rentenalters ausgebrannt zu sein. Wenn man 30 Jahre alt, gesund und lebenshungrig ist, sind einem die begrenzten Ressourcen des Körpers und der Psyche noch nicht bewusst.

Vergessen Sie bitte außerdem nicht, dass Sie und Ihr Partner im Alter von ca. 60 Jahren sich um möglicherweise insgesamt vier zuwendungsbedürftige Elternteile zu kümmern haben. Vielleicht stellen sich auch die ersten Enkelchen ein. Es ist oft zu beobachten, dass gerade in diesem Alter die privaten und die beruflichen Belastungen so kumulieren, dass sich die Lebensqualität minimiert. Wollen Sie wirklich erst nach 67 Ihr wohlverdientes Geld genießen?

Der ärztliche Beruf ist der schönste der Welt. Man arbeitet mit Menschen, kann helfen und kommunizieren. Die Arbeit ist interessant und eröffnet ein breites Spektrum an Möglichkeiten: Klinik oder Praxis? Operativ oder konservativ? Akademisch oder praktisch? Jeder kann sich einen Lebensentwurf nach eigenem Gusto schneidern.

Entscheidungen sind also zu treffen. Aber wie?

Hierfür gibt es viele Möglichkeiten, zwei sollen unten vorgestellt werden.

Die erste ist – wenig romantisch – allein auf Zahlen basierend, die **Entscheidungsmatrix** (Tab. 1.1):

Erstellen Sie eine Matrix. In die Spalten tragen Sie die Optionen ein, zwischen denen Sie entscheiden müssen. Das können z. B. unterschiedliche Arbeitsplätze sein, oder die Alternative „Habilitation ja" (Spalte 1) oder „Habilitation nein" (Spalte 2).

In die Zeilen tragen Sie nun alle die durch die Optionen beeinflussten Parameter ein. Bewerten Sie diese je nach Wichtigkeit mit Punkten von eins bis 10. Multiplizieren Sie die Punkte mit einer Maßzahl (ebenfalls zwischen eins und zehn), die angibt, in welchem Grad die jeweilige Option diesen Parameter in Ihrem Sinne beeinflusst. Dieses Produkt tragen Sie in die Felder ein. Am Fuß der Spalten addieren Sie die Felder und erhalten die Option mit den meisten Punkten.

Tab. 1.1 Entscheidungsmatrix. Die Optionen in diesem Beispiel sind Arbeitsplätze

		Option 1		Option 2		Option 3	
Parameter	Wichtigkeit	Maßzahl	Produkt	Maßzahl	Produkt	Maßzahl	Produkt
Interessante Arbeit	8	6	48	10	80	6	48
Betriebsklima	6	3	18	8	48	6	36
Habilitation möglich	10	10	100	0	0	5	50
Guter Verdienst	4	3	12	8	32	5	20
Geringe Belastung	5	3	15	8	40	4	20
Attraktive Stadt	5	6	30	8	40	5	25
			223		**240**		**199**

Gibt es ein k.o.-Kriterium, sind die Optionen zunächst daraufhin zu filtern. In unserem Beispiel wäre dies möglicherweise die Habilitation, die die ansonsten attraktive Option 2 aus dem Rennen werfen würde. Vor- und Nachteile der Optionen werden in der Matrix schön transparent. Für die Habilitation sind bei dieser Konfiguration einige Kröten zu schlucken.

Die zweite Möglichkeit der Entscheidungsfindung ist: das **Bauchgefühl**!

Zahlen täuschen Genauigkeit oft nur vor. Das Bauchgefühl ist zwar auch nicht sehr exakt, aber trotzdem treffsicher. Erfolg*lose* Manager sind häufig deshalb erfolglos, weil sie wichtige Zahlen nicht kannten oder ignorierten. Die Vermeidung dieses Fehlers garantiert aber keineswegs den Erfolg, denn die erfolg*reichen* Manager haben außerdem noch das richtige Bauchgefühl.

Dieses sollte also keineswegs ignoriert werden, sondern ist die wichtigste Entscheidungsgrundlage. Gerade die bedeutsamsten Entscheidungen im Leben treffen wir „aus dem Bauch heraus", oder haben Sie vor Ihrer Hochzeit etwa eine Entscheidungsmatrix erstellt? (Wenn doch, darf Ihr Partner das niemals wissen!)

Entscheidungen „aus dem Bauch heraus" basieren auf Emotionen, die volatil sind. Daher sollte man bei wichtigen Fragen „eine Nacht darüber schlafen", also die Entscheidung auf einem anderen Emotionsniveau prüfen.

Weil so schön passend zum Thema Lebensweg, möchte ich Ihnen das folgende Gedicht nicht vorenthalten, das ich bei einem Spaziergang nahe Königsberg an einer Hauswand entdeckte:

Wähnen glauben fürchten, lieben
Sich erfreuen und betrüben,
Bald sich wagen, bald besinnen
Oft verlieren, oft gewinnen,
Auf der Bahn, wie sie gegeben
Dornig rosig, holprig, eben
Zwischen Furcht und
Hoffnung schweben,
Traum mit Wirklichkeit
verweben,
Doch wo möglich vorwärts
streben
Das ist eben Menschenleben

HANS GEORG NÄGELE

Nun gibt es einiges zu tun für Sie:

To-do-Liste: Lebensplanung		
Maßnahme	Termin	Folgetermin
Ziele finden, analysieren, ordnen, priorisieren		
Lebensplanung entwerfen		

Literatur

Albrecht B (2019) Medizin für Menschen – Ärzte fordern Rückbesinnung auf Heilkunst statt Profit. Stern 15.09.2019

Approbationsordnung für Ärzte (2002) zuletzt geändert am 17.07.2017. https://www.gesetze-im-internet.de/_appro_2002/. Zugegriffen am 18.05.2019

Behar BI et al (2018) Modernes Krankenhausmanagement – Konzepte und Lösungen, 4. Aufl. Springer, Heidelberg

von Blanquet HM (2017) Networking und Synapting als vornehme Führungsaufgabe. In: Debatin JF et al (Hrsg) Krankenhausmanagement. Strategien, Konzepte, Methoden, 3. Aufl. Medizinisch Wissenschaftliche Verlagsgesellschaft mbH & Co. KG, Berlin

Einhäupl KM (2019) Wir müssen die Patienten erziehen. Frankfurter Allgemeine Sonntagszeitung 25.08.2019

Frisé M (2017) Auf K2 Ost. Frankfurter Allgemeine Sonntagszeitung, 19.03.2017

Jonitz G (2016) Evidenzbasierte Medizin: Die korrekte Definition. Dtsch Arztebl 113(5):A-188/B-164/C-164

Kleibrink J et al (2019) Die Zukunft der medizinischen Versorgung – Eine Studie im Rahmen des Masterplan 2030. Handelsblatt Fachmedien, Düsseldorf

Martin W (2016) Chefarztposition im Wandel. In: Deichert U et al (Hrsg) Traumjob oder Albtraum – Chefarzt w/m. Springer, Heidelberg

Mühlhauser I, Meyer G (2016) Evidenzbasierte Medizin. Klarstellung und Perspektiven. Dtsch Arztebl 113(11):A-486/B-407/C-405

Sackett D (1996) Evidence based medicine: what it is and what it isn't. Br Med J 312:71–72

2.1 Das Informationsquadrat

Kaum ein Konflikt oder ein medizinischer/logistischer Fehlverlauf passiert, ohne dass vorher eine Kommunikation misslungen ist. Menschliche Interaktion entscheidet über den Erfolg von Strategien und medizinischen Maßnahmen, über Emotionen, Karrieren, das Betriebsklima und vieles mehr.

Vieles davon geschieht unterbewusst, ohne dass wir es merken oder gar steuern. Auch wenn wir glauben, dass wir uns dem verschließen, also auf Kommunikation verzichten könnten, gelingt uns das nicht: Das Axiom „one cannot not communicate" wird dem Kommunikationswissenschaftler Paul Watzlawick zugeschrieben. Selbst wenn man nichts verbal äußert, kann ein Blick oder eine Körperhaltung oder eben gerade die Tatsache, dass man nichts sagt, sehr aussagekräftig sein.

Aber auch die ausgesprochene Botschaft geht weit über die eigentliche Sachbotschaft hinaus.

Beispiel

Der Kollege seufzt: „Heute sind aber wieder viele Sonographien angemeldet worden."

Der reine **Sachinhalt** lautet: „Heute wieder viele Sonos."

Die Botschaft hinter der Botschaft ist aber eine **Selbstoffenbarung**: „Es sind mehr Untersuchungen angemeldet, als ich machen möchte." oder gar: „Ich bin durch die zahlreichen Sonographien überfordert, so viele kann ich nicht machen."

Außerdem steckt ein **Appell** hinter der Aussage: „Bitte hilf mir und übernimm einen Teil der Untersuchungen." oder „Finde jemanden, der mich unterstützt." oder (man beachte das Wort „wieder") „Man müsste die maximale Zahl der Anmeldungen begrenzen."

© Springer-Verlag GmbH Deutschland, ein Teil von Springer Nature 2020
H. Pless, *Führen im Krankenhaus*, Erfolgskonzepte Praxis- & Krankenhaus-
Management, https://doi.org/10.1007/978-3-662-60982-8_2

Schließlich liegt der Aussage eine **Beziehungsebene** zugrunde. Der Kollege wendet sich speziell an Sie, weil er glaubt, dass Sie Verständnis haben oder sogar einen Ausweg finden. ◄

Diese vier Seiten der Kommunikation nennt man **Informationsquadrat** (Abb. 2.1) .

Nun könnten Sie die Bemerkung des Kollegen mit einer unspezifischen Antwort quittieren: „Ja, da hast Du recht." Eventuell glauben Sie, sich dadurch aus der Situation herausgemogelt zu haben.

Das ist ein Irrtum, denn auch Sie kommunizieren vierseitig:

Der **Sachinhalt** ihrer Antwort ist klar: Sie stimmen dem Kollegen zu.

Dadurch, dass Sie den Appell ignorieren, senden Sie folgende **Selbstoffenbarung**: „Ich will Dir nicht helfen." oder „Ich möchte jetzt nicht Dein zu meinem Problem machen."

Auch Sie schicken einen **Appell**: „Löse das Problem selbst."

Ihre **Beziehung** könnte allein durch dieses kurze Gespräch gestört sein. Und schon ist der Konflikt da! Der Kollege hatte darauf vertraut, dass Sie ihm in irgendeiner Weise helfen. Stattdessen haben Sie noch nicht einmal signalisiert, dass Sie seinen Appell verstehen, geschweige denn Unterstützung angeboten. Die Enttäuschung könnte sich in einer anderen Situation entladen, in der Sie dann von Ihrem Kollegen im Stich gelassen werden – sich aber über den eigentlichen Grund gar nicht mehr bewusst sind.

Es lohnt sich also, auch in scheinbar belanglosen Gesprächen alle Seiten des Informationsquadrats zu beachten.

Interessanterweise belegt der Sachinhalt nur eine Seite der Kommunikation, also 25 %. Das ist kein Zufall, denn die anderen drei Seiten sind jeweils genauso wichtig wie die Sachebene (und in der Summe dreimal so wichtig wie diese). Wer nur die Sachebene beachtet, verliert also viel von der Information. Allerdings perzipiert man die übrigen drei

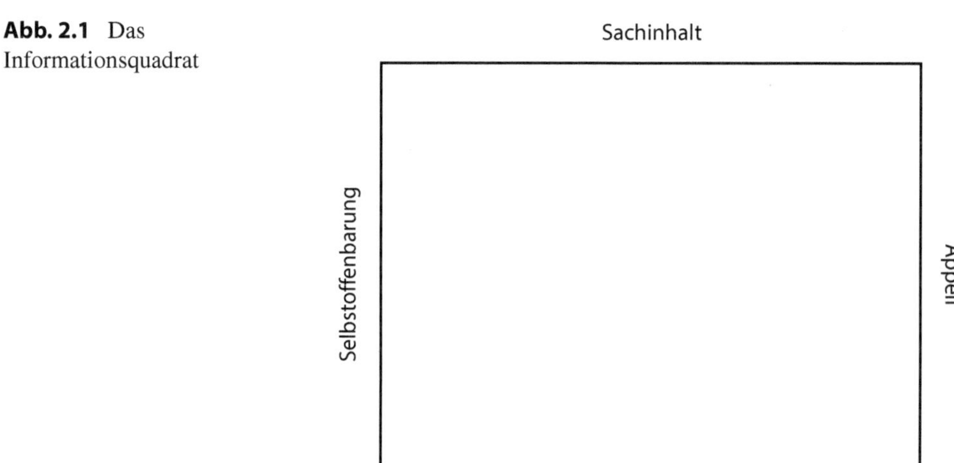

Abb. 2.1 Das Informationsquadrat

Seiten auch unbewusst. Will man richtig reagieren, sollte man sich aber alle Botschaften bewusst machen.

Dass das Hauptgewicht gerade nicht auf der Sachebene liegt, gewinnt besondere Bedeutung bei Verhandlungen. Auch hier spielt nicht die sachbezogene Argumentation die größte Rolle, sondern die nonverbalen Signale der Persönlichkeit des Verhandlers.

Jede Seite des Informationsquadrats korrespondiert mit einem bestimmten Kommunikationsmedium.

Beim **Sachinhalt** ist dies das Wort. Es transportiert die eigentlichen Fakten.

Der **Appell** wird durch den Ton moduliert. An unserem Beispiel wird das deutlich: Der Ton des Kollegen könnte resignierend, verärgert oder verzweifelt sein. Ist er dagegen freudig, bekommt der identische Satz eine ganz andere Bedeutung. Der Appell lautet nun: „Lass mich möglichst viele dieser Untersuchungen machen!"

Die **Selbstoffenbarung** wird durch die Körperhaltung mitgeteilt. Dies ist gut nachzuvollziehen, wenn man sich die geduckte Haltung des Resignierenden vorstellt, oder die aufgerichtete des Empörten oder Begeisterten. Die Selbstoffenbarung des letzteren lautet: „Ich sonografiere gerne!".

Die **Beziehung** zeigt sich durch Mimik und Gestik. Blickt man dem Gegenüber vertrauensvoll in die Augen, legt man ihm vielleicht sogar den Arm um die Schultern? Oder sitzt man abgewandt, kneift die Augenbrauen zusammen. Die verschränkten Arme werden in diesem Zusammenhang oft überinterpretiert. Sie können zwar Ablehnung signalisieren, sind aber meist einfach nur eine bequeme Körperhaltung.

Bei jedem Gespräch müssen Sie also genau zuhören. Zuhören heißt jetzt, nicht nur die Fakten aufnehmen, sondern zusätzlich die nonverbalen Mitteilungen:

- Appell: Was will er bei mir erreichen?
- Beziehung: Wie steht er zu mir?
- Selbstoffenbarung: Was geht in ihm vor?

Wenn Sie dies alles richtig „gelesen" haben, müssen Sie es auch noch richtig interpretieren. Dabei verknüpfen sie die vier Ebenen und versuchen eine stimmige, konkordante Aussage zu erlangen. Es könnte sein, dass Ton und Mimik nicht übereinstimmen. Vielleicht passen die Fakten nicht zur Beziehungsebene.

Das ist jetzt eine große Fehlerquelle, denn es ist nicht nur eine Herausforderung, jede Ebene korrekt zu würdigen, sondern die Ebenen richtig zu verknüpfen. Genau wie Ihr Gesprächspartner auf 4 Ebenen sendet, empfangen Sie auch auf 4 Ebenen – aber eben möglicherweise (weil subjektiv gefiltert) nicht das Gemeinte. Missverständnisse sind daher häufig und können weitreichende Konsequenzen haben.

Sie müssen nun das, was sie aufgenommen und interpretiert haben, anschließend für sich selbst werten und einordnen. Wenn Sie also einen verärgerten Kollegen wahrgenommen haben, der von Ihnen das Angebot erwartet, ihn zu entlasten, ist der Ball bei Ihnen. Wollen Sie ihm helfen oder haben Sie dazu weder Lust noch Zeit? Und dann, wenn Sie entschieden haben, wie teilen Sie es ihm mit?

Dabei dürfen Sie nicht außer Acht lassen, dass auch Sie auf den vier Kanälen senden (und empfangen werden!). Das ist Chance und Risiko zugleich.

Die **Chance** besteht darin, dass Sie jede Ebene ganz bewusst nutzen. So könnten Sie trotz einer Ablehnung darauf hinweisen, dass Sie den Appell wohl verstanden haben und sich über das Vertrauen, um Hilfe gebeten zu werden, freuen. Wenn Sie dies mit einem freundlichen Tonfall, entsprechender Mimik und einer offenen Körperhaltung verbinden, dann ist das gesamte Bild stimmig.

Dabei sollten Sie aber authentisch bleiben – und das ist das **Risiko**. Schauspielerei wird vom Gegenüber zumindest unbewusst erkannt.

Es hilft, wenn Sie aktiv zuhören. **Aktives Zuhören** heißt, dem Gesprächspartner zu vermitteln, dass Ihnen seine Äußerungen wichtig sind, dass sie ihn verstehen wollen.

Dies bedeutet, dass Sie sich im Gespräch zurückhalten müssen. Ihr Gegenüber muss die Zeit bekommen, die er braucht, um sich zu offenbaren. Verständnisfragen Ihrerseits sind möglich, ansonsten sollten Sie aber vermeiden, durch Fragen die Gesprächsführung an sich zu ziehen. Schweigen ist genauso wenig peinlich wie das Zeigen von Gefühlen, z. B. Tränen.

Aktives Zuhören kostet daher Zeit und ist auch nicht in jeder Situation angebracht. Oftmals ist es aber ein großer Gewinn für beide Seiten, wenn eine Aussprache auf diese Weise möglich ist. Dabei muss die Lösung eines Problems nicht immer das Ziel sein. Es reicht zunächst, wenn man verstanden wird. Die Lösungen ergeben sich dann vielleicht von allein, zumindest werden sie aber nicht blockiert.

> **Übersicht: Die vier Seiten des Informationsquadrats**
> 1. Sachinhalt: Fakten, *vermittelt durch* Worte
> 2. Appell: Aufforderung, *vermittelt durch* Ton
> 3. Selbstoffenbarung: Innere Einstellung, *vermittelt durch* Körperhaltung
> 4. Beziehung: Partnerbezug, *vermittelt durch* Mimik und Gestik.

2.2   Die Transaktionsanalyse

Erfolgreiche Gespräche erfordern Empathie. Nur wenn Sie die Motive, die Gemütslage und die grundsätzliche Persönlichkeitsstruktur ihrer Gesprächspartner kennen oder zumindest vermuten, können Sie die Reaktionen Ihres Gegenübers vorhersehen und verstehen. Gelingt es Ihnen, sich auf den Gesprächspartner einzustellen, dann können Sie die Kommunikation steuern und kritische Verläufe vermeiden.

Die Gesprächspsychologie bietet hierfür verschiedene Verfahren an. Eines der bekanntesten ist die sogenannte *Transaktionsanalyse*.

Die **Transaktionsanalyse** geht von drei Ebenen unserer Persönlichkeit aus, die individuell unterschiedlich ausgeprägt sind: Dem

- Eltern-Ich
- Erwachsenen-Ich
- Kind-Ich.

Jedem Menschen wohnt also die Dominanz eine der drei Ebenen inne, wobei es abhängig von der Tagesform auch Variationen geben kann. Jeder dieser Ebene wiederum können bestimmte Charakteristika zugeschrieben werden, die dann ein typisches Reaktionsmuster der Person bedingen.

Menschen mit einem ausgeprägten **Eltern-Ich** sind besonders fürsorglich und verantwortungsbewusst. Sie sind sorgfältig, setzen Normen und überwachen deren Einhaltung. In positiver Hinsicht umsorgen sie ihre Mitmenschen, in negativer aber bevormunden sie sie.

Problematisch wird es dann, wenn aus der Fürsorge Überwachung und Umklammerung erwächst. Innovation und Kreativität werden dann unterdrückt.

Eltern-Ich-Persönlichkeiten sind daher gut geeignet, Projekte zu leiten (siehe Abschn. 6.1) oder Organisationsentwicklungen zu realisieren. Als Leiter eines Think-Tanks, in dem Toleranz und Kreativität gefragt sind, würden sie wahrscheinlich scheitern.

Menschen mit einem dominanten **Erwachsenen-Ich** sind reife und eigenverantwortliche Persönlichkeiten. Sie sind aufmerksam, diszipliniert und sehr zielorientiert. Sie verstehen es, Emotionen von der Sache zu trennen. Bei Gesprächen oder Verhandlungen orientieren sie sich an Fakten und möchten zu einem Ergebnis kommen.

Der **Kind-Ich**-Typus dagegen ist eher spielerisch veranlagt. Er ist kreativ, unterhaltsam, gut gelaunt und authentisch, kann aber auch unreife Reaktionen zeigen.

So können seine Verhaltensweisen in der Kommunikation mit Erwachsenen-Ich-Personen unwägbar sein: angepasst oder uninteressiert, vielleicht aber auch rebellisch.

Diese drei verschiedenen Charaktere bilden sich dann in der Kommunikation entsprechend auf allen Seiten des Informationsquadrates ab.

Eine Bitte beispielsweise würde daher unterschiedlich verbal und nonverbal vorgetragen:

Eltern-Ich:

- Sachebene (Wortwahl): Als Aufforderung formuliert
- Appellebene (Tonfall): Scharfer Ton
- Selbstoffenbarung (Körperhaltung): Vornübergebeugt
- Beziehungsebene (Mimik): Stirnrunzelnd, strenger Blick, oder aber fürsorglich

Erwachsenen-Ich:

- Sachebene: Mit Fakten begründete Bitte
- Appellebene: Selbstbewusster Tonfall
- Selbstoffenbarung: Entspannte Körperhaltung
- Beziehungsebene: Freundliche Mimik

Kind-Ich:

- Sachebene: Als Frage formulierte Bitte
- Appellebene: Fragender Ton
- Selbstoffenbarung: Zugewandt
- Beziehungsebene: Fröhliche, vielleicht unsichere Mimik

Je nach Kombination werden die verschiedenen Ich-Typen unterschiedlich miteinander umgehen. Grundsätzlich kann man sagen, dass sich zwei gleichartige Typen in der Regel verstehen und „gut miteinander können":

- *Erwachsenen-Ich + Erwachsenen-Ich*: Bei Verhandlungen werden beide zügig zur Sache kommen, die Fakten auf den Tisch legen und sachorientiert eine gute Lösung finden.
- *Kind-Ich + Kind-Ich*: Auch die beiden verstehen sich gut und haben viel Spaß miteinander. Ob sie auch zu konstruktiven Ergebnissen kommen, ist eine andere Frage, die allerdings von der Aufgabenstellung abhängt. Wenn Kreativität gefragt ist, könnten sehr gute Ideen entstehen.
- *Eltern-Ich + Eltern-Ich*: Diese beiden sind sich vor allem in der kritischen Beurteilung Dritter einig und könnten darüber zu konsensuellen Lösungen kommen.
  Anders ist es bei diskrepanten Kombinationen:
- *Erwachsenen-Ich + Kind-Ich*: Ersterer wird vom Kind-Ich genervt sein, mit den vorgelegten Sachaussagen aber keinen Zugang finden.
- *Eltern-Ich + Kind-Ich*: Hier trifft Fürsorge auf Unreife. Theoretisch eine gute Ergänzung, aber der Kind-Ich-Typus könnte auch rebellisch reagieren. Meist wird Eltern-Ich die Arbeit von Kind-Ich erledigen, was letzterer gerne akzeptiert.

Welcher Typus sind Sie denn? Die Frage ist sicher nicht ganz einfach zu beantworten, denn die Vorgänge laufen ja unbewusst ab; außerdem sind Sie nicht unbefangen. Trotzdem werden Sie vermutlich zu einer Einschätzung kommen können.

Wenn Sie bei Verhandlungen oder Gesprächen typische Vertreter der beschriebenen Charaktere identifizieren, sollten Sie versuchen, diese auf deren Ebene „abzuholen". Füttern Sie das Kind-Ich nicht mit Fakten, sondern gehen Sie fröhlich und gut gelaunt mit ihm um. Irgendwann ziehen Sie die vorbereitete Lösung aus der Tasche.

Das Erwachsenen-Ich werden Sie nur mit gut vorbereiteten Daten überzeugen können. Wenn Sie diese dabeihaben, haben Sie schon halb gewonnen.

Mit dem Eltern-Ich sprechen Sie über Infrastrukturen, Verantwortlichkeiten und andere Personen. Werden Sie sich einig darüber, wie Sie Beide die anderen führen.

2.3 Verhandlungstechniken: Das Harvard-Konzept und andere

Sicher sind Sie der Meinung, dass bei Verhandlungen die Ratio, also die Sachebene und die damit verbundenen Argumente dominieren. Daher legen Sie sich vor Verhandlungen viele gute Argumente zurecht, bereiten Zahlen vor, haben Dokumente in der Tasche, vielleicht sogar eine Präsentation auf dem Laptop. Das ist alles nicht verkehrt.

Aber haben Sie sich auch auf die nonverbale Ebene vorbereitet? Haben Sie sich überlegt, wie Sie auftreten, welche Emotionen Sie wecken wollen? Welche Körpersprache und welche Intonation Sie einsetzen wollen, um Ihre Glaubwürdigkeit zu verbessern? Wie Sie die nonverbalen Signale Ihres Gegenübers verwenden und werten können?

Vermutlich nicht. Leider ist es übrigens ein Irrtum, von einer Dominanz der Sachebene, der Fakten auszugehen. Es hat entwicklungsgeschichtliche Gründe, dass die Logik eher nebensächlich ist – auch und gerade bei Verhandlungen. Das alte limbische System, in dem die Urbedürfnisse verankert sind, steuert unser Denken, weniger der intellektuelle Neokortex.

Persönlichkeit und Glaubwürdigkeit sind also wichtigere **Vermittlungsebenen** als die Überzeugung durch Sachinhalte. Man geht von einem Verhältnis 1:3 aus (Abb. 2.2). Daher ist es kein Zufall, dass Themen wie das Informationsquadrat (Abschn. 2.1) und die Transaktionsanalyse (Abschn. 2.2) schon angesprochen wurden.

Vermutlich kennen Sie Persönlichkeiten, die allein durch ihr Auftreten und ihr Charisma so überzeugen, dass dem Inhalt ihrer Vorträge kaum noch zugehört wird. Dann könnte das Verhältnis statt 1:3 sogar 1:9 sein, denn die Aufnahmefähigkeit des Menschen

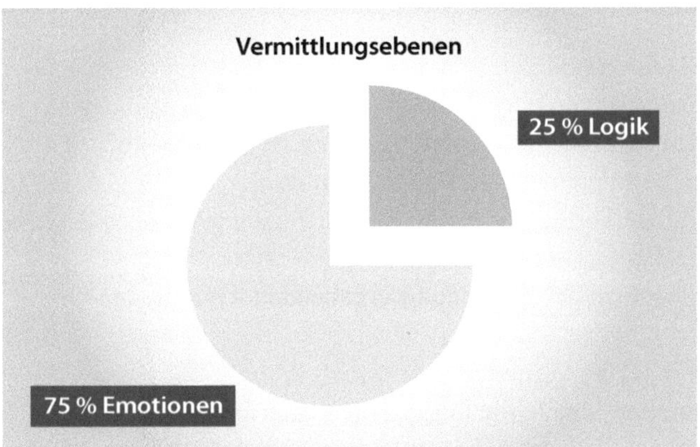

Abb. 2.2 Vermittlungsebenen

ist begrenzt. Wird sie durch die Verarbeitung der nonverbalen Signale stark beansprucht, bleibt für die Fakten kaum noch Raum.

Mit diesem Wissen können Sie Ihre eigene nonverbale Ausstrahlung verbessern, vor allem aber können Sie die Ausführungen Anderer besser fokussieren, also das limbische System bewusst etwas ausblenden.

Das **Harvard-Konzept** könnte dabei hilfreich sein.

- Dabei wird vorgeschlagen, die **menschliche und die sachliche Ebene** voneinander zu trennen. Verhandlungspartner identifizieren sich in der Regel mit einer Position. Das macht es schwierig, zu einem Ergebnis zu kommen, das eventuell der Sache dienlich ist, aber mit der Position kollidiert. Ein Kampf um Positionen muss daher vermieden werden.
- Es sollte die Einsicht bestehen, dass beide Verhandlungspartner auf derselben Seite stehen, denn sie haben **gemeinsam** ein Problem zu lösen.
- Das kooperativ anzustrebende Ergebnis sollte die **beste aller Lösungen** sein – und damit kein Kompromiss, sondern eine Win-Win-Situation.
- Um dies zu erreichen, müssen **kreativ viele Lösungen** gesucht und gefunden werden.
- Voraussetzung ist, dass die jeweilige **Gegenseite verstanden** wird, also auch die Gründe für die Standpunkte offen diskutiert werden.

Trotz diesem sehr auf die sachlichen Aspekte reduzierten Verhandlungskonzept wird es nie möglich sein, die menschlichen Verhaltensweisen vollständig auszublenden. Auch die eigenen Emotionen können zum Stolperstein werden.

Stellen Sie beispielsweise fest, dass der Verhandlungspartner Ihre Argumente beiseiteschiebt, anstatt sie anzuerkennen, wird Sie das emotionell belasten. Sie sind verärgert und schon beginnt ein Machtkampf um Positionen. Das ist aber zermürbend, kontraproduktiv, ineffizient. Sie sollten daher während der emotionell unkritischen Vorbereitungsphase diese Situation antizipieren und „Umleitungen" erarbeiten.

Folgende **fünf Überlegungen** sind hierfür notwendig:

1. Benennen Sie Ihr Hauptziel.
2. Finden Sie Alternativen oder Teilziele. Was müssen Sie mindestens erreichen?
3. Welche Ziele und Teilziele vermuten Sie bei der Gegenseite?
4. Grenzen Sie die Interessen von den Positionen ab.
5. Benennen Sie die Vorteile für beide Seiten, die die jeweiligen Ziele bieten.

Kommen wir nun zu den sich daraus ergebenden Argumenten.

1. Listen Sie Ihre (Pro-)Argumente auf.
2. Welche Antworten könnte die Gegenseite geben?

3. Listen Sie mögliche Contra-Argumente auf (eigenständige Argumente der Gegenseite, also keine Antworten auf Ihre Pro-Argumente)
4. Welche Antworten könnten Sie auf die Contra-Argumente geben?

Eine spiegelbildliche Liste könnten Sie aus Sicht der Gegenseite erstellen (beginnend also mit den Pro-Argumenten für deren angenommenen Ziele).

Sie sollten das Ergebnis schriftlich fixieren, entweder als Tabelle oder als Mindmap.

Durch diese Vorarbeiten haben Sie nicht nur den Schwerpunkt von dem emotionellen auf den sachlichen Part verlagert, sondern auch ein erstes Brainstorming zur Findung der besten Lösung absolviert. Aus dem Pool der dabei kreativ gefundenen Ideen können Sie im Verlauf der Verhandlung dann immer diejenige vorschlagen, die zu diesem Zeitpunkt strategisch am besten passt.

Wenn Sie die Lösungen im Vorfeld für sich selbst schon bewertet haben, vermeiden Sie Fehleinschätzungen während der Verhandlung.

Hinsichtlich der Formulierung der Argumente gibt es **rhetorische Kurzformen**:

- Bei der **Argumentationsformel** werden nach einleitenden Worten die Pro- und Contra-Argumente gegenübergestellt. Daraus wird eine Lösung formuliert („Deshalb …"), an die sich eine Aufforderung zum Handeln anschließt (Appell).

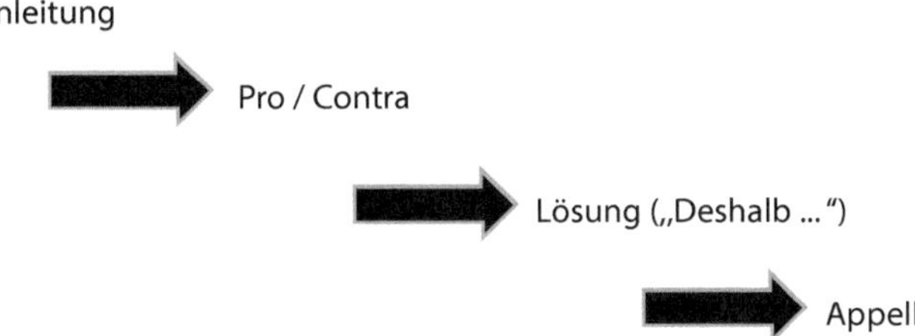

- Die **Standpunktformel** hat weniger appellierenden, sondern eher anordnenden Charakter: Der eigene Standpunkt wird dargestellt, mit reinen Pro-Argumenten begründet und durch ein Beispiel unterfüttert. Die Schlussfolgerung wird nicht als Appell, sondern als Fakt dargestellt.

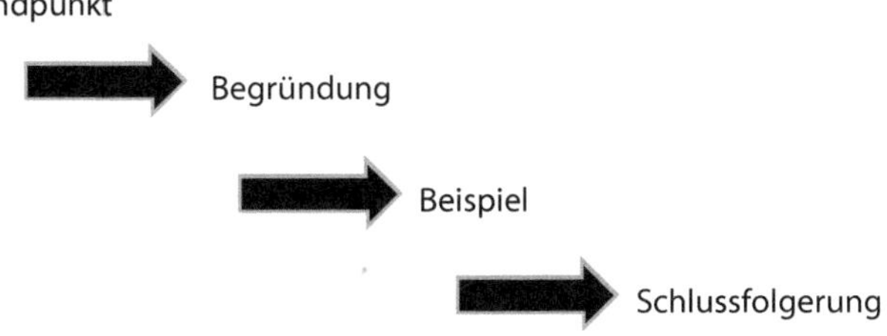

- Die **Konsequenzformel** geht von einer gewünschten Möglichkeit aus, nennt die hierfür zu erfüllende Bedingung und die Konsequenz, die sich daraus ergibt.

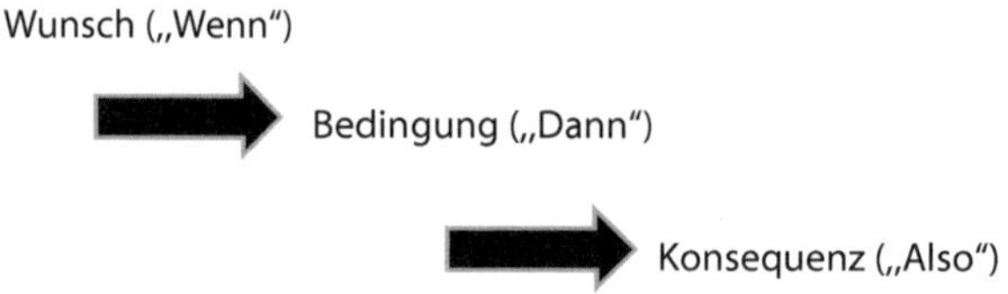

Versuchen Sie nun, die jeweiligen rhetorischen Kurzformen auf Situationen aus Ihrem Alltag anzuwenden.

Gleichen Sie dann diese Übung mit den nachfolgend aufgeführten Beispielen ab. Haben Sie die Formeln richtig angewandt?

Beispiele

Argumentationsformel

Einleitung	Die Sachkosten im OP sind in diesem Jahr stark gestiegen.
Pro	Einerseits wollen wir weiter die komplexen, aber teuren Eingriffe anbieten.
Contra	Andererseits kommen wir durch die hohen Kosten zunehmend in rote Zahlen.
Lösung	Deshalb müssen wir nach Einsparmöglichkeiten suchen.
Appell	Wir sollten mit der Industrie bessere Preise aushandeln.

Standpunktformel

Standpunkt	Die Betten im Haus müssen neu verteilt werden.
Pro	Immer wieder sind in einigen Abteilungen Betten frei, während auf anderen Stationen Bettennot herrscht.
Beispiel	Letzte Woche gab es in der Abteilung A jeden Tag vier bis sechs freie Betten, während Abteilung B elektiven Patienten absagen musste.
Schlussfolgerung	Deshalb müssen wir anhand der Verweildauern einen neuen Bettenschlüssel erstellen.

Konsequenzformel

Wunsch	*Wenn* wir die Herzklappeninterventionen anbieten wollen,
Bedingung	*dann* brauchen wir einen Hybrid-OP.
Konsequenz	*Also* müssen wir die Finanzierungsmöglichkeiten prüfen. ◄

Nun noch einige weitere **Tipps** zum Verhandeln:

- Wer fragt, führt. Durch geschicktes Fragen können Sie Ihren Verhandlungspartner so steuern, dass er schließlich selbst auf Ihre eigenen Argumente kommt. Beachten Sie dabei den Unterschied zwischen offenen und geschlossenen Fragen.

- Vermeiden Sie längere Ausführungen oder Monologe.
- Würdigen Sie Ihren Gesprächspartner durch aktives Zuhören.
- Wenden Sie die „touch-turn-talk"-Technik an: Greifen Sie ein Argument des Verhandlungspartners auf („touch"), nutzen dieses, um auf einen anderen Aspekt zu drehen („turn") und sprechen dann davon ausgehend über Ihr eigenes Argument („talk").
- Manchmal droht die Diskussion, in andere Themen abzugleiten oder auszuufern. Dann sollten Sie
  - vertagen (dann können Sie sich neu vorbereiten)
  - abgeben (wenn Sie selbst nicht zuständig oder fachlich kompetent sind)
  - ausklammern (wenn ein Problem separat gelöst werden muss).

2.4 Besprechungsmanagement

Je höher die Führungskraft aufsteigt, desto mehr dominieren Besprechungen ihren Tagesablauf. Es ist ein wesentlicher Faktor bei der Frustration vieler Chefärzte, dass medizinische Tätigkeiten mehr und mehr durch administrative Aufgaben, und hier insbesondere durch Konferenzen, verdrängt werden.

Neben der täglichen Frühbesprechung der Abteilung gehört die (meist wöchentliche) Chefarztkonferenz zu den üblichen Ritualen. Hinzu kommen Gespräche mit Mitarbeitern, der Geschäftsführung und all den anderen bereits aufgeführten Stakeholdern. Arbeitsgruppen und Kommissionen ergänzen den Besprechungsreigen.

Leider ist die Effizienz vieler dieser Besprechungen gering. Dies liegt meist daran, dass grundlegende Regeln des Besprechungsmanagements verletzt werden. Tatsächlich sind nur die wenigsten Konferenzen optimal strukturiert. Abgesehen von der damit einhergehenden Demotivation und nutzlosen Arbeitsverdichtung ist auch die ökonomische Auswirkung zu sehen: Besprechungen sind nicht kostenlos. Versuchen Sie mal mit betriebswirtschaftlicher Methodik den gesamten Aufwand einer Besprechung zu erfassen. Wenn Sie dabei nicht nur den Arbeitslohn aller direkt Beteiligten, sondern auch die Kosten für Vor- und Nachbereitung einbeziehen, werden die Dimensionen deutlich. Schlechte Besprechungen haben durch die Auswirkungen unqualifizierter oder fehlender Ergebnisse oft noch viel weitreichendere Folgen.

Es lohnt sich also, alle Besprechungen hinsichtlich der folgenden Ausführungen kritisch zu beurteilen bzw. selbst angesetzte Besprechungen sorgfältig durchzuführen.

Folgende Punkte sind zu berücksichtigen:

1. **Ziele**: Jede Besprechung sollte Ziele (siehe Abschn. 1.5) verfolgen. Es könnte sich dabei um die gemeinsame Ausarbeitung einer Vorgehensweise handeln, um die Beilegung eines Konflikts, um eine reine Informationsweitergabe usw. Sowohl Ausrichter als auch Teilnehmer sollten sich vorher über die persönlichen Ziele klar sein, aber

auch die Ziele der anderen Teilnehmer antizipieren, um sich entsprechend vorbereiten zu können.

2. **Notwendigkeit** („Indikation"): Es ist immer zu prüfen, ob die Ziele nicht auf eine andere Weise effizienter und besser erreichbar sind. Möglicherweise kann eine sachkompetente Person allein die Aufgabe effizienter lösen.

3. **Teilnehmerzahl**: Die Teilnehmerzahl ist umgekehrt proportional zur Effizienz. Bei Konferenzen mit mehr als 6 Teilnehmern lassen sich meist keine konkreten Ergebnisse erreichen. Diese Zahl sollte also nur in begründeten Ausnahmefällen überschritten werden, es sei denn, es handelt sich um reine Informationsveranstaltungen.

4. **Teilnehmerqualifikation**: Hier werden die meisten Fehler gemacht, denn oft werden Teilnehmer eingeladen, die nichts oder wenig zu den Themen beizutragen haben. In der Folge entstehen mehrere Nachteile: Die Teilnehmerzahl steigt (siehe oben), Arbeitszeit wird vergeudet, unnötige Frustration, Gefährdung evtl. notwendiger Geheimhaltung und andere. Sind konkrete Entscheidungen zu treffen, dann müssen Personen mit entsprechender Kompetenz, z. B. Prokuristen, eingeladen werden.

5. **Tagesordnung**: Eine Besprechung ohne Tagesordnung anzusetzen, ist sinnlos. Die Tagesordnung muss die Ziele abdecken und in der geplanten Zeit sowie mit den eingeladenen Teilnehmern realistisch abzuarbeiten sein.

6. **Terminplanung**: Der Besprechungstermin muss die Belange der Teilnehmer berücksichtigen. Eine Geschäftsführung, die den Chefarzt um 10 Uhr zur Besprechung bittet, hat offensichtlich nicht verstanden, was dessen Kernleistung ist. Um diese Zeit macht er entweder Visite oder ist im OP, Herzkatheterlabor usw. Für Besprechungen kann er in der Regel nicht vor 14 Uhr zur Verfügung stehen. Dies muss gegebenenfalls auch klar kommuniziert werden.

7. **Besprechungsdauer:** Die Besprechungsdauer ist so knapp wie möglich anzusetzen. So können die Teilnehmer zur disziplinierten Gesprächsführung angehalten und unnötige oder lange Monologe verhindert werden. Reicht die Zeit nicht aus, ist es meist effizienter, Folgebesprechungen anzusetzen. Das hat auch den Vorteil, dass sich die Teilnehmer zwischenzeitlich mit den Themen gedanklich beschäftigen können. Manch schwieriger Konflikt löst sich so von allein oder auf dem kleinen Dienstweg hinter den Kulissen.

8. **Einladung:** Die Einladung erfolgt mit angemessener Vorlaufzeit und enthält die Tagesordnung sowie eine Liste der eingeladenen Teilnehmer. Diese sind gehalten, innerhalb einer Frist zu- oder abzusagen. Eine Absage könnte auch mit dem Hinweis auf eine bezweifelte Notwendigkeit begründet werden.

9. **Vorbereitung**: Ist die Einladung korrekt erfolgt, müssen sich alle Teilnehmer vorbereiten. Dies sollte Teil der Besprechungskultur des gesamten Hauses werden, denn mangelhafte Vorbereitung gefährdet die Effizienz und geht daher zu Lasten aller Beteiligten. Damit die Vorbereitung erfolgen kann, ist die Mitteilung der Tagesordnung und aller Teilnehmer in der Einladung wichtig.

10. **Teilnahme**: Wer zugesagt hat, sollte auch teilnehmen. Das klingt nach einer Selbstverständlichkeit, ist aber im klinischen Alltag, der von Unwägbarkeiten wie Notfällen oder unerwartet langen Eingriffszeiten geprägt ist, doch nicht immer möglich. Gut ist es, wenn man vorgesorgt und Vertreter benannt und instruiert hat. Kann kein Vertreter geschickt werden, ist zumindest eine Information an den Einladenden nötig.

11. **Beginn**: Die Besprechung muss pünktlich begonnen werden, auch wenn noch nicht alle Erwarteten eingetroffen sind. Würde üblicherweise gewartet, wäre das ein Anreiz für Unpünktlichkeit und eine Bestrafung der Pünktlichen. Außerdem könnte bei knapp bemessener Dauer die Tagesordnung nicht abgearbeitet werden.

12. **Durchführung**: Die Art der Durchführung hängt von dem Charakter der Besprechung ab. Eine Routinekonferenz wird meist von dem Einladenden geleitet. Besser ist eine externe Moderation, siehe auch folgender Abschnitt. Extern heißt in diesem Zusammenhang lediglich, dass der Moderator *neutral* und kompetent sein muss, er kann aber durchaus Mitarbeiter des Hauses sein. Wichtig ist, dass die Leitung/Moderation der Besprechung auf die eingangs erstellten Ziele ausgerichtet ist und die Tagesordnung sowie der Zeitplan eingehalten werden. Am Ende müssen also Entscheidungen, zumindest ein verbindlicher Handlungsplan oder eine Aufgabenliste stehen.

13. **Ende**: Die Besprechung muss zum geplanten Zeitpunkt beendet werden, auch wenn nicht alle Themen besprochen sind. Der Einladende bzw. Moderator fasst die Ergebnisse zusammen und verweist gegebenenfalls auf eine Folgekonferenz.

14. **Aufgaben**: Die Besprechungsergebnisse haben Aufgaben zur Folge, die definiert und den Zuständigen mit Terminsetzung zugeordnet werden müssen.

15. **Protokoll**: Die Ergebnisse müssen protokolliert werden. Dies heißt nicht, dass der gesamte Ablauf geschildert werden muss. Aus den Beschlüssen resultierende Maßnahmen werden den Verantwortlichen mit Angabe des Erledigungstermins zugeordnet. Das Protokoll wird allen Teilnehmern mit der Bitte um eine kritische Durchsicht zugesandt. Wird bis zum Ablauf einer benannten und angemessenen Frist nicht widersprochen, gilt das Protokoll als akzeptiert. Handelt es sich um Beschlüsse von besonderer Bedeutung oder Brisanz bzw. sind grundlegende Regelungen dokumentiert, kann es sinnvoll sein, dass die Kenntnisnahme ausdrücklich bestätigt wird. Gegebenenfalls könnte das Protokoll oder Auszüge davon auch betroffenen Mitarbeitern, die nicht an der Besprechung teilgenommen hatten, zur Kenntnisnahme vorgelegt wird.

Nun sind es doch 15 Punkte geworden, die bei Besprechungen zu beachten sind. Wer das alles für zu formell und bürokratisch hält, der möge bitte die Chance erkennen, die darin besteht, einen der größten täglichen Zeitfresser zu eliminieren.

Wieder sind Sie aufgefordert, Ihren klinischen Alltag zu rekapitulieren. Wieviel Ihrer letzten zehn Sitzungen waren überflüssig, zu lang oder ohne Ergebnis?

Die Vermeidung unnötiger Konferenzen, die effiziente und zielorientierte Durchführung derselben und die Konzentration auf die richtigen Teilnehmer spart nicht nur Zeit und Geld, sondern erhöht zusätzlich die Qualität der Arbeit.

Übersicht: Besprechungsmanagement
1. **Ziele** müssen gefunden und definiert werden
2. Prüfung der **Notwendigkeit**
3. Möglichst niedrige **Teilnehmerzahl**
4. Nur kompetente und **notwendige Teilnehmer** einladen
5. **Tagesordnung** festlegen
6. Angemessene **Terminierung**
7. Knapp bemessene **Besprechungsdauer**
8. Einladung mit **Tagesordnung** und Teilnehmerliste
9. Besprechungen immer **vorbereiten** (als Einladender und als Teilnehmer)
10. **Teilnahme** bestätigen oder absagen
11. Pünktlicher **Beginn**
12. **Durchführung** gegebenenfalls mit Moderation
13. Pünktliches **Ende** mit Zusammenfassung der Ergebnisse
14. **Aufgaben** werden definiert und zugeordnet
15. Das **Protokoll** muss von allen Teilnehmern bestätigt werden

2.5 Moderation

Der Erfolg einer Besprechung hängt auch von der Art seiner Moderation ab. Die Bedeutung der Moderation bei internen Konferenzen wird weitgehend unterschätzt, ein Grund dafür, warum diese häufig trotz ansonsten hohen Aufwands wertlos bleiben.

Übersicht
Der **Moderator** soll

- für pünktlichen Beginn und pünktliches Ende sorgen
- ein positives Besprechungsklima aufrechterhalten
- die Vorgehensweise erläutern
- die Bearbeitung der Tagesordnung sicherstellen
- die Ziele benennen und visualisieren (z. B. Flipchart)
- alle Teilnehmer einbeziehen
- also die Schweigsamen ansprechen und die Redseligen einbremsen
- die Aussagen strukturieren, also auf die Tagesordnung und Ziele beziehen
- konkrete Vereinbarungen einfordern
- die Ergebnisse zusammenfassen

… und dabei möglichst neutral sein, also selbst keine Karten in diesem Spiel haben.

Schaut man sich diese lange Liste von Aufgaben an, wundert man sich, wie Besprechungen ohne Moderator überhaupt möglich sind. Trotzdem wird er in Kliniken meist eingespart.

Ein sehr nützliches, aber leider oftmals belächeltes Werkzeug ist der **Moderatorenkoffer**. Es handelt sich hier um ein Köfferchen (in der Regel aus Aluminium), das eine Vielzahl unterschiedlicher Kärtchen, Stiften, Farbmarker, Klebebändern, Pinnnadeln, Markierungspunkte, Klebestifte usw. enthält. In Verbindung mit einer oder mehreren Moderationswänden sorgen diese Hilfsmittel für den Turbolader bei Besprechungen.

Vermutlich kennen Sie die **Vorgehensweise**:

Den Teilnehmern werden zum Brainstorming zu einem gegebenen Thema Karten ausgegeben. Diese sind mit den Farbmarken mit jeweils einem (und nur einem!) Aspekt zu beschriften. Je nach Fragestellung kann es sinnvoll sein, nur eine oder mehrere Karten pro Person auszuteilen. Nach relativ kurzer Frist (5, maximal 10 Minuten) werden die Karten eingesammelt.

Nun liest der Moderator die Karten vor und bittet einen Assistenten (z. B. einen Teilnehmer), die Karten an der Moderationswand zu befestigen. Dadurch hat man sich einen Überblick über alle gewonnenen Ideen verschafft.

Danach wird geclustert, das heißt die Karten werden nach Themen oder Überbegriffen in Spalten geordnet. Für die Überschriften bieten sich die sogenannten Wolkenkarten an.

Nun könnte – muss aber nicht – priorisiert werden. Jeder Teilnehmer erhält z. B. fünf Markierungspunkte und kann damit Themen, die er für vordringlich oder wichtig hält, markieren. Er könnte auch häufeln, also einen Aspekt mit mehreren Punkten versehen.

Das **Ergebnis** ist oftmals verblüffend: Nach nur 20 Minuten Arbeit haben Sie eine Menge guter Ideen strukturiert und priorisiert für alle Teilnehmer gut sichtbar präsentiert. Ein wichtiger Nebeneffekt: Alle wurden einbezogen, denn auch der Schweigsame hat sich eingebracht.

Jetzt können die einzelnen Kapitel bearbeitet und mit konkreten Aufgaben und Zeitplänen versehen werden. Fotos der Moderationswände werden an das Protokoll angeheftet.

2.6 Die Chefarztkonferenz

„Man kann nicht vorsichtig genug sein in der Wahl seiner Feinde." (Oscar Wilde)

In der Chefarztkonferenz werden die wichtigsten aktuellen Probleme der Klinik von einem kompetenten und hochrangigen Gremium konstruktiv besprochen und die anstehenden Entscheidungen rasch, sachgerecht, kollegial und im Konsens getroffen.

Vielleicht reiben Sie sich jetzt verwundert die Augen. Welch heile Welt! Bei Ihnen sei das aber alles ganz anders?!

Natürlich ist das nicht nur bei Ihnen, sondern überall ganz anders. Dem oben beschriebenen Idealbild entspricht die Chefarztkonferenz nie und kann sie auch nie entsprechen.

Dieses Gremium tagt je nach Haus in unterschiedlichen Intervallen (z. B. wöchentlich oder monatlich). Tatsächlich soll hierbei fachabteilungsübergreifend die Meinungsbildung zu aktuellen Fragestellungen befördert werden. Abschließende Entscheidungen sind aber meist nicht möglich, zumindest dann, wenn diese der Geschäftsführung unterliegen. Daher muss zunächst die Besetzung der CA-Konferenz angesprochen werden.

Der Name dieser Institution täuscht nämlich, denn in der Regel sind die Chefärzte nicht allein. Der Geschäftsführer ist meist nicht nur dabei, sondern moderiert sogar. Auch die Pflegedirektion ist möglicherweise anwesend. Das hat Gründe.

Eine nur aus Chefärzten bestehende Konferenz wäre nämlich – zumindest dann, wenn Einigkeit besteht – sehr mächtig. Dies soll getreu der Strategie „divide et impera" vermieden werden. Natürlich hat der Geschäftsführer bzw. Prokurist formal die Entscheidungskompetenz. Bei einer geschlossenen CA-Konferenz könnte aber die formale Macht der Geschäftsführung durch die Macht des Faktischen (ausgeübt durch die Chefärzte) ins Hintertreffen geraten. Entsprechend wird ein geschickter Geschäftsführer die CA-Konferenz so steuern, dass die Ergebnisse ihm genehm sind. In einem echten Haifischbecken würde dem wenigstens noch die Schwarmintelligenz entgegenstehen. Chefärzte dagegen sind meist auf ihr eigenes Königreich bedacht und daher gut gegeneinander auszuspielen.

Überhaupt werden wichtige Entscheidungen nicht im Gesamtgremium getroffen, sondern im Vorfeld im Rahmen von Einzelgesprächen oder in kleinen Gruppen. So beschränken sich die engagierten Diskussionen in der CA-Konferenz meist auf so wesentliche Dinge wie die Farbe der OP-Tür oder den Standort des Fahrradständers.

Gegen Ende der Sitzung, wenn alle vom langen Arbeitstag sowieso schon erschöpft sind und nach Hause wollen, verkündet der Ärztliche Direktor eine neue Dienstplanordnung (mit gravierenden Konsequenzen für die ärztliche Besetzung) oder zieht der Geschäftsführer unter dem letzten Tagesordnungspunkt „Verschiedenes" die überarbeitete Zuordnung der Stationen zu den Abteilungen aus der Tasche. Überrascht sieht der Leitende Arzt der Abteilung A, dass künftig 40 seiner bisherigen Betten unter den Abteilungen B und C aufgeteilt werden. An den wissenden Blicken der Kollegen B und C erkennt er, dass diese das Konzept kannten und vermutlich auch eingefädelt hatten.

Ein Protest muss jetzt natürlich erfolgen, aber er kommt zu spät. Der Geschäftsführer kann seine bereits getroffene Entscheidung nicht mehr ohne Gesichtsverlust revidieren und will das auch gar nicht. Die Kollegen B und C werden sowieso nicht auf die Seite des A wechseln. Die anderen, nicht betroffenen und daher verschonten Chefärzte sind an einer Diskussion nicht interessiert, zumal der Ausgang sowieso klar ist. Eine Abstimmung erfolgt nicht (im Gegensatz zu der Diskussion über die Farbe der OP-Tür), denn die Entscheidung ist bereits fix.

Dass Sie bzw. Kollege A dieses Procedere für unfair halten, ist leider belanglos. Hier geht es ausschließlich um die Wahrung von Interessen in einer Situation begrenzter Ressourcen.

Wenn Sie nun also vor vollendeten Tatsachen stehen, müssen Sie Ihre Einwände auf jeden Fall in das Protokoll aufnehmen lassen. Nur so können Sie verhindern, dass später behauptet wird, Sie hätten zugestimmt. Manchmal hilft es auch, auf Zeit zu spielen, also eine endgültige Entscheidung zu vermeiden. Dann kann es im Nachgang gelingen, Modifikationen oder Gegenleistungen zu erreichen.

Ähnlich wie in der Medizin ist hier Prävention wichtig. Sie müssen von vornherein vermeiden, in eine solche Situation zu kommen. Jetzt bewährt es sich, wenn Sie mit all Ihren Stakeholdern regelmäßig Gespräche geführt und sich so ein „Frühwarnsystem" aufgebaut haben. So sind Sie ständig über alle aktuellen Entwicklungen in der Klinik informiert und können Ihre eigene Strategie entsprechend adjustieren bzw. durchsetzen.

Sind Sie darüber hinaus auch über alle Kennzahlen Ihrer Abteilung bestens orientiert (siehe Abschn. 3.5), dann können Sie nicht nur sachlich und fundiert argumentieren, sondern auch vermeiden, selbst Pläne durchsetzen zu wollen, die vielleicht schön klingen, aber nicht erfolgversprechend sind. Trotzdem reicht die sachliche Ebene leider nicht, wie Sie in den vorangegangenen Kapiteln erkannt haben.

Möchten Sie also ein eigenes, möglicherweise kontroverses Konzept ohne Probleme in der CA-Konferenz durchsetzen, muss das gut vorbereitet werden. In diesem Gremium eine gute Idee „mal einfach so" in den Raum zu werfen, ist zum Scheitern verurteilt. Es werden sich mit Sicherheit Gegner finden, die sich auf der Basis der bestehenden Grüppchenbildung die Bälle zuwerfen, unterstützt von den traditionellen Bedenkenträgern. So wird Ihre gute Idee zunächst zerredet und dann abgelehnt.

Prüfen Sie also zunächst, wer durch Ihre Pläne tangiert wird. Durch Einzelgespräche können Sie vielleicht mögliche Gegner zu Mitstreitern machen, zumindest aber vermeiden, als Intrigant zu gelten. Sie erfahren auch die Gegenargumente, die möglicherweise vorgetragen werden könnten.

Vergewissern Sie sich der Unterstützung Ihres eigenen Netzwerkes. Insbesondere das ok der Geschäftsführung sollte vorliegen (siehe Abschn. 1.8). Sollten dort noch Zweifel herrschen, kann es vielleicht gelingen, durch ein positives Votum der CA-Konferenz diese zu zerstreuen. Auf keinen Fall dürfen Sie aber die Geschäftsführung gegen die CA-Konferenz ausspielen.

Oft ist es am besten, eigene Projekte völlig von der CA-Konferenz fernzuhalten und sie stattdessen unter Einbeziehung aller Betroffenen ohne größere Publizität durchzuziehen.

Mitnichten soll hier dazu geraten werden, zu unfairen Methoden zu greifen. B und C in unserem Beispiel haben nur deshalb gewonnen, weil sie gut vorbereitet waren, aber nicht deshalb, weil sie unfair agiert hatten. Es ist kein Zeichen von Blauäugig-, sondern eher von Nachhaltigkeit, wenn man auf Fairness setzt. Schließlich trifft man sich bekannterweise im Leben immer zweimal (oder noch öfter). Früher oder später rächt es sich, wenn man den Ruf erworben hat, jeden über den Tisch zu ziehen oder gar zu hintergehen.

Bevor Sie zur CA-Konferenz gehen, prüfen Sie anhand der Tagesordnung, bei welchen Punkten Sie betroffen sind. Gegebenenfalls müssen Sie sich über bestimmte Vorgänge, Zahlen oder andere Fakten informieren, um nicht auf falschem Fuß erwischt zu werden. Sollten Sie unerwartet mit Vorwürfen konfrontiert werden, können Sie sich immer darauf berufen, zunächst die Fakten prüfen zu müssen. So können Sie unliebsame Diskussionen vertagen und haben Zeit, diese im Vorfeld der nächsten Sitzung zu entschärfen.

Begreifen Sie also die CA-Konferenz eher als ein (Zeit raubendes) Kaffeekränzchen, denn als schlagkräftiges Gremium. Die Entscheidungen, die hier fallen, sind entweder belanglos oder wurden so gut vorbereitet, dass sie schon vorher feststanden.

2.7 Das Mitarbeitergespräch

Das Mitarbeitergespräch wird häufig als lästige Pflichtaufgabe angesehen und daher vernachlässigt. Es ist aber ein wichtiges Führungsinstrument und bietet beiden Seiten die Chancen zu einem gegenseitigen Feedback. Korrekt, also ehrlich und sensibel vorgebrachte Kritik hilft, die Zusammenarbeit zu verbessern und kann ungewollte Kündigungen vermeiden.

Zeitlich überlastete Chefärzte können die Gespräche an Ihre Oberärzte delegieren, was durchaus möglich und empfehlenswert ist, denn die Assistenzärzte werden mit den Oberärzten in der Regel enger zusammenarbeiten und letztere können die Gespräche für die Wahrnehmung ihrer Führungsfunktion nutzen. Allerdings sollte dieses Vorgehen mit den Mitarbeitern kommuniziert und die Oberärzte verpflichtet werden, dem Chefarzt über ihre Gespräche zu berichten.

Ist der Chefarzt Weiterbilder und sind die Mitarbeitergespräche gleichzeitig die in der Weiterbildungsordnung in der Regel vorgeschriebenen (zumindest jährlichen) Weiterbildungsgespräche (was sich thematisch anbietet), sind die Delegationsmöglichkeiten natürlich eingeschränkt.

Hinsichtlich des Grundes für ein Mitarbeitergespräch ist zu unterscheiden zwischen spontanen, sich aus einem bestimmten Anlass ergebenen und den turnusmäßigen Gesprächen. Bei den letztgenannten sollte die folgende Aufstellung beachtet werden.

- Hinsichtlich **Einladung**, **Terminplanung**, **Tagesordnung** und **Vorbereitung** kann auf das in Abschn. 2.4 (Besprechungsmanagement) Gesagte verwiesen werden.
- **Einleitung**: Eine freundliche Begrüßung verbunden mit einem bisschen Smalltalk zu Beginn lockert die Atmosphäre auf. Da nicht jeder Gesprächspartner mit solchen Gesprächen vertraut ist, sollten der Sinn, die Themen und der geplante Ablauf zu Beginn erläutert werden.
- **Mitarbeiter**: Dann kann dem Mitarbeiter die Gelegenheit gegeben werden, die vergangene Arbeitsperiode aus seiner Sicht zu schildern und zu bewerten. Er sollte hinreichend Zeit bekommen und zu einem ehrlichen Feedback ermuntert werden, also auch negative Kritik nicht aussparen. Das Vier-Augen-Gespräch bietet hierfür einen geschützten Raum. Aktives Zuhören hilft, Missverständnisse zu vermeiden. Neben dem Rückblick sollten auch Wünsche für die Zukunft geäußert werden.
- **Vorgesetzter**: Der Vorgesetzte kann nun antworten und neben seinem eigenen Feedback auf die Aussagen des Mitarbeiters eingehen. Dabei sind Emotionen,

insbesondere Verärgerung über möglicherweise unerwartete und deutliche Kritik des Mitarbeiters zu vermeiden. Vielmehr sollte das Gesagte sorgfältig auf Berechtigung und Plausibilität überprüft werden. Bei der eigenen Kritik werden positive Aspekte vorangestellt, negative aber nicht ausgeklammert. Kritik sollte nicht rein subjektiv, sondern nachvollziehbar an Fakten orientiert sein. Eine entsprechende Vorbereitung ist daher notwendig.

- **Weiterbildung**: Das Weiterbildungslogbuch ist zu würdigen und zu unterschreiben. Dies bietet die Gelegenheit, über die bisherigen Einsätze (Stationen, OP, Rotationen usw.) zu sprechen und einen Fahrplan für die Zukunft zu entwerfen, so dass die Weiterbildung zügig fortgeführt und abgeschlossen werden kann. Gerade die Rotation und möglicherweise unterbliebene Einweisungen in wichtige Weiterbildungsinhalte bieten den meisten Konfliktstoff. Hier kollidieren häufig die klinischen Erfordernisse und die Weiterbildungskapazitäten mit den ursprünglichen Planungen, Versprechungen und Erwartungen.
- **Lösungswege**: Es schließt sich die Synthese beider Standpunkte an. Lösungen für eventuelle Konflikte werden gemeinsam herausgearbeitet, so dass die Erwartungen für die zukünftige Zusammenarbeit festgelegt und zur Deckung gebracht werden können. Der Vorgesetzte möchte hier bestimmte Leistungen dokumentieren, der Mitarbeiter Weiterbildungs- und Karrierevorstellungen. Die individuellen Eigenschaften und Talente des Einzelnen müssen beachtet werden (siehe Abschn. 4.9).
- **Gesprächsabschluss**: Die Ergebnisse werden zunächst mündlich zusammengefasst. Nachfolgend sollte unbedingt ein Protokoll erstellt werden. Wenn für Mitarbeitergespräche ein Standardformular existiert, könnte dieses schon während des Gespräches ausgefüllt und dann abschließend von beiden Seiten unterzeichnet werden. Alternativ diktiert der Vorgesetzte die Ergebnisse. Beide Teilnehmer erhalten ein unterschriebenes Exemplar.

Die Ergebnisse der Mitarbeitergespräche sind verbindlich. Sollte sich im Lauf der Zeit herausstellen, dass sie nicht einzuhalten sind, müssen neben den turnusmäßigen Terminen Zwischengespräche stattfinden.

Gebrochene Versprechungen sind schädlich für die Zusammenarbeit. Es sollten daher nur Zusagen gegeben oder eingefordert werden, die auch eingehalten werden können. Es ist leider praktische Erfahrung, dass Mitarbeiter oft immer und immer wieder vertröstet werden. Besser ist es, gegebenenfalls Alternativen zu erdenken. Kann beispielsweise die Versetzung auf die eigene Intensivstation nicht stattfinden, ist sie vielleicht bei einem kooperierenden Krankenhaus möglich oder es kann eine andere attraktive Rotation angeboten werden, z. B. in die Funktionsabteilung.

Dabei sollten die gemeinsamen Interessen gefunden und verfolgt werden. Schließlich nutzt jedem die Förderung individuellen Fähigkeiten und Talente. Insofern darf also kein

Einheitsbrei, sondern Mitarbeiter A vielleicht etwas ganz anderes als Mitarbeiter B angeboten werden.

Nicht immer reagieren Mitarbeiter im Gespräch wie gewünscht oder erwartet. Gerade die Reaktion auf negative Kritik ist unvorhersehbar. Verärgerung, Aggressivität oder Frustration und Trauer mit Tränenausbrüchen können die Folge sein. Gelegentlich herrscht auch eisiges Schweigen. All dies führt nicht zu Lösungen. Auch wenn Sie selbst möglicherweise verärgert sind, sollten Sie versuchen, sich und Ihr Gegenüber wieder auf einen konstruktiven Weg zurückzuführen.

Dies kann durch gezielte Fragen erfolgen („Wie haben Sie die Situation gesehen?" „Welche Lösung schlagen Sie vor?"). Gegebenenfalls muss das Gespräch vertagt werden, damit sich die Gemüter wieder beruhigen und jeder über Vorschläge nachdenken kann. Keinesfalls darf nach einem schlecht verlaufenem Gespräch Funkstille herrschen.

Kritik lässt sich übrigens am einfachsten anbringen, wenn sie zeitnah erfolgt. Im Jahresgespräch eine sechs Monate vorher stattgehabte Situation aufarbeiten zu wollen, ist sinnlos.

To-do-Liste: Mitarbeitergespräche		
Maßnahme	Termin	Folgetermin
Entwerfen Sie eine Strategie für die Mitarbeitergespräche (Delegation?)		
Kommunizieren Sie diese Strategie mit den Oberärzten und Mitarbeitern		
Arbeiten Sie die Gespräche in den Jahreskalender ein		

2.8   Führen mit Lob

Wurden Sie heute schon gelobt?

Nein? Hm.

Warum eigentlich nicht? Sie haben sich doch maximal engagiert, fleißig gearbeitet, haben Ihre fachliche Expertise für Ihre Patienten genutzt und sich für die Klinik und Ihre Mitarbeiter eingesetzt.

Trotzdem kein Lob. Vielleicht werden Sie einwenden, dass Sie als Chef kein Lob erwarten. Aber freut man sich nicht auch als Chef, wenn man von den Mitarbeitern ehrliche Anerkennung erfährt? Hätte nicht auch der eine oder andere Patient einen Grund gehabt, Sie zu loben? Denken Sie an die lange Liste der Stakeholder, mit denen Sie zusammenarbeiten. Hätte nicht doch mal einer von denen Sie loben können? Gründe dafür gab es. Und Sie hätten sich gefreut und sich um so motivierter um Ihre Aufgaben gekümmert.

Haben Sie heute schon gelobt?

Nein? Hm.

Warum eigentlich nicht? Auch Ihre Mitarbeiter haben sich maximal engagiert, fleißig gearbeitet usw., usw.

Trotzdem kein Lob. Loben scheint dem Zeitgeist nicht mehr zu entsprechen. Im heutigen Kliniksbetrieb wird maximale Leistung bei hoher Arbeitsdichte eingefordert und gleichzeitig als Selbstverständlichkeit betrachtet.

Das hat Folgen. Dass der Begriff der „Wertschätzung" mittlerweile inflationär gebraucht wird, hängt auch damit zusammen, dass das wichtigste Werkzeug hierfür, nämlich das Lob, unmodern geworden ist. Mitarbeiter (und auch alle anderen Stakeholder) erwarten aber zu Recht, dass Ihre Leistungen, die gerade im Gesundheitswesen sehr belastend sein können, auch von den Führungskräften wahrgenommen werden. Bleibt die Anerkennung aus, können Leistungsabfall, innere Kündigung und Fluktuation die Folge sein.

Lob ist ein Führungsinstrument. Sie können also – in Grenzen – das Verhalten der Mitarbeiter steuern, indem Sie gezielt loben. Lob ist allerdings auch nicht völlig ohne Nebenwirkungen. Loben Sie einzelne Mitarbeiter und übergehen andere, kann dies auch negative Folgen haben. Mitarbeiter vergleichen nämlich ihre Leistungen und Gegenleistungen. Bei (eventuell gefühlter) Ungerechtigkeit können nach der Equity Theory von John Adams Frustration und Unzufriedenheit die Folge sein.

Durch übermäßigen Gebrauch nutzt sich das Instrument Lob ab. Loben Sie alles und jeden, wird die positive Wirkung nachlassen. Die Anlässe sollten also auch ein Lob wert sein. Allerdings sollte bei geringeren Anlässen wenigstens das „Danke" nicht fehlen.

Die richtige Dosis könnte von regionalen Besonderheiten bestimmt sein. In meiner fränkischen Heimat stellt ein knappes „Basst scho" ein Lob dar, wie es überschwänglicher kaum sein kann.

Loben hat viele positive Auswirkungen:

- Durch die Funktion als Führungsinstrument können Sie erwünschtes Verhalten befördern.
- Die Zufriedenheit der gelobten Mitarbeiter bzw. anderer Stakeholder steigt.
- Damit steigen die Motivation und die Leistungsbereitschaft.
- Ähnlich wie beim Schenken führt auch das Loben zu einer positiven Stimmung beim Lobenden. Loben macht Spaß!
- Ein Lob ist völlig kostenlos.
- Das gute Betriebsklima wird gefördert.

Daher sollte gezieltes, ehrliches und richtig dosiertes Loben nicht nur Ihr eigenes Handeln, sondern auch das Ihrer Mitarbeiter prägen.

Folgende kleine Übung (z. B. in einer Teambesprechung) könnte hierfür hilfreich sein: Jeder Mitarbeiter lässt sich mit Tesafilm eine Karte auf den Rücken kleben. Diese trägt die Überschrift: „Lieber (jeweiliger Name), Ich schätze besonders an Dir:"

Nun können (müssen aber natürlich nicht) die Kollegen den Satz entsprechend ergänzen.

Das Ergebnis könnte so aussehen:

Hiermit kann sich also jedes Teammitglied darin üben, bei den Kollegen positive Eigenschaften zu finden und diese auch zu formulieren. Natürlich ist Ehrlichkeit gefragt.

Vorsicht: Auch diese Übung ist nicht ohne Nebenwirkungen! Wer dabei nur gering gelobt wurde, also wenige Einträge auf seiner Karte hat, könnte sich vorgeführt fühlen.

Folgende To-do-Liste bitte sofort bearbeiten:

To-do-Liste: Lob	
Maßnahme	Termin
Wofür hätten Sie heute ein Lob erwartet? Bitte erstellen Sie eine Liste!	sofort
Wer hätte heute ein Lob verdient? Bitte erstellen Sie eine Liste!	sofort

2.9 Motivation

„Wenn Du ein Schiff bauen willst, dann trommele nicht Männer zusammen, um Holz zu beschaffen, Aufgaben zu vergeben und die Arbeit einzuteilen, sondern lehre die Männer die Sehnsucht nach dem weiten, endlosen Meer." (Antoine de Saint-Exupery)

Das obige Zitat beschreibt sehr schön die vordringliche Aufgabe von Management, bzw. eigentlich die Grenzen.

Das Management muss zwar einen Rahmen und einige Regeln vorgeben (siehe Abschn. 1.3 – Leitbild, und Abschn. 4.11 – Strukturen/Regeln). Vor allem aber muss es die Mitarbeiter dazu befähigen, ihre eigenen Kompetenzen und Ideen vollständig und gerne auszu*leben* (darin steckt das Wort „leben"). Bitte vergessen Sie den Gegensatz Arbeit/Leben bzw. (die Work-Life-Balance). Ein motivierter Mitarbeiter kommt mit einem Minimum an Vorgaben zurecht. Der Betrieb läuft dann am effektivsten, wenn sich alle Kollegen weitgehend selbst organisieren können und dürfen. Auch für die Führungskraft ist es am besten, wenn sie nur noch dann gefragt wird, wenn ihre speziellen Kompetenzen benötigt werden.

Wie gelingt *Motivation*?

Empowerment Ermächtigen Sie die Mitarbeiter, innerhalb des (am besten gemeinsam erarbeiteten und möglichst weitläufigen) Rahmens selbstständig zu arbeiten. Die übertragenen Aufgaben sollten so anspruchsvoll sein, dass sie gerade noch geleistet werden können (aber nicht anspruchsvoller, cave „Peter-Prinzip").

Transparenz Die Ziele müssen bekannt sein, sonst kann niemand sie erreichen. Am besten ist es, wenn die Ziele nicht nur vorgegeben, sondern zusammen definiert wurden.

Heterogenität Eintönige Arbeit tötet Motivation. Erlauben und befördern Sie Rotation. Auch die Tagesabläufe sollten durch wechselnde Tätigkeiten geprägt sein.

Führungsinstrumente Verwenden Sie die besprochenen positiven Führungsinstrumente (Abschn. 1.10).

Lehre Seien Sie unbesorgt, Wissen weiterzugeben. Kompetente Mitarbeiter unterstützen Sie und bedrohen Sie nicht. Voraussetzung ist allerdings, dass auch Sie sich weiterbilden, sich also Ihre eigene Kompetenz und Souveränität ständig erhalten. Haben Sie dabei keine

Hemmungen, selbst Wissen von Spezialisten in Ihrem Team anzunehmen. Erinnern Sie sich an das Prinzip der gegenseitigen Dienstleistung.

Coach Verstehen Sie sich mehr als Coach, denn als Chef. Ein Chef ordnet an, ein Coach gibt Empfehlungen auf der Basis von Gesprächen und Einsichten.

Empathie Verstehen Sie Ihre Mitarbeiter. Ermitteln Sie deren persönlichen Ziele und Talente. Würdigen Sie diese bei der Aufgabengestaltung (siehe auch Abschn. 4.9).

Loyalität Sie erwarten von Ihren Mitarbeitern Loyalität, also die Unterstützung Ihrer Positionen. Bedenken Sie aber, dass Loyalität keine Einbahnstraße ist. Wenn Sie sich für die Belange der Mitarbeiter einsetzen, wird das meist sehr genau zur Kenntnis genommen (leider auch das Gegenteil). Sorgen Sie für ein Klima des gegenseitigen Vertrauens.

Zum Thema Motivation passt folgende kleine (gekürzte) Geschichte, die ich dem lesenswerten „Märchenbuch für Manager" (Fuchs 2000) entnommen habe:

Zwei Steinmetze, die an einer Kirchenbaustelle arbeiten, werden gefragt, was sie tun. Der erste antwortet: „Ich bearbeite Steine. Das ist eine sehr anstrengende Arbeit, aber ich habe bald Feierabend." Der zweite sagt: „Ich baue eine Kathedrale."

2.10　Krisen und Konflikte

Krisen und Konflikte werden meist als schrecklich empfunden und daher gerne – soweit möglich – ignoriert und unter den Teppich gekehrt.

Das ist in jeder Hinsicht verkehrt. Probleme sind dafür da, gelöst und nicht ignoriert zu werden. Gerade die ärztliche Tätigkeit besteht ja darin, eine Krise (nämlich die Erkrankung) durch eine adäquate Behandlung zu lösen. Ungelöste Konflikte sind wie ein Schwelbrand: Von ihnen geht ständig Gefahr aus. Sie stören und erfordern Rücksichtnahmen.

Krise ist aber eigentlich nur ein anderes Wort für Chance. Natürlich gehört zu jeder Chance auch ein Risiko. Geht man aber offensiv und konstruktiv damit um (sucht man also die Chancen), ist es oft so, dass sich nach Überwindung der Krise die Situation besser darstellt als jemals zuvor. Wenn beispielsweise ein Großgerät defekt ist, mag das den aktuellen Tagesablauf stören. Es könnte sich aber die Chance ergeben, dass Gerät erneuern zu dürfen und dadurch die Arbeitsmöglichkeiten zu verbessern. Ein gelöster Konflikt zwischen Kollegen wird vermutlich zu einem besseren Arbeitsklima und zu effizienterer Arbeitsleistung führen. (Abb. 2.3)

Wenn Sie Konflikte aufgreifen, ist es daher durchaus wahrscheinlich, dass Ihr Bemühen um eine gütliche Lösung mit Dankbarkeit quittiert wird.

Verfolgen Sie also eine unübliche Strategie: Suchen Sie nach Krisen oder Konflikten, zumindest aber sollten Sie ein Frühwarnsystem haben, dessen „rote Lampen" Sie nicht

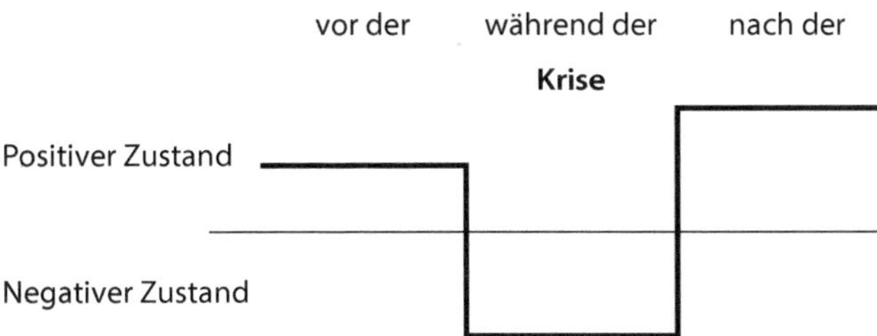

Abb. 2.3 Krisenbewältigung

übersehen sollten. Dieses Frühwarnsystem wird gespeist durch Ihre Gespräche mit den Stakeholdern und durch die Kenntnisnahme betriebswirtschaftlicher Kennzahlen.

Wenn Sie sich durch die erfolgreiche Bewältigung von Konflikten schon einen Namen gemacht haben, werden Ihre Mitarbeiter und Kollegen spontan mit ihren Problemen zu Ihnen kommen. Werten Sie das als Kompliment und nicht als lästig – jedenfalls solange sich Ihre Beanspruchung in einem zumutbaren Rahmen hält.

Die Bewältigung von Krisen und Konflikten bedeutet Aufwand, oft auch Ärger. Sie müssen daher bereit sein, Arbeit, Emotion und Zeit zu investieren. Das Risiko, das genau wie die Chance in jeder Krise liegt, und der damit verbundene Aufwand ist dann am geringsten, wenn Sie frühzeitig und aktiv tätig werden.

Ein für alle Beteiligten positiv gelöster Konflikt könnte auch durch eine kleine Feier emotionell abgeschlossen werden.

2.11 Das schwierige Gespräch

Vermutlich kennen Sie die Situation:

Sie betreten morgens die Station und eine Pflegekraft kommt Ihnen schon aufgeregt entgegen:

> „Gut, dass Sie da sind! Sie müssen unbedingt gleich zu Herrn M in Zimmer 12. Er ist furchtbar verärgert, beschimpft uns alle und will sich an höchster Stelle beschweren!"

Sie ahnen also, dass ein schwieriges Gespräch auf Sie zukommt. Vermutlich sind Sie nicht erfreut. Trotzdem kann man diese Aufgabe auch als kommunikative Herausforderung sehen, ähnlich wie ein Chirurg eine komplexe Operation als eine medizinische Herausforderung. Eine erfolgreiche Entschärfung des Konflikts wäre dann wie ein gelungener Eingriff.

Falsch wäre es nun, sofort in Zimmer 12 zu stürmen. Besser ist es, sich zunächst gründlich über das anliegende Problem zu informieren.

Setzen Sie sich also zunächst mit der Pflegekraft im Stationszimmer (möglichst unter vier Augen) zusammen. Meist stellt sich heraus, dass ein tatsächlich bestehendes Problem oder eine Panne durch eine ungeschickte Kommunikation eskaliert ist.

Zunächst ist zu klären, wer alles an dieser Situation beteiligt ist. Nehmen wir für unser Beispiel mal an, dass die Pflegekraft eine Äußerung des OP-Managements dahingehend missverstanden hat, dass die OP des Herrn M verschoben würde. Nachdem Herr M gefrühstückt hatte, hat sich der Irrtum herausgestellt. Nun ist Herr M nicht mehr nüchtern.

Meist wird jetzt – leider – der Schuldige gesucht. Tatsächlich gibt es wichtigeres zu tun: Erstens muss die aktuelle Situation bereinigt und dann vorgesorgt werden, dass eine Wiederholung ausgeschlossen ist.

Gelöst werden kann das Problem am ehesten dadurch, dass die Belange aller Beteiligten erfasst und soweit möglich berücksichtigt werden:

- Der Patient möchte so rasch wie möglich operiert werden. Außerdem will er, dass man seine Verärgerung wahrnimmt und versteht.
- Die Pflegekraft will nicht verantwortlich gemacht werden und erwartet von Ihnen, dass Sie den Konflikt lösen.
- Auch Sie möchten, dass die OP rasch stattfindet. Außerdem möchten Sie den Patienten beruhigen, ohne den Betriebsfrieden zu gefährden.

Stellen Sie jetzt fest, ob der Eingriff am gleichen Nachmittag nach ausreichender Nahrungskarenz des Herrn M noch möglich ist.

Nun gehen Sie zu Herrn M. Die Pflegekraft sollte Sie begleiten, denn dadurch demonstrieren Sie dem Patienten gegenüber die Einigkeit des Teams und stärken die Autorität der Pflegekraft. Außerdem kann sie das Gespräch im Fall einer weiteren Eskalation bezeugen.

Im Gespräch mit dem Patienten sind zunächst seine Vorwürfe zu erfragen. Sofern sie berechtigt sind, äußern Sie Verständnis. Geben Sie dem Patienten ausreichend Gelegenheit, sich zu äußern. Er möchte zu Recht ernst genommen werden.

Die Schuldfrage ist auch und gerade jetzt völlig unerheblich und geht vor allem den Patienten nichts an. Vermeiden Sie es unbedingt, die Pflegekraft oder andere, z. B. die nicht anwesende Person des OP-Managements, zu beschuldigen. Dies würde den Betriebsfrieden beschädigen und hat in dem Gespräch mit dem Patienten nichts zu suchen. Da Sie sozusagen die „politische Verantwortung" tragen, ist es an *Ihnen*, sich zu entschuldigen – wohlgemerkt nur dann, wenn eine echte Panne vorliegt. Der Kotau wird natürlich nicht von Ihnen erwartet. Eine *angemessene* Entschuldigung sollte aber nicht ausbleiben und entschärft die Situation.

Sie selbst werden durch Ihre Entschuldigung nicht beschädigt, im Gegenteil. Sie demonstrieren Souveränität und Loyalität, was (bewusst oder unbewusst) sowohl vom Patienten und Ihren Mitarbeitern registriert wird.

Sie könnten ankündigen, dass Sie Maßnahmen ergreifen, um einer Wiederholung vorzubeugen, was insbesondere bei schwerwiegenden Vorkommnissen wichtig ist und von den Patienten erwartet wird.

Nun machen Sie dem Patienten das Angebot, die OP nachmittags durchzuführen. Da Sie seine Verärgerung anerkannt haben, dürfte sein Zorn verraucht sein und er wird dieses

Angebot vermutlich annehmen. Sollte er seine Koffer schon gepackt haben, ist es Ihnen vielleicht trotzdem gelungen, ihn umzustimmen.

Sind dagegen die Vorhaltungen des Patienten völlig haltlos, ist das in sachlicher Form vorzubringen und zu belegen. Sollte es im Vorfeld oder in diesem Gespräch zu beleidigenden Äußerungen des Patienten gekommen sein, muss das angesprochen werden. Kein Mitarbeiter muss es hinnehmen, sich beleidigen zu lassen. Dafür haben Sie als Führungskraft eine Garantenstellung, sollten daher gegebenenfalls eine Entschuldigung einfordern. Ihre Mitarbeiter werden es Ihnen – hoffentlich – ebenfalls mit Loyalität danken. Uneinsichtige Patienten könnten, sofern es medizinisch verantwortbar ist, das Haus verlassen müssen. Einen Frieden um jeden Preis darf es nicht geben.

Bei einem günstigen Verlauf haben Sie die Ziele aller Beteiligten erreicht und eine weitere Eskalation vermieden:

- Der Patient wurde mit seiner Beschwerde ernst genommen. Außerdem wird seine OP am gleichen Tag realisiert.
- Die Pflegekraft wurde nicht an den Pranger gestellt, sondern im Gegenteil durch Sie gestärkt. Der für sie bedrohliche Konflikt wurde ausgeräumt.
- Sie haben die Durchführung der OP sichergestellt, den Patient beruhigt und dabei den Betriebsfrieden erhalten.

Auch wenn Sie sich dem Patienten gegenüber vor die Pflegekraft gestellt haben, ist anschließend intern zu klären, wie das Missverständnis zustande kam. Sicher wird es für die OP-Planung eine SOP (Standard Operation Procedere) geben, die eventuell angepasst werden muss. Sollte gegen die SOP verstoßen worden sein, ist die unbedingte Einhaltung einzufordern.

Dies war jetzt nur *ein* Beispiel für eine schwierige Gesprächssituation. Viele weitere mit anderem Hintergrund sind denkbar und kommen täglich vor:

- Breaking Bad News (die Überbringung einer existenziell bedrohlichen Nachricht)
- Heikle Mitarbeitergespräche
- Besprechung einer bedeutsamen Komplikation mit Patienten oder Angehörigen
- Verhandlungen mit der Geschäftsführung über strittige Themen
- usw.

Schwierige Gespräche sind für eine Führungskraft alltäglich und müssen von ihr genau wie schwierige Eingriffe gemeistert werden. Ärzte – unabhängig von der Hierarchieebene – sind Führungskräfte, müssen also mit dieser Form der Kommunikation vertraut werden. Die Vermittlung der Gabe, ein Gespräch gut führen zu können, muss schon im Medizinstudium beginnen.

Die Überbringung schlechter Nachrichten („Breaking Bad News") bedarf besonderer Empathie. Dabei ist vor allem Zuhören und Geduld wichtig.

Trotz allem: Ist ein schwieriges Gespräch gelungen, ist das sehr befriedigend. Es kann durchaus Spaß machen, solche kommunikativen Herausforderungen anzunehmen.

Überblick: Folgende Regeln sollten bei **schwierigen Gesprächen** immer beachtet werden:

1. Informieren Sie sich vorher gründlich. Gerade bei schwierigen Gesprächen können sich Informationsdefizite verheerend auswirken.
2. Wählen Sie die Teilnehmer des Gesprächs sorgfältig aus. Manchmal muss es ein Vier-Augengespräch sein, bei anderen Anlässen (siehe oben) können weitere Teilnehmer wichtig sein.
3. Der räumliche Rahmen muss passen. Schwierige Gespräche sind kaum auf dem Flur zu führen.
4. Auch der Zeitpunkt und -rahmen sind von Bedeutung. Die Situation in unserem Beispiel musste sofort geklärt werden. Andere Gespräche sind nicht so dringend, dürfen aber auf keinen Fall unter Zeitdruck erfolgen.
5. Geben Sie dem Gesprächspartner Zeit und Gelegenheit, sich zu äußern. Allein die Tatsache, ernst genommen zu werden, ist für viele sehr wichtig und kann die Situation vollständig entschärfen.
6. Sie müssen nicht einverstanden sein mit dem, was gesagt wird. Trotzdem können Sie Verständnis dafür haben und dies auch äußern.
7. Wenn Sie anderer Meinung sind, sollten Sie in geeigneter Form widersprechen. Bleiben wichtige Aspekte ungesagt, kann der Konflikt nicht gelöst werden.
8. Seien Sie authentisch und ehrlich. Nicht einlösbare Versprechungen sind nicht nachhaltig, sondern vertiefen den Konflikt.
9. Ist eine Entschuldigung angemessen, muss sie auch erfolgen. Ist sie es nicht, darf sie nicht erfolgen.
10. Bieten Sie eine Lösung an, bestehen Sie aber nicht auf einer Einigung im ersten Gespräch.
11. Suchen Sie keine Lösungen zu Lasten Dritter. Seien Sie loyal. Manchmal müssen Sie als Chef auch die Verantwortung für Handlungen Ihrer Mitarbeiter übernehmen.
12. In den seltensten Fällen (auch nicht bei Komplikationen) ist es hilfreich, sich auf die Klärung der Schuldfrage zu konzentrieren, auch wenn das manchmal naheliegend und menschlich verständlich ist.

Schwierige Gespräche gehören zu den ärztlichen Kernleistungen. Auch diese – möglicherweise ernsten – Gespräche können Freude bereiten. Beschäftigen Sie sich mit den Gesprächstechniken und bereiten Sie sich immer gut vor.

2.12 Informationsfluss im Krankenhaus

Komplikationen, logistische Fehlverläufe, gegenseitige Schuldzuweisungen, übergangene und beleidigte Mitarbeiter/Kollegen usw. – am Anfang steht meist ein Kommunikationsproblem.

Transparenz und gut organisierte, standardisierte Informationsweitergaben können helfen, Missverständnisse und Pannen zu vermeiden.

Das wesentlichste Medium ist das Krankenhausinformationssystem (KIS). Es muss zu der Klinik passen, es muss aufgebaut und gepflegt werden. Ziel ist das papierlose Krankenhaus, in dem jederzeit online auf alle Anmeldungen und Befunde zugegriffen werden kann.

Die **Vorteile** sind bestechend:

- Anmeldungen sind sofort bei der ausführenden Abteilung. Diese kann die Untersuchung/den Eingriff sofort in das Programm eintakten. Der Anmelder weiß, wann die Maßnahme stattfindet. Auch der Patient kann also zeitnah informiert werden. Die Funktionsabteilung bzw. der ausführende Arzt wissen immer, welche Aufgaben noch anstehen. Viele lästige Telefonate fallen weg, Papieranmeldungen sowieso.
- Befunde sind sofort nach Erstellung einsehbar, gegebenenfalls mit den dazugehörigen Bilddokumenten. Untersucher können Vorbefunde einsehen, was die aktuelle Befundung erleichtert. Zusammenfassungen der Befunde fließen automatisiert in die Arztbriefe. Bei der Visite stehen jederzeit alle Befunde hochaktuell zur Verfügung.
- Abläufe können vereinfacht werden. So kann ein Patient von der Funktionsabteilung (ohne den Umweg über die Station) ins Röntgen geschickt werden, denn der Tagesplan des Patienten ist überall einsehbar. Somit wird das Krankenhausinformationssystem zur Grundvoraussetzung einer optimalen Ablauforganisation.
- Doppeleingaben werden vermieden. Entweder sind die Daten automatisiert dort, wo sie gebraucht werden, oder haben sie können per Mausklick verschoben werden.
- Ökonomische Vorgänge werden transparent und können konsekutiv optimiert werden. Sachkosten, Leerlaufzeiten usw. lassen sich darstellen. Die Auswirkungen von Verbesserungsmaßnahmen lassen sich simulieren bzw. überprüfen.
- Diese Liste ließe sich noch um viele Punkte verlängern.

Doch auch die **Nachteile** dürfen nicht verschwiegen werden:

- Die Klinik wird vollständig abhängig vom KIS. Ein Ausfall durch eine technische Störung oder Sabotage kann den Betrieb zum Erliegen bringen. Ein Virus im KIS des Klinikum Fürth hatte verheerende Auswirkungen (2019).
- Aufbau und Pflege des Systems ist sehr aufwändig. Nur ein an die aktuellen Vorgänge adaptiertes System ist hilfreich.
- Aus Datenschutzgründen ist ein ausgeklügeltes Rechtesystem erforderlich.
- Da kaum ein KIS alle Anforderungen erfüllen kann, sind Schnittstellen zu Fremdanbietern erforderlich. Eine ungenügende Funktionalität ist häufig, zumal die Industrie ihre proprietären Systeme protegiert. Bei Fehlfunktionen ist die Fehlerquelle kaum zu ermitteln.
- Schnittstellen und Fernwartungen machen das System angreifbar.
- Bisweilen wird die Transparenz zu groß. So könnte die Arbeitsleistung von Mitarbeitern überwacht werden, was den Betriebsrat (zu Recht, § 87 BetrVG) auf den Plan rufen würde.
- Auch diese Liste ist nicht abschließend.

Natürlich wird nicht nur über das KIS kommuniziert. Menschen **reden** miteinander, glücklicherweise. Dass dies aber auch nicht immer wie geplant verläuft und mit Missverständnissen verbunden sein kann, haben die vorangegangenen Abschnitte gezeigt.

So könnten Sachaussagen und nonverbale Kommunikation im Widerspruch stehen. Manche Information wird irrtümlicherweise als bekannt vorausgesetzt. Akustische Übertragungsfehler könnten auftreten.

Ein häufiges und daher wesentliches Problem ist die „**stille Post**": Damit bezeichnet man die Informationsverfälschung durch die Weitergabe über mehrere Personen. Dies lässt sich eindrücklich, aber auch amüsant während einer Teambildungsmaßnahme durch folgenden Versuch simulieren:

> **Stille Post**
> Vier Personen werden vor die Tür geschickt. Eine weitere Person (im Raum) bekommt ein Bild gezeigt (oder kann alternativ einen Text lesen) und soll sich dieses einprägen. Das Bild wird dann versteckt und Person 2 in den Raum geholt. Person 1 beschreibt nun Person 2 das Bild. Anschließend gibt Person 2 die erhaltenen Informationen an die dann ebenfalls in den Raum geholte Person 3 weiter, dann Person 3 an 4 und 4 an 5. Nun wird Person 5 gefragt, wie sie sich das Bild vorstellt. Abschließend wird das Bild allen Personen gezeigt (was in der Regel zu großem Erstaunen führt).

Der Versuch veranschaulicht sehr gut die Notwendigkeit von **standardisierten Informationsflüssen** und guter Dokumentation. Eine beliebte Aussage ist „Es hieß, dass …". Hakt man nach, *wer was wann* konkret gesagt oder angeordnet hat, erhält man meist keine

Antwort. Leider werden bisweilen auf der Basis solcher Gerüchte Operationen angesetzt und ähnliches. Dies kann nur vermieden werden, wenn bei bedeutsamen Abläufen Kontrollen wie Checklisten zwischengeschaltet sind.

Dies darf nicht dazu führen, dass durch übermäßige **Dokumentation** die eigentlichen Kernleistungen in den Hintergrund treten. Jegliche diesbezügliche Vorschrift ist also gut auf ihre Sinnhaftigkeit zu prüfen. Kontrollen sind so effektiv, aber so knapp wie möglich zu gestalten: „*Wenn es nicht notwendig ist, ein Gesetz zu machen, dann ist es notwendig, kein Gesetz zu machen.*" (Montesquieu 1689–1755)

Kommuniziert wird auch über das **Telefon**. Das hat Vorteile, insbesondere kann man sofort und direkt miteinander sprechen. Eines wird aus der Sicht des Anrufenden aber oft vergessen: Der Angerufene ist in aller Regel beschäftigt (bei der Visite, während einer Untersuchung oder bei einem anderen Arbeitsgang). Er wird also gestört, was den Ablauf der Primärtätigkeit beschädigt und verlangsamt. Meist werden gleichzeitig auch weitere Personen aufgehalten. Es ist also eine Unsitte, sich wegen Lappalien telefonisch in laufende Aktionen hereinzudrängen. Hinweise zur Abhilfe finden Sie in den Abschn. 1.17 sowie 4.16.

To-do-Liste: Informationsfluss		
Maßnahme	Termin	Folgetermin
Prüfen Sie die Funktionalität des KIS, zunächst selbst am Computer		
Bitten Sie etliche Mitarbeiter um Verbesserungsvorschläge zum KIS.		
Lassen Sie Kommunikationsstandards erstellen.		
Kommunizieren Sie diese Standards.		

2.13 Umgang mit Massenmedien

Der Umgang mit Medien wird zunehmend wichtiger und komplexer.

Wichtiger deshalb, weil das Gesundheitswesen zunehmend als Markt begriffen wird und man in diesem Markt nur bestehen kann, wenn man in den Medien präsent ist.

Komplexer deshalb, weil die früher dominierende Tageszeitung zumindest partiell abgelöst wurde durch das Internet und soziale Medien. Gerade dort herrscht aber eine problematische Sprache bzw. Aggression.

Auch hier gibt es wie so oft Chancen und Risiken.

Die **Chancen** bestehen darin, die eigene Arbeit bzw. die der Klinik positiv herauszustellen. Schon wieder muss daher die Regel „Tue Gutes und rede darüber" bemüht werden. Jede Erweiterung Ihres Behandlungsspektrums, jedes neue Gerät, die Einweihung einer zusätzlichen Struktur, ein Jubiläum, das Gelingen eines innovativen Eingriffs: All dies sollte nicht nur in der Tageszeitung, sondern auch auf der Webseite der Klinik und in den sozialen Medien zum Thema werden. Steter Tropfen höhlt den Stein. Da auch die Redaktionen der Zeitung mittlerweile personell ausgedünnt wurden, erwartet man von Ihnen entsprechende Vorarbeit, also eine Pressemitteilung, möglichst mit Bild. Oft wird diese dann wörtlich übernommen.

Das **Risiko** ist darin zu sehen, dass negative Ereignisse und Entwicklungen leider auch gerne aufgegriffen und thematisiert werden. Eine schwere Komplikation, ein angeblicher Skandal – Sie sind nicht davor gefeit, Schlagzeilen zu machen.

Dem kann vorgebeugt werden. Zuständig ist allerdings die Geschäftsführung. Diese sollte einen für die gesamte Klinik gültigen Informationsweg etablieren, also einen der Presse bekannten Ansprechpartner.

Ideal wäre ein fest bei der Klinik angestellter Journalist, denn dieser kennt die Gepflogenheiten und kann gut mit seinen Kollegen korrespondieren. Er müsste die gesamte externe Kommunikation leiten. In seine Zuständigkeit fielen also auch die Berichte über positive Vorgänge, die Pflege der Webseite sowie die Netzwerkbildung mit Politikern, der Industrie usw.

Er müsste auch in juristischen Fragestellungen geschult sein, um bei kritischen Ereignissen keine problematischen Aussagen zu treffen. Kämen also Vorwürfe gegen die Klinik oder einzelne Mitarbeiter auf, würden sich die lokalen Pressevertreter zunächst an diesen für die Öffentlichkeitsarbeit zuständigen Mitarbeiter wenden. Dieser hätte die Aufgabe, bei den zuständigen Ärzten und der Geschäftsführung zu recherchieren und dann eine professionelle Presseerklärung abzugeben.

Keineswegs darf es sonstigen Mitarbeitern erlaubt sein, im Namen der Klinik Erklärungen nach extern abzugeben. Es gibt immer wieder Beispiele (nicht nur im Gesundheitswesen, sondern auch aus der Industrie oder der Politik) katastrophaler Auswirkungen von ungeschickter Pressearbeit. Vertuschen oder abwiegeln bei begründeten Vorwürfen ist meist die schlechteste Taktik.

Wenn sich ein geeigneter und geschickter Mitarbeiter für die Pressearbeit findet, könnte dieser zusätzlich durch eine vielfach positive Berichterstattung und geeignete Kontakte in die Politik und Industrie Spenden bzw. sonstige Drittmittel für die Klinik einwerben. Es gibt Beispiele dafür, dass sich durch solche Gelder die Pressestelle mehrfach bezahlt macht. Entscheidend ist die geeignete Persönlichkeit, die nicht nur journalistisch, sondern auch in der Netzwerkbildung erfahren ist.

Literatur

Brandstädter M et al (2016) Interne Kommunikation im Krankenhaus. Springer, Heidelberg
Deichert U et al (2016) Traumjob oder Albtraum – Chefarzt w/m. Springer, Heidelberg
Fuchs J (2000) Das Märchenbuch für Manager. Gute-Nacht-Geschichten für Leitende und Leidende. Frankfurter Allgemeine Buch, Frankfurt am Main
Gabrisch J, Krüger C (2007) Einfach führen. Wie sich Personalentwicklung in den Alltag integrieren lässt. Campus, Frankfurt am Main
Hollmann J (2010) Führungskompetenz für Leitende Ärzte. Springer, Heidelberg
Püttjer C, Schnierda U (2007) Die geheimen Spielregeln der Verhandlung. Campus, Frankfurt am Main
Schulz von Thun F (2003) Miteinander reden: Kommunikationspsychologie für Führungskräfte. Rowohlt Taschenbuch, Reinbek bei Hamburg

3.1 Strategiebildung

Jedes Unternehmen, somit auch jeder Klinikkonzern, jede Klinik und jede Abteilung einer Klinik muss eine Strategie entwickeln. Für den Leitenden Arzt bedeutet dies eine besondere Herausforderung: Einerseits verantwortet er die Strategie seiner Abteilung, andererseits ist er abhängig von den Überlegungen der Geschäftsführung. Sein Einfluss wird dann am größten sein, wenn er seine eigenen Vorstellungen professionell erarbeiten und der Geschäftsführung vorstellen kann. Gelingt ihm dies nicht, besteht die Gefahr, dass er zum Spielball anderer Interessen wird.

Strategie ist im Gegensatz zur Taktik auf die langfristige Organisationsentwicklung angelegt. Die Taktik oder auch operative Planung dagegen ist die kurzfristige Reaktion auf die Gegebenheiten des Tagesgeschäfts.

Ausgangspunkt jeglicher Strategieüberlegungen muss die Unternehmensphilosophie bzw. das Leitbild sein. So sind Kliniken z. B. regionales Versorgungskrankenhaus, überregionale Fachklinik oder verfolgen andere Ansätze. Weiterhin gibt es in einer Aktiengesellschaft vielleicht andere Vorstellungen als in einem kirchlichen Haus, wenngleich natürlich auch in einer Aktiengesellschaft die anerkannten ethischen Maßstäbe zu gelten haben und ein kirchliches Haus auch wirtschaftlich arbeiten muss.

Ein Leitender Arzt, dessen Anspruch in deutlichem Gegensatz zur Unternehmensphilosophie steht, wird kaum erfolgreich sein. Dies gilt es bereits bei der Bewerbung auf eine Stelle zu berücksichtigen.

Im **ersten Schritt** ist somit auf der Basis der persönlichen sowie der unternehmensbezogenen Werte und ausgehend von einer Idee und den ermittelten Zielen (siehe Abschn. 1.5) die strukturelle und wirtschaftliche **Vision** zu definieren (Abb. 3.1). Dies könnte z. B. die Schaffung einer besonders großen Fachabteilung sein oder der Aufbau einer viszeral-medizinischen Abteilung, die gemeinsam von Chirurgen und Gastroenterologen

Abb. 3.1 Von der Idee zur Vision

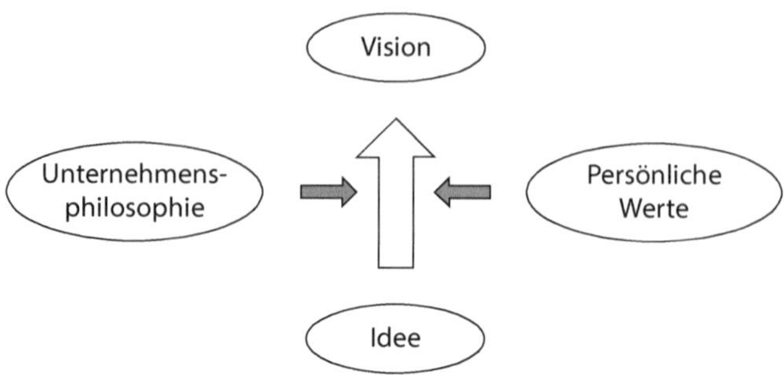

betrieben wird. Es kann sich aber auch darum handeln, eine kränkelnde Abteilung oder Klinik auf die Erfolgsspur zurückzubringen.

Helmut Schmidt war der Meinung, dass Visionäre ärztlicher Hilfe bedürften. Diesen Satz muss man nicht unterschreiben, allerdings ist zu bedenken, dass die Vision nur dann erfolgreich verwirklicht werden kann, wenn sie auf nachvollziehbaren Fakten beruht. Wagniskapital, gezahlt allein für eine fantasievolle Idee, ist im Gesundheitswesen selten.

Der **zweite Schritt** ist also der **Analyse** vorbehalten. Diese hat umfassend zu erfolgen:

- **Umfeldanalyse**: Hier werden alle externen Faktoren betrachtet, die zu berücksichtigen sind.
  Porter hat 1983 das Modell der fünf Kräfte entwickelt. Das Modell ist nicht mehr ganz aktuell und bezieht sich auf die industrielle Situation, die nicht 1:1 auf das Gesundheitswesen übertragbar ist. Trotzdem ist das Prinzip nach wie vor brauchbar. Bei den fünf Kräften handelt es sich um:
  1. Die Wettbewerber
  2. Die Abnehmer (Kunden)
  3. Die Lieferanten
  4. Neue Anbieter
  5. Mögliche Ersatzprodukte.
  Zusammengefasst handelt es sich um die Analyse des aktuellen Marktes (Wettbewerber, Kunden, Lieferanten) und um zukünftige Risiken (neue Anbieter, mögliche Ersatzprodukte). Bezogen auf das Gesundheitswesen wären die politischen Risiken und die Krankenkassen zu ergänzen.
- **Unternehmensanalyse**: Im Gegensatz zur Umfeldanalyse ist hier die Organisation selbst mit ihren Stärken und Schwächen unter Beobachtung. Im Ergebnis könnte ein Profil erstellt werden, das bezogen auf bestimmte geeignete Potentiale eine Beurteilung darstellen kann. Bei einer Krankenhausabteilung könnten solche Potentiale z. B. die medizinische Kompetenz, die Ausstattung der Abteilung, die Zuweiserstruktur, das Einzugsgebiet, bestimmte Alleinstellungsmerkmale usw. sein.
- **Portfolioanalyse**: Bei einer Portfolioanalyse werden zunächst die strategischen Geschäftseinheiten (SGE) definiert, die gemeinsam die Gesamtorganisation bilden. Diese

Abb. 3.2 Marktanteils-/
Marktwachstumsportfolio

Marktwachstum

| Fragezeichen (Offensivstrategie) | Star (Inverstitionsstrategie) |
| Arme Hunde (Desinvestitionsstrategie) | Milchkühe (Abschöpfungsstrategie) |

Relativer Marktanteil

SGEs werden dann in einer 4-Felder-Matrix eingetragen, wobei die Abszisse den relativen Marktanteil und die Ordinate das Marktwachstum darstellen (Abb. 3.2).

Der „Star" der SGEs ist natürlich die Einheit mit einem hohen Marktanteil und einem großen Marktwachstum, der „arme Hund" dagegen die mit jeweils niedrigen Kennzahlen. Auslaufende Modelle sind die cash-cows, die „Milchkühe", die (noch) einen hohen Marktanteil, aber kein Wachstum mehr haben. Fraglich ist die Situation bei den „Fragezeichen": Hohes Wachstum, aber niedriger Marktanteil.

Die 4 Felder bilden

– eine Investitions-(Stars),
– eine Desinvestitions-(Arme Hunde),
– eine Offensiv- (Fragezeichen) bzw.
– eine Abschöpfungsstrategie (Milchkühe)
  ab.

Aus der Position der Strategischen Geschäftseinheiten in der Matrix lässt sich also bei diesem Modell die konsekutive Strategie ablesen.

Auch bei dieser Analyseform lässt sich die Übertragbarkeit auf das Gesundheitswesen hinterfragen. Angesichts der aktuellen politischen Diskussion über die eventuelle Schließung Hunderter von Krankenhäusern lässt sich aber erkennen, dass solche Parameter durchaus herangezogen werden.

Die Vision muss sich also den verschiedenen Analysetools stellen (Abb. 3.3).

Die umfassende Analyse wird zu einem Ergebnis kommen: Die Vision ist jetzt durch Fakten unterfüttert. Nun wird transparent, ob die Realisierung der Vision aussichtslos oder machbar ist bzw. ob Modifikationen erforderlich sind.

Im **dritten Schritt** ist dann eine **Entscheidung** zu treffen. Diese könnte auf Ablehnung oder Zustimmung lauten bzw. auf die Modifikation herauslaufen.

Der **vierte Schritt** ist die **Realisierung** der Strategie selbst. Gedanklich ist dieser Schritt in die Planung und die darauffolgende Durchführung zu unterteilen. Tatsächlich wird die Realisierung meist ein komplexes Unterfangen mit sich überlappenden Phasen sein.

Abb. 3.3 Analyse der Vision

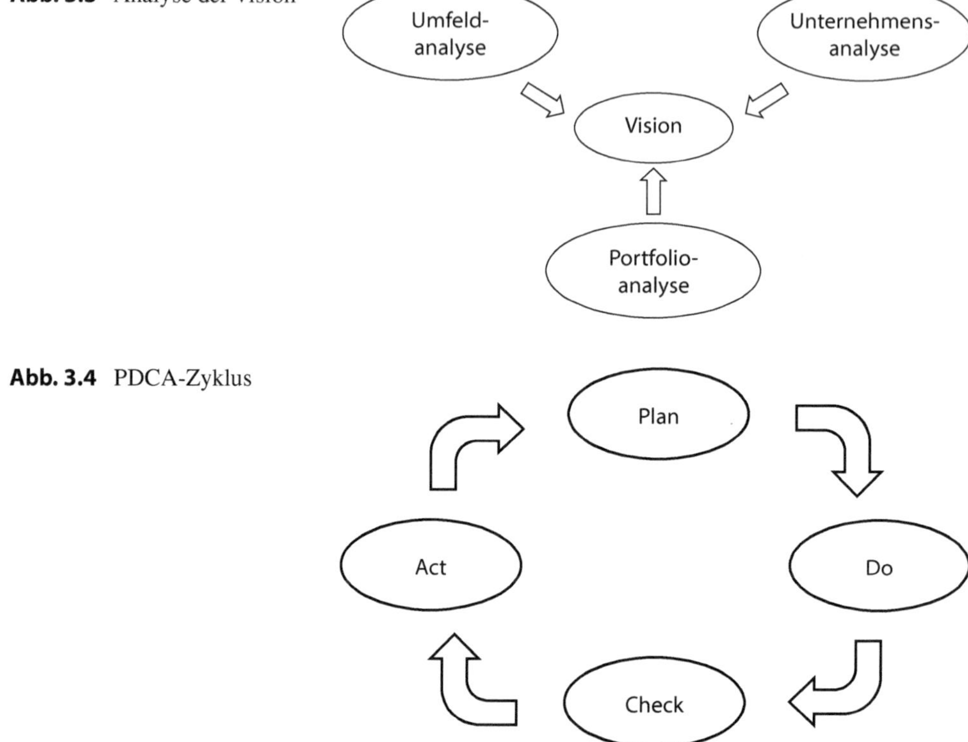

Abb. 3.4 PDCA-Zyklus

Schließlich – als **fünfter Schritt** – ist die Umsetzung zu kontrollieren. Die **Kontrolle** wird Lücken zwischen der beschlossenen Strategie und der tatsächlichen Durchführung ergeben, worauf zu reagieren ist.

Die beiden letzten Schritte werden auch als PDCA-Zyklus (Abb. 3.4) bezeichnet, wobei die Abkürzung folgendes bedeutet:

Plan: Planen
Do: Durchführen
Check: Kontrollieren
Act: (Re-)agieren

Die ganze Vorgehensweise mag Ihnen jetzt sehr theoretisch und umständlich erscheinen. Tatsächlich arbeiten Sie aber im medizinischen Alltag genau so, was am folgenden Beispiel deutlich wird.

Beispiel

Schritt 1: Nehmen wir an, Sie haben die Idee, zur Diagnostik bei einem Patienten eine Computertomographie (CT) durchführen zu lassen. Auf dem Weg zur Vision (was natürlich in diesem Fall ein großes Wort ist) fließen Ihre eigenen Werte ein, z. B., dass Sie das CT grundsätzlich für ein gutes Verfahren halten. Die Unternehmensphilosophie wird hier durch die Vorstellungen des Patienten ersetzt, da er ja in diesem Fall der zuständige Partner (Stakeholder) ist.

Schritt 2: Bei der Analyse prüfen Sie nun, ob das CT in der Lage ist, die konkrete Fragestellung zu beantworten. Außerdem überlegen Sie, ob auch andere Verfahren wie die Sonographie oder gar das Stethoskop ersatzweise eingesetzt werden können. Sie prüfen, ob der Patient überhaupt untersuchbar ist und würdigen die hohe Strahlen- sowie die Kontrastmittelbelastung.

Schritt 3: Auf der Basis von Schritt 1 und 2 treffen Sie die Entscheidung: Ja, das CT wird gemacht.

Schritt 4: Bei der Visite erfolgt die Anordnung. Stationsarzt oder -schwester melden die Untersuchung an (**Plan**), die dann auch in der Röntgenabteilung erfolgen wird (**Do**).

Schritt 5: Bei der nächsten Visite kontrollieren Sie, ob die Maßnahme erfolgt ist (**Check**). Sie prüfen, ob das richtige Organ untersucht und die Fragestellung beantwortet wurde. Gegebenenfalls nehmen Sie Kontakt mit dem Radiologen auf. Sie veranlassen weitere Untersuchungen bzw. therapeutische Maßnahmen (**Act**). ◄

Diese Form der Strategiebildung, die in der Medizin meist gut funktioniert, wird leider bei Unternehmensstrategien oft vernachlässigt bzw. durch Querschüsse („Komplikationen") gestört. Dies können

- politische Rücksichtnahmen sein,
- falsche Priorisierungen,
- fehlende oder nicht sachgerechte Analysen,
- Intrigen,
- finanzielle Probleme,
- Kommunikationsmängel (häufig!),
- terminliche Kollisionen
- und vieles mehr.

Gerade deshalb sollte der Mediziner auf einer korrekten Strategiebildung beharren. Dies gilt übrigens für alle Ebenen, also für die persönliche Strategie genauso wie für die Strategie der Abteilung. Gegebenenfalls ist durch einen sauberen Ablauf auch die Strategie der Unternehmensführung beeinflussbar.

Der umgekehrte Fall ist leider auch nicht selten: Der Arzt stellt der Geschäftsführung eine scheinbar gute Idee vor, ist aber über diese noch nicht hinausgekommen. Angesichts der bei weitem noch nicht abgeschlossenen Strategiebildung lehnt die Geschäftsführung ab.

Die oben aufgeführten möglichen Komplikationen müssen antizipiert und durch ein geeignetes Risikomanagement vermieden werden. In der Regel sind hierfür zahlreiche Gespräche und eben Analysen nötig. Ein einziger wichtiger Stakeholder, der übergangen wurde, könnte zum Scheitern führen. Aber auch die fehlende Berücksichtigung der eigenen Werte im ersten Schritt könnte fatal sein.

Parallelen zur Medizin sind wieder unübersehbar: Wer ohne Rücksicht auf evtl. Komplikationen agiert, wird diese leider auch erleben.

Hat der Arzt aber alle Eventualitäten bedacht, alle Stakeholder einbezogen, Analysen durchgeführt und berücksichtigt (Schritt 1 und 2), dann sind die Chancen auf eine positive Entscheidung (Schritt 3) und eine erfolgreiche Realisierung (Schritt 4 und 5) groß.

3.2   Betriebswirtschaftliche Grundbegriffe

Natürlich stehen für den Mediziner die medizinischen und ethischen Aspekte bei der Abteilungsführung im Vordergrund. Da aber auch im Gesundheitswesen die Ressourcen nicht unendlich sind, haben ökonomische Aspekte dann eben auch eine ethische Dimension.

Entsprechend ist die Beschäftigung mit einigen Kernbegriffen und -mechanismen der Betriebswirtschaftslehre unverzichtbar.

Managemententscheidungen werden unter anderem auf der Grundlage von betriebswirtschaftlichen Kennzahlen getroffen. Im internen Rechnungswesen hat hierfür die Kosten- und Leistungsrechnung eine zentrale Bedeutung.

In der **Kosten- und Leistungsrechnung** gilt folgende Unterscheidung:

- **Kostenartenrechnung**
- **Kostenträgerrechnung**
- **Kostenstellenrechnung**

Die *Kostenartenrechnung* untersucht und kategorisiert, **welche** Kosten angefallen sind (Abb. 3.5).

So können Personal- von den Sach- sowie von Beschaffungs-, Lagerhaltungs-, Vertriebskosten usw. unterschieden werden.

Eine weitere Unterscheidungsmöglichkeit der Kostenarten und von praktischer Bedeutung für den Arzt ist die Abgrenzung der **variablen** von den **Fixkosten.**

Variable Kosten sind die, die nur dann anfallen, wenn tatsächlich Wertschöpfung erbracht wird, typischerweise also Verbrauchskosten. Es könnte sich aber auch um Personaleinsatzkosten handeln, wenn z. B. während des Bereitschaftsdienstes Arbeit anfällt. Fixkosten dagegen fallen immer an, auch wenn die Arbeit ruht. Gelegentlich werden sie daher als „eh da"-Kosten bezeichnet, denn sie sind sowieso, also eh da.

Zu beachten sind die Skaleneffekte. Je häufiger eine Leistung erbracht wird, desto lohnender wird sie hinsichtlich der Kosten pro Leistung. Dieser Effekt ist umso ausgeprägter, je höher der Fixkostenanteil ist, weil dieser nun auf eine größere Zahl von Einheiten umgelegt werden kann.

Allerdings gilt der Skaleneffekt auch umgekehrt. Sind die Fallzahlen hoch, ist es ungünstig, wenn die Fixkosten niedrig und die variablen Kosten hoch sind. Auf diesen Mechanismus hat die Industrie schon lange reagiert und lockt daher die Kunden mit niedrigen

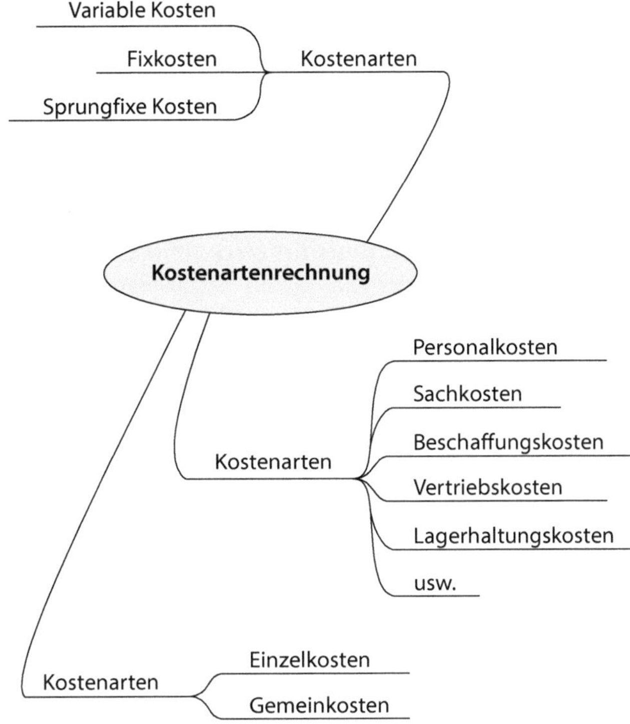

Abb. 3.5 Kostenarten

Fixkosten bei der Geräteanschaffung in die Falle, anschließend hohe variable Kosten zahlen zu müssen.

Das klassische Beispiel ist der billige Drucker, der mit teuren Tonern befüllt werden muss. Ähnliches gilt in medizinischen Bereichen, wenn im OP, auf der Intensivstation oder im Herzkatheterlabor bestimmte Geräte günstig oder gar als kostenlose Leihgaben zur Verfügung gestellt werden. Die Voraussetzungen dafür sind die Folgekosten beim Material (bzw. aus Sicht der Industrie die Folgeerlöse).

Für den Arzt scheint dies zumindest vordergründig vorteilhaft zu sein, denn er muss sich kein teures Gerät genehmigen lassen. Es darf aber nicht übersehen werden, dass – zumindest bei funktionierendem Controlling – auch die variablen Kosten dem Nutzer auf die Füße fallen.

Ein Mittelding zwischen variablen und Fixkosten sind die sogenannten **sprungfixen Kosten**. Es handelt sich hier um Fixkosten, die aber bei der Überschreitung eines bestimmten Arbeitsvolumens trotzdem steigen können. Wenn beispielsweise die Arbeit nicht mehr von einer Kraft geleistet werden kann und daher eine zweite eingestellt werden muss, steigen also diese Fixkosten sprunghaft an, um dann wieder auf höherem Niveau stabil zu bleiben.

Auch bei den variablen Kosten können sich bestimmte Charakteristika ergeben. Bei einer großen Abnahmemenge werden meist Rabatte gewährt, so dass dann die Kosten **degressiv** sind.

Weiterhin sind die Einzel- von den Gemeinkosten zu unterscheiden. Von Einzelkosten spricht man dann, wenn diese einem Kostenträger genau zugeordnet werden können. Dies ist z. B. bei einer Hüftgelenksprothese der Fall. Bei den Gemeinkosten ist diese Zuordnung eben nicht möglich, beispielsweise bei der Personalabteilung.

Bei dem Begriff der ***Kostenträgerrechnung*** muss zunächst einem Missverständnis vorgebeugt werden. In der Klinik wird als Kostenträger häufig die Institution bezeichnet, die die Kosten bezahlt, also in der Regel die Krankenkasse. Betriebswirtschaftlich ist der Kostenträger aber eine Einheit, der Kosten zuzuordnen sind. Das ist in der Industrie z. B. ein einzelnes Produkt oder eine Bestellung. In der Klinik könnte dies ein Eingriff sein oder ein kompletter Fall.

Gerade letzteres wäre von größter Aussagekraft, denn im abgerechneten Fall könnten dann dem erzielten Erlös die konkreten Kosten gegenübergestellt werden. Dies würde dann aber schon ethische Probleme nach sich ziehen, denn es wären die unwirtschaftlichen Fälle genau zu identifizieren – und hinter jedem Fall steckt ein Mensch.

Daher ist es fast ein Glück, dass eine differenzierte Kostenträgerrechnung im Krankenhaus nicht durchführbar ist bzw. sich der enorm hohe Aufwand nicht lohnt. Näherungsweise ist die Kostenträgerrechnung aber sehr wohl machbar und wird auch gemacht (Tab. 3.1).

Mit der **Vollkostenrechnung** wird eine Zuordnung aller Kosten zu den verschiedenen Kostenträgern erreicht. Bei den Einzelkosten ist dies problemlos – eine saubere Dokumentation vorausgesetzt. Die Gemeinkosten sind nach einem festzulegenden Schlüssel aufzuteilen.

Diese Festlegung kann strittig werden. Ein möglicher Schlüssel ist die Größe der Abteilung, errechnet nach dem Erlösvolumen. Eine erlösstarke Abteilung muss dann einen großen Teil der Gemeinkosten übernehmen. Das kann man für angemessen halten oder auch nicht, denn im Endeffekt wird die gutverdienende Abteilung bestraft.

Die **Teilkostenrechnung** verfolgt einen anderen Ansatz. Hier werden den Kostenträgern nur die Einzelkosten zugerechnet. Die verbleibenden Gemeinkosten sind über Deckungsbeiträge zu finanzieren. Diese Deckungsbeiträge errechnen sich aus der Differenz zwischen den Erlösen und den Teilkosten.

Daraus ergeben sich nun viele Möglichkeiten für das medizinische Controlling.

Tab. 3.1 Kostenträgerrechnung

Vollkostenrechnung:		Einzelkosten
	plus	Umgelegter Gemeinkostenanteil
	ergibt	Gesamte Kosten des Kostenträgers
Teilkostenrechnung:		Erlös
	minus	Einzelkosten
	ergibt	Beitrag zur Deckung der Gemeinkosten

Es lassen sich beispielsweise Deckungsbeiträge für ganze Abteilungen errechnen. Dies ist nur begrenzt sinnvoll und führt teilweise zu kontraproduktiven Streitigkeiten.

Es wäre zu vermuten, dass eine große Abteilung einen größeren Deckungsbeitrag liefern wird als eine kleine. Damit ist aber noch keine Aussage möglich, ob die große Abteilung wirtschaftlicher arbeitet.

Auch finden sich im DRG-System Ungerechtigkeiten, denn erfahrungsgemäß ist systembedingt der Deckungsbeitrag kardiologischer höher als der von pädiatrischen Abteilungen. Bezogen auf den Deckungsbeitrag sind daher Querfinanzierungen nötig.

Man könnte den Deckungsbeitrag auch auf die Bettenzahl beziehen, also errechnen, welche Abteilung pro Bett einen höheren Beitrag zur Deckung der Gemeinkosten liefert. Kalkulatorisch mögen derartige Erkenntnisse dem Controller große Freude bereiten. Wäre aber dann die Konsequenz, dass der in dieser Hinsicht schlecht abschneidenden Abteilung Betten entzogen werden, könnte dies aus sachlichen Gründen verfehlt sein.

Die *Kostenstellenrechnung* gliedert den Betrieb – hier also die Klinik – in sinnvoller Weise in Untereinheiten. Anfallende Kosten werden dann diesen Einheiten, den Kostenstellen zugeordnet.

Dies könnten beispielsweise komplette Fachabteilungen sein. Es sind aber auch kleinere Einheiten möglich, also innerhalb der kardiologischen Abteilung das Herzkatheterlabor, und auch dort könnte eine vaskuläre von einer elektrophysiologischen Kostenstelle unterschieden werden.

Die Zuweisung von Kostenstellen ist nicht trivial. Sind sämtliche operativen Abteilungen einschließlich des OPs in eine einzige Kostenstelle eingegliedert, dann ist der bürokratische Aufwand eher gering. Die betriebswirtschaftliche Aussagekraft leider auch.

Ist die Gliederung aber sehr kleinteilig, kann die Zuordnung einzelner Kosten Probleme machen. Wie sind die Fixkosten für das Ultraschallgerät zu behandeln, wenn dieses von verschiedenen Einheiten genutzt wird? Was ist mit dem Oberarzt, der sowohl auf der Station als auch im OP arbeitet, somit Diener mehrerer Kostenstellen ist?

Eine ausgeprägte Differenzierung der Kostenstellen erhöht daher nicht zwingend die Validität der betriebswirtschaftlichen Schlussfolgerungen. Vielmehr steigt die Gefahr der Fehlzuordnung von Kosten, die insbesondere dann, wenn sie systematisch sind, zu falschen unternehmerischen Entscheidungen führen können.

Es lohnt sich daher für den Leiter einer Abteilung, sich mit der ihn betreffenden Kostenstellensystematik zu beschäftigen.

Es werden unterschieden:

- Hauptkostenstellen: Kosten, die bei der Kernleistung anfallen
- Nebenkostenstellen: Kosten für Nebenprodukte
- Hilfskostenstellen: Allgemeine Leistungen, die auf die Hauptkostenstelle umgelegt werden

Kostenstellen werden nummeriert, wobei eine Systematik einzuhalten ist. So sollten beispielsweise die Kostenstellen einer Abteilung immer mit der gleichen Zahl beginnen.

Diskussionsbedarf gibt es immer wieder bezüglich der **internen Kostenverrechnung.** Gegenseitige Konsiliaruntersuchungen gleichen sich hinsichtlich der Kosten nur dann aus, wenn der Aufwand auf allen Seiten auch identisch ist. Dies dürfte nur selten der Fall sein. Viel häufiger ist es, dass eine Abteilung (bzw. Kostenstelle) zwar häufig Konsile abruft, selbst aber nur selten welche erbringt. Gleiches gilt für Ultraschalluntersuchungen, EKGs usw. Hier kann nur durch eine interne Kostenverrechnung Gerechtigkeit geschaffen werden, das heißt, eine Abteilung muss die Leistungen der anderen intern (buchhalterisch) vergüten. Es resultiert dann übrigens auch ein Anreizsystem, überflüssige Maßnahmen zu vermeiden. Kontraproduktiv wird der Anreiz dann, wenn eigentlich notwendige Untersuchungen eingespart werden mit negativen Folgen für Patienten und Klinik.

Grundsätzlich sind die genannten Berechnungen Aufgaben des (medizinischen) Controlling.

Für den Leiter einer Abteilung ist es aber unbedingt hilfreich, monatlich eine eigene abteilungsspezifische Kennzahlentabelle zu erstellen. Gut ist es, wenn die hierfür notwendigen Recherchen von einer kompetenten abteilungsinternen Kraft erledigt werden. Zwar besteht dadurch die Gefahr von Doppelarbeiten, andererseits wird der Chefarzt etwas unabhängiger von den Zahlen des Controllings. Mögliche Fehlentwicklungen kann er frühzeitig erkennen und darauf reagieren. Ein solches „Frühwarnsystem" ist unentbehrlich.

So kann es vielleicht auch gelingen, die innerhalb eines Monats stark gestiegenen Sachkosten als Buchungsfehler zu entlarven – wenn beispielsweise bei einer Implantation der teure Defibrillator versehentlich 11-mal (statt 1-mal) bei der Materialkostenerfassung eingegeben wurde. Ähnliches gilt für den Arzt in Rotation, der zwar schon in der fremden Abteilung arbeitet, aber noch der eigenen zugeordnet ist. Diese beiden Beispiele sind tatsächlich gemachte eigene Erfahrungen.

Sind die Kosten aber tatsächlich gestiegen, dann ist es besser, selbst zu reagieren, als sich vor der Geschäftsführung rechtfertigen zu müssen.

Aussagekräftige Kennzahlen einer solchen Tabelle finden Sie in Abschn. 3.5.

Überblick: Betriebswirtschaftliches Glossar

Deckungsbeitrag:	Bei der Teilkostenrechnung entstehender Erlösanteil nach Abzug der Einzelkosten, der zur Deckung der Gemeinkosten umgelegt werden kann
Einzelkosten:	Kosten, die sich konkret auf eine Leistung beziehen lassen (im Gegensatz zu Gemeinkosten)
Fixkosten:	Kosten, die auch dann entstehen, wenn keine Einzelleistungen erbracht werden („eh da" – Kosten)
Gemeinkosten:	Kosten, die sich nicht auf eine einzelne Leistung beziehen lassen und daher umgelegt werden müssen (im Gegensatz zu Einzelkosten)
Interne Kostenverrechnung:	Innerbetriebliche Leistungen, die Kostenstellen zugerechnet werden

Kostenartenrechnung:	Welche Kosten sind angefallen?
Kostenstellen:	Betriebsteile, denen Kosten zugebucht werden
Kostenstellenrechnung:	Wo sind die Kosten angefallen?
Kostenträger:	Einheit (Leistung, Produkt oder Fall), der Kosten zuzuordnen sind
Kostenträgerrechnung:	Kosten werden auf einen Kostenträger bezogen: Wofür sind die Kosten angefallen?
Kosten- und Leistungsrechnung:	Innerbetriebliches Rechnungswesen
Sprungfixe Kosten:	Fixkosten, die bei Erreichen einer Leistungsschwelle sprunghaft ansteigen
Teilkostenrechnung:	Ermittlung des Deckungsbeitrages: Differenz zwischen Erlös und Einzelkosten
Variable Kosten:	Kosten, die bei einzelnen Leistungen entstehen
Vollkostenrechnung:	Ermittlung der Gesamtkosten eines Kostenträgers durch Addition der Einzelkosten und des über einen Schlüssel errechneten Anteils der Gemeinkosten

3.3   Das DRG-System: Funktionsweise

Im Jahr 2003 löste das sogenannte G-DRG-System die bisherige Krankenhausabrechnung mit tagesgleichen Pflegesätzen ab. In dem Zeitraum bis 2009 folgte die Konvergenzphase, in der sich alle Beteiligten an die neuen Verhältnisse adjustieren sollten. Psychiatrische und psychosomatische Kliniken waren von vornherein von dem System ausgenommen.

Die stationäre Behandlung eines Patienten begründet einen „**Fall**", der vom Krankenhaus mit einem pauschalierten Preis abgerechnet wird.

Hierfür waren zunächst 600 **Pauschalen** vorgesehen, im Jahr 2019 ist die Zahl aber schon auf 1318 (ergänzt durch Zusatzentgelte) gestiegen.

Jede dieser Pauschalen wird mit einem sogenannten **Relativgewicht** bewertet, einem dimensionslosen Faktor. Fälle durchschnittlichen Aufwandes haben das Relativgewicht 1,0; ist der Aufwand geringer bzw. höher, ändert sich das Relativgewicht entsprechend. Die Spanne reicht von 0,2 bis 71,6.

Zur Ermittlung des Preises in Euro wird das Relativgewicht mit dem **Landesbasisfallwert** multipliziert. Dieser wird jedes Jahr für jedes Bundesland neu festgelegt, beispielsweise betrug er 2019 in Bayern 3536,70 €. Dies ist also die Summe, mit der ein durchschnittlich schwerer Fall dem Krankenhaus vergütet wird.

Übersicht

Erlös eines Falles = Relativgewicht der DRG X Landesbasisfallwert

   (in Euro, korrigiert durch Zu- oder Abschläge)

Die Zuordnung der Fälle zu der zutreffenden Pauschale erfolgt über eine zertifizierte Software, dem sogenannter **Grouper**. Dieser muss mit allen abrechnungsrelevanten Fakten gefüttert werden.

Relevant für die Einstufung im Grouper und somit für die Abrechnung sind:

- die Hauptdiagnose (nach dem ICD = International Classification of Diseases – Schlüssel),
- Nebendiagnosen (diese bestimmen den Schweregrad, also den PCCL = Patient Clinical Complexity Level),
- Prozeduren (Eingriffe nach dem OPS = Operationen- und Prozedurenschlüssel),
- Patientenalter,
- Beatmungsstunden,
- Verweildauer,
- bestimmte Voraussetzungen für die Abrechnung von Zusatzentgelten und Komplexpauschalen.

Nach Abschluss des Falls geben also die Codierkräfte die oben genannten Fakten in den Grouper ein und dieser ermittelt die zutreffende Pauschale (DRG). Das Krankenhaus stellt der Krankenkasse den Eurobetrag in Rechnung, der sich aus der Multiplikation des Relativgewichtes der DRG mit dem Landesbasisfallwert ergibt. Bei Über- bzw. Unterschreitungen der Grenzverweildauern können sich **Zu- oder Abschläge** ergeben. Außerdem sind für Leistungen, die in der DRG nicht hinreichend abgebildet sind, **Zusatzentgelte** möglich § 17b Abs. 1 KHG. Weitere Einnahmen entstehen bei der Anwendung neuer Untersuchungs- und Behandlungsverfahren (**NUB**) bzw. werden bestimmten besonderen Einrichtungen gewährt.

Die Krankenhäuser vereinbaren mit den Krankenkassen bei den Pflegesatzverhandlungen ein Budget, das den Versorgungsauftrag und die Leistungsstruktur der Kliniken berücksichtigt. In diesem Vertrag sind konkrete Leistungszahlen festgelegt. Bei Unterschreitung des Budgets verlieren die Kliniken Entgelte, bei Überschreiten müssen sie dagegen Abschläge hinnehmen.

Die Kalkulation der DRGs erfolgt durch das Institut für das Entgeltsystem im Krankenhaus (InEK GmbH). Das InEK erhält von einer Vielzahl von Kliniken innerbetriebliche Daten, die die Kostenstruktur bei der Leistungserbringung abbildet. Betriebswirtschaftlich handelt es sich um eine Kostenträgerrechnung (siehe dort), wobei der Kostenträger die DRG ist.

Auf der Basis dieser Daten berechnet das InEK nicht nur die Gesamtkosten der DRG bzw. das sich daraus ergebene Relativgewicht, sondern ermittelt die Einzel- und Gemeinkosten für unterschiedliche Kostenarten und Kostenstellen.

Die Darstellung erfolgt in einer Matrix, die für jede einzelne DRG öffentlich zur Verfügung steht. Man kann die Daten in Form des G-DRG-Browsers (2018) im Internet herunterladen (URL siehe Literaturverzeichnis).

Abb. 3.6 zeigt beispielhaft die Matrix für die DRG F24A („Perkutane Koronarangioplastie mit komplexer Diagnose und hochkomplexer Intervention oder mit bestimmten Rekanalisationsverfahren, Alter > 15 Jahre, mit äußerst schweren CC"):

Zu beachten ist, dass (Stand 10/2019) die Kosten für den Pflegedienst ab 2020 nicht mehr Gegenstand der DRG sein sollen.

Die Bezeichnung der DRG (hier: F24A) ergibt sich wie folgt:

Der erste Buchstabe folgt aus der „Major Diagnostic Category" (MDC), die ein Organsystem repräsentiert. In unserem Beispiel (F24A) ist das das Kreislaufsystem. Wesentlich für die Zuordnung ist die Hauptdiagnose.

Die Zahl in der Mitte bezeichnet die Partition. Diese hängt von der Art der Behandlung ab:

- 01–39: Partition O: Operative Behandlung
- 40–59: Partition A: Andere Fallpauschale
- 60–99: Partition M: Medizinische Fallpauschale.

Der letzte Buchstabe beschreibt den Schweregrad, der sich aus dem PCCL und weiteren Parametern ergibt. A ist der höchste Schweregrad.

In diesem Zusammenhang sind zwei weitere Begriffe einzuführen bzw. zu erläutern.

Der **Casemix** ist die Summe aller einer Klinik erwirtschafteten Relativgewichte. Die Multiplikation mit dem Landesbasisfallwert ergibt den Gesamtumsatz der Klinik, wobei natürlich Zu- und Abschläge zu berücksichtigen sind.

Will man den Casemix (CM) auf einzelne Abteilungen herunterbrechen, ist Vorsicht geboten, denn die DRG ist eine Vollkostenrechnung. Die Abteilungserlöse sind also durch die in der InEK-Kalkulation enthaltenden Gemeinkosten kalkulatorisch zu mindern. Andererseits könnte man auch einen Teilkostenansatz verfolgen und von dem ermittelten Abteilungsumsatz die Einzelkosten abziehen und erhält nun den Beitrag der Abteilung zur Deckung der Gemeinkosten (Deckungsbeitrag). Die Aussagekraft ist aber eingeschränkt und unternehmerische Entscheidungen auf dieser Basis (bis hin zur Schließung scheinbar unwirtschaftlicher Abteilungen) sollten daher nur mit größter Vorsicht erfolgen. Je kleinteiliger die Berechnungen werden (z. B. Deckungsbeitrag oder Casemix pro Bett), umso scheinbar genauer, aber unschärfer in ihrer Bedeutung werden die Zahlen.

Der **Casemix-Index (CI)** ist der Casemix dividiert durch die Zahl der Patienten und gibt das durchschnittliche Relativgewicht der in einer Abteilung behandelten Patienten wieder. Hochspezialisierte Fachabteilungen haben typischerweise einen hohen CI. Eine Aussage über die Qualität oder die Wirtschaftlichkeit einer Einrichtung ist aber durch diesen Parameter nicht möglich.

Abb. 3.6 Kostenmatrix der DRG F24A

	Personalkosten			Sachkosten						Personal-/Sachkosten		
	Ärztlicher Dienst	Pflegedienst	med.-techn. /Funktions- dienst	Arzneimittel		Implantate	übriger medizinischer Bedarf			med. Infrastruktur	nicht med. Infrastruktur	
				Gemeinkosten	Einzelkosten		Gemeinkosten	Einzelkosten	Leistung durch Dritte			
Fallkosten	1	2	3	4a	4b	5	6a	6b	6c	7	8	Summe
01. Normalstation	539,29	953,65	33,23	61,94	15,50	0,00	61,17	3,59	8,38	282,39	775,77	2.734,91
02. Intensivstation	675,70	1.372,03	27,41	119,43	28,01	2,93	222,61	9,37	2,29	245,24	649,11	3.354,13
04. OP-Bereich	14,37	0,00	12,69	0,54	0,02	13,94	8,65	5,85	0,00	6,03	8,58	70,67
05. Anästhesie	12,98	0,00	8,60	0,63	0,03	0,00	2,25	0,14	0,00	1,37	3,32	29,32
07. Kardiologische Diagnostik / Therapie	368,54	0,00	433,53	23,90	32,31	426,94	214,48	816,59	52,30	170,15	287,77	2.826,51
08. Endoskopische Diagnostik / Therapie	18,02	0,00	20,71	0,69	0,24	0,59	7,39	5,25	0,48	10,24	12,98	76,59
09. Radiologie	71,51	0,00	68,55	1,63	1,17	10,83	21,56	41,42	34,39	29,94	47,13	328,13
10. Laboratorien	18,17	0,00	99,35	3,27	41,98	0,00	81,69	1,50	80,60	14,69	39,41	380,66
11. Diagnostische Bereiche	81,69	1,63	61,61	1,24	0,11	0,00	8,61	0,16	0,77	15,13	35,46	206,41
12. Therapeutische Verfahren	3,30	1,20	76,60	0,12	0,00	0,00	0,83	0,02	13,58	3,21	24,82	123,68
13. Patientenaufnahme	46,31	14,07	41,83	1,78	2,00	0,00	5,55	0,26	0,13	8,30	29,49	149,72
Summe	1.849,88	2.342,58	884,11	215,17	121,37	455,23	634,79	884,15	192,92	786,69	1.913,84	10.280,73

DRG Glossar

Casemix:	Summe der Relativgewichte einer Klinik/Abteilung (Abk.: CM)
Casemix-Index:	Casemix dividiert durch die Patientenzahl (Abk.: CI)
DRG:	Diagnosis Related Group (Diagnosengruppe, die mit einem Relativgewicht gekoppelt ist)
Grenzverweildauer:	Verweildauer, deren Unterschreitung (untere G) zu Abschlägen bzw. Überschreitung (obere G) zu Zuschlägen führt
Grouper:	Zertifizierte Software zur Zuordnung eines Falles in eine DRG
ICD:	International Classification of Diseases
InEK GmbH:	Institut für das Entgeltsystem im Krankenhaus (mit der Pflege des DRG-Systems beauftragtes Unternehmen)
Landesbasisfallwert:	Für jedes Bundesland jährlich festgelegter Wert in Euro, der zur Erlösermittlung des individuellen Falls mit dem Relativgewicht multipliziert wird
OPS:	Operationen- und Prozedurenschlüssel
PCCL:	Patient Clinical Complexity Level (Schweregrad)
Relativgewicht:	Dimensionsloser Faktor, der mit dem Aufwand einer DRG korreliert

3.4   Das DRG-System: Kritische Betrachtung

Jegliches Abrechnungssystem hat (Fehl-)Anreize zur Konsequenz. Die tagesgleichen Pflegesätze führten zu langen Verweildauern und verhinderten ökonomische Anstrengungen der Kliniken (siehe auch Abschn. 1.1).

Das DRG-System sollte Effizienzreserven heben und durch die Pauschalierung ein einfaches Abrechnungssystem befördern. Da aber nicht nur die Pauschale, sondern offenbar auch die Einzelfallgerechtigkeit gewünscht ist, hat sich dieses Abrechnungsmodell zu einem hochkomplizierten Monstrum entwickelt, dessen Nutzung und Pflege eines enormen Aufwandes bedarf.

Die Ökonomisierung wurde erreicht, aber zu dem Preis, dass

- durch Fehlanreize viele nicht indizierte Eingriffe durchgeführt werden,
- sich eine enorme Arbeitsverdichtung bei den klinischen Mitarbeitern aller Berufsgruppen eingestellt hat,
- viele Krankenhäuser in einer ökonomisch prekären Situation und von Schließung bedroht sind (wobei die Schließung von Krankenhäusern durchaus auch politisches Kalkül bei der Einführung der DRGs war),

- sich die Arbeitsbedingungen in Krankenhäusern so verschlechtert haben, dass sowohl im pflegerischen als auch im ärztlichen Bereich Fachkräfte kaum noch zu finden sind.

Die Eingruppierung der „Fälle" in die richtige DRG ist mit einem hohen Aufwand verbunden. Waren in der Anfangszeit die Ärzte für die entsprechenden Eingaben verantwortlich, hat sich durch die hohe Komplexität mittlerweile eine neue Berufsgruppe entwickelt, die Codierer. Diese sollen für eine Eingruppierung sorgen, die einen möglichst hohen Erlös für die Klinik generiert. Wegen der jährlich erfolgenden Änderungen des „lernenden" DRG-Systems sind ständige Schulungen erforderlich. Natürlich sind die Codierer abhängig von einer auch im Detail korrekten Dokumentation durch die Pflege bzw. die Ärzte. Bisweilen werden die Codierer schon während der Behandlung eingebunden, um eine möglichst optimale Abrechnungssituation zu befördern.

Abgesehen davon, dass dieses (absolut übliche!) Vorgehen ethische Probleme aufwirft, ist es volkswirtschaftlich unsinnig, denn eine Wertschöpfung wird dadurch nicht generiert.

Der OPS ist sehr umfangreich, der Katalog umfasste im Jahr 2019 ca. 42.000 Ziffern! Meist müssen bei einem Eingriff mehrere OPS-Ziffern dokumentiert werden, wobei die Angaben bis ins Detail gehen. So werden beispielsweise bei einer Coronarintervention nicht nur Zahl und Art der Stents, sondern auch des arteriellen Verschlusssystems usw. abgefragt. Da hierfür auch ärztliche Kompetenz notwendig ist, leidet die Qualität der medizinischen Versorgung, denn die Ärzte wären beim Patienten besser aufgehoben. Außerdem gewinnt man den Eindruck, dass es hier weniger um Abrechnungs- als um Marketingfragen geht.

Für den Medizinischen Dienst der Krankenkassen (MD) ergeben sich vielfältige Eingriffsmöglichkeiten. Ein besonders häufig diskutierter Parameter ist die untere Grenzverweildauer. Diese wurde eingeführt, um vorzeitige („blutige") Entlassungen zu vermeiden. Das von vornherein ungeeignete Instrument wird von den Krankenkassen zur Erlösminderung missbraucht, indem regelhaft die Notwendigkeit der ersten stationären Behandlungstage angezweifelt wird. Als Folge werden Patienten häufig erst am OP-Tag stationär aufgenommen, was logistische und damit medizinische Risiken birgt. Außerdem sind die Kliniken gezwungen, eine ambulante („prästationäre") Infrastruktur zur Vorbereitung (Voruntersuchungen, Aufklärung etc.) vorzuhalten. Kosten werden so jedenfalls nicht vermieden. Abteilungsleiter sollten daher anstreben, die Patienten trotz der Abschläge sachgerecht aufzunehmen. Die medizinischen und ökonomischen Gründe lassen sich der Geschäftsführung sicher vermitteln.

Ein weiterer vom MD sorgfältig geprüfter Knackpunkt ist die absolut genaue Erfüllung aller Voraussetzungen für die Abrechnung einer DRG oder einer Komplexpauschale. Dies betrifft die Anforderungen an die Infrastruktur genauso wie die Leistungen bei dem einzelnen Patienten. Sind also in einem OPS für die krankengymnastische Therapie tägliche Behandlungen vorgesehen, muss der Dienstplan der Physiotherapeuten entsprechend eine Besetzung samstags und sonntags vorsehen.

Bei Schlaganfallpatienten (OPS 8-981.0: Neurologische Komplexbehandlung des akuten Schlaganfalls) sind die Vitalparameter mindestens 4stündlich zu erfassen und zu dokumentieren. Das Fehlen nur eines einzigen Blutdruckwertes kann zum Verlust der Abrechenbarkeit des OPS für die Komplexbehandlung führen, womit hohe Erlösverluste verbunden wären. Die Sicherstellung der Maßnahmen und der Dokumentation wird daher entsprechend aufwändig betrieben.

Die Vielzahl der aufgeführten Variablen bei der Eingruppierung verdeutlicht, dass das eigentliche Ziel, eine einfache pauschalierte Abrechnung, verfehlt wurde. Die Zahl der Rechnungsprüfungen hat sich seit 2008 verdoppelt (Beerheide und Richter-Kuhlmann 2019).

Die Prüfungen der Abrechnungen durch den MD sind sehr umfassend und gehen bis in jedes Detail. Entsprechend groß ist der Aufwand der Kliniken für die Dokumentation, um Erlöseinbußen zu vermeiden. Die Korrespondenz mit dem MD, die teilweise auf dem Postweg, aber auch mittels Besprechungen vor Ort („Begehungen") erfolgt, bindet ärztliches und nichtärztliches Personal. Kommt es zu keiner Einigung über die korrekte Abrechnung, wird immer häufiger der Rechtsweg beschritten. Konsekutiv werden also die Kapazitäten nicht nur des Gesundheitswesens, sondern auch die der Justiz überlastet.

Ärztlicherseits wird das Prüfverhalten des MD als tendenziös und teilweise inkompetent empfunden (Eirund 2020).

Die in der Matrix auf den Cent genau dargestellten Kosten bieten für das einzelne Krankenhaus bzw. für innerbetriebliche Kalkulationen nur *scheinbar* exakte bzw. valide Daten. Denn erstens ist keine der dem InEK berichteten Klinik in der Lage, eine saubere Kostenträgerrechnung vorzulegen. Zweitens sind die Infrastruktur bzw. die regionale Situation der Kliniken kaum vergleichbar.

Ein betriebswirtschaftliches Benchmarking von Kliniken untereinander ist daher nur sehr eingeschränkt möglich. Vor allem aber muss man berücksichtigen, dass das DRG-System nur für die Kalkulation von Krankenhausentgelten entwickelt wurde. Nur hierfür sind die Berechnungen gedacht und (mit den genannten Einschränkungen) verwendbar.

Tatsächlich aber werden die Zahlen vom Medizinischen Controlling und insbesondere von Beratungsfirmen häufig zweckentfremdet, z. B., um leitenden Ärzten angebliche Unwirtschaftlichkeiten ihrer Abteilungen vorzurechnen.

Hierfür werden dann die Summen einzelner Kostenarten oder -stellen mit den entsprechenden Zahlen der in der Abteilung erbrachten Leistungen multipliziert und den individuellen Kosten der Abteilung gegenübergestellt. Als Referenzgruppe verwenden Unternehmensberatungen gerne willkürlich ausgewählte Gruppen von Abteilungen, die angeblich besonders gut vergleichbar sind. Hierdurch entsteht eine gewollte Intransparenz, denn natürlich ist die Datenbasis für den leitenden Arzt undurchschaubar. Außerdem bleibt offen, ob die eigenen Daten in der gleichen Art wie vom InEK vorgegeben ermittelt wurden. Unternehmensberatungen haben in der Regel den Auftrag, Kosten zu drücken, werden also so rechnen, dass die bisherigen Kosten hoch erscheinen.

Völlig abwegig ist es, Personalbedarfsberechnungen auf der Basis der InEK-Matrix vorzunehmen. Die Zahlen bilden nur die Refinanzierung ab, also das, was die Kliniken von den Kassen erhalten. Der tatsächliche Bedarf ist etwas völlig anderes und so nicht zu ermitteln. Insbesondere für Personalbedarfsberechnungen stehen bewährte betriebswirtschaftliche Verfahren zur Verfügung (siehe Abschn. 4.4).

Trotz allem ist anzuerkennen, dass aus Sicht der Geschäftsführung die Refinanzierung ein essenzieller Parameter ist. Auch eine Privatperson kann nicht mehr Geld ausgeben, als sie einnimmt. Insofern sind die Gesamterlöse bzw. -kosten einer Abteilung natürlich schon von Bedeutung und zur Ermittlung der Erlöse das DRG-System durchaus geeignet.

Ein weiteres Manko des DRG-Systems ist die ungleichmäßige Refinanzierung unterschiedlicher Fachrichtungen. Während kardiologische Abteilungen in der Regel gut verdienen, sind pädiatrische Abteilungen meist unterfinanziert. In vielen Bereichen der Pädiatrie kann die Grundversorgung nur durch Spenden und Drittmittel aufrechterhalten werden (Weyersberg et al. 2019).

Durch die in den Budgetverhandlungen vereinbarten Leistungsumfänge wird das wirtschaftliche Risiko von den Krankenkassen auf die Kliniken abgewälzt. Verfehlen diese das vereinbarte Budget, verlieren sie auf jeden Fall: Entweder durch den Verlust von Entgelten oder durch Abschläge bei der Vergütung tatsächlich durchgeführter Maßnahmen. Eine Punktlandung ist also anzustreben. Auch dies ist ethisch höchst fragwürdig, denn es entsteht ein ökonomischer Druck, bestimmte Leistungen durchzuführen oder aber zu unterlassen.

Dieser Druck wird von den Geschäftsführungen an die leitenden Ärzte weitergegeben. Bestenfalls werden diese an den Pflegesatzverhandlungen beteiligt, damit keine völlig realitätsfernen Abmachungen getroffen werden. Trotzdem bleiben auch dann Interessenkonflikte. Das ist nicht akzeptabel, zumal an anderer Stelle, nämlich bei den Chefarztverträgen (siehe Abschn. 7.10), Regelungen aufgestellt wurden, die genau solche Konflikte vermeiden sollen.

Angesichts der Mangelsituation im Pflegebereich ist für das Jahr 2020 darüber hinaus die Ausgliederung der Pflegekosten aus den DRGs geplant. Dieses Vorgehen ist in Teilen kontraproduktiv, zumindest aber nicht nebenwirkungsfrei. Die bessere Finanzausstattung des Pflegepersonals kann zu Einschränkungen bei anderen Berufsgruppen führen. So hat schon die Einführung von Personaluntergrenzen dazu geführt, dass nicht als Pflegekraft examiniertes Personal wie Medizinische Fachangestellte (MFA) oder Hilfskräfte wie Stationssekretärinnen eingespart wurden. Da wegen des Fachkräftemangels aber nicht in gleichem Maße examinierte Pflegekräfte eingestellt werden konnten, hat sich die Situation insgesamt verschlechtert.

Der Marburger Bund hat gefordert, auch die ärztlichen Personalkosten aus der DRG-Kalkulation auszugliedern (Osterloh 2019). Da die Personalkosten insgesamt rund 70 % der Krankenhauskosten betragen, würde dann die DRG nur noch weniger als die Hälfte der Gesamtkosten abbilden. Spätestens jetzt wäre die hochkomplexe Bürokratie endgültig obsolet.

Aktuell ist trotz allem Abteilungsleitern dringend zu empfehlen, sich mit den genannten Zahlen regelmäßig zu beschäftigen. Würdigen Sie die Aussagekraft kritisch und gleichen Sie die Daten mit Ihren Zielen ab. Sind Sie medizinisch, strategisch und ökonomisch auf dem richtigen Weg? Welche Zahlen haben für Ihre individuelle Abteilung eine besondere Bedeutung? Bereiten Sie sich auf Gespräche mit der Geschäftsführung oder Unternehmensberatungen sorgfältig vor, damit Sie die richtigen Fragen oder Einwände vorbringen können. Präsentieren Sie Ihrerseits eigene Zahlen (z. B. Personalbedarfsberechnungen oder Erlöserwartungen), um eigene Vorstellungen/Wünsche/Forderungen sachlich untermauern zu können.

Es wird allerdings von dem in Ihrem Unternehmen gepflegten Stil abhängen, inwieweit Sie mit Ihren Erwartungen durchdringen können. Ihre Chancen sind umso größer, je besser Sie informiert und vorbereitet sind.

3.5 Besondere Kennzahlen im Krankenhaus

Die in der Betriebswirtschaft üblichen Kennzahlen eignen sich für interne Betrachtungen im Krankenhaus nur bedingt. Hier kommen spezielle sogenannte Key Performance Indicators (KPI) zum Einsatz.

Orientierend an dem Vorschlag von Kirstein und Lurati (2017), der sich an die Balanced Scorecard anlehnt, erscheint folgende Systematik sinnvoll zu sein:

Finanzielle Perspektive

- **Stationäre Fallzahl**: Ein Rückgang der Fallzahlen führt zu verminderten Einnahmen und könnte ein Hinweis auf eine sich verschlechternde Reputation der Abteilung sein.
- **Eingriffszahlen**: Manche Abteilungen definieren sich eher über die Zahl typischer und aufwändiger Eingriffe. Diese können über die OPS (siehe Abschn. 3.3) erfasst werden.
- **Case Mix Index**: Der Case Mix Index (CMI) bildet die durchschnittliche Schwere der Fälle ab und ist daher bei spezialisierten Abteilungen, die komplexe Krankheitsbilder behandeln, typischerweise hoch. Der CMI steigt aber auch bei sehr hohen Sachkostenanteilen (z. B. Prothesen, Herzklappen). Ein hoher CMI korreliert mit einer hohen Vergütung der Fälle.
- **Case Mix:** Bei unverändertem CMI ist die Aussage des Case Mix (CM) identisch mit der der stationären Fallzahl.
- **CM/Belegungstag:** Ein hoher Wert könnte eine hohe Produktivität signalisieren. Bei der Bewertung ist aber Vorsicht geboten. So könnte der CM durch hohe Sachkosten, die eigentlich nur durchlaufende Posten sind, aufgebläht sein.
- **CM/Sachkosten:** Dieser Parameter macht alle Betrachtungen, die auf dem CM beruhen, transparenter. Abteilungen mit einem hohen CM/Belegungstag sind nur dann valide mit anderen Abteilungen zu vergleichen, wenn der CM/Sachkosten etwa gleich ist.
- **Deckungsbeitrag:** Siehe hierzu Abschn. 3.2.

Patientenperspektive

- **Patientenzufriedenheitsquote**: Diese setzt funktionierende und valide Patientenevaluationen voraus. Mittlerweile werden hierfür professionelle Systeme angeboten.

- **Beschwerden**: Hierfür ist ein strukturiertes Beschwerdemanagement erforderlich. Die Beschwerden müssen von einer einheitlichen Stelle entgegengenommen, bearbeitet, bewertet und statistisch erfasst werden. Bei der Bewertung sind nicht nur quantitative, sondern auch qualitative Aspekte zu berücksichtigen. Auch die Art der Reaktion der Abteilung ist zu berücksichtigen.
- **Komplikationen**: Für viele Eingriffe ist eine strukturierte Erfassung bereits gesetzlich vorgeschrieben (BQS-Daten). Die Auswertung ist häufig unübersichtlich, verdient aber trotzdem eine sorgfältige Analyse. In den einzelnen Abteilungen ist zu überlegen, ob zusätzliche Komplikationserfassungen sinnvoll sind.
- **CIRS-Meldungen:** Ein Critical Incident Reporting System erfasst nicht nur stattgehabte Komplikationen, sondern auch „Beinaheunfälle". Die Möglichkeit, anonym zu berichten, erhöht die Sensitivität, senkt aber die Spezifität.
- **Haftpflichtfälle:** Da diese Fälle (hoffentlich!) selten sind, ist weniger die statistische Erfassung, sondern die qualitative Bewertung gemeinsam mit dem Justiziar notwendig. Natürlich müssen Vorkehrungen (z. B. Standard Operating Procedures, SOP) zur Vermeidung getroffen werden.
- **Überlebensraten:** Diese können pro Abteilung oder anderer Parameter wie z. B. DRG errechnet und einem Benchmarking zugeführt werden. Voraussetzung ist immer die grundsätzliche Vergleichbarkeit, wobei die Region, die Versorgungsstufe, die Fallzahl und ähnliches berücksichtigt werden müssen.
- **Anteil der Privatpatienten:** Privatpatienten sind erfahrungsgemäß „wählerisch", suchen sich also gezielt Kliniken mit guter Reputation und Ambiente aus. Ein hoher Anteil von Privatpatienten ist also ein Hinweis auf diese Parameter, vielleicht auch auf den besonders guten Ruf des Chefarztes.
- **Zuweiserzufriedenheit**: Durch eine entsprechende Infrastruktur (siehe Abschn. 3.7) lässt sich die Zuweiserzufriedenheit gut erfassen. Ein sich hier verschlechterndes Klima ist ein sensitiver Parameter für Ihr Frühwarnsystem!
- **Regionaler Marktanteil:** Zur Erfassung dieses Parameters sind Sie auf die Unterstützung von spezialisierten Beratungsunternehmen angewiesen. Solche Daten werden daher meist vom Controlling periodisch abgerufen.

Prozessperspektive

- **Verweildauer**: Die Verweildauer ist einer der wesentlichsten KPI im klinischen Bereich. Hier treffen sich auch die Anliegen der Patienten und der Klinik: Beide Seiten wollen die Verweildauer möglichst kurz halten. In der Folge klagen aber die niedergelassenen Ärzte über die sogenannte „blutige Entlassung". Die Verkürzung der Verweildauer darf also nur im Zusammenhang mit Qualitätskriterien gesehen werden.
- **Anteil der Entlassungen vor 10 Uhr:** Dies ist ein sehr umstrittener Parameter. Vordergründig scheint es gut zu sein, wenn es den Stationen gelingt, die für den Tag vorgesehenen Entlassungen möglichst früh durchzuführen. Oft ist es aber so, dass gerade in den gut organisierten Abteilungen noch viele Untersuchungen am Entlassungstag statt-

finden, so dass der Patient erst nachmittags geht. Der Parameter muss also im Zusammenhang mit der Verweildauer gesehen werden: Ist diese sehr kurz, darf der Anteil der morgendlichen Entlassungen klein sein. Die Abteilungen könnten es sich sonst leicht machen und die Patienten erst am Folgetag frühmorgens entlassen. Dann würden sie bei diesem Kriterium glänzen, die Verweildauer würde sich aber verlängern.

- **Wartezeiten:** Dieser Parameter ist wichtig, weil er in Patientenevaluationen regelmäßig einer der beiden meist geäußerten Kritikpunkte ist. Wartezeiten können entstehen in Ambulanzen, vor Eingriffsräumen (Herzkatheter, Endoskopie etc.), vor dem Abschlussgespräch usw.
- **Patienteninformation:** Der zweite oft geäußerte Kritikpunkt, evaluierbar nur durch Patientenbefragungen. Es hat sich gezeigt, dass gut informierte Patienten sehr viel verständnisvoller hinsichtlich Wartezeiten, Komplikationen usw. sind.
- **Wechselzeiten:** Jede Minute im OP, Herzkatheterlabor usw. kostet viel Geld (was übrigens auch quantifizierbar und den Abteilungen zuzurechnen ist!). Die Optimierung der Wechselzeiten ist daher essenziell. Lange Wechselzeiten können entstehen durch Wartezeiten auf Operateur oder Patient, ineffizienter Ablauf, personelle Unterbesetzung, Planinstabilität. Muss der Kardiologe zwischen zwei Herzkathetern sich umziehen, den Befund schreiben, die QS-Daten ausfüllen, Codierungen erledigen, Rückrufe durchführen, die Unterlagen und die Voruntersuchungen des nächsten Patienten sichten usw., dann nützt es wenig, wenn das Pflegepersonal den Patientenwechsel in 12 Minuten schafft.
- **Planstabilität:** Vergleicht man den morgendlichen Plan von Eingriffsräumen jeglicher Art mit dem abendlichen tatsächlich erfolgten Ablauf, dann sind manchmal kaum Gemeinsamkeiten zu erkennen. Eine Vielzahl von Notfällen kann ein nachvollziehbarer Grund sein. Oft ist es aber auch eine verfehlte Personaleinsatzplanung (der Operateur ist nicht verfügbar), eine schlechte Patientenvorbereitung, fehlerhafte Anmeldungen oder eine ungeschickte Koordination.

Lern- und Entwicklungsperspektive

- **Mitarbeiterproduktivität:** Man könnte die Zahl der Vollkräfte beziehen auf verschiedene Parameter wie die Zahl der von Assistenzärzten versorgten Betten, auf den CM und ähnliche Kennzahlen. Dabei ist wieder Vorsicht geboten: Die Daten müssen sauber und vergleichbar sein. Ist beispielsweise die Verweildauer kurz und die Untersuchungsdichte hoch, sind die Stationsärzte durch Aufklärungsgespräche, Briefdiktate usw. stark belastet. Hier zeigt sich wieder, dass die Betrachtung nur einzelner Parameter zu Fehlschlüssen führen kann.
- **Mitarbeiterzufriedenheit:** Mitarbeitergespräche und -evaluationen liefern wertvolle Daten. Die Bedeutung der Mitarbeiterzufriedenheit kann nicht hoch genug eingeschätzt werden. Unzufriedenes Personal leistet schlechte Qualität, kündigt innerlich und später auch real.

- **Fluktuation:** Eine hohe Fluktuation kann viele Gründe haben:
  - Arbeitsplatz bzw. Aufgaben und Mitarbeiter sind nicht kompatibel
  - Schlechtes Betriebsklima
  - Über- oder Unterforderung
  - Unangenehmes Team (Chef, Kollegen)
  - Nicht eingehaltene Versprechungen
  - Fehlende Karrieremöglichkeiten usw.

  Alle genannten Gründe sind durch die Führungskraft beeinflussbar. Näheres siehe im Kapitel Personalmanagement.
- **Krankenstand:** Auch ein hoher Krankenstand kann ähnliche Ursachen wie die Fluktuation haben. Da beide Parameter (Fluktuation und Krankenstand) gut erfassbar sind, müssen sie in das Frühwarnsystem aufgenommen werden.
- **Qualifizierung:** Unter diesem Parameter werden Schulungen und Trainings erfasst. Die Bewertung könnte zwiespältig sein. Gute geschulte Mitarbeiter leisten entsprechend qualifizierte Arbeit, fehlen aber auch häufiger. Es entsteht ein Konflikt zwischen Qualität und Ökonomie.
- **Innovation:** Die Halbwertszeit des medizinischen Wissens wird immer kürzer. Entsprechende Bedeutung hat die Einführung aktueller therapeutischer Standards, komplexer Interventionen oder Operationen und ähnliches. Die Messbarkeit ist problematisch.

All diese Kennzahlen zu ermitteln kann schwierig sein. Mittlerweile gibt es professionelle Systeme nach Art eines Data Warehouse. Hierbei werden Daten aus unterschiedlichen Quellen zusammengeführt, aufbereitet und können individuell konfiguriert werden. Der Nutzer kann die gewünschten Kennzahlen online sehen, und zwar sekundenaktuell. Solche Anwendungen sind teuer sowie aufwendig zu konfigurieren und zu pflegen. In Kliniken stehen sie daher – wenn überhaupt – nur der Administration (Geschäftsführung/Controlling) zur Verfügung.

Der Chefarzt muss die für ihn wichtigen KPI für sein persönliches Frühwarnsystem daher „zu Fuß" ermitteln. Einen Teil der Zahlen erhalten Sie vom Controlling, einen anderen Teil aus eigenen Strukturen (z. B. Funktionsabteilung, vom Zeitbeauftragten usw.). Mindestens einmal monatlich sind die Daten – möglichst mit den anderen Führungskräften der Abteilung – zu sichten und gegebenenfalls Maßnahmen einzuleiten.

Übersicht: Kennzahlen/Key Performance Indicators (KPI)
Finanzielle Perspektive

- Stationäre Fallzahl
- Eingriffszahlen
- Case Mix Index (CMI)
- Case Mix (CM)
- CM/Belegungstag

- CM/Sachkosten
- Deckungsbeitrag

Patientenperspektive

- Patientenzufriedenheitsquote
- Beschwerden
- Komplikationen
- CIRS-Meldungen
- Haftpflichtfälle
- Überlebensrate
- Anteil der Privatpatienten
- Zuweiserzufriedenheit
- Regionaler Marktanteil

Prozessperspektive

- Verweildauer
- Anteil der Entlassungen vor 10 Uhr
- Wartezeiten
- Patienteninformation
- Wechselzeiten
- Planstabilität

Lern- und Entwicklungsperspektive

- Mitarbeiterproduktivität
- Mitarbeiterzufriedenheit
- Fluktuation
- Krankenstand
- Qualifizierung
- Innovation

To-do-Liste: Kennzahlen (Frühwarnsystem)	
Maßnahme	Termin
Entwurf einer abteilungsinternen Kennzahlenaufstellung	
Planungsgespräch mit dem Controller	
Beauftragung eines Mitarbeiters mit der monatlichen Erstellung	
Monatliche Sichtung der Aufstellung	

3.6   Ablauf-/Aufbauorganisation

Vielfach sind in Kliniken der Aufbau der Strukturen und die Abläufe der Arbeitsschritte historisch gewachsen und werden selbst bei Veränderungen des Umfelds wenig hinterfragt: „Das haben wir schon immer so gemacht."

Allerdings: Auch wenn man etwas „schon immer so gemacht" hat, kann es sein, dass man es schon immer falsch oder schlecht gemacht hat bzw. es früher vielleicht so richtig war, es heute aber anders besser ginge.

Beschäftigen Sie sich also jetzt mit den Grundbegriffen der Ablauf- bzw. Aufbauorganisation. Vielleicht haben Sie ein Aha-Erlebnis, weil Ihnen Verbesserungsmöglichkeiten innerhalb Ihrer Abteilung auffallen. Wie Sie anschließend Veränderungen umsetzen könnten, erfahren Sie in Abschn. 6.2 (Change-Management).

Bei der **Ablauforganisation** geht es darum, wie die einzelnen Arbeitsschritte aufeinander abgestimmt werden. Hierfür kann es langfristig (Organisation), kurzfristig (Disposition) oder einmalig (Improvisation) geltende Regeln geben mit jeweils Vor- und Nachteilen:

- **Organisation**: Generell geltende Regeln. Vorteile: Einmalig verfasst gelten sie für eine große Zahl von gleichen Arbeitsabläufen. Sie sind somit effizient, aber auch verlässlich für alle Beteiligten. Die Störquote ist daher gering. Der Nachteil ist die geringe Flexibilität.
- **Disposition**: Die Regeln gelten für eine begrenzte Anzahl von Fällen und sind somit flexibler, aber auch aufwendiger.
- **Improvisation**: Der Begriff wird wegen seiner Nachteile schon negativ konnotiert. Die Improvisation besteht in kurzfristigen Entscheidungen in Ermangelung vorbestehender Organisation oder Disposition, meist bei Ressourcenknappheit, wenn z. B. Zeit oder Material fehlt oder der Spezialist ausgefallen ist. Der Aufwand ist hoch und die Qualität möglicherweise schlecht.

Abläufe sind dann am effizientesten, wenn sie gut durchdacht *und* organisiert sind. Ein hoher Organisationsgrad schließt Ineffizienz aber nicht aus. Die langfristig geltenden Regeln könnten einen ungünstigen Ablauf vorschreiben und sind dann kontraproduktiv.

Ständige Improvisation ist besonders ungünstig und fehlerbelastet, denn es müssen laufend individuelle Entscheidungen durch wechselnde Personen mit unterschiedlicher Kompetenz getroffen werden.

Es ist daher sinnvoll, für häufige Aufgaben sogenannte „Standard Operating Procedures" (SOP) zu erstellen. Diese sollten durch für die jeweilige Aufgabe besonders kompetente Personen gemeinsam mit den wichtigsten hieran Beteiligten entwickelt werden.

Zu beachten sind aber die Nachteile von SOPs:

- Möglicherweise hoher Aufwand bei der Erstellung.
- Die SOPs müssen gepflegt werden, damit sie nicht veralten.
- Es besteht die Gefahr übermäßiger Bürokratisierung.

- Die Flexibilität und Kreativität der Mitarbeiter werden eingeschränkt.
- Unkritischer Einsatz von SOPs bei ungeeigneten Sachverhalten könnte zu Fehlern führen.
- Die SOPs müssen durchgesetzt werden, manchmal die größte Schwierigkeit.

Bei der Gestaltung der Ablauforganisation muss also sensibel vorgegangen werden. Häufige und gut standardisierbare Abläufe sind nach sorgfältiger Planung zu organisieren. Gerade im Medizinbereich müssen aber Abweichungen erlaubt sein. Stellt sich der Patient in der Elektivaufnahme als Notfall heraus, muss der eigentlich geplante Weg verlassen werden.

Als Leitender Arzt sollten Sie sich mit den Abläufen in Ihrer Abteilung gut vertraut machen. Durch Gespräche mit den Mitarbeitern finden Sie wahrscheinlich schnell heraus, wann es immer wieder zu Problemen kommt. Manchmal führen schon nur kleine Veränderungen zu großen Verbesserungen.

Als Beispiel werden nachfolgend zwei unterschiedliche Vorgehensweisen bei der Aufnahme von Elektivpatienten dargestellt:

Ablauf A	Ablauf B
Administrative **Aufnahme**	Administrative **Aufnahme**

Anamnese und Untersuchung auf der **Station** durch Stationsarzt. Dieser meldet die notwendige Funktionsdiagnostik an.

Anamnese und Untersuchung in der **Elektivaufnahme**. Dort auch Durchführung der Funktionsdiagnostik.

Die Untersuchungen werden in der Funktionsabteilung durchgeführt.

Befundbesprechung auf der **Station** durch den Stationsarzt.

Befundbesprechung auf der **Station** durch den Stationsarzt.

Der entscheidende Unterschied bei beiden Abläufen ist, dass für die Variante B eine Elektivaufnahme (mit Aufnahmearzt) in die Funktionsabteilung integriert ist. Somit entfällt der erste Transfer auf die Station, das Warten auf den Stationsarzt und die Kommunikation zwischen Station und Funktionsabteilung. Diese kann die notwendigen Untersuchungen flexibel eintakten und muss nicht auf die Patienten von der Station warten. Der bei eingeschränkt mobilen Patienten notwendige Fahrdienst ist entlastet. Auch die Aufzugkapazität wird geschont (erfahrungsgemäß in den meisten Kliniken der wesentliche Hemmschuh bei dem Patiententransfer).

Leider hat Variante B auch Nachteile:

Die Aufnahmeuntersuchung findet nicht durch den Stationsarzt statt. Da dieser den Patienten aber im weiteren Verlauf betreut, sollte er ebenfalls mit der Vorgeschichte und dem körperlichen Befund vertraut sein. Dies würde bedeuten, dass er die Arbeit des Aufnahmearztes wiederholt (Gefahr der Doppelarbeit, dadurch verschlechtert sich die Effizienz).

Da die Aufnahme von Elektivpatienten in großen Abteilungen ein häufiger Vorgang ist, sollte die Gestaltung also sehr sorgfältig analysiert werden, um Fehlorganisationen zu vermeiden.

Während die Ablauforganisation den dynamischen Aspekt von Arbeitspaketen behandelt, geht es bei der **Aufbauorganisation** um die hierarchische und statische Struktur. Aber auch hier können sich ungünstige Konstruktionen schlecht auf die Effizienz auswirken.

Zunächst sind wieder einige Begriffe zu definieren.

Eine **Stelle** ist die kleinste organisatorische Einheit und ist in der Regel mit einer Person besetzt. Es gibt sie auf allen Hierarchieebenen.

Eine **Instanz** ist eine Stelle mit Weisungsbefugnis, im Gegensatz zu einem **Stab**. Stäbe bereiten Entscheidungen vor, können in der Regel aber nicht selbst entscheiden. Ein Controller könnte beispielsweise eine Stabsstelle besetzen.

Eine **Abteilung** umfasst mehrere Stellen und mindestens eine Instanz.

Eine typische Abteilungsstruktur ist das **Einliniensystem**. Dabei ist zwischen der untersten und obersten Instanz nur ein Weg möglich.

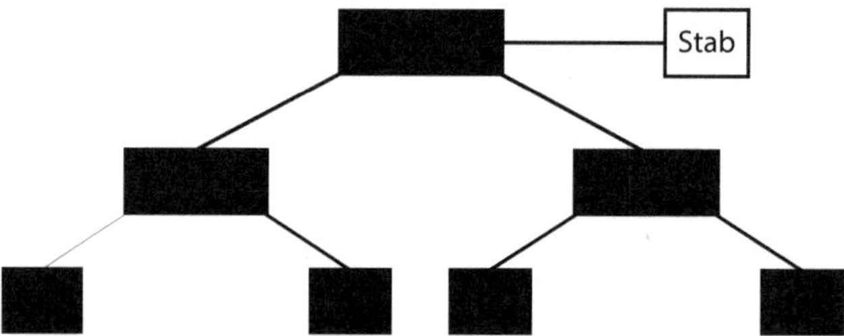

Beim **Mehrliniensystem** dagegen haben die unteren Stellen mehrere Instanzen als Ansprechpartner.

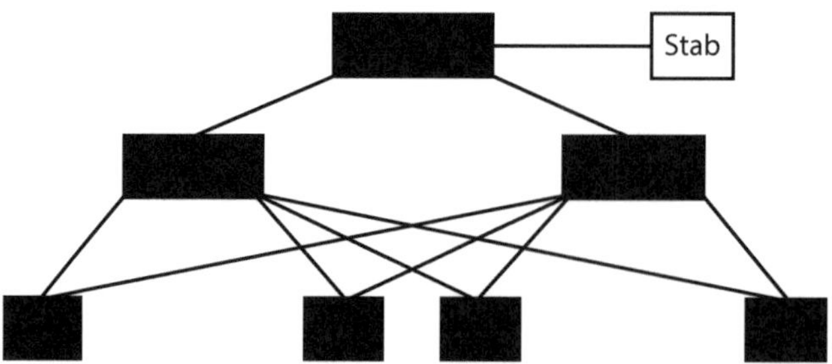

Die Vorteile des Einliniensystems liegen in der klaren Kompetenzzuweisung, da jeder Stelle nur eine Instanz zugeordnet ist. Bei Überlastung oder Ausfall einer Instanz besteht aber wenig Flexibilität.

Medizinische Fachabteilungen sind meistens als Mehrliniensysteme organisiert. Denkt man sich die mittlere Ebene beispielsweise als die Oberarztebene (darunter die Assistenzärzte, darüber der Chefarzt), dann sind bei Überlastung oder Ausfall eines Oberarztes die anderen direkt ansprechbar. Bei dem Einliniensystem wäre der Entscheidungsweg zu einem anderen Oberarzt nur über den Chefarzt möglich (was meist nicht so gehandhabt wird).

Innovative Führungsmodelle (siehe Abschn. 1.15) sind natürlich deutlich komplexer.

Betrachten Sie nun die Aufbauorganisation Ihrer Abteilung sowie die Abläufe bei häufig vorkommenden Arbeitspaketen. Wo schlummern Effizienzreserven? Übrigens können auch Patienten oft Auskunft darüber geben, wo sie Organisationsmängel erlebt haben.

3.7 Marketing, Zuweisermanagement

Marketing wird oft lediglich als Reklame (miss)verstanden, ist aber sehr viel mehr. Man kann Marketing in erweitertem Sinne als umfassenden unternehmerischen Ansatz sehen, die Planung und Durchführung des gesamten Wertschöpfungsprozesses umgreifend.

Marketing bedeutet unter anderem, dass Sie für Ihr **Angebot** einen **Markt** finden oder bei gegebenem Markt Ihr Angebot adaptieren müssen.

Besteht also das Angebot in einer besonders kompetenten Hüftgelenks Endoprothetik, ist aber das Einzugsgebiet zu klein, um kosteneffizient anbieten zu können, sind Maßnahmen zur Erweiterung des Einzugsgebietes zu ergreifen. Bei ausgezeichneter Reputation kann dies gelegentlich automatisch gelingen (durch Mund-zu-Mund-Propaganda). Unterstützend wirkt Zuweisermanagement (siehe unten).

Besteht in dem Gebiet aber eine besonders große Nachfrage nach Kniegelenksprothesen, kann das Angebot entsprechend erweitert werden. Da das in der Regel mit Investitionen in Personal und Gerät verbunden ist, sind langfristige strategische Entscheidungen erforderlich. Diese dürfen weder auf der Basis einer aktuell besonders attraktiven DRG oder Komplexpauschale getroffen werden noch in Abhängigkeit von der Kompetenz einzelner Personen.

Medizinethisch nicht statthaft, dennoch oft zu beobachten, sind Indikationserweiterungen. Dadurch wird nicht das Angebot, sondern der Markt adaptiert. Diese Vorgehensweise ist nicht nur unethisch, sondern auch nicht nachhaltig, denn sie wird meist durchschaut. Bei dann beschädigter Reputation ist der weitere Weg schwierig.

Somit sind im Rahmen des Marketings also die Kompetenzen und (potenziellen) Fähigkeiten der Klinik einerseits und der Bedarf andererseits zu analysieren. Zu berücksichtigen ist dabei die zunehmende Marktmacht der Krankenkassen als Einkäufer von Leistungen. Es gibt schon seit langem Bestrebungen, Vergütungen von bestimmten Qualitätskriterien abhängig zu machen („Pay for Performance"), vor allem aber geht es natürlich um Geld.

Es ist also ein komplettes **Marketingpaket** zu schnüren: Das Angebot muss die eigenen Möglichkeiten abbilden, es muss zum Markt passen, die Qualität muss stimmen, es muss bekannt gemacht (also doch Reklame? Wir sagen lieber: „Tue Gutes und rede darüber") und von Patienten, Zuweisern und Krankenkassen akzeptiert werden.

Auch das **Zuweisermanagement** ist als eine weit umfassende Aufgabe zu verstehen.

Zunächst ist die **Struktur** der Zuweiser zu analysieren: Wer weist viel, wenig oder gar nicht ein? Und warum? Wer ist zufrieden und wer nicht? Einige dieser Fragestellungen sind über Statistiken zu klären, andere nur über Evaluationen, besser aber durch Gespräche.

Nutzen Sie (und alle Kollegen Ihrer Abteilung) jede sich natürlich bietende Möglichkeit zum Kontakt mit den niedergelassenen Kollegen: Berichten Sie telefonisch über den Verlauf, bitten Sie um Vorbefunde oder Hintergrundinformationen, würdigen Sie die Angaben auf der Einweisung. Derartige Gesprächsangebote werden meist dankbar angenommen. Oft lässt sich die Anamnese hilfreich erweitern.

Zunehmend etablieren sich Internet-Portale für Zuweiser mit multiplen Funktionen einschließlich des direkten Zugriffs auf Befunde, Terminkalender und ähnliches.

Damit erreichen Sie die tatsächlichen Zuweiser. Wichtig sind aber auch die Kollegen, die *nicht* zuweisen. Diese könnten Sie z. B. persönlich zu einer Fortbildung einladen oder aber in der Praxis besuchen. Nicht immer ist dies der „Beginn einer wunderbaren Freundschaft", vielleicht lassen sich aber schwelende Konflikte oder Vorurteile ausräumen. Es könnte auch wertvolle, wenngleich manchmal schmerzhafte Kritik geäußert werden.

Zuweiser wünschen sich:

1. Die gute medizinische Versorgung ihrer eingewiesenen Patienten. Sie möchten sich nicht dem Vorwurf aussetzen, eine schlechte Empfehlung gemacht zu haben.
2. Die Lösung des Problems. Wenn statt der gewünschten Tumorsuche bei ungewollter Gewichtsabnahme das Hüftgelenk operiert oder ein Coronarstent implantiert wurde, ist der Zuweiser zu Recht unzufrieden.
3. Die Beachtung der Einweisung. Auf die dort vermerkten Vorbefunde, Vorschläge, Gedanken zur Differenzialdiagnose oder Bitten zur Vorgehensweise muss eingegangen werden.
4. Gerne auch die Rücksprache (siehe oben).
5. Keine unnötigen Änderungen, vor allem keine teuren und möglicherweise entbehrlichen Erweiterungen der bisherigen Medikation.
6. Einen guten Arztbrief (siehe Abschn. 6.6).
7. Ein strukturiertes und standardisiertes Entlassungsmanagement (siehe Abschn. 6.5).
8. Einen gut zu erreichenden Ansprechpartner.

Fantastisch wäre eine Fachkraft, z. B. eine **Medizinische Fachangestellte**, deren spezielles Aufgabengebiet das Zuweisermanagement ist. Sie könnte die Statistiken erarbeiten, Fortbildungen und Praxisbesuche organisieren und vieles mehr. Sie wäre Bestandteil eines Frühwarnsystems und könnte bei Problemen hinsichtlich der Zuweisungen Alarm schlagen.

Vor allem aber könnte sie als genereller Ansprechpartner für Anliegen jeder Art fungieren und so den Zuweisern viel Telefonarbeit ersparen. So könnte sie Befunde weiterleiten, Telefonate mit bestimmten Ärzten disponieren sowie Beschwerden entgegennehmen und zur Bearbeitung weiterleiten.

Es gibt einiges zu tun:

To-do-Liste Marketing, Zuweisermanagement		
Maßnahme	Termin	Folgetermin
Analyse des aktuellen eigenen Angebots		
Prüfung potenzieller weiterer Angebote		
Analyse des Marktes		
Entwicklung einer Strategie		
Abstimmung mit der Geschäftsführung		
Etablierung eines Zuweisermanagements		
Regelmäßige Auswertung der Statistiken		
Entwicklung einer Kommunikationskultur mit den Zuweisern		
Sicherstellen, dass diese Kultur von der gesamten Abteilung gelebt wird		

3.8 Qualitätsmanagement

„Wissenschaftsphilosophie ist für die Wissenschaftler ähnlich nützlich wie die Ornithologie für die Vögel." (Richard Feynman, Physiker und Nobelpreisträger)

Wie nützlich ist Qualitätsmanagement (QM) für Patienten und Ärzte? Zeitlich parallel mit der Einführung von QM im Gesundheitswesen haben sich die Bedingungen für Patienten und Ärzte drastisch verschlechtert (siehe auch Vorwort). Eine Kausalität ist dadurch nicht zu belegen, aber sie ist auch nicht von der Hand zu weisen. QM hat die Bürokratisierung befördert, führt zu einem enormen Aufwand gerade für die Ärzte und kostet viel Geld. All diese Ressourcen fehlen am Patientenbett.

Krankenhäuser sind verpflichtet, einrichtungsintern ein Qualitätsmanagement einzuführen und weiterzuentwickeln § 135a Abs. 2 Nr. 2 SGB V. Weitere Informationen bietet die Richtlinie des Gemeinsamen Bundesausschusses (**Qualitätsmanagement-Richtlinie/QM-RL**).

Cui bono? Das Gesundheitswesen ist ein wichtiger Industriezweig. Zahlreiche Marketender haben Möglichkeiten entdeckt, wie sich mit Schulungen, Zertifizierungen und Software viel Geld verdienen lässt. Mittlerweile hat sich in den Kliniken eine zunehmend kritisch zu sehende „Zertifizitis" entwickelt. Der in der Medizin wünschenswerte Nachweis über den Benefit für den wichtigsten Stakeholder, den Patienten, steht noch aus.

Leitende Ärzte sind also wohlberaten, wenn sie den Einsatz von QM auf den Umfang bzw. besondere Aspekte beschränken, in denen Vorteile klar erkennbar sind.

Zu denken ist an:

- Erstellung von Standards (Standard Operating Procedures, SOP)
- Festlegung von Regeln (siehe Abschn. 4.11)
- Einheitliche Dokumentation (z. B. Formulare)
- Risikomanagementsystem (siehe Abschn. 6.3)
- und ähnliches.

Dogma des QM ist der **kontinuierliche Verbesserungsprozess**. Man geht also nicht davon aus, dass irgendwann ein optimaler Zustand erreicht ist und beibehalten werden sollte. Vielmehr sind laufend Verbesserungsmöglichkeiten zu suchen und diese zu realisieren. Dabei wird der PDCA-Zyklus angewandt (siehe Abschn. 3.1).

Hinsichtlich der **Dokumentation** verliert das klassische Qualitätsmanagementhandbuch (QMH) an Bedeutung und wird durch spezialisierte Softwareapplikationen ersetzt bzw. dort integriert. Gewarnt werden muss vor dem gut gemeinten Aufbau eines riesigen QMH, dessen Inhalt den wenigsten Mitarbeitern bekannt ist und dessen Regeln daher auch nicht gelebt werden. Bei jedem Dokument muss bedacht werden, dass es an Aktualität verlieren kann. Das QMH ist also ständig zu pflegen und sollte daher so knapp wie möglich gehalten werden. *„Wenn es <u>nicht</u> notwendig ist, ein Gesetz zu machen, dann ist es notwendig, <u>kein</u> Gesetz zu machen."* (siehe Abschn. 2.12)

QM funktioniert nur, wenn es Spaß macht und hilft (Schuster 2017). Wird es dagegen als lästiger Ballast ohne wirklichen Nutzen empfunden, fehlt die Akzeptanz.

Der **QM-Beauftragte** der Abteilung (QMB) ist sorgfältig auszusuchen. Er muss entsprechend fortgebildet sein. Ärzte eignen sich hierfür eher weniger, da sie meist andere Interessen haben und knapp sind. Der QMB darf nicht als der allein für das QM Verantwortliche verstanden werden (QM ist Aufgabe aller Mitarbeiter), ihm obliegt aber die Koordination. Speziell im Qualitätsmanagement ist die Funktion eines „Kümmerers" besonders wesentlich, da die mit QM verbundenen Aufgaben sonst in der Tagesroutine verloren gehen.

Wesentliche Werkzeuge des Qualitätsmanagements sind neben dem QMH die **Audits** und die **Selbstbewertung**.

Man unterscheidet *interne und externe Audits*. Erstere werden durch Angehörige der Klinik selbst durchgeführt und haben neben der eigentlichen Bewertung den Sinn, auf externe Audits und damit auf eine Zertifizierung vorzubereiten. Im Auditbericht werden dann Verbesserungspotentiale aufgezeigt. Schwere Mängel werden als Abweichungen bezeichnet. Sie sind abzustellen, was meist durch Folge-Audits kontrolliert wird. Besteht die Abweichung fort, könnte die Zertifizierung gefährdet sein.

Bei der *Selbstbewertung* beschreibt der QMB bzw. der Zuständige seine Abteilung und Organisation. Dabei wird z. B. auf Führung, Strukturen, operationelle Abläufe, Ergebnisse usw. eingegangen. Dies ist ein sinnvoller Vorgang, denn meist erschließen sich dem Ersteller schon bei dieser Arbeit mögliche Verbesserungspotentiale. Spätestens der Auditor wird auf Möglichkeiten zur Optimierung hinweisen.

Im Gesundheitswesen kommen verschiedene **QM-Systeme** zur Anwendung.

Von der Industrie übernommen und international eingesetzt ist das System nach der *DIN EN ISO 9001*. Diese Methode prüft Strukturen, Abläufe und Dokumentation, nicht aber die Ergebnisse; ein Umstand, der den Mediziner stutzen lässt. Zwar ist zu vermuten, dass ein Krankenhaus mit exzellenter Struktur und optimierten Abläufen auch gute Ergebnisse abliefert – sicher ist das aber nicht. Besonders Formalien werden abgefragt, z. B. die Aktualität der Handzeichenliste, die Dokumentation von Einarbeitungen oder die Einhaltung der Datenschutzvorschriften. Mag ja alles wichtig sein, die medizinischen Ergebnisse sind es aber auch und die sind nicht Gegenstand der Prüfung.

Speziell für die Gesundheitsbranche entwickelt wurde die *Kooperation für Transparenz und Qualität im Gesundheitswesen (KTQ)*. Methodisch basiert es vor allem auf Eigen- und Fremdbewertung. Es werden die folgenden Kategorien bewertet:

- Patientenorientierung,
- Mitarbeiterorientierung,
- Sicherheit – Risikomanagement,
- Kommunikations- und Informationswesen,
- Unternehmensführung,
- Qualitätsmanagement.

Im deutschen Gesundheitswesen weniger bekannt, international aber von Bedeutung und die Ergebnisse mit einbeziehend ist die *European Foundation of Quality Management (EFQM)*. Auch hier findet eine Eigen- und eine Fremdbewertung statt. Die neun Komponenten des EFQM-Modells werden zwei Gruppen zugeordnet, den „Befähigern" (Frühindikatoren) und den Ergebnissen (Spätindikatoren):

Befähiger			Ergebnisse	
Führung	Mitarbeiter	Prozesse	Mitarbeiter-bezogene Ergebnisse	Schlüssel-ergebnisse
	Politik und Strategie		Kunden-bezogene Ergebnisse	
	Partnerschaften und Ressourcen		Gesellschafts-bezogene Ergebnisse	

Interessant am EFQM-Modell ist, dass auch gesellschaftsbezogene Ergebnisse einbezogen werden: Ist das Unternehmen ein guter Nachbar? Werden Arbeitsplätze geschaffen? Engagiert es sich sozial? Wird die Natur belastet? Wenn man es wirklich ernst meint damit, dass der bisher in der Wirtschaft geltende Shareholder-Ansatz durch einen umfassenden Stakeholder-Ansatz ersetzt wird, kann das QM-System diese Fragen nicht ignorieren. Insofern ist das EFQM-Modell den anderen Systemen deutlich voraus.

To-do-Liste: Qualitätsmanagement		
Maßnahme	Termin	Folgetermin
Eruieren Sie Modell und Struktur Ihres Qualitätsmanagements		
Nun analysieren Sie es hinsichtlich Umfang und Effizienz		
Besprechen Sie mit Ihrem QMB mögliche Verbesserungen		
Realisieren Sie die Änderungen/Verbesserungen		

3.9   Qualitätssicherungsmaßnahmen, Qualitätsbericht

Ebenfalls gesetzlich vorgeschrieben sind sogenannte **Qualitätssicherungsmaßnahmen** (QS) § 135a Abs. 2 Nr. 1 SGB V. Das Wort „sogenannt" steht hier nicht zufällig, denn es ist zweifelhaft, ob diese Maßnahmen irgendeinen und dann auch noch positiven Einfluss auf die Qualität haben.

Das Verfahren findet statt unter dem Dach des **Instituts für Qualitätssicherung und Transparenz im Gesundheitswesen (IQTIG)** im Auftrag des Gemeinsamen Bundesausschusses. Details finden sich in der „Richtlinie über Maßnahmen der Qualitätssicherung in Krankenhäusern" (QSKH-RL, 2019). Die technische Datenerfassung erfolgt (mit Ausnahme der bundesbezogenen QS-Verfahren Herzchirurgie und Transplantationen) über die **Landesgeschäftsstellen für Qualitätssicherung (LQS)**. Bei der QS werden nur einige medizinische Bereiche berücksichtigt; die Auswahl erscheint willkürlich zu sein. Während etliche Fachgebiete (z. B. Anästhesie, Neurologie, Neurochirurgie und andere) gar nicht beachtet werden, erfreut sich beispielsweise die Kardiologie und die Herzchirurgie besonderer Aufmerksamkeit mit insgesamt sieben QS-Verfahren.

Methodisch handelt es sich vor allem um das Befüllen von elektronischen Fragebögen bei der Behandlung bestimmter Erkrankungen bzw. Operationen oder Prozeduren. Die gestellten Fragen orientieren sich vor allem an den Leitlinien, so dass der dreigliedrige EBM-Ansatz (siehe Abschn. 1.13) nur unvollständig Berücksichtigung findet.

Bleibt nur eine der gesetzlich obligaten Fragen unbeantwortet, gilt der gesamte Fragebogen als unbearbeitet, gleiches gilt für verspätet eingereichte Daten. Unvollständige Übermittlungen können erhebliche, insbesondere finanzielle Sanktionen nach sich ziehen.

Nach der Auswertung (in der Regel durch die LQS) erhalten die Kliniken umfangreiches Material (im pdf-Format). Die eigenen Ergebnisse werden hinsichtlich der einzelnen Indikatoren zum Landesdurchschnitt bzw. zu erwarteten oder gewünschten Zahlen in Beziehung gesetzt.

Je nach dem Grad eventueller rechnerischer Abweichungen wird der „**Strukturierte Dialog**" eingeleitet. Dieser beginnt mit einer Aufforderung an die Klinik, Stellungnahmen abzugeben. Dadurch erhalten die Kliniken die Gelegenheit, die Abweichungen zu begründen, z. B. mit einer besonderen Patientenstruktur oder Eingabefehlern. Außerdem können sie anführen, ob und welche Maßnahmen sie bereits zur Abhilfe eingeleitet haben.

Es existieren Software-Applikationen (z. B. den „Saatmann Monitor"), die es erlauben, schon kliniksintern und vor Abgabe der Daten an die LQS Auswertungen vorzunehmen. So kann unterjährig schon auf Auffälligkeiten reagiert und unvorteilhaften Ergebnissen und unangenehmen Reaktionen der LQS vorgebeugt werden.

Gegebenenfalls findet der Strukturierte Dialog seine Fortsetzung in „kollegialen Gesprächen" oder Begehungen. Wenn seitens beider Parteien konstruktiv durchgeführt, ist dies der sinnvollste und lehrreichste Teil des Verfahrens, wenngleich er ähnlich wie bei einem Audit im Rahmen einer Zertifizierung nicht immer als besonders angenehm empfunden wird.

Die Ergebnisse der QS werden auch im **Qualitätsbericht** genannt, den jedes Krankenhaus in vorgegebener und standardisierter Form im Internet zu veröffentlichen hat. Dieser Bericht soll eigentlich die Funktion haben, Patienten die Möglichkeit zu geben, sich gestützt auf vergleichbare Quellen über die Struktur, das Angebot und die Qualität der Kliniken zu informieren.

Tatsächlich sind die Qualitätsberichte leider völlig aufgeblähte Datengräber, in denen sich auch Fachleute kaum zurechtfinden, geschweige denn die eigentliche Zielgruppe der Patienten. So hat der typische Qualitätsbericht einer 500-Bettenklinik leicht einen Umfang von 800 bis 1000 Seiten. Es ist daher auch der Aufwand zu erahnen, der mit der jährlichen (!) Erstellung verbunden ist.

Zu befürchten ist, dass dieses nur eingeschränkt valide Konstrukt von den Krankenkassen instrumentalisiert werden wird, um unter dem Stichwort „**Pay for Performance**" finanzielle Interessen durchzusetzen.

Literatur

Beerheide R, Richter-Kuhlmann E (2019) MDK-Reformgesetz: Zankapfel Klinikabrechnungen. Dtsch Arztebl 116(42):A-1875/B-1545/C-1513

Behar B et al (2018) Modernes Krankenhausmanagement. Springer-Gabler, Berlin

Eirund W (2020) Psychiatrische und psychosomatische Kliniken: Tendenziöses Prüfverhalten des MDK. Dtsch Arzteblatt 19, Ausgabe Februar 2020, Seite 60

Frodl A (2008) BWL für Mediziner. de Gruyter, Berlin

G-DRG-Browser (2018). https://www.g-drg.de/Datenbrowser_und_Begleitforschung/G-DRG-Report-Browser/G-DRG-Report-Browser_2019. Zugegriffen am 18.10.2019

Gemeinsamer Bundesausschuss (2019) Richtlinie über Maßnahmen der Qualitätssicherung in Krankenhäusern/QSKHRL. Bundesanzeiger (BAnz AT 15.10.2019 B2)

Kirstein A, Lurati A (2017) Key Perfomance Indicators (KPI) im Krankenhaus. In: Debatin JF et al (Hrsg) Krankenhausmanagement. Strategien, Konzepte, Methoden, 3. Aufl. Medizinisch Wissenschaftliche Verlagsgesellschaft mbH & Co. KG, Berlin

Osterloh F (2019) Fallpauschalen: Marburger Bund für Herausnahme der Arztkosten. Dtsch Arztebl 116(43):A-1925/B-1581/C-1549

Schuster G (2017) Dokumentation: QM funktioniert nur, wenn es Spaß macht und hilft. Dtsch Arztebl 114(15):2

Weyersberg A et al (2019) Pädiatrie: Gefangen zwischen Ethik und Ökonomie. Dtsch Arztebl 116(37):A-1586/B-1308/C-1287

Wöhe G (2016) Einführung in die Allgemeine Betriebswirtschaftslehre. Vahlen, München

4.1 Human Resources: Einfach nur Ressourcen?

Der Mitarbeiter als Mittelpunkt.
  oder
Der Mitarbeiter als Mittel Punkt

Das obige Wortspiel bildet die Alternative gut ab: Betrachten wir die Mitarbeiter unserer Organisation als deren wertvollster Bestandteil oder nur einfach als Mittel zum Zweck?

Im Gegensatz zu allen anderen Ressourcen eines Unternehmens ist der Mitarbeiter vor allem eines: *Mensch.*

Daraus ergibt sich ein besonderer **Wert**, denn Menschen sind einzigartig in ihren Eigenschaften, Ideen, Kompetenzen usw. Es ergibt sich aber auch ein besonderer **Schutzbedarf**, denn Menschen sind verletzlich.

Menschen brauchen und generieren **Kommunikation**.

Allein diese drei Stichworte – und die Liste ließe sich verlängern – zeigen die grundsätzlichen Unterschiede der humanen gegenüber den sonstigen Ressourcen wie Geld, Immobilien, Rohstoffe usw. auf.

Um die Ressource Mensch muss man sich besonders kümmern (siehe Abschn. 4.2):

- Die richtigen Mitarbeiter müssen gefunden werden (**Akquisition**)
- Sie müssen für ihre Arbeit begeistert werden (**Motivation**)
- Sie müssen entlohnt werden (**Kompensation**)
- Sie müssen im Unternehmen gehalten werden (**Retention**).

© Springer-Verlag GmbH Deutschland, ein Teil von Springer Nature 2020 117
H. Pless, *Führen im Krankenhaus*, Erfolgskonzepte Praxis- & Krankenhaus-
Management, https://doi.org/10.1007/978-3-662-60982-8_4

Charismatische Unternehmensführer wie Bill Gates und Steve Jobs haben immer wieder die Bedeutung ihrer Mitarbeiter für den außergewöhnlichen Erfolg ihrer Unternehmen betont.

Der (auch finanziell) große Aufwand kann aber dazu verleiten, das Personal vor allem als Kostenfaktor zu sehen. Entsprechend werden in den Zielvereinbarungen der Arbeitsverträge von Geschäftsführern oft die gewünschten Personalreduktionen quantifiziert. Gerade in einer Zeit des Fachkräftemangels ist dieser Ansatz nicht nur menschlich, sondern ökonomisch verfehlt. Die Akquisitionskosten für den Ersatz eines entlassenen oder verlorenen Mitarbeiters sind immens, hinzu kommen möglicherweise ausfallende Erlöse.

Mehr als der ökonomische sollte aber der humanistische Aspekt wieder mehr in den Vordergrund treten. Dies gilt umso mehr, wenn man die Entwicklungen der letzten Jahre im Gesundheitswesen würdigt. Nur durch die Mitarbeiter können die notwendigen Verbesserungen erreicht werden. Wir sollten also die oben aufgeführten vier Hausaufgaben erledigen. Der ökonomische Erfolg wird sich dann auch einstellen.

Das Gesundheitswesen ist eine besondere „Industrie", denn der Mittelpunkt ist scheinbar schon besetzt durch das Objekt unserer Arbeit: dem Patienten, also ebenfalls einem Menschen mit denselben Attributen wie der Mitarbeiter. Der Patient mag im Vergleich zu dem Mitarbeiter vielleicht besonders schutzbedürftig sein, denn durch seine Erkrankung ist er geschwächt und abhängig.

Ethisch ist es aber nicht zulässig, Menschen gegeneinander aufzurechnen. Einigen wir uns also darauf, dass der *Mensch* im Mittelpunkt steht.

4.2 Zentrale Rolle des Leitenden Arztes im Personalmanagement

Um die Rolle des Chefarztes im Personalmanagement zu durchleuchten, gehen wir am besten von den vier zentralen Aufgaben aus:

- **Akquisition**: Vor der Akquise ist der quantitative und qualitative Bedarf festzustellen (siehe hierzu Abschn. 4.4 und 4.5). Da der Chefarzt in der Regel keine Personalhoheit hat, ist der ermittelte Bedarf von der Personalabteilung zu bestätigen und von der Geschäftsführung die Akquise zu genehmigen.
  Die notwendige Qualifikation kann nur durch den Chefarzt definiert werden. Daher ist z. B. die Gestaltung einer Annonce ohne dessen Beteiligung sinnlos. Auch die Vorstellungsgespräche müssen gemeinsam mit dem Leitenden Arzt oder seinem Vertreter erfolgen. Findet sich zunächst kein Bewerber mit dem gewünschten Profil, vielleicht aber jemand, der auf andere Weise für die Abteilung wichtig werden kann, ist zu prüfen, ob dessen Einstellung angesichts des problematischen Arbeitsmarkts zusätzlich erfolgen kann. Dieses wegen des gravierenden Fachkräftemangels in der Industrie übliche Vorgehen hat sich in Kliniken wegen der chronischen Unterfinanzierung noch nicht durchgesetzt.
  Weitere Anmerkungen zur Personalgewinnung siehe Abschn. 4.7.

- **Motivation**: Mitarbeiter zu motivieren gehört zu den Führungsaufgaben der Fachvorgesetzten (siehe hierzu auch Abschn. 2.9). Auch als Führungsinstrument ist Motivation von herausragender Bedeutung. Motivation kann erreicht werden durch Wissensweitergabe, Lob, Information über die Ziele der Abteilung usw.
Unterstützt werden kann der Chefarzt durch von der Personalabteilung gewährte Incentives wie beispielsweise Fortbildungsfinanzierungen oder ähnliches.
- **Kompensation**: Natürlich möchten die Mitarbeiter auch entlohnt werden. Meist geschieht dies entsprechend der Regelungen des Tarifvertrags. Zu weiteren Möglichkeiten siehe Abschn. 4.13. In Krankenhäusern ist es üblich, dass die nachgeordneten Mitarbeiter an den Privatliquidationen des Chefarztes beteiligt werden. Je nach Bundesland existieren verschiedene oder auch gar keine Regelungen. Entsprechend sind die gestalterischen Möglichkeiten des Chefarztes unterschiedlich.
- **Retention**: Der Weggang eines Mitarbeiters bringt für die Klinik viele Nachteile: Ein Nachfolger muss gefunden und eingearbeitet werden. Qualifikationen gehen verloren. Durch die Erstellung von Zeugnissen und anderen administrativen Maßnahmen entsteht bürokratischer Aufwand. Kann die Lücke wie so oft nicht gleich adäquat geschlossen werden, ist der Betriebsablauf gestört.

Es lohnt sich also, jeden in seinen speziellen Bedürfnissen zu würdigen und zu fördern, um ihn im Betrieb zu halten. Näheres siehe Abschn. 4.9.

Neben den individuellen Maßnahmen ist auch der allgemeine Rahmen von Bedeutung: Betriebsklima, Arbeitsbedingungen, Parkplätze und ähnliches.

Personalmanagement ist somit vor allem die Aufgabe des Fachvorgesetzten, hier also des Leitenden Arztes. Die Unterstützung durch die Personalabteilung beschränkt sich meist auf den administrativen Part. Allerdings gibt es unterschiedliche Organisationsformen und Schlüsselkompetenzen bei Personalabteilungen, wie im folgenden Kapitel gezeigt wird.

4.3 Mögliche Organisationsformen der Personalabteilung

Der Arbeitsmarkt für Ärzte hat in den letzten Jahren einen großen Wandel erfahren und zeichnet sich heute aus durch:

- einen Mangel an Ärzten insgesamt
- einen Mangel an hochspezialisierten Fachärzten (die medizinischen Verfahren werden immer komplexer, so dass der Bedarf an Spezialisten steigt)
- einer hohen Fluktuation (den „Altassistenten" gibt es nicht mehr; auch Chefärzte wechseln zunehmend häufiger die Stelle)
- einen konsekutiv hohen Anteil ausländischer Ärzte, die Schwierigkeiten mit der Sprache, der Kultur und dem deutschen Gesundheitssystem haben.

Überlagert wird diese ohnehin schon schwierige Situation durch die Unterfinanzierung der Kliniken, die zunehmende Bürokratie und eine fehlende Kontinuität in der Administration, denn auch dort ist die Fluktuation mittlerweile hoch. Vier bis fünf Geschäftsführerwechsel innerhalb einer Dekade sind keine Seltenheit mehr. Vereinbarte Strategien sind entsprechend wenig verlässlich, zumal nicht nur die Geschäftsführer, sondern oftmals auch die Träger wechseln. Prominentes Beispiel ist der Verkauf von 40 Kliniken der Rhön Klinikum AG an Helios 2014.

In dieser Gemengelage muss der leitende Arzt für Nachhaltigkeit und Qualität im Personalmanagement sorgen, also auch Aufgaben übernehmen, die bisher traditionell bei der Personalabteilung angesiedelt waren.

Welche Aufgaben sind denn überhaupt dem Personalmanagement zuzuordnen? Früher (in den 50er-Jahren) beschränkte sich die Tätigkeit der Personalarbeit auf die Gehaltsabrechnung. Im historischen Verlauf wurde aber die zunehmende Bedeutung der „Human Resources" (HR) erkannt und immer wieder neu definiert.

Somit ergibt sich heute das folgende Spektrum (Abb. 4.1):

- Personalverwaltung (die reine Administration, also Gehaltsabrechnung, formale Einstellung und Entlassung)
- Personalpolitik (strategische Fragen, die auch alle anderen Felder einbeziehen)
- Personalkostenmanagement (Ermittlung jetziger, Planung zukünftiger Kosten)
- Personalbedarfsbestimmung (incl. Bestandsanalyse)
- Personalbeschaffung bzw. -freisetzung (Ausschreibung und Auswahl)
- Personalführung
- Personalentwicklung einschließlich Inklusion
- Personaleinsatz

Mit der formalen **Administration** hat der leitende Arzt wenig zu tun, zumal er in der Regel keine Personalhoheit hat.

Die Personal**strategie** dagegen interessiert ihn sehr viel mehr, denn davon hängt die Funktionalität seiner Abteilung ab. Den **Einsatz** und die **Führung** seiner Mitarbeiter verantwortet er weitgehend allein. Selbst die Personal**entwicklung** liegt überwiegend in seiner Hand.

Abb. 4.1 Spektrum des Personalmanagements

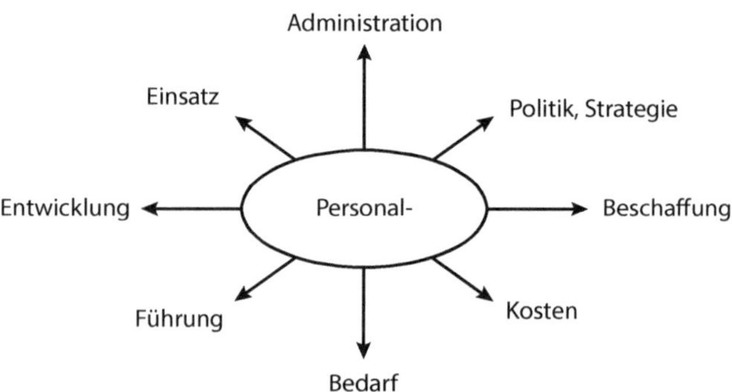

Warum auch die **Bedarf**sermittlung und die damit einhergehenden **Kosten**berechnungen zumindest partiell in seine Zuständigkeit fallen, werden Sie in den beiden folgenden Kapiteln erfahren.

Und nicht zuletzt bei der **Beschaffung** neuer Mitarbeiter hat der leitende Arzt seinen Beitrag zu leisten.

Fazit: Bei zumindest sieben der acht Tätigkeitsfelder im Personalmanagement ist die Mitarbeit und die Kompetenz der ärztlichen Führungskräfte gefragt.

Bei sich derart überlappenden Zuständigkeiten ist ein ausschließliches nebeneinanderher arbeiten weder zielführend noch zeitgemäß. Vielmehr müssen die Personalabteilungen mit den Fachabteilungen verflochten werden. Dies kann auf mehrere Arten vollzogen werden.

Hinsichtlich der (örtlichen) **Struktur** unterscheidet man die **zentrale** von der **dezentralen** Personalabteilungsorganisation. Bei der dezentralen Form sind Mitarbeiter oder Referenten der Personalabteilung bei den Fachabteilungen angesiedelt und können daher direkt dort bzw. gemeinsam mit diesen tätig werden.

Bezogen auf die Aufgaben und **Kompetenzen** spricht man von einer **universalistischen** im Gegensatz zur **partizipativen** Personalmanagement-Kompetenz. Wird partizipativ gearbeitet, dann sind Befugnisse bzw. Verantwortlichkeiten direkt bei den Fachabteilungen angesiedelt.

In der Kombination ergeben sich somit vier verschiedene Möglichkeiten, Personalmanagement zu organisieren:

1. **Zentral/universalistisch**: Eine zentrale Personalabteilung vereinigt alle Befugnisse *und* Kompetenzen auf sich. Althergebracht und nicht zweckmäßig. Dennoch häufig, weil so alle Personalangelegenheiten gut von der Geschäftsführung kontrolliert werden können. Machtfragen sind manchmal wichtiger als die reine Zweckmäßigkeit.
2. **Dezentral/universalistisch**: Die Befugnisse verbleiben bei der Personalabteilung, die aber immerhin örtlich im Haus verteilt ist. Somit ist der Dienstweg etwas kürzer. Die Mitarbeiter der Personalabteilung haben mehr Verständnis für die Probleme vor Ort.
3. **Zentral/partizipativ**: Viele Befugnisse liegen bei den Führungskräften der Fachabteilung. Diese werden von der zentralen Personalabteilung durch Dienstleistungen unterstützt. Eine moderne Organisationsform, die aber entsprechende Kompetenz und personelle Manpower in der Fachabteilung voraussetzt.
4. **Dezentral/partizipativ**: Die Übergänge zu Punkt 3 sind fließend. Das völlige Fehlen einer zentralen Personalabteilung wäre ineffizient, da Doppelstrukturen vorgehalten werden müssten.

Oft stellt sich eine unbefriedigende, weil unfreiwillig partizipative Organisationsform ein: Die zentralen Personalabteilungen sind zunehmend kapazitativ überfordert, so dass Aufgaben nicht mehr wahrgenommen werden können und stillschweigend den Fachabteilungen überlassen werden. Diese sind darauf aber nur selten vorbereitet. Mehr dazu in Abschn. 4.8 (Strukturiertes Einstellungsverfahren).

Somit ergibt sich die Notwendigkeit für die Chefärzte, die tatsächlich gelebten Abläufe zu ermitteln: Wer rechnet wie den Personalbedarf aus? Wer entscheidet über Neueinstellungen? Wie werden benötigte Stellen ausgeschrieben? Gibt es einen Standard für das Einstellungsverfahren?

Wenn diese Fragen unter Verwendung von realen Beispielen der jüngeren Vergangenheit beantwortet sind, ist zu prüfen, wo Verbesserungsmöglichkeiten bestehen. Wer sollte welche Aufgaben übernehmen?

Schließlich ist die wünschenswerte und an die Ressourcen angepasste Organisationsform mit der Leitung der Personalabteilung und der Geschäftsführung abzusprechen. Außerdem sind SOPs (Standard Operating Procedures) für die häufigsten Vorgänge zu erstellen und im Qualitätsmanagementhandbuch (QMH) abzulegen.

Damit die Standards nicht – wie so oft – nur Papiertiger bleiben, müssen sie mit allen Beteiligten kommuniziert werden (siehe Abschn. 2.12). Die Einhaltung ist zu überwachen.

Der insgesamt große Aufwand ist sinnvoll, denn würde er nicht betrieben, gäbe es immer wieder Kompetenzstreitigkeiten und Fehlabläufe. Schon nur eine nicht oder schlecht besetzte Stelle belastet die Abteilung viel mehr als der Aufwand für einen effizienten und wertschätzenden Umgang mit den Mitarbeitern.

Dem Personalmanagement (PM) ist seitens der leitenden Ärzte daher unbedingt ein hoher Stellenwert einzuräumen.

To-do-Liste: Personalmanagement		
Maßnahme	Termin	Folgetermin
Analyse der Struktur des PM		
Analyse der Abläufe des PM		
Erarbeitung von Verbesserungsoptionen		
Besprechung mit Personalabteilung und Geschäftsführung		
Entwicklung von Standards		
Kommunikation der Standards mit allen Beteiligten		
Überwachung der Einhaltung		

4.4 Quantitative Personalbedarfsermittlung

Die Personalkosten stellen mit rund 70 % den größten Anteil der Krankenhauskosten dar und entfallen zu jeweils etwa einem Drittel auf den ärztlichen und den pflegerischen Dienst sowie auf sonstige Bereiche.

Daraus wird verständlich, dass die Geschäftsführungen von Kliniken das Gespräch mit den ärztlichen Fachvorgesetzten über den effizienten Einsatz der ihnen untergeordneten Mitarbeiter(innen) suchen. Nicht selten wird dabei der Umweg über Unternehmensberatungen genutzt. Die Chefärzte/-innen werden dann mit komplizierten und oft undurchschaubaren Berechnungen konfrontiert. In der Folge könnte Einfluss genommen werden auf die Personalstruktur der Abteilungen.

Chefärzte/innen haben die Aufgabe, nicht nur die **Effektivität**, sondern auch die **Effizienz** ihrer Abteilung sicherzustellen. Effektivität heißt dabei, dass die geforderte Leistung tatsächlich erbracht wird, vollständig, in hoher Qualität und unabhängig vom Aufwand. Letzterer bestimmt dann die Effizienz, die umso höher wird, je niedriger der Aufwand ist.

Die Effektivität wird im Krankenhaus durch das medizinische Ergebnis abgebildet, die Effizienz durch den Ressourcenbedarf. Wir wenden uns im Folgenden dem des Bereichs ärztliches Personal zu, dem Bereich, der für leitende Ärzte von größter Bedeutung ist und konzentrieren uns zunächst auf die **quantitative Personalbedarfsermittlung**.

Bei der quantitativen Ermittlung ist die **Vollkraft (VK)** die übliche Maßzahl. Sie ist definiert als ein(e) Mitarbeiter(in), die/der vollzeitig (abhängig vom Tarifvertrag, z. B. 40 Stunden/Woche) arbeitet. Zwei Halbtagskräfte ergeben rechnerisch somit eine Vollkraft. Die Gesamtjahresarbeitszeit einer VK errechnet sich aus der Zahl der Werktage (250 bei einer 5-Tage-Woche) und der täglichen Arbeitszeit (z. B. 8 Stunden). In unserem Beispiel ergeben sich somit 2000 Stunden/Jahr, wovon noch die sogenannten **Ausfallzeiten** abzuziehen sind.

Ausfallzeiten sind Zeiten ohne Arbeit, also z. B. Urlaub, Krankheit, Fortbildung usw. Sie werden meist mit 20 % angenommen, weshalb eine VK rechnerisch tatsächlich also 1600 Stunden/Jahr leistet. Je nach Tarifvertrag und Berufsgruppe sind Anpassungen vorzunehmen.

Jährliche Arbeitszeit einer Vollkraft

Werktage (365 abz. 104 Tage Sa/So abz. 11 Feiertage)	250 Tage
Arbeitsstunden/Tag (bei 40 Std./Woche und 5 Arbeitstagen)	8 Stunden
Arbeitsstunden pro Jahr (250 x 8)	2000 Stunden
abzüglich Ausfallzeiten (20 % für Urlaub, Krankheit, Fortbildung)	400 Stunden
ergibt effektive Arbeitszeit	**1600 Stunden**

Bei der **Kennzahlenmethode** (= Einzelleistungsmethode) wird der Zeitbedarf einer bestimmten Maßnahme ermittelt und mit der Anzahl der durchzuführenden Maßnahmen multipliziert. Dieses Produkt dividiert durch 1600 ergibt die nach der Einzelleistungsmethode für diese Aufgabe bestimmte Zahl der notwendigen Mitarbeiter(innen), gemessen in VK (Tab. 4.1).

Bei Teilzeitkräften kann sich die Zahl der Köpfe entsprechend erhöhen.

Alternativ (sinnvoll z. B. bei der Kombination mit der Arbeitsplatzmethode, siehe unten) kann man durch 2000 dividieren und die Gesamtsumme der benötigten Vollkräfte zur Kompensation der Ausfallzeiten mit 1,25 (= 1/0,8) multiplizieren.

Die Einzelleistungsmethode ist nicht immer anwendbar. Ist beispielsweise auf einer Intensivstation unabhängig von der Arbeitsmenge immer die Anwesenheit von genau einer Kraft (Stationsarzt/-ärztin) erforderlich, kommt die **Arbeitsplatzmethode** zur Anwendung. Hierfür errechnet man die Zahl der zu leistenden Jahresarbeitsstunden (365 * 24 = 8760) und dividiert durch 2000. Es ergeben sich somit ca. 4,4 VK (plus 1,1 VK zur Kompensation der Ausfallzeiten), die zur Besetzung notwendig werden (Tab. 4.2 zeigt eine vergleichbare Berechnung für eine IMC-Station).

Tab. 4.1 Kennzahlen- bzw. Einzelleistungsmethode am Beispiel des gesamten ärztlichen Personalbedarfs einer Funktionsabteilung

Bereich Funktionsabteilung **(Einzelleistungsmethode)**		Bruttodauer	Anzahl	Produkt
		min		Std.
	Leistung 1	20	3504	1168
	Leistung 2	30	306	153
	Leistung 3	15	268	67
	Leistung 4	20	468	156
	Leistung 5	60	600	600
	Leistung 5 (zweiter Arzt)	60	600	600
	Leistung 6	90	150	225
	Gesamtstunden Einzelleistungen			2969
	Gesamtstunden/2000 = **Vollkräfte (VK)**			1,48
	Sachliche Verteilzeiten	10 %	VK	0,15
	Persönliche Verteilzeiten	5 %	VK	0,07
	Ausbildung und Einarbeitung	20 %	VK	0,30
	Zwischensumme (VK)			**2,00**
	Ausgleich Ausfallzeiten	25 %	VK	0,50
	Gesamt VK Funktionsabteilung		VK	**2,51**

Tab. 4.2 Arbeitsplatzmethode am Beispiel des gesamten ärztlichen Personalbedarfs einer IMC-Station

Bereich IMC-Station **(Arbeitsplatzmethode)**				VK
	Dreischicht (incl. Übergaben)	täglich		5,00
	Frühschicht (8 Std.)	täglich	365/250	1,46
	Spätschicht (8 Std.)	werktags		1,00
	Ausbildung und Einarbeitung	werktags		1,00
	Oberarzt 4 Std. werktags, sonst 2 Std. (0,5*250 + 0,25*115)/250			0,61
	Zwischensumme (VK)			**9,07**
	Ausgleich Ausfallzeiten	25 %		2,27
	Gesamt-VK IMC-Station			**11,34**

Die Tücken beider Methoden liegen im Detail. So ist bei der Einzelleistungsmethode der durchschnittliche Zeitbedarf der unterschiedlichen Maßnahmen realistisch zu ermitteln. Gegebenenfalls können hier auch Vorgaben der Fachgesellschaften hilfreich sein. Berücksichtigt werden muss immer der Bruttozeitbedarf, also inklusive aller Nebenarbeiten wie beispielsweise die Rüstzeiten, Befunderstellung, Qualitätssicherungsangaben oder Codierungen. Bei bestimmten Eingriffen kann es auch notwendig werden, dass mehrere Ärzte/-innen erforderlich sind, was mit entsprechenden Durchschnittsannahmen zu berücksichtigen ist. Zu ergänzen sind weiterhin Supervisions-, Lehr- und Einarbeitungstätigkeiten.

Außerdem sind die *Verteilzeiten* zu berücksichtigen. Es handelt sich hier um die Zeiten, die vom Arbeitnehmer neben der eigentlichen Kernarbeit benötigt werden. Unterschieden werden die sachlichen (z. B. Teambesprechungen) von den persönlichen (z. B. Toilettengänge, aber auch das Gespräch auf dem Flur usw.) Verteilzeiten.

Bei der Arbeitsplatzmethode wären in unserem Beispiel zusätzlich die *Übergabezeiten* zu berücksichtigen. Der häufige Einwand, die Übergabe könne auch schriftlich erfolgen, wodurch überlappende Schichten nicht notwendig seien, ist nicht stichhaltig, denn in der Realität finden immer persönliche Übergabegespräche statt. Gerade auf einer Intensivstation sind Übergaben direkt beim Patienten medizinisch geboten. Sie müssen daher auch Eingang in die Berechnungen finden.

Das DRG-System (InEK-Kalkulation) dient der pauschalierten Abrechnung von Krankenhausleistungen. Zur Stellenplanung des Ärztlichen Dienstes (oder anderer Berufsgruppen) ist es weder konzipiert noch geeignet. Trotzdem wird es häufig hierfür herangezogen. So können rechnerisch die in der **DRG-Matrix** verankerten Personalkosten mit der Zahl der entsprechenden Leistungen und Personalkosten eines individuellen Krankenhauses in Bezug gesetzt werden.

Beispiel

In der DRG-Matrix für die F24A wird in Zeile 7/Spalte 1 für den ärztlichen Dienst im Bereich Kardiologische Diagnostik/Therapie ein Aufwand von 368,54 € kalkuliert (siehe Abschn. 3.3). Wird die F42A in einer Abteilung im Jahr 450mal erbracht, wird also ein Erlös von 450 X 368,54 = 165.843 € erreicht.

Angenommen, die Arbeitgeberbruttokosten für einen kardiologischen Arzt betragen durchschnittlich 100.000 €, können also über den Erlös der F42A rund 1,66 ärztliche VK für die Bereiche „Kardiologische Funktionsdiagnostik" und „Herzkatheterlabor" refinanziert werden.

Wiederholt man diese Berechnung für alle von der Abteilung geleisteten DRGs, kann so die Gesamtzahl der für die genannten Bereiche refinanzierten Ärzte ermittelt werden. ◄

Das Ergebnis ist aber eben gerade nicht der Personal*bedarf*, sondern nur die Zahl der refinanzierten Stellen! Sehr wahrscheinlich haben die InEK-Berichtskliniken ebenfalls mit Ärztemangel und Unterfinanzierung zu kämpfen. Würden deren Ergebnisse also als wünschenswerte Benchmark zu Grunde zu gelegt werden, hieße dies, einen Missstand zu zementieren.

Da die DRG-Matrix für sämtliche DRGs zur Verfügung steht, lassen sich vielfältige Berechnungen generieren: Gesamterlöse bestimmter Abteilungen, für bestimmte Berufsgruppen, Sachkosten usw.

Leider sind die möglichen Fehlerquellen genauso vielfältig. In Zeile 2 der F42A ist die Intensivstation aufgeführt. Wird diese über einen separaten Personalschlüssel abgebildet oder von einer anderen Abteilung geführt, müssten die Teilerlöse entsprechend ausgegliedert werden. Umgekehrt wären bei einer kardiologisch geführten Intensivstation die Teilerlöse von fachfremden Intensivpatienten entsprechend der kardiologischen Abteilung zuzurechnen. Die häufig geübte Praxis, die Erlöse kompletter DRGs einzelnen Abteilungen zuzuschlagen, ist also sehr unscharf bzw. bedarf eines hohen Aufwands, wenn valide Zahlen erreicht werden sollen.

Hinzu kommt die immer wieder diskutierte Frage, wem der Erlös zugerechnet wird, wenn der Patient (eventuell mehrmals) intern zwischen Abteilungen verlegt wird. Wird der Erlös grundsätzlich der entlassenen Abteilung zugeordnet, führt dies zu bisweilen grotesken Streitereien um den Patienten oder zu medizinisch unbegründeten Verlegungen, zum Teil nur auf dem Papier. Auch die Aufteilung des Erlöses auf die beteiligten Fachabteilungen führt trotz hohen Aufwands meist nicht zu Befriedung.

Diese Beispiele zeigen, dass die DRG-Matrix für die Allokation von Ressourcen (insbesondere Personal) oder die Beurteilung der Effizienz von Abteilungen nicht geeignet ist. Wird sie (wie häufig) von Geschäftsführungen oder Beratungsfirmen hierfür genutzt, empfiehlt es sich, selbst oder gemeinsam mit Mitarbeitern nachzurechnen und genau zu prüfen, wie die Zahlen entstanden sind. Fast immer finden sich Fehlannahmen oder methodische Fehler.

Auch Zahlen anderer angeblich vergleichbarer Kliniken oder Abteilungen müssen hinsichtlich ihrer Validität bei der Ermittlung und Auswahl der Vergleichskrankenhäuser kritisch geprüft werden.

Betriebswirtschaftlich sauber ist es, wenn die Methoden entsprechend ihrer Eignung eingesetzt werden: Personal*bedarfs*rechnungen mittels Einzelleistungs- und Arbeitsplatzmethode und Personal*refinanzierung* mit der DRG-Matrix.

Die Ergebnisse können dann verglichen werden. Wird festgestellt, dass das benötigte Personal nicht ausreichend refinanziert ist, sind strategische Entscheidungen zu treffen.

Mögliche Strategien könnten sein:

- Änderungen der Ablauforganisation zur Effizienzsteigerung. Vielleicht lassen sich Rüstzeiten verkürzen, Wartezeiten vermeiden, Dokumentationsarbeiten delegieren usw.
- Änderungen der Aufbauorganisation. Einsparung von Arbeitsplätzen durch Zusammenlegung von Intensivstationen oder Funktionseinheiten, Outsourcing von Leistungen usw.
- Verzicht auf die Vorhaltung von Leistungen, die nicht wirtschaftlich angeboten werden können.
- Unternehmens- oder abteilungsinterne Querfinanzierung.

Inadäquat ist es dagegen, einfach festzulegen, dass das Personal für die durchzuführenden Leistungen „zu reichen hat", auch wenn die Bedarfsberechnungen etwas anderes ergeben haben. Das geht entweder zu Lasten der Patienten, denen Untersuchungen oder andere Maßnahmen vorenthalten werden bzw. die mit unzureichender Qualität abgefertigt werden. Oder aber dem Personal wird eine zu hohe Arbeitsdichte zugemutet, was dann mit hohem Krankenstand, innerer Kündigung und großer Fluktuation quittiert wird. Evaluationen bei der Ärzteschaft durch den Marburger Bund (MB-Monitor) ergaben, dass drei Viertel der Befragten äußerten, ihr Privatleben leide unter der hohen Arbeitsbelastung (Korzilius 2020). Jeder Zehnte gab an, er gehe ständig über seine Grenzen hinaus.

Möglicherweise ergibt sich auch eine Überfinanzierung. Dann ist zu prüfen, ob die Mitarbeiter nicht bereits überlastet sind. Im besten Fall aber ist die Abteilung gut organisiert, das Personal hochkompetent und motiviert, woraus dann eine überdurchschnittliche Leistungsfähigkeit resultiert.

Der Interessenskonflikt zwischen Chefarzt und Geschäftsführung ist nur ein scheinbarer, denn die reibungslos und hochwertig erbrachte medizinische Kernleistung liegt in beiderseitigem Interesse. Gespräche über Ressourcen sollten dann am besten gelingen, wenn sie ohne Emotionen, aber auf hohem fachlichem Niveau und auf der Basis realitätsnaher Daten geführt werden.

Nun wartet ein bisschen Arbeit auf Sie, die sich nicht allein erbringen sollten.

Suchen Sie die dauerhafte Unterstützung eines Mitarbeiters Ihrer Abteilung als Assistenz für betriebswirtschaftliche Fragen. Dies kann eine Sekretariatskraft oder Medizinische Fachangestellte (MFA) sein, oder auch ein Oberarzt (z. B. ein Geschäftsführender Oberarzt). Bei der Auswahl der Person ist weniger die Berufsgruppe oder die hierarchische Position, sondern eher das Interesse (besser noch: die Begeisterung) für das Thema und die Loyalität von Bedeutung.

Gemeinsam analysieren Sie die quantitative Personalstruktur Ihrer Abteilung. Wenden Sie dabei die für die jeweiligen Bereiche geeignete Methode an. Sie erhalten dann die Gesamtzahl der für Ihre Abteilung notwendigen Vollkräfte (VK).

Übrigens: Auch der Chefarzt besetzt eine VK, das sollten Sie bei der Berechnung nicht vergessen 😊!

To-do-Liste: Quantitativer Personalbedarf		
Maßnahme	Termin	Folgetermin
Gewinnen Sie einen Mitarbeiter zur dauerhaften Hilfe bei den Berechnungen (Assistenz Personalmanagement)		.
Unterteilen Sie Ihre Abteilung sinnvoll in Bereiche		
Berechnen Sie den quantitativen Personalbedarf für die Bereiche		
Entwicklung von Standards		
Monatliche Sichtung der Aufstellung		

4.5 Qualitative Personalbedarfsermittlung

Von der quantitativen ist die **qualitative Personalbedarfsermittlung** zu unterscheiden, denn eine Beschränkung auf die Ermittlung von Zahlen allein ist nicht ausreichend.

Vielmehr wird durch die qualitative Personalbedarfsermittlung sichergestellt, dass auch hinreichend qualifizierte Mitarbeiter zur Verfügung stehen. Dafür muss eine entsprechend sorgfältige Analyse der Aufgabenstruktur der Abteilung erfolgen. Nur so können Funktionsbereiche, Bereitschaftsdienste usw. auch fachlich adäquat besetzt werden.

Ist die Abteilung nur mit jungen und unerfahrenen Ärzten besetzt, ist das genauso wenig adäquat wie eine Ausstattung fast ausschließlich mit Oberärzten.

Besprechen wir die qualitative Hierarchie bottom-up, beginnend also mit den Medizinstudierenden im Praktischen Jahr, den PJ-lern.

Überblick: Ärztliche Qualifikationen

PJ-ler haben keine Approbation, dürfen also keine ärztlichen Leistungen ohne direkte Supervision erbringen. Trotzdem können sie den ärztlichen Dienst durch Anamneseerhebungen, das Legen von venösen Zugängen, der Verfassung von Arztbriefen, der Assistenz im OP und vieles mehr unterstützen. Im Gegenzug erwarten sie zu Recht praktische Lehre durch die approbierten Ärzte. Es hat sich bewährt, wenn sich dieses Geben und Nehmen als Nullsummenspiel darstellt, d. h. die Entlastung der Ärzte entspricht dem zusätzlichen Aufwand. Insofern können die PJ-Studenten bei der Personalbedarfsermittlung unberücksichtigt bleiben mit Ausnahme von Vorlesungen und Seminaren, die einschließlich der Vorbereitungen zeitlich belastend sein können und daher Eingang in die Berechnungen nehmen müssen.

Assistenzärzte sind voll approbiert, aber noch in der Facharztausbildung. Ihnen obliegen die Stationsarbeiten, Assistenztätigkeiten im OP oder den Funktionsabteilungen bzw. selbst durchgeführte Eingriffe unter Supervision sowie die Bereitschaftsdienste.

Fachärzte haben ihre Basis-Weiterbildung abgeschlossen und streben evtl. Schwerpunkt- oder Zusatzbezeichnungen an. Meist erheben sie rasch Anspruch auf eine hierarchische Beförderung (zum Oberarzt). Die aktuelle Arbeitsmarktsituation gibt ihnen eine starke Verhandlungsposition. Oft werden sie zunächst etwas halbherzig zum Funktionsoberarzt ernannt, eine Position, die sich im Tarifvertrag nicht wiederfindet.

Oberärzte sind Fachärzte, oft mit Zusatzbezeichnungen. Sie müssen die Abteilung fachlich vertreten können und sind während der Rufbereitschaft die letzte Instanz. Eine entsprechende Kompetenz ist daher unerlässlich. Häufig sind Oberärzte in ihrem Fach subspezialisiert, so dass sie in einem speziellen Segment besondere

Qualifikationen haben, andere Bereiche aber nicht abdecken. Diese sich in den letzten Jahren verstärkende Entwicklung ist von besonderer Bedeutung bei der qualitativen Personalermittlung. So gibt es zahlreiche Schwerpunkte im Gebiet Innere Medizin, aber auch innerhalb der Schwerpunkte grenzen sich weitere Gebiete ab.

So gibt es z. B. in der Kardiologie den konservativen Bereich, die Bildgebung (Echo, MRT, CT), sowie die Bereiche der Coronarinterventionen, der Elektrophysiologie, der Implantologie und der „structural heart"-Eingriffe. All diese Themen haben mittlerweile eine Komplexität erreicht, die nur durch Spezialisten abgedeckt werden kann. Den kardiologischen Allrounder gibt es nicht mehr; in anderen Fachgebieten ist es ähnlich.

Hat eine Abteilung also den Anspruch oder die Strategie, die entsprechenden Eingriffe durchzuführen, sind auch die entsprechenden Qualifikationen vorzuhalten. Da diese Spezialisten auf dem Markt kaum noch zu finden sind, ist eine interne Förderung und Karriereplanung unerlässlich.

Oberärzten muss zur Erfüllung des Tarifvertrags die medizinische Verantwortung für selbstständige Teil- oder Funktionsbereiche der Klinik bzw. Abteilung vom Arbeitgeber ausdrücklich übertragen worden sein (z. B. § 16 TV-Ärzte/VKA).

Leitenden Oberärzten ist die *ständige* Vertretung des Chefarztes vom Arbeitgeber ausdrücklich übertragen worden, wobei dieses Tätigkeitsmerkmal in der Regel nur von einer Person pro Klinik erfüllt werden kann § 16 TV-Ärzte/VKA. Die ständige Vertretung beschränkt sich nicht auf die Abwesenheitsvertretung, so dass aus dieser Formulierung auch eine Weisungsbefugnis gegenüber den „normalen" Oberärzten abzuleiten ist.

Klassischerweise hat eine Fachabteilung *einen* **Chefarzt**. Das muss nicht immer so sein, vielmehr gibt es auch Kooperationsmodelle oder sonstige innovative Führungsstrukturen. Vor einer zu großen Zersplitterung der Hierarchie (Direktoren, Sektionsleiter usw.) ist wegen des immer damit verbundenen Konfliktpotentials abzuraten.

Bedingt durch den knappen Arbeitsmarkt werden die Forderungen der Tarifverträge häufig nicht erfüllt. Um Abwanderungen zu vermeiden, werden Fachärzte oft rasch zum Oberarzt befördert, obwohl sie keine Funktionsbereiche leiten. Auch kann es mehrere Leitende Oberärzte geben, z. B. jeweils für die interventionelle bzw. die elektrophysiologische Kardiologie (um bei dem Beispiel Kardiologie zu bleiben). Mittlerweile und nicht durch den Tarifvertrag definiert gibt es auch Geschäftsführende Oberärzte. Die jeweiligen Aufgaben sind dann individuell zu bestimmen.

Die Folge ist, dass die Abteilungen kopflastig werden. Fachärzte und (leitende) Oberärzte wollen in der Regel keine Stationsarbeiten oder Bereitschaftsdienste mehr leisten. Dadurch verstärken sich die Engpässe im unteren hierarchischen Bereich. Gleichzeitig ist nicht gesagt, dass die rasch beförderten Oberärzte das gewünschte Abteilungsspektrum auch abdecken, bzw. über die nötige Führungskompetenz verfügen.

Die qualitative Personalbedarfsermittlung muss alle diese Faktoren aufnehmen. Am Anfang muss der grundsätzliche strategische Konsens über das anzubietende Spektrum stehen. Daraus ist unter Berücksichtigung der quantitativen Berechnungen ein realistischer Personaleinsatzplan zu entwickeln. Ein Soll/Ist-Vergleich demaskiert den aktuellen Bedarf.

Dies alles kann überaus komplex sein, denn es sind zusätzlich die Rotationsärzte zu berücksichtigen, die Ausfälle durch Freizeitausgleiche der Diensthabenden, die Befolgung des Arbeitszeitgesetzes usw.

Außerdem ist in die Zukunft zu denken: Fluktuation, Elternzeiten, technische Entwicklungen mit konsekutiver Änderung der Strategie usw. Die Personalbedarfsermittlung ist also immer im Fluss und bedarf der ständigen Aufmerksamkeit und Pflege.

Fraglich ist nun, inwieweit sich die Personalabteilungen überhaupt mit diesen Details beschäftigen müssen. Tatsächlich ist – wie bereits beschrieben – abhängig von dem Strukturmodell der Personalabteilung die Aufgabenzuordnung zu besprechen. Meist wird es so sein, dass die strategischen Überlegungen und Bedarfsermittlungen bei den Fachabteilungen, die Genehmigungen und Verwirklichungen aber bei der Personalabteilung verbleiben. Damit ist ein befriedigendes Ergebnis nicht immer garantiert.

4.6 Stellenplan

Manchmal existiert kein offizieller Stellenplan für die Abteilung. Dies könnte in den oben genannten komplexen Mechanismen begründet sein, so dass ein vielleicht früher bestehender Plan nicht mehr aktualisiert wurde. Wahrscheinlicher ist es aber, dass seitens der Geschäftsführung Wert darauf gelegt wird, Stellen nicht automatisch neu zu besetzen, sondern die Neubesetzung jeweils mit den Abteilungsleitern zu verhandeln.

Besser ist es aus Sicht der Chefärzte (und betriebswirtschaftlich professioneller), für einen Zeitpunkt Null gemeinsam mit der Personalabteilung bzw. der Geschäftsführung einen Soll-Stellenplan zu erarbeiten. Dieser muss alle quantitativen und qualitativen Erfordernisse berücksichtigen. Natürlich sind die notwendigen Bereitschaftsdienste und Rufbereitschaften einzuarbeiten und die Vorschriften des Arbeitszeitgesetzes zu befolgen.

Auch die Refinanzierung (siehe Abschn. 4.4) ist zu beachten, damit der Konsens sowohl den sachlichen und medizinischen Anforderungen der Fachabteilung entspricht als auch betriebswirtschaftlich in Ordnung geht. Ein offener oder versteckter Dissens mit konsekutiv unzureichendem oder fehlendem Stellenplan belastet permanent den Arbeitsalltag und den Betriebsfrieden. Schlimmstenfalls könnte die Versorgung gefährdet werden. Der Leitende Arzt muss seine Patienten, seine Mitarbeiter und natürlich auch sich selbst durch die Sicherstellung einer hinreichen Personaldecke schützen.

Gut ist es, wenn diese existenziell wichtigen Fragen schon im Chefarztvertrag angesprochen sind. Der Chefarzt ist in der Regel kein „Leitender Angestellter" im Sinne des Betriebsverfassungsgesetzes § 5 Abs. 3 und 4 BetrVG. Er hat daher keine Personalhoheit, darf also nicht eigenmächtig Personal einstellen. Durch die insoweit fehlende Gestaltungsmöglichkeit kann er auch nicht die Verantwortung für eine unzureichend besetzte Abteilung tragen. Tut er es dennoch, könnte ihm ein Übernahmeverschulden angelastet werden. Auch ein Organisationsverschulden kommt in Betracht, wenn er rechtswidrige oder sachfremde Dienstpläne entwirft oder genehmigt. Dies könnte der Fall sein, wenn das Arbeitszeitgesetz nicht beachtet ist, Mitarbeiter mit unzureichender Kompetenz eingesetzt oder mit offensichtlich überhöhter Arbeitsmenge belastet werden.

Tab. 4.3 Soll-Stellenplan Zeitpunkt Null

	Chefarzt	Ltd. Oberarzt	Oberarzt	Assistenzarzt	Summen
Administration	0,40	0,40	1,00	1,00	2,80
Ambulanz	0,10	0,10			0,20
Notaufnahme				1,00	1,00
Funktionsabt.			0,40	2,00	2,40
Eingriffsbereich	0,20	0,20	3,00	2,00	5,40
Intensivstation	0,05	0,05	0,50	10,00	10,60
IMC-Station	0,05	0,05	0,30	8,00	8,40
Stat. 1	0,05	0,05	0,20	2,00	2,30
Stat. 2	0,05	0,05	0,20	2,00	2,30
Stat. 3	0,05	0,05	0,20	2,00	2,30
Nachtdienste				6,00	6,00
WoE-Dienste				1,00	1,00
Lehre	0,05	0,05	0,50	0,30	0,90
Einarbeitung			0,30	1,50	1,80
Zwischensumme	1,00	1,00	6,60	38,80	**47,40**
Ausgleich für Ausfallzeiten (20 % des Gesamtstellenbedarfs)					11,85
Gesamtstellenbedarf dieser Abteilung (VK)					**59,25**

Ein Soll-Stellenplan Zeitpunkt Null für eine große Abteilung könnte wie in Tab. 4.3 skizziert aussehen.

Dazu einige Erläuterungen:

Administration: Unter dieser Position sind die organisatorischen Tätigkeiten subsummiert. Dienstplanerstellung, Arbeitsgruppensitzungen, Qualitätsmanagement, Personalorganisation und vieles mehr ist hier zu nennen. Sollten Zweifel an der Notwendigkeit von insgesamt 3 Stellen für diese große Abteilung bestehen, könnte diese durch eine Stichprobe (z. B. Protokollierung einer repräsentativen Woche) belegt werden.

Ambulanz: Meist bestehen Ermächtigungsambulanzen, die nur vom Chefarzt oder seinem Vertreter höchstpersönlich betrieben werden dürfen.

Notaufnahme: Für diese Tabelle wurde angenommen, dass die Abteilung einen Rotationsassistenten für die Notaufnahme stellt.

Funktionsbereich: Konservative Diagnostik, z. B. Sonographie.

Eingriffsbereich: Diese Bereiche sind abteilungsspezifisch: OP, Herzkatheterlabor, Endoskopie, Kreißsaal und ähnliches.

Nacht- und Wochenenddienste: Diese Zahlen sind sehr von der Organisation des jeweiligen Hauses abhängig. Die oberärztliche Rufbereitschaft bildet sich nicht im Stellenplan ab.

Stationen: Bei den Stationen wurde von jeweils 30 bis 40 Betten ausgegangen.

Lehre: Gerade in akademischen Lehrkrankenhäusern kann der Lehraufwand bedeutsam sein. In die Position Lehre fallen auch die internen und externen Fortbildungsveranstaltungen. Nur selten werden sie leider im Stellenplan berücksichtigt.

Einarbeitung: Während Einarbeitungszeiten kann sowohl der neue Mitarbeiter als auch der Einarbeitende nur eingeschränkt Kernleistungen erbringen.

Für die Stationen und Bereitschaftsdienste wurde die Arbeitsplatzmethode verwendet, bei den übrigen Bereichen kam die Einzelleistungsmethode zum Einsatz. Denkbar wären auch Kombinationen bzw. dann, wenn eine genaue Erfassung kaum möglich ist (z. B. Einarbeitung), eine pauschalierende Schätzung.

Sollten Sie über den hohen Gesamtstellenbedarf erstaunt sein, bedenken Sie bitte, dass dem Beispiel eine sehr große Abteilung zugrunde liegt. Wird der Intensiv/IMC-Bereich anderweitig versorgt, verkleinert sich der Stellenplan in unserem Beispiel um rund 40 %.

Es wird aber auch deutlich, dass die ehrliche Berücksichtigung von Aufgaben, die zwar immer anfallen, in Stellenplänen aber oft nicht abgebildet werden, eine Bedeutung hat.

Ist ein Soll-Stellenplan Null gemeinsam verabschiedet, folgt der Abgleich mit dem Ist-Zustand. Vermutlich werden sich Diskrepanzen ergeben, so dass Maßnahmen zur Personalgewinnung notwendig werden. Sollte ein Personalüberhang bestehen, ist davon abzuraten, sich voreilig von Mitarbeitern zu trennen oder diese zu versetzen. Solche Überhänge gleichen sich meist innerhalb der folgenden Monate durch die Fluktuation aus. Eine vorherige Reduktion des Personalstands könnte bei dem aktuellen Arbeitsmarkt dann zu verhängnisvollen Lücken führen. Die Nachbesetzung wäre dann wahrscheinlich teurer als eine Personaldecke kurzzeitig „über Durst".

Dies führt zu dem Blick in die Zukunft. Zu bedenken ist die Fluktuation, Ausfälle durch Elternzeiten und Teilzeitwünsche sowie anstehende Strategieänderungen (Vergrößerung bzw. Verkleinerung der Abteilung). Dabei sind bereits jetzt feststehende (z. B. Zu- oder Abgänge) genauso wie die zu antizipierenden Änderungen zu erfassen. Wie bei jeder Prognose werden sich hier Unschärfen ergeben.

Als Ergebnis könnte ein Summenplan mit den Zeitpunkten Null, 6M (6 Monate) und 12M entstehen (Tab. 4.4).

Zum Zeitpunkt Null waren insgesamt nur zwei Stellen unbesetzt. Bereits sechs Monate später (Zeitpunkt 6M) besteht schon ein Defizit von 10,5 VK, wobei eine Abteilungsvergrößerung um 4 VK berücksichtigt wurde. Nach zwölf Monaten liegt das Defizit bei 17 VK.

Diese Zahlen sind keineswegs völlig unrealistisch, sondern in dieser großen Abteilung plausibel. Sie belegen auch die Bedeutung eines permanenten Personalmanagements. Um den Überblick über die Fluktuation zu behalten, empfiehlt es sich, für jedes Kalenderjahr ein Word-Dokument anzulegen und dort für jeden Monat die tatsächliche Fluktuation mit Namensnennung der kommenden und gehenden Mitarbeiter einzutragen. Dabei sollten auch die Rotationsassistenten nicht vergessen werden. Wird diese Liste konsequent gepflegt, ist sie sehr hilfreich.

Tab. 4.4 Summenplan mit Prognose

Zeitpunkt bzw. Zeitraum			Chefarzt	Oberarzt	Ass. arzt
Null (1. Jan.)	Ist	Ist Null	1	10	46
Null	Soll	Soll Null	1	9	49
Null		Differenz (Ist-Soll) Null	0	1	−3
Jan bis Juni	Ist	feststehende Zugänge			2
	Ist	festst. Abgänge, Eltern- u. Teilzeiten		1	2,5
	Ist	progn. Abgänge, Eltern- u. Teilzeiten			3
6M (1. Juli)	Ist	Ist 6M	1	9	42,5
Jan bis Juni	Soll	Abteilungserweiterung		2	2
	Soll	Abteilungsverkleinerung			
6M	Soll	Soll 6M	1	11	51
6M		**Differenz (Ist-Soll) 6M**	**0**	**−2**	**−8,5**
Juli bis Dez	Ist	feststehende Zugänge			
	Ist	festst. Abgänge, Eltern- u. Teilzeiten			
	Ist	progn. Abgänge, Eltern- u. Teilzeiten		1	5,5
12M	Ist	Ist 12M	1	8	37
Juli bis Dez	Soll	Abteilungserweiterung			
	Soll	Abteilungsverkleinerung			
12M	Soll	Soll 12M	1	11	51
12M		**Differenz (Ist-Soll) 12M**	**0**	**−3**	**−14**

Nun warten leider wieder einige Aufgaben auf Sie und Ihre Assistenz im Personalmanagement.

Erstellen Sie zunächst einen Soll-Stellenplan Null für Ihre Abteilung. Verwenden Sie hierfür die geeigneten Methoden. Der Stellenplan soll die Ergebnisse der quantitativen und qualitativen Bedarfsanalyse Ihrer Abteilung abbilden.

Jetzt wird es kompliziert: Prüfen Sie, ob die von Ihnen benötigten ärztlichen Vollkräfte auch refinanziert sind.

Hierfür brauchen Sie:

1. Die Zahl der Top-50-DRGs Ihrer Abteilung (die Daten hat das Medical Controlling)
2. Die durchschnittlichen Arbeitgeberbruttokosten eines ärztlichen Mitarbeiters Ihrer Abteilung (das sollte Ihnen die Personalabteilung mitteilen können).

Ermitteln Sie nun aus dem G-DRG-Browser die Arztkosten Ihrer Top-50-DRGs, die in Ihrer Abteilung anfallen. Wird also die Intensivstation von einer anderen Abteilung betrieben, ist dies herauszurechnen.

Diese Arztkosten multiplizieren Sie nun mit der Anzahl der betreffenden DRG, so wie sie in Ihrer Abteilung geleistet wurde. Dies führen Sie für alle Top-50-DRGs durch und bilden eine Summe, die im Bereich einer bis mehrerer Millionen Euro liegen dürfte. Für die übrigen DRGs können Sie eine Schätzung einfügen.

Dividieren Sie diese Summe durch die durchschnittlichen Arbeitgeberbruttokosten. Sie erhalten die Zahl der refinanzierten Arztstellen. Da Sie Leistungen erbringen, die nicht über DRGs vergütet werden (Ambulanz, hausinterne Leistungen wie Funktionsdiagnostik oder Konsile) können Sie für den diesbezüglichen Aufwand eine plausible Anzahl von VKs aufschlagen.

Vergleichen Sie den Soll-Stellenplan Null mit der Zahl der refinanzierten Stellen. Passt das in etwa? Für den Fall signifikanter Diskrepanzen siehe Abschn. 4.4.

Leider haben alle diese Berechnungen ein erhebliches Fehlerpotential. Versuchen Sie, möglichst genau zu bleiben und individuelle Besonderheiten zu berücksichtigen.

Vermutlich werden Sie und Ihre Assistenz etliche Stunden mit diesen Berechnungen verbringen. Das hat aber viele positive Nebenwirkungen:

- Sie lernen das Leistungsprofil Ihrer Abteilung sehr genau kennen.
- Sie sind für Debatten über personelle Ressourcen perfekt vorbereitet, sei es abteilungsintern oder in der Kommunikation mit der Geschäftsführung oder Personalabteilung.
- Durch die ständige Pflege der Daten haben Sie eine Art Frühwarnsystem entwickelt. Sie merken rechtzeitig, wenn Kosten und Erlös auseinanderfallen, oder wenn die Personaldecke schmilzt.
- Sie werden im Haus als betriebswirtschaftlich kompetent wahrgenommen. Das ist nicht ohne Bedeutung, denn bei eventuellen Kürzungen müsste man bei Ihnen mit kompetenter Gegenwehr rechnen.

Leider sind Sie immer noch nicht fertig mit der Arbeit. Sie müssen noch die Pläne für die Zukunft (6M und 12M) ausarbeiten. Das sollte aber vergleichsweise schnell gehen.

Bevor Sie mit den ganzen Zahlen zur Geschäftsführung gehen, müssen Sie sich erst über Ihre Ziele klar werden. Ihre Strategie, die Sie vorstellen wollen, hängen natürlich von den Zahlen ab. Ist Ihre Personaldecke zu knapp (sowohl hinsichtlich des tatsächlichen Bedarfs als auch der Re-Finanzierung), könnten Sie eine Mehrung gut begründen. Ansonsten müssten Sie über mögliche Effizienz- oder Erlössteigerungen nachdenken.

To-do-Liste: Stellenplan

Maßnahme	Termin	Folgetermin
Erarbeiten Sie einen Stellenplan für Ihre Abteilung		
Prüfen Sie die Re-Finanzierung. Nutzen Sie dabei die InEK-Matrix		
Erstellen Sie eine Prognose über die nächsten 12 Monate		
Adaptieren Sie Ihre Strategie		
Stellen Sie die Zahlen, die Prognose und die Strategie der Geschäftsführung / dem Controlling / der Personalabteilung vor		
Monatliche Sichtung der Aufstellung		

4.7 Personalgewinnung

Die Frage der Art der Personalgewinnung war in Zeiten, als sich die Krankenhäuser vor Initiativbewerbungen kaum retten konnten, ohne Bedeutung. Der Autor, Examensjahrgang 1984, kann sich daran noch gut erinnern. Seit etlichen Jahren aber hat sich der Arbeitsmarkt geändert und eine für Krankenhäuser existenzielle Relevanz erfahren.

Folgende Maßnahmen/Methoden stehen zur Personalgewinnung zur Verfügung:

- **Inserate**: Annoncen in den Standeszeitungen werden vielfach aufgegeben, wie man an der Seitenstärke des Deutschen Ärzteblattes auch erkennen kann. Die Kosten sind immens, die Resonanz allerdings ist überschaubar. Als alleinige Maßnahme untauglich.
- **Redaktionelle Beiträge**: Völlig kostenlos ist es dagegen, redaktionelle Beiträge zu verfassen, die einen Bezug zu der eigenen Klinik haben. Am besten eignen sich Themen, die für potenzielle Bewerber von Interesse sind. Als Beispiel sei hier eine Arbeit über Arztsekretärinnen am Klinikum Coburg genannt (Pless und Schafmeister 2009). Die Wirkung eines zeitnah geschalteten Inserats ist dann deutlich besser.
- **Reputation**: Überhaupt ist jede publizistische Maßnahme zur Verbesserung der Reputation der Klinik hilfreich. Eine immer wieder in positiver Hinsicht auffällige Klinik wird als möglicher Arbeitgeber engrammiert. Das kann medizinisch-fachliche Themen

genauso umfassen wie strukturelle oder logistische. Es gilt wieder einmal: Tue Gutes und rede darüber.

- **Webseite**: Die Webseite der Klinik bzw. der Abteilung wird heutzutage natürlich von jedem Bewerber aufgesucht. Hier muss nun der Wurm dem Fisch schmecken, die Inhalte und die Darstellung also auf die Zielgruppe abgestimmt sein. Ein hochprofessionell gestalteter Auftritt ist sein Geld wert.
- **Videos**: Auch wenn Image-Filme gelegentlich belächelt werden, für Bewerber sind solche Selbstdarstellungen sehr aufschlussreich. Hier ist Authentizität gefragt. Wird ein Stellenangebot auf der Webseite mit einem Video verlinkt, bei dem die möglichen Kollegen oder Vorgesetzten zu Wort kommen, können alle vier Seiten des Informationsquadrates wirksam werden (vergleiche Abschn. 2.1).
- **Eigene Mitarbeiter**: Zufriedene Mitarbeiter werden ihre guten Erfahrungen mit ihrem Arbeitgeber gerne verbreiten. Sie haben ja auch ein eigenes Interesse daran, dass der Stellenplan keine großen Lücken aufweist. Wurden nachweislich Mitarbeiter eingeworben, sollte dies honoriert werden.
- **Kongresse, Fachgesellschaften**: Die fachspezifischen Tagungen sind eine gute Möglichkeit, sich selbst auch als möglicher Arbeitgeber zu präsentieren. (Halb) versteckte Hinweise in Vorträgen auf die guten Arbeitsbedingungen, die zu wissenschaftlichen oder medizinischen Erfolgen führten, sind kostenlos und wirksam.
- **Headhunter**: Professionelle Personalagenturen sind vor allem dann hilfreich, wenn es um die Besetzung hoch-spezialisierter Posten geht. Die Kosten sind allerdings hoch, fallen aber in der Regel nur bei Erfolg an.
- **Hausinterne Ausschreibungen**: Die Bekanntgabe einer Vakanz im Intranet ist kostenlos und könnte manchen Mitarbeiter zu einem internen Wechsel motivieren.

Alle diese Bemühungen können aber nur dann erfolgreich sein, wenn überhaupt Bewerber zur Verfügung stehen. Bei einem leeren Arbeitsmarkt könnten auch die engagiertesten Verfahren zur Akquise ins Leere laufen, so dass nur noch Honorarärzte helfen können (siehe hierzu auch Abschn. 7.11).

Daher ist die Vermeidung von Fluktuation so wichtig. Gute Arbeitsbedingungen, die Berücksichtigung der individuellen Interessen, gute Möglichkeiten für eine akademische und hierarchische Karriere und ein adäquater Umgang miteinander: all dies mag banal klingen, wird aber oft genug vernachlässigt – mit möglicherweise verheerenden Folgen.

4.8 Strukturiertes Einstellungsverfahren

Vielleicht kommt Ihnen diese Situation bekannt vor:

Während der Frühbesprechung erhalten Sie einen Anruf Ihrer Sekretärin. Bei ihr sei ein gewisser Dr. Schmidt, der verkünde, er sei ab heute neuer Assistenzarzt der Abteilung. Die Sekretärin weiß von nichts; was sie mit ihm machen solle?

Ihr Blick fällt auf den Kalender: Monatsanfang. Richtig, das Vorstellungsgespräch war vor 2 Monaten und die Einstellung für heute vereinbart. Nun ist also in aller Eile das zu organisieren, was eigentlich schon längst hätte gemacht werden müssen. Die untenstehende Liste gibt den komplexen und umfangreichen Vorgang wieder, der mit der Einstellung eines neuen Mitarbeiters verbunden ist.

Übersicht

1. **Personalbedarfsanalyse**: Die quantitative und qualitative Bedarfsermittlung hat die Notwendigkeit einer Einstellung ergeben.
2. **Einstellungsgenehmigung**: Der Bedarf wurde vom Prokuristen anerkannt.
3. **Ausschreibung**: Die Stelle wird ausgeschrieben (siehe Abschn. 4.7)
4. **Sichtung der Bewerbungen**: Die (hoffentlich) eingegangenen Bewerbungen werden von Ihnen möglichst gemeinsam mit den Oberärzten und der Personalabteilung gesichtet.
5. **Einladung**: Die ausgesuchten Bewerber werden zum Vorstellungsgespräch eingeladen.
6. **Vorstellungsgespräche**: Nach den Gesprächen fällt die Entscheidung zur Einstellung des ausgewählten Bewerbers.
7. **Zusage**: Dem Bewerber wird die Zusage mitgeteilt, gleichzeitig wird ihm der Vertrag zugesandt (mit der Bitte um Rücksendung nach Unterschrift innerhalb einer Woche).
8. **Rücklauf**: Nach dem Rücklauf des unterschriebenen Vertrags wird den anderen Bewerbern abgesagt. Bei guten Bewerbern ist angesichts der Arbeitsmarktlage zu prüfen, ob sie für eine bereits absehbar freiwerdende Stelle berücksichtigt werden könnten. Alternativ sollten – sofern bezüglich der Fachrichtung sinnvoll – andere Abteilungen angesprochen werden, ob Bedarf besteht.
9. **Einsatzort**: Nun ist (am besten im Rahmen der Oberarztbesprechung) der konkrete Einsatzort des neuen Mitarbeiters festzulegen. Bei Assistenzärzten handelt es sich zumeist um eine Station. Dabei werden die Absprachen des Vorstellungsgesprächs berücksichtigt.
10. **Besetzungsplanung**: In der ersten Zeit bedeutet ein Neuling weniger Ent-, sondern eher Belastung, denn er muss eingearbeitet werden. Die ersten Wochen muss er also zusätzlich eingeplant werden. Das wird meist vergessen oder – bei knappem Stellenplan – verdrängt.
11. **Einarbeitung**: Schon im Vorfeld sollte besprochen werden, wer einarbeitet. Derjenige muss darüber natürlich informiert werden.
12. **Arbeitsplatz**: Damit ist jetzt der Schreibtisch/das Zimmer gemeint. Bei Assistenzärzten ist das auf der zuständigen Station meist geregelt. Bei Oberärzten, die ein eigenes Zimmer haben sollen, ist das schon schwieriger, sofern nicht ein nahtloser Übergang möglich ist.

13. **Computer**: Auch ein Computer sollte bereitstehen. Die IT-Abteilung ist über den neuen Kollegen zu informieren, damit die EDV-Rechte vergeben werden können.
14. **Parkplatz**: Je nach hausüblicher Politik ist entsprechend vorzusorgen.
15. **Schlüssel**: Die zuständige Stelle ist zu informieren.
16. **Bekleidung, Namensschild**: Gleiches gilt für die Dienstkleidung, das Namensschild …
17. **Telefon**. … und das mobile Telefon.
18. **Begrüßungsschreiben**: Sehr gut und „mehr als erwartet" ist es, wenn der neue Mitarbeiter drei bis vier Wochen vor Arbeitsbeginn ein Schreiben des Chefarztes erhält, in dem er willkommen geheißen und über die genannten Vorbereitungen informiert wird.
19. **Mitarbeitergespräch**: In diesem Schreiben könnte auch schon ein Termin für das erste Mitarbeitergespräch vier Wochen nach Beginn vermerkt sein.

Dieser optimale Ablauf wird in den wenigsten Kliniken verwirklicht. Eigentlich sind es aber alles Selbstverständlichkeiten und jeder einzelne Arbeitsschritt muss zwingend erledigt werden. Warum nicht also strukturiert?

Vielfach ist im Unternehmen noch nicht eindeutig geklärt, wer für was zuständig ist, siehe hierzu auch Abschn. 4.3. Die Punkte 12 bis 17 könnten durchaus bei der Personalabteilung angesiedelt sein (was dort in der Regel aber anders gesehen wird). So bleiben diese Aufgaben meist bei der Chefarztsekretärin hängen oder (denkbar ungeschickt) bei dem einarbeitenden Kollegen. Ideal ist es, wenn in der Klinik bzw. in der Abteilung nichtärztliches Hilfspersonal für diese Tätigkeiten vorgesehen ist. In diesem Zusammenhang sei auch auf das Thema Arztsekretärinnen hingewiesen (siehe Abschn. 4.16).

Wenn der neue Kollege vor Ort ist, geht das Einstellungsverfahren weiter:

Übersicht
1. **Empfang**: Der Chefarzt empfängt den Mitarbeiter schon vor der Frühbesprechung in seinem Zimmer und begrüßt ihn. Die Sekretärin übergibt Namenschild und Telefon sowie eine Checkliste der jetzt anstehenden Erledigungen.
2. **Vorstellung**: Vorstellung in der Frühbesprechung und Übergabe an den einarbeitenden Kollegen.
3. **Station**: Auf der Station wird der neue Arzt jedem einzelnen Mitarbeiter aller Berufsgruppen vorgestellt. Sein Arbeitsplatz wird ihm gezeigt. Einarbeitung in den Computer.
4. **Hausrunde**: Der einarbeitende Kollege führt ihn durch das ganze Haus, stellt ihn vor und erläutert die Geografie des Hauses.

5. **Logistik**: Bei der Hausrunde wird die Bekleidung anprobiert bzw. abgeholt. Die Schlüssel werden gegen Quittung übergeben.

6. **Chefarztkonferenz**: Die neuen ärztlichen Mitarbeiter stellen sich bei allen Chefärzten vor.

7. **Einführungstag**: Eine sehr gute Einrichtung ist ein von der Verwaltung organisierter Einführungstag für alle neuen Mitarbeiter jeweils am Monatsanfang. Dabei werden auch der Sozialdienst, der Betriebsrat, die Technik usw. besucht. Eine zwei-stündige Einführung in das Krankenhausinformationssystem durch die EDV-Abteilung ist dabei gut integrierbar.

8. **Mitarbeitergespräch**: Das erste Mitarbeitergespräch sollte frühzeitig, aber nach einer gewissen Einarbeitungsphase stattfinden, z. B. nach vier Wochen (siehe Abschn. 2.7).

Die obigen Listen sind je nach Position zu variieren und werden bei einem Oberarzt anders aussehen. Die Übernahme eines solchen Standards in das QMH und die konsequente Befolgung ist hilfreich für alle Seiten. Der erste Eindruck ist entscheidend.

To-do-Liste: Strukturiertes Einstellungsverfahren		
Maßnahme	Termin	Folgetermin
Entwurf eines Standards für ein strukturiertes Einstellungsverfahren		
Übernahme in das QMH nach Kommunikation mit allen Beteiligten		
Die konsequente Nutzung überwachen	laufend	
Evaluation des Verfahrens bei neuen Kollegen	2 Monate nach Einstellung	

4.9 Würdigung des individuellen Mitarbeiters, Karriereplanung

Jeder Mitarbeiter hat seine *eigenen* Wünsche bezüglich seines (beruflichen) Lebenswegs. Es wäre ein großer Zufall, wenn diese mit den Erwartungen des Unternehmen übereinstimmten, zumal etliche Parameter zu berücksichtigen sind: Manche Mitarbeiter möchten vor allem viel Geld verdienen (einige *müssen* es auch wegen privater Verpflichtungen), andere reizen bestimmte Aufgaben, wiederum andere sind vor allem an einer akademischen Karriere oder aber einer zügigen Facharztweiterbildung interessiert (Abb. 4.2). Manch einer hat noch keine konkreten Vorstellungen.

Die Klinik bzw. der Chefarzt dagegen hat eine vakante Stelle mit definiertem Aufgabenspektrum zu besetzen (Abb. 4.3). Für diese Stelle und zum gewünschten Termin den passgenauen Mitarbeiter zu finden, ist nahezu aussichtslos. Somit ist auf Arbeitgeberseite

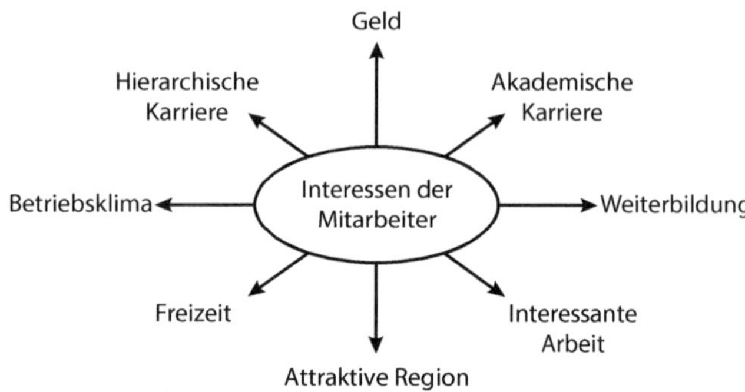

Abb. 4.2 Wichtige Interessenschwerpunkte der Mitarbeiter

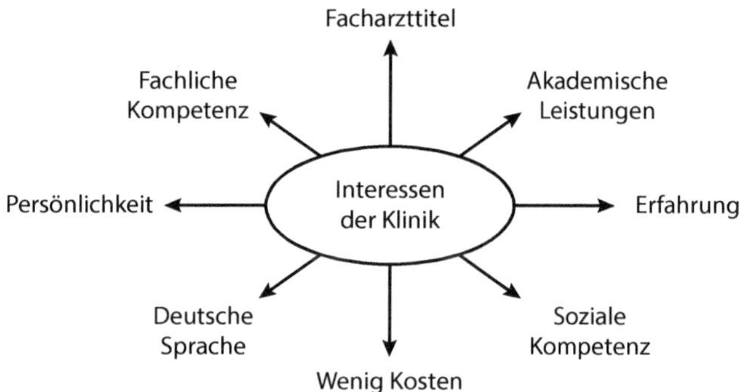

Abb. 4.3 Wichtige Interessenschwerpunkte der Kliniken

Flexibilität gefragt. Die Abteilungsstruktur und die Strategie müssen sich an den Arbeitsmarkt anpassen.

Findet man also bei Ausschreibungen einen kompetenten Arzt, der aber nicht zu dem gewünschten Profil passt, kann man es sich heute kaum leisten, auf die Einstellung zu verzichten. Vielmehr ist zu überlegen, wie sich der potenziell wertvolle Mitarbeiter so eingliedern lässt, dass seine speziellen Kompetenzen und Wünsche berücksichtigt werden und die Abteilung ebenso profitiert.

Der Vorgang ist also nicht eindimensional (nur auf einen Mitarbeiter bezogen), sondern hat viele Seiten zu berücksichtigen: neben der Abteilungsstruktur auch andere Mitarbeiter, die in ein anderes Aufgabenspektrum rotieren könnten.

Beispiel 1:

In einer chirurgischen Klinik ist eine abdominalchirurgische Oberarztstelle vakant. Es bewirbt sich ein Gefäßchirurg. Das Spektrum der Abteilung wird entsprechend erweitert und der Kollege eingestellt. Ein vorhandener Assistenzarzt erwirbt in den Folgemonaten seinen Facharzttitel und wird dann zum abdominalchirurgischen Oberarzt befördert. Die Finanzierung der zusätzlichen OA-Stelle gelingt über die zusätzlichen gefäßchirurgischen Erlöse.

So ist allen gedient: Der Gefäßchirurg bekommt die Stelle, der Assistenzarzt wird Facharzt sowie Oberarzt und die Abteilung aufgewertet. ◀

Schon beim Vorstellungsgespräch sind also nicht nur die individuellen Kompetenzen, sondern auch die Wünsche der potenziellen Mitarbeiter zu ermitteln und zu würdigen. Für den Bewerber ist es auch positiv, wenn er bemerkt, dass die Klinik ihn nicht in eine bestehende Lücke hineinpressen möchte, sondern sich darum bemüht, auf seine Interessen einzugehen.

Für das Krankenhaus sollte Flexibilität auch einfacher als für die Bewerber sein. Die meisten der Interessenschwerpunkte der Klinik sind nämlich eher unspezifisch: Persönlichkeit, deutsche Sprache, soziale Kompetenz, geringe Kosten. Die Wünsche des Bewerbers dagegen sind deutlich konkreter und für den geplanten Lebensweg meist von existenzieller Bedeutung.

Wie die Abkehr von einem Dogma für beide Seiten vorteilhaft sein kann, zeigt Beispiel 2:

Beispiel 2:

Eine interventionell sehr aktive kardiologische Klinik suchte einen weiteren Oberarzt. Bisher galt es dort als zwingende Voraussetzung für den Inhaber einer Oberarztposition, dass dieser in der Rufbereitschaft die Herzinfarktpatienten versorgen kann, also katheterinterventionell autark ist. Es bewarb sich ein Kardiologe mit gewinnender Persönlichkeit, aber nicht-invasivem Schwerpunkt und großem Interesse an der Stationssupervision. Er hatte ausdrückliche Vorbehalte gegenüber der Arbeit im Herzkatheterlabor.

Er wurde eingestellt, nachdem man sich darauf geeinigt hatte, die Struktur der Rufbereitschaft zu ändern: Der neue Oberarzt hatte ausschließlich an Wochenenden Rufdienst und kümmerte sich dabei um die Stationen einschließlich Intensivstation. Die Infarktpatienten wurden durch einen weiteren rufbereiten Oberarzt versorgt. Auch für die letztgenannten war das Modell attraktiv, denn sie wurden von der oft als weniger attraktiv empfundenen Visitenpflicht an Wochenenden befreit, wodurch die höhere Dienstfrequenz kompensiert wurde. Im werktäglichen „Tagesgeschäft" war der neue Oberarzt sehr hilfreich, weil er den Kollegen im Katheterlabor den Rücken freihielt. ◀

Beide Beispiele zeigen die Win-win-Situation. Letztlich war nicht nur der Klinik und dem Bewerber gedient, sondern auch weiteren Mitarbeitern.

Die Akquise neuer Mitarbeiter ist aufwändig und kostenträchtig, die Einarbeitung möglicherweise langwierig und der Arbeitsmarkt unergiebig – es gibt also genug Gründe für die Kliniken, an einer langfristigen Zusammenarbeit interessiert zu sein. Dies setzt eine nachhaltig betriebene Personalarbeit voraus.

Eine gemeinsame Karriereplanung, am besten im Rahmen von Mitarbeitergesprächen (siehe hierzu Abschn. 2.7), ist hierfür eine Grundvoraussetzung.

Der Karrierebegriff ist vielschichtig:

- Akademische Karriere: Für viele unbedeutend, für andere ein absolutes Muss sind die Möglichkeiten wissenschaftlichen Arbeitens und Publizierens sowie der Promotion oder Habilitation. Sollten vor Ort hierfür keine Möglichkeiten geboten werden können, bieten sich Kooperationen z. B. mit Universitätskliniken an. Daraus könnte sich sogar ein Netzwerk für weitere Aktivitäten entwickeln.
- Hierarchische Karriere: Es sollte Bestandteil der Unternehmenskultur sein, allen Mitarbeitern einen Aufstieg im Haus zu ermöglichen. Für einen Bewerber auf eine Assistenzarztstelle ist es jedenfalls attraktiv, wenn er feststellt, dass ein großer Teil der Oberärzte „Eigengewächse" ist. So kann er sich ebenfalls Hoffnungen auf eine spätere Beförderung machen und wird langfristig planen.
- Geld: In die Zeit des beruflichen Aufstiegs fällt auch meist die Familiengründung, womit ein größerer finanzieller Bedarf einhergeht. Hinzu kommen die stark gestiegenen Preise für Wohnungen, speziell in Großstädten. Es ist also nicht unbedingt der Wunsch nach Luxus, sondern nach der Befriedigung der Grundbedürfnisse Motiv für finanzielle Ansprüche. Diese sind umso berechtigter, je größer die Bedeutung des Mitarbeiters für die Klinik ist.
- Weiterbildung: Der Facharzttitel und weitere Zusatzbezeichnungen sind natürlich Voraussetzung für die weitere Karriere. Da die Weiterbildungsermächtigung an die Person des Weiterbilders gebunden ist, muss der Chefarzt hierfür auch die persönlichen Voraussetzungen schaffen. Auch Oberärzte können als Weiterbilder fungieren (Abschn. 5.6).

Welcher der Aspekte bei dem einzelnen Mitarbeiter vordringlich ist, muss jeweils ermittelt und berücksichtigt werden. Nicht jedem kann eine akademische oder eine hierarchische Karriere vermittelt werden. Es wäre nun tragisch, wenn dem jeweils falschen die eine oder andere Option angetragen würde.

Grundsatz muss immer sein, dass zu „jedem Töpfchen das Deckelchen" gefunden wird, dass – so ist es hier gemeint (Liselotte Pulver meinte es anders) – jeder Mitarbeiter passend zu seinen speziellen Kompetenzen und Interessen eingesetzt und seine weitere Entwicklung dementsprechend gefördert wird. Das setzt Gespräche und Flexibilität voraus, führt aber im Ergebnis zu Vorteilen für beide Seiten und einer langfristigen Zusammenarbeit.

4.10 Unterschiedliche Nationalitäten/Kulturen: Diversity Management

Jeder kann krank werden, egal welcher Kultur er entstammt, welche Sprache er spricht, welcher gesellschaftlichen Schicht er angehört und welche Weltanschauungen er hat. Gerade ein Krankenhaus ist also eine Sammelstelle unterschiedlichster Menschen, die teils freiwillig, teils aber auch unfreiwillig dort sind. Wir als die behandelnden Medizinpersonen müssen uns darauf einlassen. Mehr noch: Wir können es als Bereicherung empfinden, lernen wir doch sehr viele interessante Menschen kennen, ohne reisen zu müssen.

Gerade der ärztliche Kollegenkreis ist mittlerweile ebenfalls international, gleiches gilt für das Pflegepersonal. Ich habe dies immer als positive Horizonterweiterung empfunden. Die Voraussetzungen für eine gute Zusammenarbeit sind Toleranz und Flexibilität, gelegentlich aber auch das Beharren auf eigenen Standards. Eine adäquate Kommunikation ist dabei essenziell und die Kenntnis einiger wichtiger Zusammenhänge.

In der Industrie wird das Zusammenspiel internationaler Kulturen schon lange in seiner Bedeutung erkannt, zumal in Zeiten der Globalisierung. Der Begriff „Diversity Management" beschreibt dabei die Bemühungen der Führungskräfte, die Diversität der Mitarbeiter positiv zu nutzen. Kulturelle Unterschiede können kreative Prozesse befruchten, Netzwerkbildungen fördern, soziale Interaktionen beleben – aber leider auch stören. Vorurteile, Intoleranz sowie gesellschaftliche Egoismen sind zunehmend zu beobachten.

Daher hat nicht nur die Industrie, sondern auch der Gesetzgeber reagiert. 2006 trat das Allgemeine Gleichbehandlungsgesetz (AGG) in Kraft, mit dem Ziel „*Benachteiligungen aus Gründen der Rasse oder wegen der ethnischen Herkunft, des Geschlechts, der Religion oder Weltanschauung, einer Behinderung, des Alters oder der sexuellen Identität zu verhindern oder zu beseitigen*" § 1 AGG. Dieses Ziel ist somit einklagbar, konkret z. B. dann, wenn ein Bewerber aus einem dieser Gründe bei der Stellenvergabe nicht berücksichtigt wird.

Eine spezielle Form des Umgangs mit diesem Gesetz war in einem Schaufenster zu sehen:

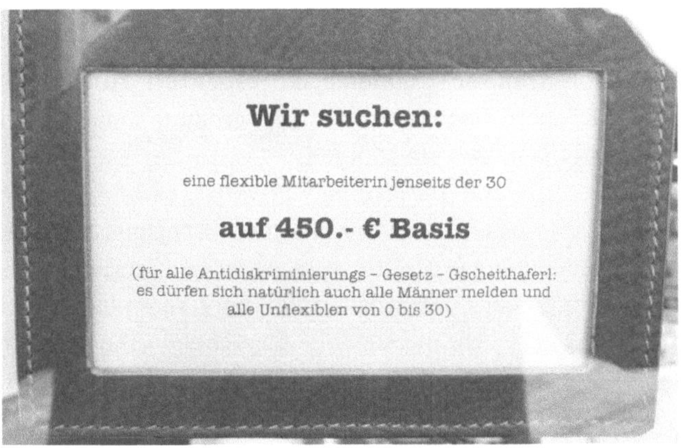

Wenigstens wurde ein Migrationshintergrund nicht ausgeschlossen.

Die Thematik der Zusammenarbeit unterschiedlicher Kulturen ist sehr vielschichtig, häufig außerordentlich problematisch und in letzter Zeit zunehmend gesellschaftspolitisch akzentuiert.

Die Wissenschaft beschäftigt sich seit Jahrzehnten mit kultureller Diversität und hat verschiedene Modelle zur Strukturierung entwickelt. In der Kenntnis der Spezifika und der Gründe von Unterschieden liegt die Basis für das Verständnis untereinander sowie für eine erfolgreiche Zusammenarbeit.

Bei diesen Modellen werden Kriterien definiert bzw. Charakteristika beschrieben. Nachfolgend finden Sie einige davon aufgelistet:

Interkulturelle Unterschiede
- Individualismus versus Kollektivismus
- „Rigid-time" versus „Fluid-time" (zeitliche Absprachen genau oder gar nicht befolgend)
- „Deal-focus" versus „Relationship-focus" (siehe unten)
- Power-Distance-Index (Hierarchiegefälle)
- Leistung versus Herkunft
- Expressiv (laut, gestenreich, distanzlos) versus reserviert (ruhig, große „space bubble")
- Lang- oder kurzfristige Ausrichtung
- Umgang mit Ungewissheit
- „Language of space" (z. B. Größe der Büros)

Wesentliche Unterschiede zwischen den Kulturen ergeben sich z. B. bei dem Umgang mit der Zeit. Dabei geht es um Pünktlichkeit bzw. ob man zeitliche Verabredungen überhaupt einhält. Manch Deutscher ist über eine Verspätung um wenige Minuten schon irritiert, denn er fühlt sich dann nicht hinreichend respektiert. Außerdem ist sein Tag eng verplant. In anderen Ländern (man denke an das berühmte „mañana") ist Zeit gar keine Richtgröße, denn es gibt ja immer ein Morgen.

Wichtig ist auch die differente Bewertung von Verträgen im Vergleich zu persönlichen Beziehungen. In Mitteleuropa und auch in Nordamerika beispielsweise hat der schriftliche Vertrag eine zentrale Bedeutung („deal-focus"; „pacta sunt servanda"). Entsprechend sind Geschäftsleute also sehr an der Unterschrift unter einer Vereinbarung interessiert. In großen Teilen der Welt hat aber die persönliche Beziehung eine viel größere Bedeutung („relationship-focus"). Man möchte sich kennenlernen. Wenn man sich dann gut versteht, ist ein Vertrag überflüssig.

Zur Irritation führt es, wenn eine ungewohnte Körpersprache in das Informationsquadrat (Abschn. 2.1) eingeordnet soll. Laute oder distanzlose Umgangsformen werden möglicherweise falsch interpretiert und können so Ursache von Konflikten werden.

Bei aller Flexibilität und Toleranz der Einheimischen müssen vom Migranten zumindest bei wesentlichen Dingen die lokal gültigen Regeln akzeptiert werden. Hierzu gehören z. B. Pünktlichkeit und die Anpassung an das gegebene Hierarchiegefälle. Völlig kompromisslos ist die Gleichberechtigung der Geschlechter durchzusetzen, was von Mitarbeitern aus anderen Kulturen nicht immer verstanden wird.

Nicht nur für uns ist das Einlassen auf Menschen, die aus anderen Ländern stammen, oftmals schwierig. Die immigirierenden Kollegen haben noch viel größere Probleme, denn für sie ist nicht nur die Kultur neu, sondern auch die Sprache und das Medizinsystem. Darüber hinaus sind viele noch Berufsanfänger, haben also medizinisch-fachliche Lücken. Hinzu können traumatische Erfahrungen kommen sowie private Probleme, wenn z. B. Familien zurückgelassen wurden. Für eine nachhaltige Zusammenarbeit ist es hilfreich, wenn alle Aspekte eruiert und individuelle Hilfeleistungen angeboten werden.

4.11 Strukturen/Regeln

Das Leitbild (siehe Abschn. 1.3) bietet einen Rahmen, der die grundsätzlichen Verhaltensweisen und die Unternehmenskultur aufzeigt – gewissermaßen das Grundgesetz des Unternehmens bzw. der Klinik.

Ähnlich wie bei der Gesetzgebung muss es innerhalb dieses Rahmens eine Vielzahl kleinerer Regeln und Standards (SOPs) geben. Dadurch lassen sich Willkür vorbeugen und viele Streitfälle vermeiden. Aufgehoben ist dieses Regelwerk am besten im Qualitätsmanagementhandbuch (siehe Abschn. 3.8).

Beispiel

Für den einzelnen Mitarbeiter genauso wie für die gesamte Abteilung von Bedeutung ist beispielsweise die *Urlaubsregelung*. Vieles gibt es dabei zu beachten:
- Wann findet die Planung statt?
- Wieviel Mitarbeiter dürfen gleichzeitig im Urlaub sein?
- Wann muss der Urlaub spätestens genommen sein?
- Wer organisiert die Planung?
- Wie sind Härtefälle und Ausnahmen geregelt?
- Wie läuft der Genehmigungsprozess?

Die Liste ließe sich noch deutlich verlängern. Zu berücksichtigen sind außerdem gesetzliche Bestimmungen (BUrlG), die Mitbestimmungsrechte des Betriebsrats § 87 Abs. 1 Nr. 5 BetrVG sowie gegebenenfalls der Tarifvertrag. ◄

Gerade in der Urlaubsplanung steckt ein enormes Konfliktpotential. Immer wird jemand benachteiligt werden oder sich zumindest so fühlen. Sehr segensreich (insbesondere für das Klima in der Abteilung oder Arbeitsgruppe) ist in dieser Situation ein kurzes (maximal 1 Seite) Regelwerk, das den gesamten Genehmigungsprozess, die Kriterien und die Zuständigkeiten klärt. Wird das Ganze durch Transparenz ergänzt (z. B. durch einen im Intranet aufrufbaren Urlaubskalender), spart sich die Führungskraft viele zermürbende Diskussionen.

Allerdings muss sich diese trotzdem die letzte Entscheidung vorbehalten, denn es wird immer wieder Ausnahmefälle geben, in denen eine von den Regeln abweichende Entscheidung sinnvoll ist. Geschieht dies transparent und nachvollziehbar, lassen sich Vorwürfe wie Bevorzugung oder Willkür vermeiden.

Ein übersichtliches (möglichst kurzes!) und gelebtes Regelwerk bzw. Qualitätsmanagementhandbuch (QMH) ist auch eine hilfreiche Stütze für neue Mitarbeiter oder solche aus anderen Kulturen (siehe Abschn 4.10), vorausgesetzt, es wird konsequent durchgesetzt.

Und genau da – bei der Durchsetzung – liegt der Knackpunkt. Laissez-faire und augenzwinkerndes Durchgehenlassen schafft mehr Probleme, als es löst. Hier ist Fingerspitzengefühl gefragt: Wann muss man einerseits hart bleiben, auch wenn noch so nett gefragt wird und wann ist andererseits ein Härtefall zu berücksichtigen? Tritt man als Betonkopf auf, verliert man die notwendige Flexibilität und belastet den Betriebsfrieden. Ist man zu nachsichtig, hat das dann ständig überstimmte Regelwerk keinen Sinn.

Da bei solchen Entscheidungen immer auch Emotionen beteiligt sind, hat es sich bewährt, bei wichtigen Konflikten die Lösung ein bis zwei Tage zu bedenken. Oftmals wird man auf dem Flur angesprochen und zu einer sofortigen Antwort gedrängt. Das sollte man unbedingt vermeiden. Lassen Sie sich die Bitte via interner E-Mail schicken, dann können Sie die Alternative sorgfältig und in einer ruhigen Minute abwägen.

4.12 Dienstplanung

Ein immer konfliktbeladenes Thema ist die Dienstplanung, sei es für den Schichtdienst (z. B. auf der Intensivstation), den Anwesenheitsbereitschaftsdienst oder die Rufbereitschaft.

Es muss in mehrfacher Hinsicht gerecht zugehen: Finanziell natürlich, aber auch hinsichtlich der Zahl der sowie der Belastung durch die Dienste. Zu Recht wird es heute als unzumutbar angesehen, wenn Mitarbeiter regelmäßig an drei Wochenenden im Monat Dienst haben, und wenn es auch jeweils nur ein Tag ist. Bei dünner Personaldecke ist das trotzdem manchmal nicht vermeidbar, wenn die Alternative die Schließung der Station oder die Abmeldung der Notaufnahme ist.

Hinzu kommt die unterschiedliche Belastbarkeit der Kollegen sowie die unterschiedlichen Interessen. Manche möchten aus finanziellen Gründen häufig Dienste leisten, andere am Wochenende lieber bei der Familie sein. Die Wünsche sollten also durch Mitarbeitergespräche oder Evaluationsfragebögen ermittelt werden.

Auch die fachliche Kompetenz des zum Dienst Eingeteilten muss gewährleistet sein.

Über all dem schwebt das Arbeitszeitgesetz, das eingehalten werden muss, und zwar selbst dann, wenn der einzelne Mitarbeiter gerne flexibler wäre. Etliche Schutzregeln des Arbeitszeitgesetzes werden übrigens für den Krankenhausbereich relativiert § 10 Abs. 1 Nr. 3 ArbZG bzw. können durch Tarifverträge eingeschränkt werden (z. B. § 12 ArbZG).

Die finanzielle Gerechtigkeit ist am ehesten gewährleistet, wenn spitz abgerechnet, also jede einzelne Arbeitsstunde kalkuliert wird. Vor allem bei oberärztlichen Rufbereitschaften sind aber auch identische Pauschalen pro Monat üblich. Dann ist besonders darauf zu achten, dass die Belastung durch die Dienste vergleichbar ist.

Hier könnte z. B. ein Punktesystem zum Einsatz kommen, wobei die Zahl der Punkte mit der Belastung korreliert. So könnte eine Rufbereitschaftsnacht werktags mit 3 Punkten, eine 24-Stunden-Rufbereitschaft am Wochenende mit 8 Punkten bewertet werden. Weitere Differenzierungen sind möglich, so dass innerhalb eines Quartals jeweils die gleiche Punktzahl durch jeden Arzt erreicht werden sollte. So lassen sich auch Schwankungen durch Urlaub usw. ausgleichen.

Auch bei spitzer Abrechnung könnte ein solches Punktesystem eingesetzt werden, allerdings nur dann, wenn seitens der Mitarbeiter nicht von vornherein eine unterschiedliche Dienstbelastung gewünscht wird (s. o.).

Die Dienstplanung muss mindestens einen Monat im Voraus erfolgen § 10 Abs. 11 TV-Ärzte/VKA. Neben der eigentlichen zeitlichen Belastung beeinflusst nämlich die Planbarkeit die Lebensqualität. Oft existieren auch Betriebsvereinbarungen diesbezüglich (Mitwirkungsrecht des Betriebsrats § 87 Abs. 1 Nr. 2 BetrVG).

Somit sind also bei der Dienstplanung folgende Parameter zu berücksichtigen:

- Betriebliche Notwendigkeiten (Gewährleistung der Besetzung)
- Fachliche Kompetenz
- Finanzielle Gerechtigkeit
- Gerechtigkeit hinsichtlich der Belastung
- Individuelle Wünsche der Mitarbeiter
- Vorgaben des Arbeitszeitgesetzes
- Mitwirkungsrechte des Betriebsrates.

Auch wenn die eigentliche (und oft sehr aufwändige!) Planungsarbeit delegiert werden kann, muss der fertige Plan vom Fachvorgesetzten genehmigt werden.

4.13 Entgeltverfahren, betriebliche Altersversorgung

Das Entgelt für die Arbeitsleistung besteht zunächst aus dem monatlich gezahlten **Gehalt**, das sich aus dem Tarifvertrag oder dem außertariflichen Arbeitsvertrag ergibt.

Dieses wird ergänzt durch **zusätzliche Bestandteile**, die

- Flexibilität befördern
- gerecht sein
- Leistungsanreize ermöglichen
- zusätzliche Leistungen belohnen
- transparent sein
- Akzeptanz finden
- einfach zu handhaben sein
- den Arbeitsmarkt berücksichtigen   sollen.

Die hierfür zur Verfügung stehenden Möglichkeiten lassen sich grob in **drei Gruppen** gliedern:

1. Leistungs- und erfolgsorientierte Entgelte (Bereitschaftsdienste, Zielvereinbarungen, Chefarzt-Pool)
2. Nebenleistungen mit Entgeltcharakter (Incentives, betriebliche Sozialleistungen)
3. Betriebliche Altersversorgung (bAV).

Ad 1: Die Vergütung der **Bereitschaftsdienste** erfolgt in der Regel nach den Bestimmungen des Tarifvertrags, alternativ durch Pauschalen.

Bei **Zielvereinbarungen** muss beachtet werden, dass die medizinischen Entscheidungen unbeeinflusst bleiben, es ist also § 135c SGB V zu beachten (siehe auch Abschn. 7.10).

Verglichen mit früheren Zeiten haben Chefärzte heute wesentlich weniger Einfluss auf die Verteilung des auf den Einnahmen von Wahlleistungspatienten beruhenden **Pools**. Einerseits sind gegebenenfalls ländergesetzliche Bestimmungen zu beachten, andererseits behalten sich häufig die Geschäftsführungen in den Chefarztverträgen die Allokation vor.

Ad 2: **Incentives** sind eine sehr gute Möglichkeit, besonders engagierte Mitarbeiter zu belohnen. In Frage kommen z. B. die Teilnahme an attraktiven Kongressen oder bestimmten Fortbildungsmaßnahmen (wie z. B. Seminaren für angehende Führungskräfte).

Ad 3: Siehe unten.

Gesetzliche Rahmenbedingungen

Der Einsatz dieser zusätzlichen Entgeltbestandteile ist nicht trivial, denn es sind die gesetzlichen Rahmenbedingungen zu berücksichtigen.

So ist zu berücksichtigen, dass für Arbeitsverträge die **AGB-Kontrolle** nach §§ 305 ff. BGB greift. Was bedeutet das? Das frühere „Gesetz zur Regelung des Rechts der Allgemeinen Geschäftsbedingungen" (AGB-Gesetz) wurde unter den §§ 305 ff. BGB in das Bürgerliche Gesetzbuch (BGB) eingegliedert. Diese Normen sollen verhindern, dass Verbraucher bzw. in diesem Fall Arbeitnehmer durch formularhafte Klauseln unangemessen benachteiligt werden. Die Vereinbarungen müssen daher der Inhaltskontrolle des Gesetzes standhalten. Dies kann die Vertragsfreiheit einschränken.

Außerdem ist das **Allgemeine Gleichbehandlungsgesetz** (AGG) zu berücksichtigen, das Benachteiligungen verhindern soll (siehe auch Abschn. 4.10). Eine willkürliche Bevorzugung oder Benachteiligung bestimmter Mitarbeiter(gruppen) wird dadurch ausgeschlossen.

Steuerliche Aspekte müssen ebenso Beachtung finden, wenn z. B. durch die Gewährung bestimmter Vergünstigungen (gesponsortes Kantinenessen, Incentives) ein geldwerter Vorteil entsteht. Auch an die rechtskonforme Abführung von **Sozialversicherungsbeiträgen** muss gedacht werden (z. B. beim Chefarzt-Pool).

Betriebliche Altersversorgung

Die gesetzliche Rentenversicherung ist zunehmend überfordert und muss durch andere Systeme ergänzt werden. Die private Altersvorsorge ist hier zu nennen, aber auch die betriebliche Altersversorgung (bAV). Arbeitgeber haben die bAV als einen wesentlichen Teil des Personalmanagements entdeckt.

Das BetrAVG sieht **fünf Durchführungswege** für die bAV vor §§ 1, 1a und 1b BetrAVG. Diese unterscheiden sich durch bestimmte Charakteristika.

Fünf Durchführungswege der betrieblichen Altersversorgung
1. *Direktzusage* (Synonym: Pensionszusage): Der Arbeitgeber selbst ist der Träger der späteren Leistungen. Er zahlt daher keine Beiträge, muss aber Rückstellungen bilden.
2. *Unterstützungskasse*: Diese gewährt als rechtlich selbständige Versorgungseinrichtung (die aber vom Arbeitgeber unterhalten wird) die Leistungen. Auch dann, wenn für die Unterstützungskasse eine Rückversicherung besteht, ist sie kein versicherungsförmiger Durchführungsweg. Vorteil für den Arbeitgeber im Vergleich zur Direktzusage ist die Bilanzneutralität, Nachteil der Liquiditätsabfluss.
3. *Direktversicherung*: Der Arbeitgeber schließt eine Lebensversicherung für den Arbeitnehmer ab und ist Versicherungsnehmer und Beitragszahler. Der Arbeitnehmer ist die versicherte Person und bezüglich der Leistungen bezugsberechtigt.
4. *Pensionskasse*: Hier handelt es sich um Versicherungsunternehmen, die ausschließlich Rentenversicherungen für die betriebliche Altersversorgung anbieten. Die beiden wesentlichen Unterschiede zur Direktversicherung bestehen in der Aufsicht durch das Bundesamt für Finanzdienstleistungsaufsicht und in der Art der Tarifgestaltung.
5. *Pensionsfonds*: Der Unterschied zur Pensionskasse besteht darin, dass eine liberalere Finanzanlage möglich ist. Dadurch sind höhere Renditen (bei gleichzeitig höheren Risiken) möglich.

Meist werden von den Arbeitgebern nur einzelne dieser Durchführungswege angeboten.

Zusatzversorgung des öffentlichen Dienstes

Eine Sonderstellung bei der bAV nimmt die Zusatzversorgung des öffentlichen Dienstes ein. Diese wurde ursprünglich eingeführt, um die Altersversorgung der Angestellten der Pension der Beamten, die häufig eine ähnliche Arbeit leisteten, im Sinne einer Gesamtversorgung anzugleichen. Nachdem absehbar war, dass angesichts der demographischen Entwicklung die Zusage einer Gesamtversorgung nicht auf Dauer durchzuhalten war, erfolgte 2002 eine Systemumstellung mit zum Teil erheblichen Verschlechterungen für die Anspruchsberechtigten. Teile der Neuregelungen wurden später als verfassungswidrig angesehen und korrigiert.

Das Wertkonto als ergänzendes System

Auch wenn das Wertkonto kein System der Altersversorgung ist, erlangt es doch als Möglichkeit, im betrieblichen Rahmen den Übergang zur Rente gestalten zu können, Bedeutung.

Auf das Wertkonto wird in Geld oder Zeit (die in Geld umgerechnet wird) eingezahlt. Die Auszahlung erfolgt in Zeit. Hierbei kann variiert werden: Vorzeitiger Ruhestand oder Altersteilzeit, aber auch Sabbatical oder Teilzeitphasen. Durch das „Flexigesetz" (Gesetz zur sozialrechtlichen Absicherung flexibler Arbeitszeitregelungen) von 1998 ist der gesetzliche Rahmen gegeben.

4.14 Zeugnisse

Bei der Beendigung eines dauernden Dienstverhältnisses kann der Verpflichtete von dem anderen Teil ein schriftliches Zeugnis über das Dienstverhältnis und dessen Dauer fordern § 630 S. 1 BGB. Dies wäre dann ein **einfaches Arbeitszeugnis**.

In der Regel, insbesondere bei Ärzten, wird aber ein sogenanntes **qualifiziertes Zeugnis** erwartet und erstellt: Das Zeugnis ist auf Verlangen auf die Leistungen und die Führung im Dienst zu erstrecken § 630 S. 2 BGB. In diesem Zeugnis sind dann alle Tätigkeiten, Qualifikationen, sozialen Kompetenzen sowie die Beurteilung der Arbeitsleistung aufzuführen.

Wenn der Verpflichtete ein *Arbeitnehmer* ist, findet § 109 der Gewerbeordnung (GewO) Anwendung § 630 S. 4 BGB. Dieser ist nahezu wortgleich mit dem BGB, enthält aber zusätzlich die Formulierung, dass das Zeugnis keine Merkmale oder Formulierungen enthalten darf, die den Zweck haben, eine andere als aus der äußeren Form oder aus dem Wortlaut ersichtliche Aussage über den Arbeitnehmer zu treffen § 109 Abs. 2 S. 2 GewO. Genau das passiert aber, denn etliche freundlich klingende Formulierungen enthalten verklausulierte Warnungen. Ein Arbeitnehmer, der „viel für das gute Betriebsklima tat", feierte vor allem gerne. Wer sich „bemühte", ist in der Regel gescheitert, Schulnote 6. Die übrigen Noten bezogen auf die Erfüllung der dem Arbeitnehmer übertragenen Aufgaben lauten:

Note 1: „stets zur vollsten Zufriedenheit"
Note 2: „stets zur vollen Zufriedenheit"
Note 3: „zur vollen Zufriedenheit"
Note 4: „zur Zufriedenheit"
Note 5: „im Großen und Ganzen zu unserer Zufriedenheit".

Ersteller von Zeugnissen sollten bedenken, dass eine zu euphorische Belobigung, die offensichtlich falsch ist, zu Schadensersatzforderungen des Folgearbeitgebers führen kann.

Das Zeugnis ist in der Regel vom *Arbeitgeber* auszustellen. Der Chefarzt ist meist *nicht* der Arbeitgeber, sondern der Fachvorgesetzte. Nur letztere können aber valide Aussagen über die Arbeitsleistungen abgeben. Leitende Ärzte sollten sich daher mit der Geschäftsführung über eine standardisierte Vorgehensweise bei der Erstellung von Arbeitszeugnissen absprechen. Ein mögliches Procedere besteht darin, dass der die Arbeitsleistungen beschreibende Teil vom Chefarztsekretariat der Geschäftsführung bzw. der Personalabteilung elektronisch übermittelt wird. Dort wird das Zeugnis ausgefertigt, vom Prokuristen unterschrieben und dem Chefarzt zur Gegenzeichnung weitergereicht.

Ein *qualifiziertes* Arbeitszeugnis muss der Arbeitgeber nicht spontan erstellen, sondern erst auf Verlangen des Arbeitnehmers § 109 Abs. 1 S. 3 GewO. Dieser hat dabei möglicherweise Fristen zu beachten, die sich aus dem Tarifvertrag ergeben. So beträgt die Ausschlussfrist bei dem TV-Ärzte/VKA (die Ärzte in kommunalen Häusern betreffend) sechs Monate § 37 TV-Ärzte/VKA. Zwar sind laut § 36 Abs. 4 S. 1 TV-Ärzte/VKA die Zeugnisse unverzüglich auszustellen. Hat ein Arzt aber nach mehr als 6 Monaten noch kein Zeugnis erhalten, kann er diesen Anspruch nicht mehr durchsetzen, es sei denn, er hat ihn innerhalb der Sechs-Monats-Frist schriftlich geltend gemacht § 37 Abs. 1 S. 1 TV-Ärzte/VKA.

Weiterbildungszeugnisse, in denen die fachliche Durchführung der Weiterbildung bescheinigt wird, kann nur der von der Landesärztekammer befugte Weiterbilder unterschreiben (häufig auch ein Oberarzt).

4.15 Delegation/Substitution

Ärzte beklagen bei Evaluationen immer wieder die hohe Arbeitsbelastung, ein Phänomen, das jeder Kollege aus eigener Erfahrung bestätigen kann. Dabei ist die Arztdichte in Deutschland, gemessen in Ärzten/1000 Einwohner mit 3,7 im europäischen Vergleich (3,4) hoch.

Einer der Gründe für die Belastung der Ärzte ist hohe Inanspruchnahme, also die Zahl der Arzt/Patientenkontakte, die in Deutschland bei rund 18/Jahr, in Schweden aber unter 4/Jahr liegt. Auch wenn dies Zahlen aus dem ambulanten Bereich sind, dürfte der Befund in Krankenhäusern prinzipiell ähnlich sein. Trotzdem haben die Schweden eine etwas höhere Lebenserwartung. Scheinbar ist die geringere Arztinanspruchnahme nicht schädlich.

Im schwedischen System trifft der Patient bei Konsultationen zunächst auf eine nichtärztliche medizinische Fachkraft, z. B. eine mit besonderen Kompetenzen ausgestattete Krankenschwester. Diese entscheidet, ob der Arztkontakt wirklich erforderlich ist. Sie darf banale Erkrankungen eigenständig behandeln und Medikamente verordnen.

Dies geht über eine Delegation von Tätigkeiten hinaus und wird als Substitution bezeichnet.

Der Streit über Delegation bzw. Substitution beschäftigt die Ärzteschaft seit Jahrzehnten. Auch ich habe mir darüber früh Gedanken gemacht, wie ein Leserbrief an das Deutsche Ärzteblatt, den ich als 28-jähriger Assistenzarzt 1987 geschrieben habe, zeigt (Abb. 4.4).

Weiter unten (Abb. 4.5) ist eine aktuelle Meldung (2019) aus der gleichen Zeitung zu lesen.

Die von mir angesprochene Problematik ist also auch 32 Jahre später noch nicht gelöst; man möchte jetzt „einen Dialog initiieren".

Tatsächlich ist ein offener Dialog, der auch innovative Modelle zulässt, nötig. Mittlerweile entstehen Berufsbilder, denen früher als ärztlich angesehene Aufgaben übertragen werden. Zu nennen ist beispielsweise der Operationstechnische Assistent. In vielen, vorwiegend angelsächsischen Ländern gibt es den „sonographer", also die speziell für Ultraschalluntersuchungen ausgebildete nichtärztliche Fachkraft.

Dies mag funktionieren, ist aber aus vielerlei Gründen kritisch zu sehen.

RETTUNGSWESEN

Zum Beitrag „Kein Bedarf für den Rettungsassistenten" von Dr. med. Peter Knuth/BÄK in Heft 33/1987:

Delegieren

Selbstverständlich sollte ein Rettungssanitäter oder -assistent intubieren oder Infusionen legen können und dürfen. Die Gründe liegen auf der Hand: Erstens ist meist der Sanitäter vor dem Notarzt an der Einsatzstelle, oft wird dieser sogar erst vom Sanitäter nachalarmiert. Zweitens sind zum Beispiel bei Verkehrsunfällen im ländlichen Bereich in der Regel mehrere Patienten zu versorgen; hier ist der Notarzt dankbar, wenn er auch sogenannte „ärztliche Tätigkeiten" delegieren kann. Da ich während meines Studiums ehrenamtlich in einer Großstadt als Sanitäter tätig war, mußte ich drittens die Erfahrung machen, daß viele der von Herrn Knuth als allein kompetent hochgelobten Ärzte (nicht Notärzte!) nicht in der Lage waren, eine Infusion zu legen, geschweige denn zu intubieren.

Als engagiertem Notarzt geht es mir darum, die präklinische Versorgung von Notfallpatienten ohne Rücksicht auf Standesdünkel zu verbessern. Dies geht nur gemeinsam mit dem hochqualifizierten Rettungssanitäter, der auch für weitergehende medizinische Maßnahmen die juristische Abdeckung hat.

Will Herr Knuth dies verhindern, so schadet er dem Notfallpatienten und läßt den Sanitäter, der hoffentlich trotzdem intubiert, wenn er damit Leben retten kann, im Regen stehen.

Dr. med. Harald Pless, Albrecht-Dürer-Straße 2, 8603 Ebern

Abb. 4.4 Leserbrief im Deutschen Ärzteblatt (Pless 1987)

So können Ärzte nur dann zu Operateuren werden, wenn sie selbst assistiert haben und dabei geschult wurden. Ähnliches gilt für Sonographien: Krankheiten werden erst dann richtig verstanden, wenn man auch die Bildgebung selbst gesehen und bewertet hat.

Andererseits werden Ärzte mit einer Vielzahl von Tätigkeiten belastet, die keine ärztliche Kompetenz erfordern: Eingaben in das Krankenhausinformationssystem, Terminvereinbarungen und andere logistische Tätigkeiten, Dokumentationen, Qualitätssicherungsangaben, Codierungen usw. Gerade im Krankenhaus müssen Ärzte häufig Tätigkeiten übernehmen, die in einer Arztpraxis von der Medizinischen Fachangestellten erledigt werden (siehe folgendes Kapitel).

Es ist daher vor allem im Krankenhaus eine Bestandsaufnahme zu tätigen. Durch Tagesprofile könnte man feststellen, welche Arbeiten ärztlicherseits tatsächlich erledigt werden. Nun wäre zu prüfen, welche Aufgaben keine ärztliche Qualifikation erfordern und somit völlig unproblematisch an nichtärztliches Assistenzpersonal abgegeben werden können. Das ist **Delegation**.

Die Ärzte werden entlastet und können sich auf ihre medizinische Arbeit und Weiterbildung konzentrieren.

Es profitieren alle: Die Ärzte durch die Entlastung, die Patienten durch die vermehrte ärztliche Zuwendung, das Assistenzpersonal durch interessante und anspruchsvolle Arbeitsplätze und die Geschäftsführung durch Kostenersparnis.

Werden darüber hinaus aber bisher als ärztlich definierte Tätigkeiten übertragen (also OP-Assistenz oder Sonographie), spricht man von **Substitution** mit den oben beschriebenen Nachteilen. Die Delegation ist überaus wünschenswert, die Substitution sollte besser

Notfallsanitäter
Regierung will Dialog über erweiterte Kompetenzen

Dürfen Notfallsanitäter künftig bis zum Eintreffen des Notarztes eigenverantwortlich medizinisch tätig sein? Oder sollen sie nur auf ärztliche Anweisung handeln dürfen? Darüber will das Bundesgesundheitsministerium einen Dialog zwischen Notfallsanitätern, Ärzten und anderen am Rettungsdienst Beteiligten initiieren. Das kündigte die Bundesregierung in ihrer Stellungnahme zum Gesetzentwurf des Bundesrates zur Änderung des Notfallsanitätergesetzes an. Der Bundesrat hatte seinen Vorstoß damit begründet, dass die aktuelle Rechtslage bei Notfallsanitätern und deren Arbeitgebern zu erheblicher Rechts- und damit auch Handlungsunsicherheit führe. Deshalb soll es der Länderkammer zufolge Notfallsanitätern künftig erlaubt sein, in lebensbedrohlichen Situationen im Rahmen der ihnen vermittelten Kompetenzen heilkundlich tätig zu sein. Die Bundesregierung hatte einen eigenen Vorschlag vorgelegt. Weil dieser bei einer Anhörung vor dem Gesundheitsausschuss zwar auf Zustimmung von Ärzteverbänden, aber auf Kritik der Rettungsdienste gestoßen war, stoppten die Fraktionen ihre Gesetzesinitiative. Mit dem Dialog will man nun eine „für alle Seiten tragfähige Lösung" finden, wie es in der Stellungnahme heißt. Als unzureichend bezeichnete Kirsten Kappert-Gonther (Grüne) den Dialogvorstoß. Statt diesem „Eiertanz" müssten die Voraussetzungen geschaffen werden, damit Notfallsanitäter rechtssicher eigenverantwortlich handeln könnten, forderte die Obfrau im Gesundheitsausschuss. *HK*

Abb. 4.5 Redaktioneller Artikel zum gleichen Thema, ebenfalls im Deutschen Ärzteblatt (Korzilius 2019)

vermieden werden. Die Situation im Rettungswesen mag eine Ausnahme bilden, da es sich um kritische Situationen handelt, bei denen aus zeitlichen oder logistischen Gründen (noch) kein Arzt zur Verfügung steht.

Ganz schlecht wäre es, wenn nicht delegiert, sondern nur substituiert würde. Ein Horrorszenario wäre der dann auf der Station am Computer sitzende Arzt, der die von Nichtärzten erhobenen Befunde sichtet und ordnet, und auch sonst vorwiegend bürokratische, aber keine medizinischen Aufgaben mehr hat. Diese Tendenz ist durchaus gelegentlich zu beobachten.

Im folgenden Abschnitt ist ein über viele Jahre erfolgreiches Modell der Delegation am Klinikum Coburg beschrieben.

4.16 Arztsekretärinnen im Stationsbetrieb

Analysiert man heute die stationsärztliche Arbeit, sind die Folgen vergangener und aktueller Organisation ärztlicher Tätigkeit zu besichtigen:

Der Arbeitsalltag ist mangelhaft organisiert und überfrachtet mit einer Vielzahl von Tätigkeiten, die von nicht-ärztlichem Assistenzpersonal erledigt werden könnten. Die Pflege sieht – zu Recht – ihre Aufgaben in der Patientenversorgung und nicht im Service für den Arzt, steht also zur Entlastung nicht oder nur für bestimmte, Patienten bezogene Aufgaben (z. B. Blutentnahmen) zur Verfügung.

Im Detail ergibt sich meist folgender Befund:

- Befunde und Krankenblätter werden von Ärzten sortiert. Insbesondere bei Verlegungen liegen unsortierte Krankenblätter vor, die mühsam durchgearbeitet werden müssen.
- Befunde müssen gesucht bzw. nachgefragt werden.
- Bei der Aufnahme neuer Patienten sind die Kurven noch nicht vorbereitet.
- Die Arztbrieferstellung ist noch immer aufwändig. Einzelne Ärzte schreiben die Briefe selbst.
- Die Dokumentation des Behandlungsverlaufes in der Tageskurve findet unzureichend statt. Während der Visite würden ärztliche Schreibarbeiten das Patientengespräch stören, danach fehlt die Zeit.
- Morgens und tagsüber nach Abwesenheiten des Arztes fehlt die Information über das zwischenzeitliche Geschehen. Folge ist die Suche nach den Neuzugängen und den dazugehörigen Befunden und Kurven. Der Arbeitsablauf ist entsprechend unstrukturiert.
- Nach Ersatz der Piepser durch DECT-Handys wird die Visite häufig durch ungefilterte Anrufe gestört.
- Die Eingabe von Untersuchungs- bzw. Eingriffsanforderungen im Krankenhausinformationssystem (KIS) ist zwar durch Kopier- und Übernahme-funktionen vereinfacht, kostet aber durch die hohe Zahl viel Zeit (bei heutzutage z. B. täglich durchschnittlich 3 Anforderungen/Patient und ca. 14 Patienten pro Arzt).
- Logistische Fragen, die sich während der Visite ergeben („Lässt sich diese Untersuchung heute noch einschieben?") müssen anschließend nachgearbeitet werden.
- Die Aufklärungsgespräche sind zahlreich und zeitlich aufwändig. Sie könnten durch vorab Verteilungen der Aufklärungsbögen und Erläuterungen verkürzt, bzw. die Inhalte auf die nur ärztlich zu beantwortenden Fragen und Erklärungen beschränkt werden.
- Viele jetzt ärztlich geführte Gespräche/Telefonate sind rein logistischer Natur und nicht an ärztliche Kompetenz gebunden.

In der Arztpraxis gehört es zu den selbstverständlichen Aufgaben der/des **Medizinischen Fachangestellten**, die Arbeit des Arztes vor- und nachzubereiten, insbesondere auch, seine Tätigkeiten auf das Notwendige zu beschränken. In keiner Praxis wird ärztlicherseits daran gedacht, Termine selbst zu vereinbaren, Befunde zu sortieren, Patienten in Behandlungszimmer zu holen usw.

In der Klinik wird aber so gearbeitet.

Daher ist es sinnvoll, dieses „Knowhow" in das Krankenhaus zu holen. Für die Medizinische Fachangestellte ist es ausdrückliche Berufsaufgabe, dem Arzt zu assistieren, für das Pflegepersonal dagegen die Pflege des Patienten. Traditionell wird sogar darauf geachtet, nicht zu viel Arbeitszeit dem Arzt zu widmen.

Ärzte sind vergleichsweise teure Arbeitskräfte (Monatsbruttoeinkommen 4603 € im Vergleich zu Medizinischen Fachangestellten: 1970 €; jeweils niedrigste Vergütungsstufe, 2020). Als noch die Bereitschaft bestand, kostenlose Überstunden zu leisten, war dies ohne Belang. Jetzt ist der diesbezügliche Enthusiasmus gewichen und auch das Arbeitszeitgesetz zeigt Schranken auf. Ein möglicher Ersatz ärztlicher Arbeit durch Assistenzpersonal kann daher auch aus finanziellen bzw. betriebswirtschaftlichen Erwägungen geboten sein. Entsprechend wächst seitens der Administration das Interesse an diesem Thema.

Bei der Betrachtung der sich stellenden Aufgaben scheint die **Medizinische Fachangestellte** (früher „Arzthelferin") am ehesten geeignet zu ein.

Mit der Einführung einer neuen Berufsgruppe in den Stationsalltag geht eine nicht unerhebliche Veränderung des Workflows auch der übrigen Mitarbeiter (Pflege, Stationssekretärin usw.) einher. Schnittstellen der Aufgaben bieten hier Konfliktstoff genauso wie Macht politische Aspekte, manchmal auch die Sorge um den eigenen Arbeitsplatz. Die üblicherweise engen räumlichen Verhältnisse tragen zur Verschärfung der Situation bei. Zu berücksichtigen ist außerdem, dass Medizinische Fachangestellte ihre Ausbildung traditionell in der Arztpraxis und erst in den letzten Jahren vermehrt im Krankenhaus, dort aber meist nicht auf der Station, erhielten. Entsprechende Schulungen sind also nötig.

Auch der Stationsarzt selbst muss sich umstellen und erkauft sich seine Entlastung durch einen gewissen Verlust an Freiheit, denn seine Arbeit wird nun ähnlich wie in einer Arztpraxis durch Hilfskräfte strukturiert.

Die Implementation von Arztsekretärinnen in den Stationsbetrieb ist ein echtes Projekt (siehe Abschn. 6.1). Daher sind alle denkbaren Beteiligten einzubeziehen:

- die Ärztinnen/Ärzte
  - Als Hauptbeteiligte müssen sie am engsten mit den neuen Mitarbeitern zusammenarbeiten. Sie müssen sich am meisten umstellen und auch einige Freiheiten aufgeben.
- die Geschäftsführung
  - Ohne die Zustimmung der Geschäftsführung ist die Umstellung nicht möglich. Ein Businessplan kann in diesem Zusammenhang hilfreich sein. Die Begleitung des Projekts durch die Personalabteilung ist unerlässlich.
- die Pflegedirektion
  - Sie hat erheblichen Einfluss darauf, ob die größte Berufsgruppe der Veränderung aufgeschlossen gegenübersteht.
- die Stationspflege (Krankenschwestern bzw. -pfleger)
  - Hauptansprechpartner im „Tagesgeschäft". Von hier kommen sicher Bedenken, aber auch gute Ideen. Die Chancen für Verbesserungen auch für das Pflegepersonal müssen vermittelt werden.

- die Stationssekretärinnen
  - Ein Teil der Aufgaben wird sich überschneiden. Die Zuständigkeiten müssen im Vorfeld geregelt werden.
- die Innerbetriebliche Fortbildung
  - Ist zuständig für Fortbildungsmaßnahmen als Unterstützung für die Einarbeitung. Sinnvoll ist die Ausarbeitung eines entsprechenden Schulungsplans.
- den betriebsärztlichen Dienst
  - Auch die Berücksichtigung arbeitsmedizinischer Gesichtspunkte ist wichtig.
- Stabsstellen der Krankenhausorganisation und des QM
  - Hier liegt in vielen Kliniken die Zuständigkeit für Projekte und die Arbeitsorganisation.
- der Betriebsrat
  - Nicht nur aus gesetzlichen Gründen ist die Einbeziehung sinnvoll.
- die technische Leitung
  - Sollte sich die Notwendigkeit von baulichen Veränderungen ergeben, ist die Unterstützung durch die Technische Leitung unerlässlich.
- die Funktionsabteilungen mit ihren Leitungen
  - Sie gehören ebenfalls zu den Hauptkommunikationspartnern bei der täglichen Arbeit.
- die EDV-Abteilung (IT)
  - Zuständig für eine adäquate EDV-Ausstattung und -Schulung.
- Und – last not least – die Arztsekretärinnen selbst
  - Da das Projekt nicht mit der Einstellung der neuen Mitarbeiterinnen endet, müssen diese mit ihren wertvollen Erfahrungen unbedingt eingebunden werden.

Übersicht

Im Einzelnen stellt sich folgendes **Aufgabenprofil für die Arztsekretärinnen** dar:

- Strukturierung des ärztlichen Arbeitstages
- Vor- und Nachbereitung der Visiten sowie der sonstigen Kontakte der Ärztin/des Arztes mit Patienten und Angehörigen
- Begleitung der Visiten, Dokumentation des Behandlungsverlaufs und der ärztlichen Anordnungen
- Informationsaustausch mit der Pflege, den Funktionsabteilungen, sowie Patienten und Angehörigen
- Eingabe von Anforderungen mit den Vorbefunden und bei der Visite kommunizierten Fragestellungen in das Krankenhausinformationssystem (KIS)
- Präsentation und Einordnung der Befunde
- Erledigung aller logistischen Aufgaben und Vereinbarungen
- Filterung der Telefonate insbesondere bei Visiten
- Vorbereitung der Aufklärungsgespräche
- Blutentnahmen

Eine Übernahme von Tätigkeiten, die die ärztliche Kompetenz erfordern (z. B. die komplette Durchführung von Aufklärungsgesprächen, Vidierung von Röntgenanforderungen) ist ebenso wenig vorgesehen wie die Durchführung von Arbeiten, die schon jetzt von nicht-ärztlichen Berufsgruppen geleistet werden.

So ist die Bedienung des Stationstelefons ebenso wie das Schicken von Patienten zu Untersuchungen weiterhin der Stationssekretärin zuzuordnen, die Begleitung von Patienten dem Fahrdienst und die Organisation von Reha-Maßnahmen oder Heimplätzen dem Sozialdienst bzw. dem Entlassungsmanagement.

Auch rein pflegerische Tätigkeiten fallen nicht in den regulären Aufgabenbereich der Arztsekretärin.

Grundsätzlich sollte hier aber der Teamgedanke führend sein in dem Sinne, dass sich die Berufsgruppen im Bedarfsfalle gegenseitig helfen. Dies fällt umso leichter, wenn die sichere Zuordnung des eigenen Arbeitsbereiches durch entsprechende Standards gewährleistet ist.

Über dieses erfolgreiche Projekt am Klinikum Coburg haben wir im Deutschen Ärzteblatt berichtet (Pless und Schafmeister 2009).

Das Projekt selbst war damals deutlich mühevoller als erwartet. Ein wesentliches Problem war der beengte Platz im Stationsstützpunkt, so dass letztlich 10 Stationen umgebaut wurden.

Nach erfolgreich überstandener Einführungsphase hat sich das System sehr bewährt. Die neuen Mitarbeiterinnen (es handelt sich tatsächlich ausschließlich um Frauen, Männer hatten sich nie beworben) haben die in sie gesetzten Erwartungen vollständig erfüllt. Das Pflegepersonal hat die Vorteile mittlerweile erkannt.

Auch die Problematik der unterschiedlichen Kulturen (siehe Abschn. 4.10) kann durch die Arztsekretärinnen abgemildert und sprachliche Hürden überbrückt werden.

Da die Arztsekretärinnen der ärztlichen Berufsgruppe zugeordnet sind, sollte der Fachvorgesetzte ein Arzt sein, z. B. der Leitende Oberarzt der jeweiligen Fachabteilung.

To-do-Liste: Arztsekretärinnen im Stationsbetrieb		
Maßnahme	Termin	Folgetermin
Analyse der stationsärztlichen Arbeit		
Entscheidung, ob die Einführung von Arztsekretärinnen sinnvoll istBereiche		
Wenn JA, Initiierung und Durchführung des Projekts (Kapitel 6.1, Projektmanagement)		

Literatur

Behar B et al (2018) Modernes Krankenhausmanagement. Springer-Gabler, Berlin
Deichert U et al (2016) Traumjob oder Albtraum – Chefarzt w/m. Springer, Heidelberg
Frodl A (2008) BWL für Mediziner. de Gruyter, Berlin

Korzilius H (2019) Notfallsanitäter: Regierung will Dialog über erweiterte Kompetenzen. Dtsch Arztebl 116(48):A-2215/B-1815/C-1767

Korzilius H (2020) MB-Monitor 2019: Ärzte fühlen sich überlastet. Dtsch Arztebl 117(5):A-186/B-168/C-164

Pless H (1987) Rettungswesen: Delegieren. Dtsch Arztebl 84(42):A-2773

Pless H, Schafmeister S (2009) Medizinische Fachangestellte im Krankenhaus: Ärzte und Pflegekräfte werden entlastet. Dtsch Arztebl 106(27):A-1431/B-1219/C-1187

5.1 Didaktik, Präsentationen

Sie kennen das alle von Kongressen und Fortbildungen: Der Referent hat für seinen beispielsweise 30-minütigen Vortrag ca. 100 Folien vorgesehen. Diese sind eng beschrieben und zum Teil in Englisch, da sie auch bei internationalen Veranstaltungen gezeigt werden. Wegen der Fülle an Informationen ist der Vortragende in Eile und leiert den Stoff herunter. Um sich in seinen eigenen Folien orientieren zu können, steht er mit dem Rücken zum Publikum und kann daher auch keinerlei non-verbale Kommunikation einsetzen. Sein schlechtes Zeitmanagement führt dazu, dass er das Zeitfenster beträchtlich überzieht. Die in dem abgedunkelten und überwärmten Raum sitzenden Zuhörer leiden, zum Teil schlafen sie ein.

Das sei jetzt aber satirisch zugespitzt? Nein, wirklich nicht! Es ist leider die Realität bei ganz vielen Veranstaltungen, Vorlesungen an Universitäten eingeschlossen. Und obwohl die meisten Referenten selbst schon oft genug derartig unattraktive Darstellungen ertragen mussten, machen sie dieselben Fehler. Die wenigsten akademischen Lehrer haben eine didaktische Ausbildung. Schon bei guten Präsentationen werden nur 7–9 % des neuen gehörten Wissens von den Zuhörern aufgenommen und gemerkt. Bei schlechten Darstellungen kann man von 0–5 % ausgehen.

Daher nachfolgend einige Tipps für gute Vorträge, Präsentationen und Vorlesungen:

Vorbereitung
- Beachten Sie bei der **Gestaltung** der Präsentation folgende Hinweise (Abb. 5.1):
  - Überlegen Sie sich zuerst die Zusammenfassung, also die Kernbotschaften, die Sie unbedingt vermitteln wollen. Bauen Sie darauf dann Ihren Vortrag auf.
  - Seien Sie sparsam mit Folien (maximal eine Folie/Minute) und überladen Sie die Folien nicht. Mehr als 7 Zeilen können vom Publikum nicht aufgenommen werden.

© Springer-Verlag GmbH Deutschland, ein Teil von Springer Nature 2020   159
H. Pless, *Führen im Krankenhaus*, Erfolgskonzepte Praxis- & Krankenhaus-
Management, https://doi.org/10.1007/978-3-662-60982-8_5

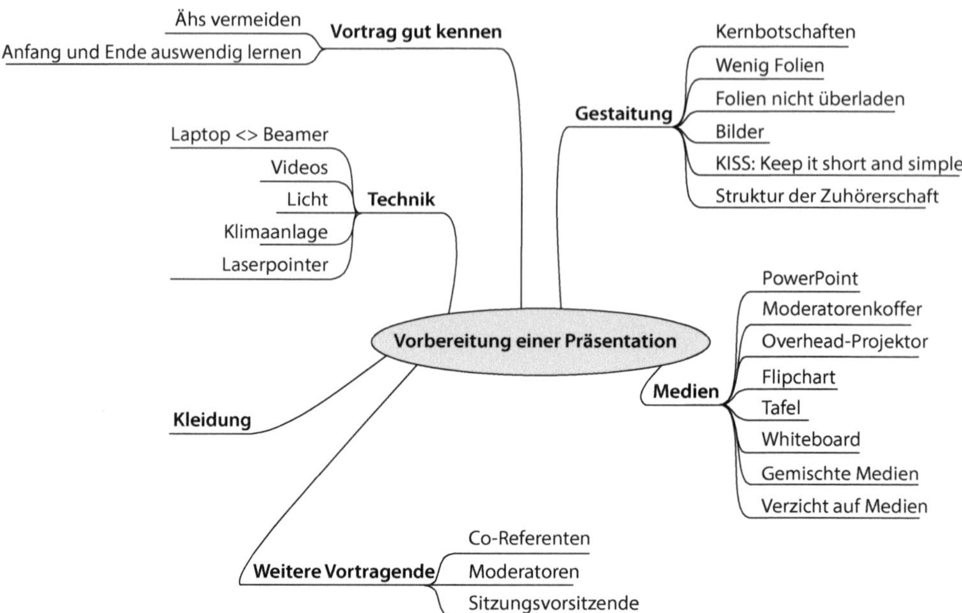

Abb. 5.1 Mindmap Vorbereitung einer Präsentation

- Verwenden Sie Bilder, denn die Kombination Optik plus Akustik steigert das Merkvermögen.
- Beherzigen Sie KISS: „Keep it short and simple"! Machen Sie es also so einfach wie möglich, aber auch nicht einfacher als nötig.
- Berücksichtigen Sie die Struktur der Zuhörerschaft: Handelt es sich um Laien oder Fachleute? Werden Sie auf Interesse stoßen oder müssen Sie dieses erst wecken? Ist Widerstand zu erwarten? Handelt es sich um eine große oder kleine Gruppe?
- Sie sollten Ihren **Vortrag gut kennen**, dürfen sich also nicht mit vielen „Ähs" durch die Folien hangeln. Insbesondere Anfang und Ende müssen Sie auswendig können.
- Machen Sie sich mit der vorhandenen **Technik** vertraut: Spricht Ihr Laptop mit dem Beamer? Wenn Sie just zum geplanten Beginn entdecken, dass Sie Ihre Präsentation nicht starten können, haben Sie ein Problem. Laufen die Videos? Wie kann man die Beleuchtung und die Temperatur regulieren? Wo ist der Laserpointer?
- Bedenken Sie gut die Art und Zahl der **Medien**, die Sie einsetzen wollen.
  - PowerPoint ist üblich und auf Kongressen in der Regel unverzichtbar. Allerdings verführt PowerPoint zu den oben beschriebenen Fehlern.
  - Je nach Art und Größe der Veranstaltung könnten andere Medien besser sein. Am Flipchart können Sie die Inhalte gemeinsam mit den Teilnehmern erarbeiten, ebenso an der Tafel und am Whiteboard.
  - Leider nur noch selten anzutreffen ist der overhead-Projektor, der etliche Vorteile hat: Sie können vorbereitete (echte) Folien nicht nur präsentieren, sondern auch be-

malen, teilweise abdecken und übereinanderlegen. Dabei stehen Sie dem Publikum zugewandt.

- Bei überschaubaren Teilnehmerzahlen und bei Konferenzen ist der Moderatorenkoffer hilfreich. Er enthält Kärtchen, Stifte, Nadeln, Klebefilm usw. Dadurch können alle Teilnehmer perfekt eingebunden und aktiviert werden, was einen nachhaltigen Lerneffekt befördert.
- Eine auf das Thema abgestimmte Mischung der Medien ist meist am besten. Wer es exzellent versteht, Rhetorik, Mimik, Intonation und Körpersprache einzusetzen, kann vielleicht ganz ohne Medien auskommen und trotzdem den besten Vortrag des Tages halten.
- Oft werden Sie nicht der einzige Referent sein. Sprechen Sie sich mit den **Co-Referenten, Moderatoren** oder **Sitzungsvorsitzenden** ab.
- **Kleiden** Sie sich adäquat zum Anlass.

Durchführung (Abb. 5.2)

- Wichtig ist vor allem der **Anfang** und das **Ende** Ihres Vortrags. Beginnen Sie also mit einem „Knaller", einer Schlagzeile also, die Aufmerksamkeit erregt. Dies kann ein Witz sein, eine völlig unerwartete Aussage, ein sensationelles Bild oder ähnliches. Beenden Sie den Vortrag, indem Sie die Kernbotschaften eindringlich wiederholen.
- Vermeiden Sie das „Herunterleiern". Nutzen Sie die Möglichkeiten, die sich aus bewusster Nutzung von **Stimme**, **Intonation** und **Gestik** ergeben.
- Seien Sie dem Publikum und nicht der Leinwand **zugewandt**.
- **Bewegen** Sie sich auf dem Podium, aber ohne hektisch herumzulaufen.

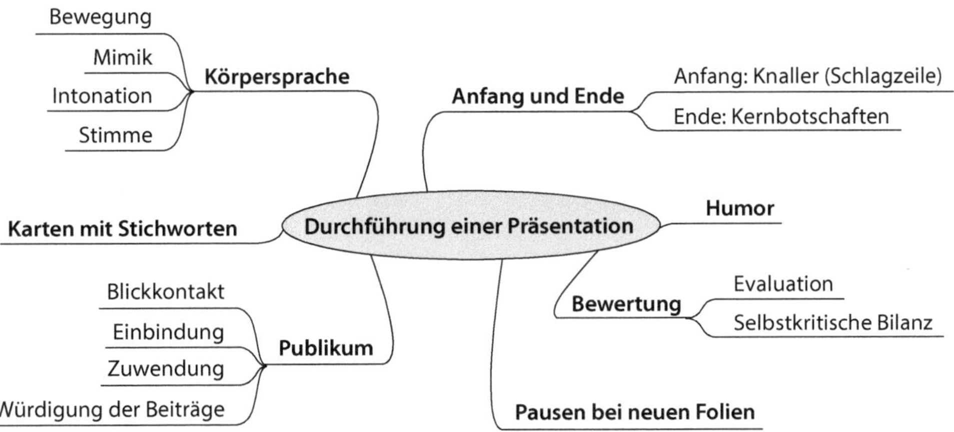

Abb. 5.2 Mindmap Durchführung einer Präsentation

- Machen Sie bei der Projektion jeder neuen Folie eine kurze **Pause**. Dies gibt dem Publikum die Möglichkeit, sich mit den Inhalten vertraut zu machen, bevor Sie fortfahren.
- Verwenden Sie **Karten mit Stichworten** (das kennen Sie von Fernsehmoderatoren!). Dadurch werden Sie unabhängig von Folien und erhöhen Ihre Sicherheit. Durch die kleine Pause bei Ihrem Blick auf die Karte wird der Vortrag gegliedert.
- Suchen Sie den **Blickkontakt** mit einzelnen Zuhörern. Lassen Sie dabei Ihren Blick durch den Raum schweifen und berücksichtigen Sie die letzte Reihe genauso wie die erste.
- Versuchen Sie, Ihr Publikum angepasst an die Art der Veranstaltung **einzubinden**. Stellen Sie Fragen, lassen Sie über Alternativen abstimmen, nutzen Sie den Moderatorenkoffer. Das macht Ihnen und dem Publikum Spaß und sorgt für Aufmerksamkeit und Erholung.
- **Würdigen** Sie die Publikumsbeiträge, indem Sie aufmerksam zuhören und den geäußerten Aspekt verdeutlichen oder wiederholen.
- **Humor** (ein Witz oder eine Karikatur) sorgt für Kurzweiligkeit und wird vom Publikum immer gerne honoriert. Es darf aber – insbesondere bei wissenschaftlichen Themen – nicht in Klamauk ausarten.
- Durch eine abschließende **Evaluation** erhalten Sie ein gewisses Feedback, das Sie aber nicht überbewerten sollten, denn die Validität ist eingeschränkt. Erhalten Sie aber kritische Beurteilungen, sollten Sie diese ernst nehmen.
- Wichtig ist eine eigene, ehrliche und selbstkritische **Bilanz**. Was ist gut gelaufen, was ist zu verbessern?

Gut gelungene Vorträge und Präsentationen sind nicht nur ein momentaner Erfolg. Bei solchen Anlässen haben Sie die Chance, Ihren Ruf nicht nur als fachlicher Spezialist, sondern auch als Persönlichkeit zu stärken. Der Chance steht auch ein Risiko gegenüber: Durch einen misslungenen Vortrag können Sie innerhalb einer halben Stunde einen großen Schaden anrichten.

Es lohnt sich also, viel Mühe auf Vorbereitung und Durchführung (Abb. 5.2) zu verwenden. Dann macht der Vortrag auch richtig Spaß und gibt Ihnen Selbstvertrauen und Routine auch bei anderen Auftritten, z. B. bei Konferenzen.

5.2 Bloom'sche Taxonomie

Ein wenig bekanntes, aber sehr hilfreiches Instrument zur Einordnung von Wissen und Lehre ist die Bloom'sche Taxonomie.

Das Niveau des Lernens und Wissens wird hierbei in sechs Level eingestuft.

- **Level 1** und damit die unterste Stufe ist das **Erinnern**. Bezogen auf das kleine Einmaleins beispielsweise hieße das, dass die Berechnungen auswendig gelernt wurden und in dieser Weise wiedergegeben werden können.

- **Level 2** bedeutet, dass die **Inhalte** auch **verstanden** wurden und somit der Hergang der Berechnung (*warum* ist 5 mal 7 gleich 35?) erklärt werden könnte.
- Im **Level 3** kann man die **Erkenntnisse anwenden**. Ein Lehrling wäre also in der Lage, die Fläche eines Raumes, der 5 mal 7 Meter misst, zu errechnen (35 m^2). Wie man aus Meisterbetrieben hört, scheitern Azubis oft schon bei solchen Aufgaben, werden also von den Schulen im Level 2 in das Berufsleben entlassen.
- Lernende im **Level 4** sind in der Lage, das **Wissen zu analysieren und einzuordnen**. Sie wissen also, dass das Einmaleins nicht nur ein mathematisches Verfahren ist, sondern der Arithmetik zuzuordnen ist und nicht der Geometrie oder der Statistik.
- Im **Level 5** kann darüber hinaus auch **bewertet** werden. Wenn wir bei unserem Beispiel bleiben, ist der Proband also in der Lage, einzuschätzen, ob das Einmaleins für die Berechnung der Fläche eines rechteckigen Raumes gut geeignet ist, oder ob er doch besser zur Integralrechnung greifen sollte. Er wird nach Abwägung zu dem Ergebnis kommen, dass das Einmaleins hierfür sehr gut brauchbar ist.
- **Level 6** ist die Königsklasse. Hier wird **kreativ** gearbeitet. Über die Kenntnis, das Verstehen, die Anwendung, die Analyse und die Bewertung des Bestehenden hinaus ist der Lernende bzw. Wissende in der Lage, selbst Alternativen bzw. neue Verfahren zu entwickeln. Bezogen auf das Einmaleins scheitere ich bei dem Versuch, ein Beispiel zu nennen, muss mich hier also mit Level 5 begnügen.

Zur Wiederholung:

Können Sie die Bloom'sche Taxonomie auswendig wiedergeben? Sehr gut, Level 1!

Können Sie die Herleitung auch erklären? Ja? Also Level 2.

Wenden Sie Bloom in Ihrer Lehre schon an? Level 3.

Bitte analysieren Sie die Bloom'sche Taxonomie (Level 4)!

Und nun bewerten Sie das Verfahren (Level 5)! Ist das Blödsinn oder im akademischen Betrieb sinnvoll einsetzbar? Ja, Sie sollten es einsetzen. Erläutern Sie Ihren Studenten beispielsweise diese Vorgehensweise und ermuntern Sie sie, nicht nur auswendig zu lernen (Level 1), sondern die Erkenntnisse vor allem auch zu bewerten (Level 5) sowie innovativ über Alternativen nachzudenken (Level 6). Im heutigen Informationszeitalter ist es nicht mehr angemessen, bei Examina Faktenwissen abzuprüfen. Fakten können jederzeit via Smartphone eruiert werden. Wesentlich schwieriger ist es schon, sich mit dem Wissen kritisch auseinanderzusetzen (Level 5) und noch schwieriger, das vorhandene Wissen durch eigene Forschung oder Ideen zu ergänzen (Level 6).

Schriftliche Prüfungen könnten entsprechend so gestaltet werden, dass den Prüflingen erlaubt würde, Hilfsmittel wie Internet oder Bücher zu benutzen. Das tun sie im Alltagsleben sowieso auch. Der gute Proband zeichnet sich durch eine differenzierte Bewertung des Erlernten und zusätzliche Ideen aus.

Und nun werden *Sie* kreativ (Level 6)! Wie könnte Level 7 (den es offiziell nicht gibt) aussehen? *Meine* Vorschläge finden Sie unterhalb der Grafik:

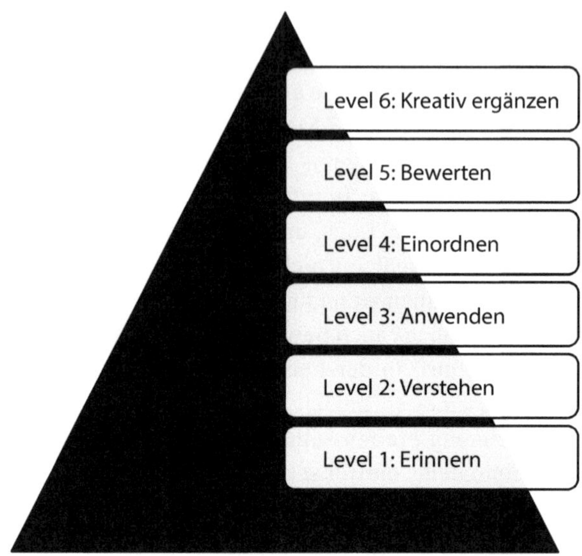

In einem Level 7 könnten die neuen Ideen hochrangig veröffentlicht und so dem wissenschaftlichen Diskurs zugänglich gemacht werden.

Im Level 8 würde diese Veröffentlichung dann ausgezeichnet werden … usw. bis hin zum Level 12 (Nobelpreis)?

5.3 Akademische Lehre, Studenten, Examina

Allenthalben wird der Ärztemangel beklagt. Dabei verhält es sich so ähnlich wie mit dem Strom, der bekanntlich aus der Steckdose kommt (weshalb man sich über Kraftwerke keine Gedanken machen muss). Dem Ärztemangel kann nur durch eine gute Lehre und Wertschätzung den Studierenden gegenüber abgeholfen werden. Leider erlischt bei vielen Lehrenden mit dem Zeitpunkt der eigenen Habilitation (Venia Legendi, Lehrberechtigung) schlagartig das Interesse an Vorlesungen. Diese ungeliebten Veranstaltungen werden dann meist an jüngere (wissenschaftliche) Mitarbeiter delegiert.

Das ist aus vielerlei Gründen bedauerlich.

Denn Lehre macht **Spaß**. Wer für sein Fach brennt, sollte eigentlich Freude daran empfinden, sein Wissen und seine Erfahrungen via Lehrveranstaltungen weiterzugeben. Leider wird dann aber oft der 10-Minuten-Vortrag auf einem Kongress priorisiert, hat er doch für die eigene Reputation eine scheinbar größere Bedeutung. Dabei ist der für eine Vorlesung zu erbringende Aufwand für einen erfahrenen Kliniker, der auf einen großen Fundus zurückgreifen kann, überschaubar. Trotzdem sollten die in Abschn. 5.1 dargestellten didaktischen Grundlagen beherzigt und somit die „Schwellenvorlesung" (bei der der Referent erst auf der Schwelle des Hörsaals mit der Planung beginnt) vermieden werden.

Die Studierenden sind potenzielle **zukünftige Mitarbeiter**. Wer als Student im Praktischen Jahr (oder schon früher, z. B. in Famulaturen) eine Klinik kennengelernt hat, wird sie unter anderem danach beurteilen, welchen Stellenwert die Wissensweitergabe dort hat, denn die Klinik wäre für ihn ja die Weiterbildungsstätte. Hat er gute Erfahrungen gemacht, ist dem Krankenhaus der erste Schritt bei der Personalakquise schon gelungen.

Aber nicht nur als zukünftige, sondern auch als **aktuelle Mitarbeiter** sind die Studierenden wertvoll. Das darf nicht missverstanden werden. Als PJ-Beauftragter habe ich leider immer wieder Beschwerden von Studenten entgegennehmen müssen, die darüber klagten, ausschließlich für anspruchslose Hilfstätigkeiten eingesetzt zu werden. Die Leitenden Ärzte müssen darauf achten, dass die Studenten nach Einarbeitung und Lehre mit anspruchsvollen Aufgaben betraut werden („Empowerment"). So sollen sie (natürlich unter Supervision) Patienten vollumfänglich betreuen (Visiten durchführen, Arztbriefe schreiben) und kleinere Eingriffe durchführen. Man merkt schnell, ob der gute Wille auf fruchtbaren Boden fällt, die Studenten sich also dann selbst gut engagieren. Wenn eine Hand die andere wäscht, ist beiden Seiten gedient. Schlecht ist es, wenn die Studenten nur den Personalmangel kompensieren sollen, selbst aber keine Zuwendung erfahren. Man darf aber auch fordern. Aussagen wie „Blut abnehmen kann ich schon, das brauch ich jetzt nicht mehr zu machen" (Originalzitat) gehen natürlich gar nicht.

Lehre ist eine **verantwortungsvolle Aufgabe**. Die heutigen Studierenden sind die Ärzte von morgen. Wer sich über schlechten ärztlichen Nachwuchs beklagt, hat seine Hausaufgaben nicht gemacht.

Ärztliche Führungskräfte sind häufig auch **Prüfer**, z. B. bei Staatsexamina oder bei Weiterbildungsprüfungen. Prüfen ist eine wertvolle, aber auch eine schwierige Tätigkeit. Man muss sich nämlich in das Niveau der Prüflinge hineindenken. Vieles, was für einen selbst nach jahrzehntelanger klinischer Arbeit in einem Fachgebiet völlig selbstverständlich ist, überfordert den Studenten. Beim Staatsexamen ist außerdem ein anderes Maß anzulegen als bei der Facharztprüfung. Das fällt oft schwer.

Ziel der Prüfung ist es, die Grenzen des Wissens des zu Prüfenden herauszufinden – bei dem exzellenten Kandidaten genauso wie beim schlechten Studenten. Auch bei dem erstgenannten dürfen die Fragen so schwer werden, dass er irgendwann passen muss (seine „Eins" bekommt er trotzdem). Dem schwachen Kandidaten, dem schon früh die Antworten fehlen, wird mittels „Umleitungsfragen" geholfen. Scheitert er auch daran, muss er durchfallen.

Geprüft werden soll das Fachwissen und nicht die Stressresistenz. Die Atmosphäre ist also entsprechend zu gestalten.

5.4 Visite

Die Visite hat in vielerlei Hinsicht einen ähnlichen Stellenwert wie der Arztbrief (siehe Abschn. 6.6). Sie

1. ist ein Führungsinstrument
2. dient der Kommunikation des Geschehens
3. hilft, das diagnostische und therapeutische Konzept zu strukturieren
4. sorgt als wichtiges logistisches Werkzeug für das Funktionieren der Abteilung
5. ermöglicht eine Zwischenanamnese und -untersuchung
6. dient der Lehre (deshalb erscheint sie auch im Kap. 5, „Lehre")
7. ist eine der Visitenkarten (man beachte das Wort!) der Abteilung
8. ist das Forum für die Bewertung von Befunden und Situationen.

Mit einem Wort: Visiten sind extrem **wichtig**.

Trotzdem werden sie vernachlässigt. Es fällt auf, dass Besprechungen immer zahlreicher und personell überladener werden, Visiten dagegen verlieren an Interesse; oftmals ist der Stationsarzt allein unterwegs.

Dabei ist schon die Besetzung der normalen Stationsvisite von Bedeutung: Neben dem Stationsarzt sollte nicht nur die zuständige Pflegekraft die Visite begleiten. Gerade das findet leider in Zeiten des Pflegepersonalmangels häufig nicht statt. Auch die Arztsekretärin wird bei der Visite gebraucht (siehe Abschn. 4.16). Zumindest einmal die Woche sollten Mitarbeiter des Sozialdienstes, der Physiotherapie, gegebenenfalls auch der Logopädie anwesend sein.

Gehen wir nun auf die einzelnen Funktionen der Visite ein:

Ad 1: **Führungsinstrument**: Der leitende Arzt kann durch den Stil und die Inhalte der Visite sein Abteilungskonzept verwirklichen. Bei der Visite werden die wichtigen Entscheidungen getroffen und die Weichen gestellt. Wenn Sie bei der Visite Ihr Konzept vorleben und immer wieder verdeutlichen, wird es nachgeahmt werden.

Ad 2: **Kommunikation**: Wer selbst als Patient im Krankenhaus mal die Visite erwartet hat, kennt die kommunikative Bedeutung. Man möchte sich mitteilen und hungert nach Information. Ist die Visite optimal besetzt (siehe oben) kann auch die Pflegekraft oder der Physiotherapeut eigene Erfahrungen schildern und Einschätzungen abgeben. Der Sozialdienst dokumentiert die Bedürfnisse für die Zeit nach der Entlassung und berichtet über bisherige Maßnahmen. Der Stationsarzt erläutert den medizinischen Plan. All dies wird von der Arztsekretärin in der (evtl. elektronischen) Kurve dokumentiert.

Ad 3: **Strukturierung**: Hier hat der Stationsarzt seine wichtigste Aufgabe, denn die Visite geht weit über das Händeschütteln hinaus. Es müssen die Befunde gesichtet, gewertet und mit dem Patienten und dem Team besprochen werden. Die weiteren Schritte für die nächsten Tage sind zu planen: Wann werden welche weiteren diagnostischen und therapeutischen Maßnahmen notwendig?

Gut ist es, wenn der Arzt für jeden der Folgetage einen Plan hat und seine Anordnungen entsprechend erteilt. Dabei ist auf Effizienz zu achten. Blutentnahmen sind in der Regel 1 bis 2 Mal wöchentlich ausreichend. Unstrukturiert arbeitende Ärzte kontrollieren am Montag das Blutbild, am Dienstag die Nierenwerte, am Mittwoch dann die Gerinnung usw. Gerade Blutuntersuchungen sind für die Patienten ein Ärgernis und in der Berücksichtigung des gesamten Prozesses sehr aufwändig: Anordnung, Blutentnahme, Transport zum Labor, Analyse, ärztliche Kenntnisnahme der Werte.

Effizient wird dann gearbeitet, wenn es bei der Visite gelingt, einen Wochenplan zu erstellen, bei dem jeder einzelne Tag sinnvoll gefüllt ist mit aufeinander abgestimmter Diagnostik und Therapie. Auch der Entlassungstag sollte schon frühzeitig anvisiert werden.

Ad 4: **Logistik**: Die Qualität der Visite wirkt sich auf die ganze Abteilung aus. Gut vorbereitete Patienten, stimmige Indikationen und durchdachte Abläufe helfen, das ansonsten unweigerliche Chaos zu vermeiden. So werden unsinnige Untersuchungen und Komplikationen vermieden, ein gutes Betriebsklima unterstützt und Ressourcen geschont.

Ad 5: **Zwischenanamnese und -untersuchung**: Oft vergessen, aber objektiv wichtig und für den Patienten subjektiv wertvoll: Fragen Sie beim Patienten nach, wie er die bisherigen Maßnahmen wahrnimmt und ob er Besserungen verspürt. Geben Sie ihm Zeit, sich zu äußern und praktizieren Sie aktives Zuhören.

Aber auch die körperliche Untersuchung, die sich bei der Visite natürlich auf Basismaßnahmen wie z. B. Inspektion, Pulsfühlen und Auskultation beschränkt, ist nicht ohne Bedeutung, wie nachfolgende Beispiele zeigen:

Beispiel 1

Der Patient wird mit linksseitigen Brustschmerzen akut stationär aufgenommen. Der initiale körperliche Untersuchungsbefund ist unauffällig. Die zur Abklärung durchgeführte Coronarangiographie ergibt einen Normalbefund.

Nach Entlassung meldet sich der Hausarzt: Ob denn die mittlerweile aufgetretenen linksthorakalen Zosterbläschen nicht aufgefallen seien? ◄

Beispiel 2

Nach der Operation eines Colon-Carcinoms klagt der Patient über Belastungsdyspnoe. Bei der Visite wird daraufhin ein Thorax-CT angeordnet. Der befundende Radiologe ist erstaunt über die Fragestellung (Lungenembolie?), denn der ausgedehnte Pleuraerguss wäre sicher auch durch Auskultation oder Perkussion feststellbar gewesen. Manchmal muss man eben bis zum Äußersten gehen – und zum Stethoskop greifen. Haben Sie noch eins in der Kitteltasche? ◄

Indolente Patienten verschweigen oft gravierende Befunde, die aber vielleicht schon beim Blick unter die Bettdecke demaskiert würden. Fehlt das Pflegepersonal bei der Visite, besteht endgültig die Gefahr, Wesentliches zu übersehen.

Manchmal kann es sinnvoll sein, die fragliche Mobilität bzw. die Belastbarkeit eines Patienten zu prüfen, indem man selbst mit ihm während der Visite einige Schritte im Zimmer läuft.

Patienten und Kollegen registrieren sehr sensitiv die Mühe (oder eben auch die fehlende Sorgfalt), die bei der Visite aufgewandt wurde. Somit besteht einerseits die Chance, sich zu profilieren, andererseits das Risiko, sich zu blamieren, bzw. den Patienten durch Unterlassung zu schädigen.

Ad 6: **Lehre**: Ältere Kollegen berichten ehrfürchtig über die früher praktizierten ausgedehnten Lehrvisiten, die schon mal 3 bis 4 Stunden dauerten. Erfahrene Ober- oder Chefärzte erläuterten dabei die komplexe Differenzialdiagnose, nannten seltene Erkrankungen, die in Frage kämen und konnten auch bei ungewohnten Befunden früher gemachte Erfahrungen schildern. Selbstverständlich wurden das New England Journal oder andere Fachliteratur zitiert.

Derartige Lehrvisiten sind heute aus der Mode gekommen. Dies mag nachvollziehbare Gründe haben, wenn man den Patienten unnötige Belastungen ersparen wollte. Viel eher ist es aber dem Zeitgeist geschuldet. Wenigstens Ärzte mit Weiterbildungsbefugnissen oder Dozenten in akademischen Lehrkrankenhäusern sollten die Visite aber zur Lehre nutzen.

Aber auch sonst ist die Lehrfunktion der Visite von großer Bedeutung, weshalb sie auch im Kap. 5, „Lehre" behandelt wird.

Ad 7: **Visitenkartenfunktion**: Viel eher als die gelungene Operation ist die Qualität von Visiten das Aushängeschild von Kliniken. Bei Evaluationen beklagen sich Patienten vor allem über Wartezeiten und fehlende Informationen. Letzteres lässt sich durch gute Visiten problemlos beheben, die Wartezeiten durch eine gute Logistik – und auch die wird durch die Visite beeinflusst (siehe oben).

Ad 8: **Bewertung**: Bei der Visite treffen eine Fülle von Informationen aufeinander: Schriftliche Befunde, körperliche Untersuchungsbefunde, Äußerungen des Patienten sowie unterschiedlicher Berufsgruppen usw. All dies muss eingeordnet und in seiner Bedeutung gewertet werden. Dabei ist der Stationsarzt (hoffentlich) nicht allein, sondern findet in allen Teilnehmern der Visite ein Forum, mit dem er sich besprechen kann.

Es gibt unterschiedliche **Visitentypen**, bei denen die oben genannten Funktionen jeweils unterschiedlich ausgeprägt sind:

- **Die Stationsvisite**: Das ist die täglich (möglichst auch am Wochenende) stattfindende Visite, durchgeführt in der Regel vom Stationsarzt, der von verschiedenen Berufsgruppen begleitet wird.
- **Die Kurvenvisite**: Wird meist nachmittags erledigt, immer *ohne* den Patienten, oft aber mit dem Oberarzt. Dabei werden die Befunde des Tages gesichtet, gewürdigt und evtl. Konsequenzen gezogen. Durch die Abwesenheit des Patienten ist auch ein möglicherweise kontroverser Diskurs möglich.
- **Die Oberarztvisite**: Sollte mindestens zweimal pro Woche erfolgen. Ergänzend zu den Aufgaben der Stationsvisite fällt dem Oberarzt eine für alle Seiten unangenehme Rolle zu: Er muss die Fehler finden. Wurden Befunde übersehen, falsch gewertet oder nicht erhoben? Ist möglicherweise die gesamte medizinische Strategie falsch? Der Oberarzt hat daher auch eine anspruchsvolle kommunikative Aufgabe, wenn er eine Beschädigung des Stationsarztes vermeiden möchte.
- **Die Chefarztvisite**: Hier geht es mehr um das Grundsätzliche. Der Chefarzt wird sich weniger um das Tagesgeschäft, sondern mehr um die prinzipiellen Vorgehensweisen

kümmern. Gerade für den Chefarzt ist die Funktion der Visite als Führungsinstrument von Bedeutung.

Für die Patienten ist es schon subjektiv wichtig, mit dem Chefarzt zu sprechen, dieser sollte daher auch entsprechend vorgestellt werden.

Bei Privatpatienten ist die Pflicht zur höchstpersönlichen Erbringung zu bedenken, will man sich nicht des Abrechnungsbetrugs schuldig machen.

- **Die Themenvisite**: Dieser Visitentyp setzt sich nur zögerlich durch. Am bekanntesten ist noch die Antibiotic Stewardship (ABS), bei der Spezialisten für Antibiotika oder Hygiene als Ratgeber für infektiologische Fragestellungen die Visite, die sich dann auch nur damit beschäftigt, begleiten. In der Kardiologie hat sich die Rhythmusvisite bewährt: Einmal pro Woche werden mit dem Rhythmologen alle Patienten mit Herzrhythmusstörungen visitiert. Je nach Fachgebiet sind noch viele weitere Themen denkbar.

Die To-do-Liste entfällt diesmal, denn selbstverständlich berücksichtigen Sie und Ihr Team alle genannten Aspekte bereits sorgfältig. Sie haben die obigen Hinweise daher als banal empfunden.

Sollte Ihnen wider Erwarten doch eine Verbesserungsmöglichkeit aufgefallen sein, müssen Sie handeln: Visiten sind **wichtig!**

5.5 Fortbildung, Veranstaltungsmanagement

Die klinische Fortbildung erfüllt mehrere Funktionen:

- Primärfunktion: Die Teilnehmer sollen über aktuelle Themen informiert werden.
- Am besten profitiert meist der Referent: Er muss sich bei der Vorbereitung sehr intensiv mit allen Aspekten beschäftigen.
- Jüngere Referenten lernen, Vorträge zu halten.
- Fortbildung ist ein Führungsinstrument: Durch die Themenauswahl und -darstellung werden gewünschte Verhaltensweisen befördert.
- Fortbildung ist auch ein Marketinginstrument: Der Referent oder seine Abteilung stellen sich in positiver Form vor.
- Fortbildungsveranstaltungen mit Einbindung mehrerer Mitarbeiter haben einen Team-bildenden Effekt.
- Die hausinterne Kommunikation wird gefördert.
- Fortbildungen können das Programm der Akademischen Lehre ergänzen (Medizinstudenten im Praktischen Jahr).
- Last and least: Es können Fortbildungspunkte erworben werden.

Es gibt also zahlreiche Gründe, Fortbildungsveranstaltungen auszurichten. Insbesondere dann, wenn man eine Führungsposition neu angetreten hat, sollte man diese Gelegenheit nutzen, sich dem gewünschten Personenkreis (meist Zuweiser) vorzustellen.

Bei der Planung gelten die auch schon für Besprechungen (siehe Abschn. 2.4) genannten Grundsätze in ähnlicher Weise:

1. Bestimmung der Zielgruppe
2. Sorgfältige Auswahl der Themen und Referenten
3. Der Termin und die Dauer müssen an die Belange der Teilnehmer angepasst sein
4. Rechtzeitiger Versand der Einladungen
5. Pünktlicher Beginn und pünktliches Ende.

Sofern das Budget es zulässt, ist ein kulinarischer Rahmen gern gesehen. Bei einer Finanzierung durch die Industrie sind dem aber aus Compliancegründen enge Grenzen gesetzt. Überhaupt sollte jeder Eindruck vermieden werden, dass die Inhalte fremdgesteuert sind. Eine angemessene Distanz zur Industrie wahrt die Unabhängigkeit.

Die kliniksinterne Finanzierung ist daher anzustreben. Man kann hier verschiedene Modi diskutieren: Ein für die gesamte Klinik vorgesehener Topf bietet mehr Flexibilität, schlecht ist es aber, wenn das Geld durch Andere vorzeitig verbraucht ist. Besser ist es, die Abteilungsleiter können selbst über ein Budget verfügen.

Bei der Gestaltung der Fortbildungen muss man darauf achten, die Teilnehmer nicht zu überfordern, wenngleich wenn man selbst natürlich gerne alle Steckenpferde vorstellen würde. Aber auch am Mittwochnachmittag freuen sich die wenigsten niedergelassenen Kollegen über eine 5-stündige Fortbildung.

Wahrscheinlich werden Sie PowerPoint Präsentationen bevorzugen; siehe hierzu aber Abschn. 5.1! Auflockern können Sie die Veranstaltung, wenn Sie gezielte Debatten zwischen zwei Referenten einstreuen: Pro- und Contra-Referate.

Live-Demonstrationen bestimmter Eingriffe erfreuen sich gerade in der Kardiologie großer Beliebtheit. Sie haben aber Nachteile: Gelingt der Eingriff nicht, wären Sie möglicherweise blamiert. Bei bedeutsamen Komplikationen könnte der Patient sogar gefährdet werden. Der zeitliche Verlauf ist schwer vorhersagbar. Die Kosten für den technischen Aufwand sind immens.

Besser als live sind aufgezeichnete Eingriffe. Auch wenn sie weniger spektakulär sind, so haben sie didaktisch doch Vorteile: Der zeitliche Rahmen ist gut zu planen. Ein Risiko besteht nicht. Die Aufzeichnung kann jederzeit für eine zusätzliche Erläuterung – auch mit ergänzenden Medien – unterbrochen werden.

Ist bei einer Veranstaltung also mehr als ein Vortrag geplant, kann man die Aufmerksamkeit der Teilnehmer durch die Abwechslung unterschiedlicher Formate – in gewissen Grenzen - aufrechterhalten.

Die Fortbildung kann nur dann ein Erfolg werden, wenn eine angemessene Zahl von Teilnehmern erscheint. Die oben genannten Punkte 1 bis 5 sind die Voraussetzung dafür. Allerdings geht es nicht ohne Reklame.

Dafür stehen verschiedene Kanäle zur Verfügung:

- Versand von Einladungen an die Zielgruppe
- Hinweis auf die Veranstaltung in jedem Arztbrief
- Annoncen in der Fachliteratur
- Veröffentlichung im Veranstaltungskalender der Ärztekammer
- Hinweis im Rahmen anderer Veranstaltungen
- Persönliche Einladung bei Gesprächen und Telefonaten
- Nutzung kommerzieller Veranstaltungsagenturen.

Eine wesentliche Motivation zur Teilnahme ist die Vergabe von Fortbildungspunkten, da Fachärzte zur Fortbildung verpflichtet sind.

Hierfür ist für die jeweilige Veranstaltung die Anerkennung bei der Landesärztekammer zu beantragen. Dies geht in der Regel online, ist aber trotzdem aufwändig und bürokratisch. Die Bearbeitung durch die Ärztekammern kostet Zeit, manche fordern daher eine Frist von 6 Wochen. Denken Sie also rechtzeitig an die Beantragung, so dass Sie auf den Einladungen und Flyern mit den Punkten werben können!

Manche Landesärztekammern haben mittlerweile die Vergabe von Punkten als gute Einnahmequelle erkannt. In diesem Zusammenhang fällt die Landesärztekammer Hessen besonders negativ auf, denn sie verlangt für *eine* zusammenhängende, aber 2-tägige Veranstaltung sogar die *doppelte* Gebühr. Die Bayerische Landesärztekammer dagegen kommt erfreulicherweise völlig ohne Gebühren für die Vergabe von Fortbildungspunkten aus.

Die quantitative Resonanz der Zielgruppe ist oft trotz aller Marketing-Maßnahmen enttäuschend. Das Angebot ist mittlerweile groß und die Arbeitsdichte der Ärzte leider auch. Entsprechend sorgfältig wird die Teilnahme abgewogen.

Die Gestaltung von Fortbildungsveranstaltungen ist die Aufgabe der gesamten Abteilung. Rufen Sie daher in der Frühbesprechung alle ärztlichen Mitarbeiter dazu auf, entsprechende Vorschläge zu machen. Die zuständigen Oberärzte sollten die wissenschaftlichen Leiter der jeweiligen Veranstaltung werden. Als Referenten kommen – je nach Thema – natürlich alle Mitarbeiter in Frage.

Schaffen Sie eine Infrastruktur für die Organisation der Veranstaltungen. Neben einer nicht-ärztlichen Person, die die gesamte Logistik verantwortet, sollte es auch einen ärztlichen Fortbildungsbeauftragten geben.

Gemeinsam ist nun ein Jahresplan zu erstellen. Dieser muss angemessen sein, also die Belange der Zielgruppen berücksichtigen. Eine Überladung des Kalenders hat meistens eine geringe Teilnahme zur Folge.

Klären Sie die Finanzierung. Nicht zu unterschätzen sind die Marketingkosten (Einladungsversand etc.).

To-do-Liste: Fortbildungen		
Maßnahme	Termin	Folgetermin
Ernennen Sie einen Fortbildungsbeauftragten in Ihrer Abteilung und eine nicht-ärztliche Person zur Assistenz		
Sammeln Sie Fortbildungsideen in der Abteilung		
Erstellen Sie gemeinsam einen Jahresplan		
Klären Sie die Finanzierung		
Prüfen Sie regelmäßig die Fortbildungsaktivitäten Ihrer Abteilung		

5.6　Weiterbildung

Von der Fortbildung abzugrenzen ist die Weiterbildung. Damit ist die Erlangung von

- einer Facharztbezeichnung in einem Gebiet,
- einer Schwerpunktbezeichnung im Schwerpunkt eines Gebietes oder
- einer Zusatzbezeichnung gemeint.

Rechtsgrundlage bilden die **Weiterbildungsordnungen** und **Weiterbildungsrichtlinien**, die von den Landesärztekammern bzw. dem Landesärztetag erlassen und von der Aufsichtsbehörde (in der Regel das Landesgesundheitsministerium) genehmigt werden.

Die Weiterbildung erfolgt durch **befugte Weiterbilder** an zugelassenen Weiterbildungsstätten (z. B. Kliniken oder Praxen).

Sie wird strukturiert durch die Vorschriften der Weiterbildungsordnungen und durch ein vom Weiterbilder entworfenes **Weiterbildungsprogramm**.

Die Dokumentation erfolgt in einem **Logbuch**. In dieses sind der Weiterbildungsgang, die abgeschlossenen Weiterbildungsinhalte, die selbst durchgeführten Eingriffe sowie die jährlichen Gespräche mit dem befugten Arzt einzutragen.

Die Zulassung zur Prüfung nach Abschluss der Weiterbildung bei der Landesärztekammer (dem „**Kollegialgespräch**") erfolgt erst, nachdem der vollständig absolvierte Weiterbildungsgang mit allen Eingriffen, Untersuchungsverfahren und Mindestzeiten nachgewiesen ist. Dem Umfang dieser Dokumentation entsprechend beträgt die Bearbeitungszeit in den Ärztekammern mehrere Monate, oft über ein halbes Jahr.

Auch die **Beantragung der Weiterbildungsbefugnis** ist keineswegs mit einem kurzen formlosen Schreiben abgetan. Vielmehr ist ein umfangreicher Antrag zu stellen, dem erfahrungsgemäß zur ordnungsgemäßen Befüllung ausgiebige Recherchen vorausgehen müssen.

Übersicht

Nachfolgend ist beispielhaft der geforderte Inhalt des **Antrags auf Weiterbildungs-befugnis** für den Facharzt für Innere Medizin in Bayern dargestellt:

- Persönliche Angaben des Antragstellers
  - Personalien
  - Berufliche Funktion
  - Eigene (Facharzt- oder sonstige) Bezeichnungen
  - Beruflicher Werdegang
  - Fachliche Aktivitäten (Berufsverbände, Vorträge, Publikationen)
  - Eigene Fortbildungen
- Weiterbildungsstätte
  - Bezeichnung
  - Anschrift
- Angaben zu
  - Rotationspartnern
  - Kooperationspartnern, jeweils mit Angabe deren Weiterbildungsbefugnissen und Darstellung der Verteilung der Lehrinhalte
- Infrastruktur der Weiterbildungsstätte
  - Labor mit Dokumentationsart, Qualitätssicherung, Struktur, Analysegeräte
  - Physikalische Therapie
  - Pathologie (u. a. Zahl der Histologien und Sektionen)
  - Angaben zur Diätküche
  - Bildgebende Verfahren (Aufschlüsselung und quantitative Aufstellung der Sonographien, Röntgenuntersuchungen, Computertomographien, Magnetresonanztomographien)
  - Aufschlüsselung und quantitative Aufstellung der Endoskopien, kardiologischen Funktionsuntersuchungen, Organpunktionen usw.
  - Angaben zur Intensivpflege, Dialysebehandlung, Humangenetik, Allergologie, Tumorkonferenzen, sonstige Kooperationen
  - Angaben zu Rotationsmöglichkeiten
  - Geräteliste (Anzahl, Typen, Baujahr usw.)
  - Bibliothek (Zahl der Buchbände, Fachzeitschriften, Internetzugang, Online-Abonnements)
  - Angaben zu Gutachten
  - Fachabteilungen einschließlich der Bettenzahlen und ärztlichen Leiter
  - Struktur der Intensivstation (Betten, Personal, Beatmungsgeräte, Patientenzahl, Pflege- und Beatmungstage/Jahr, 24-h-Oberarztbereitschaften, Nierenersatzverfahren)

- Personelle Besetzung der Abteilung (ärztlich, pflegerisch, Assistenzpersonal)
- Statistische Angaben zur Abteilung (Fallzahl, Verweildauer, Belegung)
- Qualitätsbericht
- Diagnosenstatistik
• Bei Arztpraxen: Art der Praxis, Scheinzahl, Personal, Räume, Dokumentationsform
• Fortbildungsangebote für Assistenten
• Weiterbildungsprogramm (vom Antragsteller zu entwerfen)
• Abschließende Angaben einschließlich der eigentlichen Antragstellung, bearbeiteter Checkliste und diverser Erklärungen, Unterschrift.

Schon mit der Antragstellung ist der hoffnungsfrohe Weiterbilder wochenlang beschäftigt (und die Ärztekammer wiederum Monate mit der Genehmigung). Ist er dann befugt, muss er nicht nur weiterbilden (lehren), sondern auch die vorgeschriebenen Gespräche führen, die Logbücher gegenzeichnen und die Zeugnisse erstellen.

Dass sich bei dieser typisch deutschen Methodik zur Behebung des Fachkräftemangels überhaupt noch Weiterbilder finden, mag überraschen.

Allerdings ist die Weiterbildungsbefugnis eine unerlässliche Voraussetzung dafür, Assistenzärzte einstellen zu können. Außerdem ist die Weiterbildung ein gutes Führungsinstrument (siehe Abschn. 1.10). Daher muss dieser aufwändige Weg gegangen werden.

Zu beachten ist, dass der Antragstellung einige Jahre eigener Facharzttätigkeit vorausgehen müssen, man also nicht direkt nach der bestandenen Prüfung selbst zum Weiterbilder werden kann.

Einer Befugnis entgegen steht auch eine noch laufende persönliche Weiterbildung zu einer anderen Bezeichnung (ist man also als Facharzt in der Weiterbildung zu einer Schwerpunktbezeichnung, kann man nicht gleichzeitig selbst Weiterbilder für die Facharztbezeichnung sein).

Das Rechtsverhältnis in dem sogenannten „öffentlich-rechtlichen Weiterbildungsverhältnis" umfasst drei Partner: den Weiterbilder, den Weiterzubildenden und die die Befugnis erteilende Ärztekammer. Zu Beginn der Weiterbildung müssen sich der Weiterbilder und der in Weiterbildung befindliche Arzt über ihr Weiterbildungsverhältnis „in Rechtsbindungsabsicht" einig werden; nur dann entstehen die damit zusammenhängenden Rechte und Pflichten. Der Arbeitgeber spielt nur insofern eine Rolle, als er die Weiterbildungsstätte stellt und die beiden Erstgenannten dort beschäftigt sein müssen. Er darf keinen Einfluss auf die Weiterbildung nehmen; Fachvorgesetzte des Weiterbilders müssen insoweit auf ihre Weisungsbefugnis verzichten.

Die To-do-Liste finden Sie eigentlich schon oben. Achten Sie darauf, dass in Ihrer Abteilung immer genügend Weiterbilder (für alle vorhandenen Facharzt-, Schwerpunkt- und Zusatzbezeichnungen) befugt sind, damit es bei personellen Veränderungen nicht zu verhängnisvollen Lücken im Weiterbildungsgang der Assistenzärzte kommt.

5.7 Promotion, Habilitation

Der korrekte Umgang mit **wissenschaftlicher Evidenz** ist ein zentrales Element ärztlicher Arbeit. Dies bedeutet lebenslanges Lernen, wobei man sich nicht nur auf die reine Medizin beschränken, sondern über diesen Horizont hinausschauen sollte. Sie sind Vorbild, denn Sie lesen dieses Buch!

Das Studium von Fachbüchern, Zeitschriften und Richtlinien sowie der Besuch von Kongressen kann nur dann effizient sein, wenn Sie mit der wissenschaftlichen Methodik vertraut sind. So sollten Sie biomathematische Berechnungen verstehen, Risiken und Erfolge richtig einschätzen und die Validität der Schlussfolgerungen einordnen können. So ist der in Studien, aber auch von der Industrie häufig genutzte Begriff der relativen Risikoreduktion irreführend (Schirren et al. 2019).

Außerdem möchten Sie vielleicht selbst forschen, wofür Sie das wissenschaftliche Handwerkszeug ebenfalls richtig einsetzen müssen.

Das Fundament hierfür ist die schon während des Studiums begonnene (im Optimalfall auch abgeschlossene) wissenschaftliche Arbeit in Form der **Promotion**. Eine gute Betreuung vorausgesetzt lernen Sie hierbei die Grundzüge des Forschens, Schreibens und Veröffentlichens. Erfahrungsgemäß spielt das eigentliche Thema nicht die größte Rolle, sondern eher die Methodik und die Supervision. Wenn Doktorarbeiten abgebrochen werden (was leider häufig der Fall ist), liegt es meist nicht am Thema, sondern an den Randbedingungen.

Die Doktorarbeit bedeutet also sehr viel mehr als nur der Titel. Vielmehr ist sie ein wesentlicher Inhalt der akademischen Bildung. Deshalb sollten Sie – wenn noch nicht geschehen – für sich selbst unbedingt die Promotion anstreben. Das ist keineswegs selbstverständlich. Mittlerweile werden sogar Chefarztstellen in mittelgroßen Häusern an nicht-promovierte Bewerber vergeben.

Potenzielle Mitarbeiter Ihres Hauses möchten den Titel vielleicht erwerben. Für diesen Fall sind Vorkehrungen beim Arbeitgeber nötig, um nicht von einem großen Teil des Arbeitsmarktes ausgeschlossen zu werden. In Universitätskliniken stellt das kein Problem dar. Häuser ohne direkten Universitätsanschluss brauchen Kooperationen.

Auch **Habilitationen** können bisweilen über Kooperationen vorangetrieben werden. Unproblematischer ist aber natürlich die Erlangung der „Lehrberechtigung" direkt an der Universitätsklinik. Nicht verkennen darf man, dass der Weg steinig und mit vielen Abhängigkeiten verbunden ist. Es muss jeder für sich selbst entscheiden, ob er seinen persönlichen weiteren Werdegang so eng mit anderen Personen oder Strukturen verbinden möchte. Das Risiko, viel Aufwand vergeblich investiert zu haben, besteht.

Ob der ursprünglich erwünschte Karriereweg sich dann verwirklicht, ist außerdem fraglich bzw. vielleicht auch ohne „PD" oder „Prof." möglich. Es werden jetzt gute Positionen in attraktiven Häusern angeboten, ohne dass die Habilitation gefordert ist. Vielmehr werden eher „Softskills" gewünscht, also soziale und kommunikative Kompetenz, gepaart mit betriebswirtschaftlichem Verständnis. Der MBA oder MBHA (Master of *Health* Business Administration) könnte dabei hilfreich sein. Will man dagegen dauerhaft medizinische Forschung betreiben, ist die Habilitation unverzichtbar.

Ein **Plagiat** ist die Anmaßung fremder geistiger Leistungen. Aktualität hat der Begriff im Zusammenhang mit Doktorarbeiten prominenter Politiker erlangt. Es gibt keine Daten darüber, inwieweit dieses Phänomen auch bei Promotions- oder Habilitationsschriften in der Medizin virulent ist. Kritisch zu hinterfragen ist es aber, wenn schon bei eher banalen Veröffentlichungen acht oder mehr Autoren aufgeführt sind – von denen sicher einige nicht in die Erstellung involviert waren. Eine Hand wäscht die andere. Aber auch das ist eine Form des Plagiarismus.

Literatur

Schirren C et al (2019) Risikokommunikation: Zahlen können Verwirrung stiften. Dtsch Arztebl 2019 116(38):A-1642/B-1355/C-1330

Spezielle Managementverfahren und Themen

6.1 Projektmanagement

Definition

Ein wesentliches Führungsinstrument, aber auch unerlässliches Werkzeug bei Änderungsvorhaben (Changemanagement) ist das Projekt.

Wenn meine Frau vorschlägt, nachmittags zu wandern mit anschließendem Restaurantbesuch und ich ihr mit der Bemerkung „Das ist ja ein tolles Projekt!" antworte, habe ich dann recht?

Wohl kaum. Toll mag es werden, ein Projekt aber nicht. Zwar werden viele geplante private und betriebliche Vorhaben umgangssprachlich als Projekt bezeichnet. Meistens erfüllen sie aber nicht die hierfür eingeführten Kriterien, so dass man den allzu inflationären Gebrauch dieses Begriffes vermeiden sollte.

Diese Einschätzung mag formalistisch anmuten, hat ihre Berechtigung aber darin, dass Projekte einen standardisierten Rahmen und Ablauf haben und genau deshalb bei korrekter Durchführung erfolgreich sind. Dagegen scheitern Projekte, wenn der hierfür vorgeschlagene Weg verlassen wird. Dies schließt nicht aus, dass einzelne Vorgehensweisen, die sich bei Projekten bewährt haben, auch außerhalb von Projekten eingesetzt werden können.

Was ist ein Projekt?

Zunächst sollte das Vorhaben einen **signifikanten Umfang** oder Aufwand haben bzw. **Kosten** verursachen. Schon deshalb also wäre der oben geschilderte Plan meiner Frau kein Projekt (es sei denn, sie plant den Besuch eines Sternerestaurants).

Ein Projekt ist in der Regel **einmalig**. Die mehrfache Wiederholung eines Vorgangs, auch wenn er andere Kriterien erfüllt, ist daher kein Projekt (möglicherweise die Gesamtheit der Wiederholungen).

© Springer-Verlag GmbH Deutschland, ein Teil von Springer Nature 2020

H. Pless, *Führen im Krankenhaus*, Erfolgskonzepte Praxis- & Krankenhaus-Management, https://doi.org/10.1007/978-3-662-60982-8_6

Auch eine bedeutsame **Komplexität** ist zu fordern, es sollte sich also nicht um ein banales oder schon vielfach eingeübtes Vorhaben handeln.

Ein Projekt muss **abgegrenzt zu anderen Abläufen** sein, und zwar zeitlich, finanziell und personell.

Daraus ergibt sich die Notwendigkeit einer eigenen **Struktur**, die nicht identisch mit einer schon vorbestehenden Abteilung ist. Auf diese besondere Struktur wird unten eingegangen.

Schließlich – und das ist besonders charakteristisch – ist ein Projekt **interdisziplinär**. Es wird also die Expertise einer Mehrzahl von Spezialisten aus unterschiedlichen Fachrichtungen benötigt. Diese müssen im Rahmen des Projektes zusammenarbeiten.

Entsprechend lautet die **Definition eines Projektes** in der DIN 69901:

„Vorhaben, das im Wesentlichen durch die Einmaligkeit aber auch Konstante der Bedingungen in ihrer Gesamtheit gekennzeichnet ist, wie z. B. Zielvorgabe, zeitliche, finanzielle, personelle und andere Begrenzungen; Abgrenzung gegenüber anderen Vorhaben; projektspezifische Organisation."

Übersicht: Was ist ein Projekt?

Ein Projekt

- hat einen bedeutenden Umfang
- ist komplex
- ist einmalig
- ist abgegrenzt zu anderen Abläufen (finanziell, personell, zeitlich)
- hat eine eigene Struktur
- ist interdisziplinär

Es gibt unterschiedliche Formen von Projekten:

- Innovationsprojekte: Ein neues Produkt, Verfahren usw. soll entwickelt werden
- Organisationsprojekte: Strukturen von Organisationen/Abteilungen sollen aufgebaut oder verändert werden
- Dienstleistungsprojekte: Ein Projekt wird für eine andere Organisation durchgeführt
- Marketingprojekt: Marktbeobachtung oder Markteinführung für ein bestimmtes Produkt oder eine Firma
- Forschungsprojekt: Projekt mit wissenschaftlicher Fragestellung.

Die Liste ließe sich noch fortführen.

Gremien

Ein Projekt hat verschiedene Gremien. Bereits hier sind Gründe zu finden, warum Projekte insbesondere in Kliniken häufig scheitern: Die Gremien werden möglicherweise in ihrer Zusammensetzung und Kompetenzen unscharf definiert, sind zum Teil überhaupt nicht vorhanden, sind schlecht organisiert usw.

Am Anfang der Gremien steht der **Auftraggeber**. Dieser hat die Idee für das Projekt, gibt den Auftrag und ist verantwortlich für die Kosten.

Dann gibt es einen **Projektleiter**. Dieser sollte <u>nicht</u> mit dem Auftraggeber identisch sein (auch dies ein häufiger Fehler)! Dem Projektleiter obliegt die Auftragsformulierung, die Strukturierung der Projektgruppe, die Planung, die Kontrolle, die Ressourcenallokation und im Bedarfsfalle die Konfliktlösung. Er sorgt für Kommunikation und Transparenz. An den Projektleiter werden hohe Anforderungen gestellt: Er muss fachlich, emotional und sozial geeignet sein.

Im **Projektteam** sind die Leute, die die eigentliche Kernarbeit erledigen. Je nach Art des Projekts handelt es sich um interdisziplinäre Spezialisten, die unter der Koordination des Projektleiters die Arbeitspakete abarbeiten. Dem Projektteam sollten alle Verantwortlichen angehören, deren Abteilungen/Strukturen von dem Projekt tangiert werden. So kann späteren Querschüssen vorgebeugt werden.

Das **Projektbüro** ist die Zentrale, in der alle Fäden zusammenlaufen. Auch hier hängt es von dem Projekt ab, ob es sich nur um das Sekretariat des Projektleiters handelt oder um ein Büro, in dem mehrere Mitarbeiter ausschließlich mit dem Projekt beschäftigt sind.

Der **Lenkungsausschuss** wird gern vergessen, obwohl er die oberste Entscheidungsinstanz ist. Regulär tritt er zusammen, wenn Meilensteine erreicht sind (siehe Projektauftrag), um den Fortgang des Projekts zu prüfen. Bei jeder Sitzung ist die Entscheidung zu treffen, ob das Projekt wie geplant fortgeführt wird oder ob Änderungen einzuarbeiten sind. Kommt es zu gravierenden Störungen des Projekts, sind außerordentliche Sitzungen erforderlich. Auch ein evtl. Abbruch ist von dem Lenkungsausschuss zu beschließen. Ihm gehören neben dem Auftraggeber und dem Projektleiter sachkompetente und mit entsprechender Entscheidungsbefugnis versehene Personen an.

Übersicht: Die Gremien eines Projekts
Zu einem Projekt gehören folgende Gremien
- Der Auftraggeber
- Der Projektleiter
- Das Projektteam
- Das Projektbüro
- Der Lenkungsausschuss.

Projektauftrag

Vielleicht ist Ihnen aufgefallen, dass der Projektleiter und nicht der Auftraggeber den Auftrag formulieren soll. Auch das hat seinen Sinn, denn schon die Entwicklung des Auftrags weist mehrere Phasen auf, für deren Durchführung und Einhaltung es des Projektleiters bedarf:

1. Vorschlag des Auftraggebers an den Projektleiter (Mitteilung der Idee)
2. Der Projektleiter analysiert die Situation, prüft die Machbarkeit und formuliert die Ziele
3. Auf der Basis dieser Erkenntnisse legt der Projektleiter dem Auftraggeber einen Fragenkatalog vor
4. In der Beantwortung dieser Fragen konkretisiert der Auftraggeber seine Vorstellungen
5. Gegebenenfalls müssen Einwände des Projektleiters im Diskurs berücksichtigt werden
6. Nun erst wird der Projektauftrag vom Projektleiter in einem Formular (siehe Abb. 6.1), das als Standard in jeder Organisation vorgehalten werden sollte, verfasst
7. Der Auftraggeber prüft den Entwurf des Projektauftrags, eventuelle Änderungswünsche werden gemeinsam mit dem Projektleiter eingearbeitet
8. Der Auftrag wird erteilt.

Spätestens jetzt wird nachvollziehbar, dass ein Projekt einen Umfang haben sollten, der diesen Aufwand rechtfertigt.

Wie sieht nun der Projektauftrag konkret aus?

An oberster Stelle steht die **Bezeichnung** des Projekts. Diese sollte eindeutig und einmalig sein, um Verwechselungen auszuschließen. Entsprechend muss sie auch konkret sein.

Es folgt die Schilderung der **Ausgangssituation**. Hier gehen die im Rahmen der Machbarkeitsanalyse gewonnenen Erkenntnisse des Projektleiters ein. Aus der Schilderung sollte die Notwendigkeit des Projekts erkennbar werden.

Dies leitet über zu der Formulierung der **Ziele**, die der Motivation des Auftraggebers entspringen. Es kann sich um ein grundlegendes Ziel handeln oder um eine Auflistung von Einzelzielen. Auch dieser Schritt ist wichtig: Sind die Ziele nicht überdacht oder nicht transparent, ist eine effektive Durchführung des Projekts nicht möglich.

Anschließend werden die zu erarbeitenden **Ergebnisse** dargestellt. Hier muss der Projektleiter wieder möglichst konkret werden und eine Art Pflichtenheft erstellen. Dadurch muss die Abgrenzung des Projekts gelingen, so dass einer im Laufe des Projektfortschritts drohenden „Aufblähung" vorgebeugt werden kann. Es besteht nämlich die Gefahr, dass unterschiedliche Interessengruppen die Chance sehen, eigene gewünschte Ergebnisse im Rahmen dieses Projekts erledigen zu lassen. Nicht wenige Projekte scheitern allein deshalb, weil durch fehlende Abgrenzung der Umfang immer größer und größer wird, bis schließlich die Machbarkeit nicht mehr gegeben ist. Die konsekutive Frustration aller Beteiligten wird dann dazu führen, dass sie Folgeprojekten nicht mehr aufgeschlossen gegenüberstehen.

Es folgt die Aufstellung der **Meilensteine**. Hierbei handelt es sich um Zeitpunkte, die den Abschluss wichtiger Arbeitsabschnitte markieren. Bei einem Hausbau wären dies z. B. der erste Spatenstich, das Richtfest oder die Abnahme. Natürlich kann man noch tiefer differenzieren, z. B. Fertigstellung des Fundamentes, der Estriche usw. Die Meilensteine

FM Projektauftrag

Projekttitel	**Kardiologisches Interventionsseminar**
Ausgangssituation	Die Abteilung führt mit großer Expertise Interventionen im Herzkatheterlabor durch. Bundesweit / international haben Veröffentlichungen Beachtung gefunden. Durch das Seminar soll der wissenschaftliche Ruf der Abteilung weiter gesteigert werden. Dies könnte auch zu vermehrten Zuweisungen von Patienten führen sowie zu Initiativbewerbungen von kompetenten Kollegen. Außerdem stärkt ein Seminar den Teamgeist der wachsenden Abteilung.
Projektziel	Planung und Durchführung eines kardiologischen Interventionsseminars mit TV-Übertragungen aus dem Herzkatheterlabor
Zu erarbeitende Ergebnisse	Planung der Agenda Einwerbung der Finanzmittel Bundesweites Marketing Organisation der Referenten Organisation der Patienten Aufbau der Logistik Durchführung und Regie des Seminars
Meilensteine, Termine	01.02.20xx Kick-off 01.03.20xx Abschluss Termin-/Finanzplanung 01.05.20xx Abschluss der Referenten- und Patientenorganisation sowie des Marketings 01.06.20xx Abschluss Logistik- und Ablaufplanung 01.-02.07.20xx Seminardurchführung
Auftraggeber	Chefärztin Frau Prof. Dr. Eins
Projektleiter	Leitender Oberarzt Dr. Zwei
Projektteam	LOA Dr. Zwei OA Dr. Drei OÄ Dr. Vier OA Dr. Fünf Sr. Sechs Projektbüro: Sekr. Frau Sieben (Vertretung Frau Acht)
Lenkungsausschuss	Chefärztin Frau Prof. Dr. Eins Leitender Oberarzt Dr. Zwei
Budget	40.000 Euro. Darin sind die Kosten für die Projektplanung enthalten. Die Finanzierung erfolgt über Drittmittel und Teilnahmekosten, bzw. gegebenenfalls Eigenmittel.
Datum	
Unterschrift Auftraggeber	
Unterschrift Projektleiter	

Abb. 6.1 Projektauftrag

werden terminlich im Projektauftrag fixiert. Im Projektverlauf sollten sie von Sitzungen des Lenkungsausschusses begleitet sein (siehe oben). Der Projektleiter hat jeweils einen Zwischenbericht zu erstellen. Zu den Meilensteinen gehören auch Projektstart- und -ende.

Des Weiteren werden im Projektauftrag die **Gremien** aufgeführt. Zu jedem Gremium werden die Verantwortlichen namentlich aufgeführt. Damit lässt sich vermeiden, dass sich Unbeteiligte mit eigenen Interessen „einschmuggeln". Schließlich möchte man nicht, dass auf einmal Betriebsrat oder Personalführung zu Arbeitssitzungen erscheinen, ohne eingeladen oder zuständig zu sein.

Nicht ganz unwesentlich ist das zur Verfügung stehende **Budget**. Zu oft habe ich es erlebt, dass Projekte in Angriff genommen wurden, ohne dass die Finanzierung geklärt war. Daher ist die konkrete Erwähnung im Auftrag essenziell. Gegebenenfalls müssen die Quellen der Gelder dargelegt werden. Außerdem ist es zur Vermeidung von Missverständnissen notwendig, zu differenzieren, was genau mit dem Betrag zu finanzieren ist. Gelegentlich werden die Planungs- und Kontrollleistungen vergessen – also die Kosten für die Gremien selbst. So sind unter anderem die Arbeitsstunden aller Beteiligten kalkulatorisch zu erfassen. Dies ist Vorgesetzten nicht immer einsichtig, denn die Ressourcen müssen auch bereitgestellt, also die Betreffenden während ihrer Projektarbeit von anderen Aufgaben befreit werden! Im Einzelfall könnte die Klärung der Finanzierung auch eine der Projektaufgaben sein (siehe Beispiel).

Der Projektauftrag wird durch die **Unterschriften** zumindest des Auftraggebers und Projektleiters abgeschlossen. Gegebenenfalls kann es sinnvoll sein, auch die Unterschriften aller sonstigen Gremienmitglieder einzuholen.

Beispiel

Im Folgenden soll als Beispiel die Planung eines kardiologischen Interventionsseminars mit Live-Übertragungen aus dem Herzkatheterlabor dienen (die Kollegen anderer Fachgebiete mögen mir dieses Beispiel verzeihen und gedanklich auf ihr Gebiet umarbeiten).

Zunächst ist zu prüfen: Handelt es sich tatsächlich um ein Projekt?

Bedeutender Umfang: Es werden Kardiologen aus dem gesamten Bundesgebiet eingeladen. Gesamtkosten des Seminars ca. 40.000 Euro. Somit: Ja

Komplex: Zu organisieren sind ca. 20 Referenten, 10 Live-Cases mit schwierigen Interventionen, die TV-Übertragung in den Hörsaal, das bundesweite Marketing sowie die Einwerbung von Sponsorengeldern. Also eine komplexe Aufgabe? Ja.

Einmalig: Auch wenn andere Seminare vorher und nachher stattfinden, so ist dieses aber doch einmalig, also Ja.

Abgegrenzt: Das Seminar hat ein eigenes Budget und entspricht in seiner Organisationsstruktur nicht den Strukturen des Alltagsgeschäfts, auch wenn die meisten Protagonisten aus ein- und derselben Abteilung stammen. Mit Abstrichen: Ja.

Eigene Struktur: Auch hier gilt das eben gesagte: Zur Organisation des Seminars rekrutiert sich innerhalb der (kardiologischen) Abteilung eine eigene Struktur. Also auch: Ja.

Interdisziplinär: Schon innerhalb der Abteilung gibt es mehrere Disziplinen: Coronarintervention, Elektrophysiologie, Bildgebung usw. Außerdem kommen auch Vertreter anderer Fachgebiete zu Wort und es werden externe Spezialisten als Referenten zu besonderen Themen eingeladen. Klares Ja.

Fazit: Obwohl es sich um ein abteilungsinternes Vorhaben handelt, sind alle Kriterien eines Projektes mehr oder wenig deutlich gegeben. Bei diesem Seminar sind vor allem die Kriterien Umfang und Komplexität entscheidend, bei anderen Vorhaben mag vielleicht die interdisziplinäre Problematik vorherrschend sein. Man sollte allerdings eine „Projektitis" vermeiden, also bitte nicht jede kleine Idee gleich zu einem Projekt erklären. Es gilt aber auch das Gegenteil: Handelt es sich (wie bei diesem Seminar) der Definition folgend um ein Projekt, muss es auch wie ein Projekt organisiert werden, damit es ein Erfolg wird. Bitte wenden Sie die Kriterien sorgfältig an!

Zu den **Gremien**: Auftraggeber ist der Chefarzt, Projektleiter der Leitende Oberarzt. Dem Projektteam gehören die für die Coronarintervention, die Elektrophysiologie und die Bildgebung verantwortlichen Oberärzte, die Pflegeleitung des Herzkatheterlabors sowie die für die Organisation zuständige Sekretärin an. Das Projektbüro wird von dieser Sekretärin und einer Vertreterin gestellt. Der Lenkungsausschuss besteht aus Chefarzt und Leitendem Oberarzt.

Ziele sind die Planung und Durchführung eines kardiologischen Interventionsseminars.

Zu erarbeitende **Ergebnisse**: Einwerbung der Finanzierung, Planung der Agenda, Organisation der Referenten und der Patienten, bundesweites Marketing, Aufbau der Logistik (TV, Herzkatheterlabor, Hörsaal, Catering usw.), Durchführung und Regie des Seminars.

Meilensteine:
1. Kick-off,
2. Finanzierung steht,
3. Abschluss der Terminplanung,
4. Abschluss der Referenten- und Teilnehmereinladungen
5. fertige Ablaufplanung,
6. Seminardurchführung.

Das **Budget** beträgt 40.000 Euro und soll sich aus Industriesponsoring und Teilnahmekosten speisen. Ein evtl. Fehlbetrag ist aus Eigenmitteln zu finanzieren.

Die zeitliche Planung kann durch ein sogenanntes Gantt-Schema noch verfeinert bzw. verdeutlicht werden. Dabei werden die einzelnen Arbeitspakete auf einem Zeitstrahl in Tabellenform eingetragen. Dies erhöht die Übersicht und trägt zur Transparenz bei.

Bei sehr großen Projekten werden Netzpläne erstellt. Diese tragen der Tatsache Rechnung, dass bestimmte Arbeitspakete von anderen abhängig sind, beispielsweise also das Arbeitspaket 4 nicht vor Fertigstellung des Arbeitspaketes 3 beginnen kann. Ergeben sich zeitliche Risiken, können so Puffer in den Plan eingearbeitet werden. Hierauf genauer einzugehen, würde allerdings den Rahmen dieses Buches sprengen. Zur Projekt- und Netzplanung stehen Software-Applikationen zur Verfügung.

Risikomanagement

Jedes Projekt kann durch Störungen beeinträchtigt oder gefährdet werden. Es obliegt dem Projektleiter, diese zu antizipieren und ihnen vorzubeugen. Störungen können technischer (ein Gerät ist nicht geeignet oder defekt), finanzieller (unerwartete Ausgaben sprengen das Budget), terminlicher (Zeit reicht nicht aus oder Kollision mit anderen wichtigen Terminen) oder personeller (wichtige Mitarbeiter fallen aus) Art sein. Auch bewusste/absichtliche Störungen von intern oder extern sind möglich.

Der erfahrene Projektleiter wird durch Redundanzen, geschickte Planung und gelungene Kommunikation vorbeugen bzw. bei verwirklichtem Risiko entsprechendes Krisenmanagement betreiben.

Projektdurchführung

Ist der Auftrag erteilt, wird der Projektleiter in Zusammenarbeit mit seinem Projektteam die Arbeitspakete planen und verteilen, sowie den ordnungsgemäßen Ablauf überwachen und koordinieren. Bei Erreichen von Meilensteinen ruft er den Lenkungsausschuss zur Sitzung zusammen.

Der Projektablauf muss dokumentiert werden, am besten durch eine Datei, die allen Mitgliedern des Projektteams zugänglich ist. Schreibrechte werden vom Projektleiter vergeben. An den Meilensteinen und natürlich beim Abschluss ist ein Bericht zu erstellen. Die in diesen Berichten aufgeführten Erfahrungen können wertvolle Hilfestellungen für spätere Projekte sein.

Abschluss

Wurde ein Projekt erfolgreich durchgeführt, darf eine – zeitlich gering abgesetzte – Abschlussfeier nicht fehlen. Diese dient nicht nur einem emotionellen Abschluss nach getaner Arbeit und fördert das Betriebsklima, sondern demonstriert Wertschätzung und fördert die Motivation, weitere Projekte zu unterstützen.

Werden auch die nicht direkt Beteiligten eingeladen (Geschäftsführung, Politik, Medien usw.), kann hierbei das Engagement und die Leistungsfähigkeit der Beteiligten signalisiert werden („Tue Gutes und rede darüber").

An dieser Stelle sei erwähnt, dass es zur oben beschriebenen Vorgehensweise je nach Aufgabenstellung und Branche etliche Alternativen gibt, sowie eine Fülle von Literatur und wissenschaftlichen Betrachtungsweisen. Das dargestellte – aus pragmatischen bzw. didaktischen Gründen sehr gestraffte – Modell eignet sich nach meiner Erfahrung sehr gut für den klinischen Bereich.

Versuchen Sie nun, sich an vergangene, insbesondere an gescheiterte Vorhaben in Ihrer Klinik zu erinnern. Wurden hierbei dieses oder vergleichbare Modelle zum Projektmanagement verwendet? Die Antwort wird leider meistens „Nein" sein.

Das ist in der Industrie ganz anders. Hier ist die professionelle Projektlogistik ein Muss, um im Wettbewerb bestehen zu können. Der diesbezügliche Rückstand im Gesundheitswesen hat viele Gründe. Einer ist sicher darin zu sehen, dass die Wettbewerbs- und Erlössituation im Gesundheitswesen andere Strukturen als in der Industrie aufweist. Vor allem aber ist die Unkenntnis der Beteiligten (insbesondere der Ärzte) bezüglich betriebswirtschaftlicher Methoden hier wesentlich. Oft wird auch der Aufwand gescheut. Dabei wird jedoch verkannt, dass ein gescheitertes Projekt nicht nur den meisten Aufwand, sondern auch den größten Schaden verursacht. Dieser bildet sich finanziell ab, belastet die Reputation, führt zu Frust bei den Mitarbeitern und behindert Folgevorhaben.

Machen Sie es jetzt besser!

Und nun überlegen Sie bitte, welche Vorhaben Sie für die nächste Zeit planen. Handelt es sich jeweils um Projekte? Planen Sie die Termine, an denen Sie die Vorgänge in Angriff nehmen werden:

To-do-Liste: Projekte		
Vorhaben	Projekt Ja/Nein	Termin
Titel		
Titel		
Titel		
Titel		
usw.		

6.2 Changemanagement

Veränderungen sind alltäglich, auch und gerade in Kliniken.

Man schätzt allerdings, dass rund 70 % aller geplanten Veränderungen in Organisationen scheitern. Wie kann man erreichen, dass nur noch 10 oder 20 % misslingen?

Im vorangegangenen Kapitel haben Sie gesehen, dass bei einem wichtigen Werkzeug für Veränderungen, dem Projekt, zur korrekten Durchführung Managementkompetenz notwendig ist. Eine gute Idee oder ein durchdachtes Ziel reichen eben nicht, wenn auf dem Weg dorthin wesentliche Aspekte ignoriert werden.

(Geplante) Veränderungen erzeugen Angst, zumindest führen sie zur **Verunsicherung**. Hinzu kommen Trägheit, Skepsis, vielleicht sogar energischer Widerstand. Muss dieser – im schlimmsten Fall durch Machtinstrumente, siehe Abschn. 1.11 – gebrochen werden, kann es schon zu spät sein, zumindest erhöht sich der Aufwand, die Friktion.

Dem kann man vorbeugen, wenn man ganz zu Beginn in der Belegschaft die **Einsicht** erreicht, dass Veränderungen sinnvoll oder gar notwendig sind. Noch besser ist es, wenn es gelingt, dass die Mitarbeiter selbst die Veränderungen **vorschlagen**.

Somit ist es also notwendig, durch eine geschickte **Kommunikation** den **Wunsch** nach Veränderungen zu wecken.

Ist der Wunsch gereift, müssen die Mitarbeiter **beteiligt** werden. Eine Lösung aus der Tasche zu ziehen und sie den Betroffenen überzustülpen, verschlechtert die **Akzeptanz**. Außerdem ist es für die neu zu gestaltenden Abläufe gut, wenn diejenigen, die später damit arbeiten müssen, mögliche Probleme antizipiert haben. Die Mitarbeiter sind die eigentlichen Fachleute und daher unbedingt einzubeziehen. Dabei müssen die Verantwortlichkeiten definiert sein und alle Beteiligten gut befähigt werden.

Natürlich trifft man auf heterogene Gruppen und **divergierende Interessen**. Es wäre also blauäugig, zu erwarten, dass alle die Veränderungen gleichmäßig unterstützen. Auch hier gilt es (ähnlich wie beim Projektmanagement, siehe Abschn. 6.1), die Risiken und möglichen Störfaktoren vorherzusehen. So kann man durch rechtzeitige Gespräche und Kompensationsangebote (Führungs-, nicht Machtinstrumente!) hoffentlich Befriedung erreichen.

Optimal wäre es, wenn die Skeptiker durch ihre Kollegen mitgenommen werden und durch die Arbeit in der veränderten Struktur lernen, dass es so doch besser ist als erwartet. Gut ist es dann, wenn schon kurzfristig mit **Erfolgen** überzeugt werden kann. So **verfestigt** sich das Ergebnis.

Auch beim Changemanagement kommt der **PDCA-Zyklus** zum Einsatz (Abschn. 3.1). Der Effekt der Veränderung muss also immer wieder geprüft und auf die Ergebnisse reagiert werden. Es wäre unsinnig, an einer durchgeführten Veränderung festzuhalten, wenn sich unerwarteterweise herausstellt, dass sie sich nicht bewährt. Nicht alles lässt sich vorhersehen. Ein kleiner Prozentsatz Misserfolge wird bleiben. Schließlich könnten sich personelle Fluktuationen oder geänderte Umfeldbedingungen ergeben haben.

Vielleicht war aber die initiale Idee doch nicht so gut, auch das darf mal vorkommen.

Was nicht vorkommen sollte (aber leider häufig ist), dass – gegebenenfalls gemeinsam mit Unternehmensberatungen – am grünen Tisch hinter verschlossener Tür Veränderungen erdacht werden. Werden diese dann auch noch schlecht kommuniziert (oder gar nicht, wenn also die Betroffenen erst durch Dritte davon erfahren), dann hat man jede Akzeptanz verspielt.

6.3 Risikomanagement

Medizinische Tätigkeiten sind durch eine hohe Risikobelastung gekennzeichnet. Dies liegt daran, dass

- durch die Individualität des Patienten und seiner Erkrankung die Prozesse weit weniger standardisierbar sind als in der Industrie
- ein Schaden menschlich und finanziell erhebliche Dimensionen annehmen kann
- hohe Anforderungen an die Zusammenarbeit verschiedener Berufsgruppen und die diesbezügliche Kommunikation bestehen
- hochkomplexe Technik zum Einsatz kommt

- der Zwang zur Ökonomisierung sich auch hier auswirkt.

Trotzdem setzt sich ein Risikobewußtsein und ein konsequentes Risikomanagement nur zögerlich im deutschen Gesundheitswesen durch.

Folgende **Beispiele** bzw. **Anekdoten** mögen Ihre Sensibilität schärfen:

Beispiel 1

Bei einer Frühbesprechung bat ich die anwesenden ca. 30 Kollegen um eine Einschätzung, wieviel der täglichen ärztlichen Entscheidungen und Handlungen objektiv oder retrospektiv als misslungen einzustufen wären. Die Antworten schwankten zwischen 3 und 25 %! Zum Vergleich: Bei industriellen Produktionen gilt ein Ausschuss von mehr als 5 ppm (also 0,0005 %) als nicht hinnehmbar. ◄

Beispiel 2

Es ist schon einige Jahre her, dass ich einen Vortrag eines damals für die Flugsicherheit bei der Lufthansa zuständigen Flugkapitäns hörte. Dieser auch an der Sicherheit im Gesundheitswesen interessierte Referent berichtete vor einer ärztlichen Zuhörerschaft von seiner Hospitation in einem OP. Während des Eingriffs fiel ein offenbar essenzielles Gerät aus, die OP wurde unterbrochen. Der Defekt (ein dislozierter Stecker) konnte von einer hierfür auf dem Fußboden kriechenden und am OP-Tisch hantierenden Pflegekraft behoben werden. Die wenig beunruhigten Operateure setzten danach den Eingriff fort. Konsequenzen gab es nicht.

Vielleicht fragen Sie sich jetzt: „Wo ist das Problem? Das passiert bei uns doch jeden Tag!"

Der Flugkapitän jedenfalls war entsetzt, denn in der Luftfahrt

- wäre ein vergleichbares Gerät mit größter Wahrscheinlichkeit nicht ausgefallen, was durch kurze Wartungsintervalle und mehrfach tägliche Überprüfungen mittels Checklisten sichergestellt wird.
- hätte für den Fall, dass ein essenzielles Gerät trotzdem versagt, ein immer vorhandener Ersatz sofort die Funktion übernommen, ohne dass die OP beeinträchtigt gewesen wäre.
- wäre nach dem Vorfall ein Bericht geschrieben worden, der eine Untersuchung ausgelöst hätte. In der Konsequenz wären die jeweiligen Sicherheitsvorgaben verschärft worden. ◄

Beispiel 3:

Die folgende, ebenfalls etliche Jahre zurückliegende Anekdote mag jetzt überholt sein, kann aber sicher auf aktuelle vergleichbare Vorgänge übertragen werden.

Es fiel auf, dass es immer wieder zu Entzündungen an Venenverweilkanülen kam, bis hin zu Phlegmonen, Eiterungen, sogar ein metastatisches Gelenkempyem kam vor. In der Klinik wurden nach Auskunft der Materialwirtschaft damals ca. 50.000 Venenverweilkanülen eingekauft, mithin auch verwendet. Wenn sich nur eine von Tausend dieser Kanülen infizierte, würde dies daher <u>eine schwere Komplikation wöchentlich</u> bedeuten. Die tatsächliche Zahl war wahrscheinlich deutlich höher. Valide Statistiken gab es nicht.

Bei den Recherchen wurde festgestellt, dass die Kanülen damals mit schmalem braunem Pflaster von der Rolle fixiert wurden. Diese oft in der Sonne liegenden oder in Kitteltaschen aufbewahrten Pflasterrollen stellten ein Biotop aller in der Klinik einschlägigen Keime dar. Die Verwendung direkt an der Einstichstelle einer Verweilkanüle musste fast zwangsläufig zur Infektion führen. Außerdem wurden die oft schon im Notarztwagen unter problematischen Umständen so fixierten Kanülen regelhaft über Tage belassen.

Natürlich ist die Situation jetzt anders: Die Sets der Verweilkanülen enthalten heute steriles Fixationsmaterial. Es gibt SOPs (Standard Operating Procedere) zum Umgang mit dem Verband (Kontrolle, Wechselintervalle etc.) auf der Basis wissenschaftlicher Untersuchungen.

Die Zahl der Infektionen ist seitdem drastisch zurückgegangen; insgesamt kann man also von einer erfolgreichen Risikobewältigung sprechen. Was heute selbstverständlich ist, war damals mühsam: Nur schwer waren die Einkaufsabteilungen in der Klinik und im Rettungsdienst von der Beschaffungsnotwendigkeit der deutlich teureren Sets zu überzeugen. Die Formulierung der SOP beschäftigte Arbeitsgruppen und Chefarztkonferenzen. ◄

Obwohl insbesondere der Schaden am Menschen, aber auch die finanziellen Dimensionen bei medizinischen Komplikationen immens sind, hinkt das Gesundheitswesen der Luftfahrt hinsichtlich des Risikomanagements noch immer deutlich hinterher.

Einer der Gründe hierfür mag zynisch klingen: Der Pilot sitzt mit in der Maschine, kommt also bei einem Unfall ebenfalls zu Schaden. Würden Ärzte vielleicht bewusster mit Risiken umgehen, wenn sie bei einer Komplikation ihres Handelns auch persönlich leiden müssten?

Wie kann man die Risiken mindern? Sollte man zunächst ausschließen, dass menschliche Fehler passieren können? Das geht leider nicht. Man kann durch Schulungen, gute Rahmenbedingungen usw. die Wahrscheinlichkeit eines Fehlers verringern, völlig ausschalten kann man ihn nicht. Es ist also notwendig, die eigene Fehlerhaftigkeit zu akzeptieren und das Umfeld darauf abzustimmen. Außerdem gibt es weitere Ursachen für unerwünschte Vorfälle.

Ebenfalls aus der Luftfahrtindustrie stammen Ergebnisse aus der Auswertung vieler Tausend „Incident Reports", also Berichte über unerwünschte Vorfälle, zum größten Teil „near misses", also Beinah-Unfälle (neue Bezeichnung: Airprox, Aircraft Proximity Hazard).

Bei dieser Untersuchung konnten **vier Risikokategorien** identifiziert werden:

1. Der menschliche Fehler (Human Error)
2. Technische Probleme

3. Soziale Probleme (Fehler in der Teaminteraktion)
4. Operationelle (logistische) Probleme.

Meist war nicht ein einzelnes verwirklichtes Risiko für den Vorfall verantwortlich, sondern die Kombination mehrerer Kategorien. Mit rund 38 % war die Kombination des menschlichen Fehlers mit operationellen und sozialen Unzulänglichkeiten am häufigsten (Müller 2004).

Meist kann also ein Problem in einer einzelnen Risikokategorie entschärft werden, wenn die anderen Ebenen intakt sind. Funktioniert das Team, wird der Fehler eines Einzelnen kompensiert. Vergisst beispielsweise der Arzt im Herzkatheterlabor die Heparingabe, sollte die Pflegekraft dies bemerken und ihn darauf aufmerksam machen. Möglicherweise kann dem Fehler auch dadurch operationell vorgebeugt werden, dass die Spritze auf dem Katheter liegt, so dass der Arzt sie automatisch in die Hand nehmen muss.

Solche einzelnen guten Ideen allein sind nicht ausreichend für ein professionelles **klinisches Risikomanagementsystem (kRMS)**. Die Implementation eines solchen kann auch nicht auf eine Abteilung beschränkt sein, sondern muss sich auf die gesamte Klinik erstrecken.

Übersicht: Klinisches Risikomanagementsystem
1. Die Führung der Klinik (Geschäftsführung, Ärztliche Direktion, Pflegedirektion) muss sich grundsätzlich über die Notwendigkeit eines kRMS verständigen. Die Aufnahme in das Leitbild ist sinnvoll.
2. Bei der Formulierung von medizinischen und ökonomischen Zielen darf das damit einhergehende Risikomanagementsystem nicht unerwähnt bleiben.
3. Die notwendigen Ressourcen sind konkret im Umfang und der Allokation zu benennen.
4. Eine sinnvolle personelle Infrastruktur des kRMS in der Gesamtklinik und in den einzelnen Abteilungen ist aufzubauen. Die jeweils Verantwortlichen müssen benannt, für ihre Tätigkeit freigestellt und geschult sein.
5. In der Klinik ist ein nonpunitives Berichtssystem (CIRS, Critical Incident Reporting System) aufzubauen. Weitere Methoden der Risikoidentifikation können sein: Haftpflichtfälle, Beschwerden, Komplikationsstatistiken, Befragungsergebnisse, Auswertungen von gesetzlich vorgeschriebenen Qualitätssicherungsmaßnahmen.
6. Die Verantwortlichen des kRMS führen Risikoanalysen durch, geben Empfehlungen zur Risikopolitik, -bewertung und -bewältigung und evaluieren die Wirksamkeit eingeleiteter Maßnahmen. Außerdem kommunizieren sie die Ergebnisse und schulen die Mitarbeiter.
7. Für alle risikorelevanten Vorgänge sind SOPs, gegebenenfalls ergänzt durch Checklisten zu erstellen und deren Verwendung durchzusetzen. Bei Existenz eines QMS (Qualitätsmanagementsystems) sollten die SOPs dort eingearbeitet werden.

8. Weitere geeignete Maßnahmen sind: Förderung optimaler Hierarchien, Simulation von Notfällen und Schulung im adäquaten Verhalten bei Komplikationen.
9. Die klinikinterne Kommunikation muss auf eine vertrauensbildende und offene Fehlerkultur ausgerichtet sein.

In Anlehnung an Empfehlungen des Aktionsbündnis Patientensicherheit (APS e. V. 2016) lassen sich für das einzelne Krankenhaus folgende konkret notwendige Maßnahmen ableiten:

Für den einzelnen Abteilungsleiter ergeben sich folgende Aufgaben:

To-do-Liste: Risikomanagementsystem

Maßnahme	Termin	Folgetermin
Prüfen Sie, ob in Ihrer Klinik ein kRMS institutionalisiert ist		
Lesen Sie die Berichte		
Prüfen Sie anhand der obigen Liste, ob weitere Maßnahmen notwendig sind		
Kommunizieren Sie Ihre Eindrücke und Ideen mit der Klinikleitung bzw. den Verantwortlichen des kRMS		
Auch Sie als Leitender Arzt sollten im Risikomanagement geschult sein		
Quartalsweise Besprechung des kRMS mit dem Verantwortlichen Ihrer Abteilung		

6.4 Umgang mit Komplikationen

Trotz aller Maßnahmen zur Risikoreduktion werden Komplikationen vorkommen. Sie und Ihr Team müssen also darauf vorbereitet sein. Meist lassen sich durch einen professionellen Umgang mit Komplikationen die Folgen für den Patienten (und die Klinik!) mildern.

Zunächst muss die Komplikation als solche überhaupt erkannt, und zwar frühzeitig (!) erkannt werden. Schon daran mangelt es meist, was daran liegen mag, dass jeder Therapeut (unabhängig davon, ob er medikamentös, operativ oder interventionell arbeitet) hofft, dass alles gutgegangen ist und den Gedanken an eine mögliche Komplikation beiseiteschiebt. Es ist menschlich, dass man – durch die rosarote Brille sehend – die Frühzeichen eines sich anbahnenden Desasters gerne kleinredet oder unbewusst ignoriert. So werden vom Patienten angegebene Schmerzen als normal bagatellisiert und die zunächst nur diskrete Schwellung eben nicht korrekt als Hämatom gewertet.

So verstreichen wertvolle Zeiträume, die zur Minimierung des Schadens hätten genutzt werden können. Diese Zeiträume können je nach Situation kurz, also Minuten sein (z. B. im OP oder Herzkatheterlabor), aber auch Tage wie z. B. in der stationären oder ambulanten Nachbehandlung.

Die richtige Strategie ist also, auf Frühzeichen von unerwünschten Verläufen zu achten. Dabei gilt es, das richtige Maß einzuhalten. Ständig und bei jedem Patienten eine Fülle von Nachuntersuchungen zu veranlassen, wird wahrscheinlich medizinisch genauso wie ökonomisch unsinnig sein sowie zu Verunsicherungen bei Patienten und Mitarbeitern führen. Nicht Angst, sondern Respekt vor dem Eingriff und seinen möglichen Folgen ist die richtige Herangehensweise.

Beispiel 1:

Im Herzkatheterlabor übersehene Komplikation:

Gegen Ende einer ansonsten unproblematischen Coronarintervention (Stentimplantation) klagte der Patient über Herzschmerzen. Der Arzt überzeugte sich durch eine abschließende Kontrastmitteldarstellung von der guten Perfusion des behandelten Gefäßes, bagatellisierte dann die Beschwerden des Patienten und übersah die Ursache.

Der Patient wurde daher abgelegt, präsentierte sich aber schon wenige Minuten später hämodynamisch instabil. Echokardiographisch stellte sich eine Perikardtamponade heraus. Nach nochmaliger Sichtung des Herzkatheterfilms konnte ein Kontrastmittelaustritt im Bereich des behandelten Gefäßbezirks erkannt werden, vom Arzt initial als Seitenast fehlgedeutet. Interessanterweise sah man auch Fingerknochen auf dem Film: Der Patient hatte sich während der Coronardarstellung der Schmerzen wegen an die Brust gefasst.

Trotz des bereits eingetretenen Zeitverlustes konnten durch die adäquaten Maßnahmen (Perikarddrainage und erneute und verlängerte Balloninsufflation an der Leckage) die Situation stabilisiert und Spätfolgen oder gar ein letaler Ausgang verhindert werden. ◄

Von Patienten geäußerten Beschwerden muss immer unverzüglich und adäquat nachgegangen werden. Zwar werden Schmerzen meist (aber eben nicht immer!) tatsächlich banale Ursachen haben, dies lässt sich aber nur durch entsprechende Untersuchungen feststellen. Dabei ist die sorgfältige körperliche Untersuchung die erste, schnellste und wichtigste Maßnahme. Falsch dagegen wäre es (auch wenn häufig so praktiziert), zunächst aus der Ferne eine apparative Diagnostik (EKG, Röntgen) oder eine unspezifische Therapie (Analgetika) zu veranlassen. Abgesehen von dem damit verbundenen Aufwand für Patient und Klinik sind solche Anordnungen ohne überlegte Indikationsstellung meist wertlos und führen zu Zeitverlusten. Der Patient wiederum fühlt sich nicht ernstgenommen.

Beispiel 2:

Folgender Verlauf ereignete sich in einer gefäßchirurgischen Praxis:

Nach einer als ambulant geplanten Varizenoperation klagte die Patientin noch im Nachsorgeraum über starke Schmerzen im Bein. Der Chirurg verordnete telefonisch – ohne das Bein zu untersuchen – Analgetika. Als später entdeckt wurde, dass nicht die Vene, sondern die Arterie gestrippt worden war, war das Bein verloren. ◀

Nun haben wir schon **Schritt 1** (Wahrnehmung der Komplikation) und **Schritt 2** (korrekte Erstmaßnahmen) besprochen. Vorgeschaltet ist aber ein weiterer Schritt, sozusagen **Schritt 0**.

Dabei handelt es sich um die Vorbereitung auf mögliche Komplikationen, konkret um die Schaffung einer Infrastruktur, die die notwendigen Maßnahmen überhaupt erst ermöglicht.

So wurde die Perikardpunktion in Beispiel 1 nur dadurch möglich, dass ein vollständiges Punktionsset im Herzkatheterlabor bereitlag, so dass ein hektisches Zusammensuchen der Einzelteile nicht nötig war. Auch musste ein in dieser Technik geübter Arzt zur Verfügung stehen. Daraus folgt, dass die denkbaren Komplikationen aller im Haus durchgeführten Eingriffe oder Interventionen jederzeit vor Ort (schnell) beherrschbar sein müssen.

Nach der Akutphase folgt in **Schritt 3** die Nachsorge. Tragisch wäre es, wenn nach erfolgreicher Primärversorgung dieser Erfolg durch eine schlechte Nachsorge gefährdet würde. Eine sorgfältige Dokumentation ist zwingend und gegebenenfalls auch aus juristischen Gründen von Bedeutung.

Selbstverständlich müssen die beteiligten Ärzte den Patienten im Verlauf mehrfach besuchen, um die Heilungsphase zu begleiten und für Fragen zur Verfügung zu stehen. Damit kommen wir zu **Schritt 4**, der Kommunikation über die Komplikation.

Hartnäckig hält sich das Gerücht, dass die Klinik oder der Arzt den Versicherungsschutz verlieren würden für den Fall, dass der Patient ehrlich über das Geschehene informiert würde. Das Gegenteil ist richtig: Der Patient hat selbstverständlich das Recht auf eine offene Kommunikation und eine ehrliche Darstellung des Geschehenen.

An dieser Stelle sei das Bürgerliche Gesetzbuch zitiert:

„Sind für den Behandelnden Umstände erkennbar, die die Annahme eines Behandlungsfehlers begründen, hat er den Patienten über diese auf Nachfrage oder zur Abwendung gesundheitlicher Gefahren zu informieren.“ § 630c Abs. 2 S. 2 BGB

Nur eines sollte – wenn überhaupt – nur intern besprochen werden: die Klärung der Schuldfrage. Weder müssen Sie sich selbst bezichtigen, noch müssen oder dürfen Sie Anderen die Schuld zuweisen (übrigens auch nicht dem Patienten, was leider ungeschickterweise auch oft geschieht). Beschränken Sie sich auf die sachliche Darstellung des Geschehenen. Fragt der Patient direkt nach dem Schuldigen, sollte er über die eben beschriebene Vorgehensweise aufgeklärt werden. Natürlich dürfen und sollten Sie äußern, dass Ihnen der Verlauf leidtut.

Diese Form der ehrlichen Gespräche mit Ausklammerung der Schuldfrage hilft übrigens, Rechtsstreitigkeiten zu vermeiden, was mittlerweile auch von den meisten Versicherungen erkannt worden ist. Der Patient wird vor allem dann zur Klage schreiten, wenn er das Gefühl hatte, dass vertuscht oder er gar hintergangen wurde. Sie sollten auch und gerade nach einem unerwünschten Verlauf um ein vertrauensvolles Verhältnis mit dem Patienten bemüht sein.

Auch die Gespräche mit dem Team (wir sind bei **Schritt 5**) dürfen nicht vergessen werden. Ist die Akutsituation überstanden, ist zeitnah (noch in derselben Schicht) eine Besprechung des Ablaufs durchzuführen. Daraus ergibt sich ein enormer Lerneffekt und die professionelle Zusammenarbeit wird gefördert. Sie haben die Gelegenheit, engagiertes und erwünschtes Verhalten zu loben (siehe Abschn. 2.8). Tadel coram publico sollte vermieden, Pannen aber natürlich angesprochen werden.

Bei tragischem Verlauf ist durch diese Teambesprechung eine emotionelle Aufarbeitung möglich. Keineswegs sollte der Eindruck entstehen, dass Sie nach schwerwiegenden Ereignissen ungerührt zur Tagesordnung übergehen.

Auf **Schritt 6** wurde schon im vorangegangenen Kapitel hingewiesen: Unerwünschte Vorfälle sollten – selbst dann, wenn sie nur beinahe passiert sind – in das interne Berichtssystem (z. B. CIRS) eingespeist werden. Dies hilft, ähnliche Geschehnisse zu vermeiden.

Der Hausarzt und der Zuweiser müssen telefonisch informiert werden (**Schritt 7**). Werden diese vom Patienten oder den Angehörigen angesprochen, ist es gut, wenn sich keine Widersprüche zu den Aussagen der Klinikärzte ergeben.

Schließlich **Schritt 8**: Ist aufgrund des Verlaufs oder der Schwere des Schadens ein Haftpflichtfall zu erwarten, sollte der Justiziar oder Prokurist der Klinik und die Haftpflichtversicherung frühzeitig informiert werden. Auch wenn Sie loyal Ihre Obliegenheiten der Versicherung gegenüber zu befolgen haben, sollten Sie nicht aus den Augen verlieren, dass es ja gerade der Sinn der Versicherung ist, bei schuldhafter Verursachung schwerer Schäden dem Patienten wenigstens einen finanziellen Ausgleich zu leisten. Sind Sie also der Meinung, dass der Patient zu Recht Forderungen erhebt oder erheben könnte, ist das im Innenverhältnis zu äußern.

Übersicht: Umgang mit Komplikationen
Schritt 0:   Schaffung einer Infrastruktur, die die Beherrschung der denkbaren Komplikationen möglich macht
Schritt 1:   Wahrnehmung der Komplikation durch sensitives Vorgehen
Schritt 2:   Rasche und adäquate Akutmaßnahmen zur Minimierung des Schadens
Schritt 3:   Sorgfältige Nachsorge und Dokumentation
Schritt 4:   Offene und ehrliche Kommunikation mit dem Patienten und den Angehörigen unter Ausklammerung der Schuldfrage
Schritt 5:   Nachbesprechung im Team
Schritt 6:   Meldung im internen Berichtssystem (z. B. CIRS)
Schritt 7:   Information des Hausarztes und des Zuweisers
Schritt 8:   Gegebenenfalls Information des Justiziars oder Prokuristen

Sollten im Zusammenhang mit dem klinisches Risikomanagementsystem (kRMS, siehe Abschn. 6.3) in der Klinik sogenannte **M & M – Konferenzen** stattfinden, könnte die konkrete Komplikation auf die Tagesordnung genommen werden.

M & M steht für Morbidität- und Mortalität. Bei diesen abteilungsübergreifenden Konferenzen werden außergewöhnliche und vor allem unerwünschte medizinische Verläufe besprochen mit dem Ziel, Schwachstellen aufzudecken und Verbesserungen herbeizuführen.

Eine einfühlsame Moderation dieser Konferenzen ist unabdingbar, denn natürlich werden dabei coram publico persönlich gemachte Fehler diskutiert. Würde die Veranstaltung dazu missbraucht, Personen oder Abteilungen zu diskreditieren, wäre dies kontraproduktiv.

Gut moderierte M & M-Konferenzen sind nicht nur lehrreich und helfen, weitere ähnlich gelagerte unerwünschte Verläufe zu vermeiden, sondern unterstützen auch die vertrauensvolle Zusammenarbeit und führen zu einer guten Fehlerkultur.

Interessierte seien auf den diesbezüglichen methodischen Leitfaden der Bundesärztekammer hingewiesen (Bundesärztekammer 2016).

6.5 Standardisiertes Entlassungsmanagement

Eigentlich sollte jede Klinik schon seit langem über ein strukturiertes Entlassungsmanagement verfügen, führt dieses doch zu Qualitätsverbesserungen für Patienten und zu Kosteneinsparungen für die Krankenhäuser.

Die Realität sah und sieht auch immer noch anders aus. Auch wenn die Vorbereitungen für den Übergang in die ambulante Versorgung dort, wo ein funktionierender Sozialdienst existiert, oft schon erledigt sind, umfasst ein echtes Entlassungsmanagement aber sehr viel mehr.

Der Gesetzgeber hat das Kostendämpfungspotential erkannt, das darin liegt, wenn Brüche in der Versorgung durch eine sektorenübergreifende Planung vermieden werden können. Dem entlassenden Krankenhaus kommt dabei eine Schlüsselrolle zu.

> **Übersicht**
> Mittlerweile sind die diesbezüglichen Aufgaben der Kliniken gesetzlich definiert:
> **§ 39 Abs. 1a SGB V:**
> *Die **Krankenhausbehandlung umfasst ein Entlassmanagement** zur Unterstützung einer sektorenübergreifenden Versorgung der Versicherten beim Übergang in die Versorgung nach Krankenhausbehandlung. § 39 Abs. 1a S. 1 SGB V*
> *Das Entlassmanagement **umfasst alle Leistungen, die für die Versorgung nach Krankenhausbehandlung** erforderlich sind, ... § 39 Abs. 1a S. 6 SGB V*
> *Die weiteren Einzelheiten ... regeln der Spitzenverband Bund der Krankenkassen auch als Spitzenverband Bund der Pflegekassen, die Kassenärztliche Bundesvereinigung und die Deutsche Krankenhausgesellschaft unter Berücksichtigung der Richtlinien des Gemeinsamen Bundesausschusses in einem **Rahmenvertrag**. § 39 Abs. 1a S. 10 SGB V*

Der in Abs. 1a Satz 10 genannte Rahmenvertrag liegt vor und ist zum 01.10.2017 in Kraft getreten (URL siehe unter Literatur).

Durch den sektorenübergreifenden Charakter fallen den Kliniken nun Aufgaben zu, die ihnen bisher ausdrücklich verwehrt blieben und für die zumindest im stationären Bereich zum Teil keine Infrastruktur bestand. Da die zusätzlichen Leistungen nicht freiwillig sind, sondern zwingend erbracht werden müssen, wären als Folge dieses ergänzten § 39 SGB V und des damit verbundenen Rahmenvertrags Änderungen in der Aufbau- und Ablauforganisation aller deutschen Kliniken vorzunehmen.

Die (zusätzlichen) Aufgaben finden Sie untenstehend im Kasten. Der Gesetzgeber bzw. die Vertragspartner sind offensichtlich von einer idealtypischen Situation in einer Klinik ausgegangen, bei der

- alle klinischen Verläufe gut planbar sind,
- ähnlich wie in einer Arztpraxis Medizinische Fachangestellte (MFA) für Assistenztätigkeiten zur Verfügung stehen,
- die nachfolgenden Leistungserbringer jedweder Art verfügbar, immer gut erreichbar und kooperativ sind,
- gut deutschsprechende Stationsärzte mit den komplexen Formalien bei der Vorordnung ambulanter Leistungen bestens vertraut sind,
- alle Vorschriften auch bei Entlassungen am Samstag, Sonntag oder Feiertag einzuhalten sind.

Immerhin werden Ausfüllanleitungen für einen Teil der Formulare vorgehalten (URL siehe unter Literatur).

Nachfolgend finden Sie eine <u>auszugsweise</u> Auflistung der neuen Aufgaben der Kliniken. Die Abkürzung RV steht hier (nichtamtlich!) für den Rahmenvertrag in der Fassung vom 12.12.2018:

Standardisiertes Entlassungsmanagement
1. Die Kliniken erstellen in multidisziplinärer Zusammenarbeit schriftliche **Standards** für ein Entlassungsmanagement. § 3 Abs. 1 S. 1 RV
2. Der patientenindividuelle Bedarf wird durch die Anwendung eines **Assessments** möglichst frühzeitig erfasst. § 3 Abs. 2 S. 1 RV
3. Ein **Entlassplan** ist aufzustellen. § 3 Abs. 2 S. 1 RV
4. Die **Einleitung** der laut Entlassplan erforderlichen Maßnahmen wird durch das Krankenhaus sichergestellt. § 3 Abs. 3 S. 3 RV
5. Das Krankenhaus nimmt frühzeitig **Kontakt** zum weiterversorgenden Leistungserbringer auf. § 3 Abs. 4 S. 1 RV
6. Für den Entlassungstag sorgt das Krankenhaus für die **nahtlose Überleitung** des Patienten in die Anschlussversorgung. § 3 Abs. 4 S. 2 RV

7. Das Krankenhaus sorgt für die **schriftliche Information** des Patienten über das Entlassmanagement und holt seine **Einwilligung** für die Durchführung ein. § 7 Abs. 1 S. 1 RV
8. Sobald patientenbezogener Bedarf für eine Unterstützung durch die zuständige Krankenkasse bzw. Pflegekasse festgestellt wird, nimmt das Krankenhaus **rechtzeitig Kontakt zur Krankenkasse**, bei Bedarf zur **Pflegekasse** auf. § 3 Abs. 6 S. 1 RV
9. Notwendige **Verordnungen** (Arznei-, Verband-, Heil- und Hilfsmittel, häusliche Krankenpflege und Soziotherapie) werden spätestens am Entlassungstag vom Krankenhaus ausgestellt. § 3 Abs. 8 S. 1 RV
10. Die Verordnungen müssen durch **Fachärzte** erstellt werden. § 4 Abs. 4 RV
11. Bedarfsweise kann **Arbeitsunfähigkeit** bescheinigt werden. § 3 Abs. 8 S. 1 RV
12. Das Krankenhaus stellt den **Informationsaustausch** mit den an der Anschlussversorgung des Patienten beteiligten Leistungserbringern sicher. § 8 Abs. 1 RV
13. Der zuständige Ansprechpartner der Klinik muss täglich (also auch am Wochenende) unter einer anzugebenen Rufnummer für **Rückfragen** zur Verfügung stehen. § 3 Abs. 7 S. 2 RV
14. Für Patienten mit einem komplexen Versorgungsbedarf soll ein **zeitnaher Termin** bei einem weiterbehandelnden Haus- oder Facharzt vereinbart werden. § 8 Abs. 4 RV
15. Der spätestens am Entlassungstag auszuhändigende **Entlassbrief** hat einen enumerativ aufgeführten Mindestinhalt aufzuweisen. § 9 Abs. 3 RV
16. Die Krankenhäuser informieren über ihr Entlassmanagement in ihrem **Internetauftritt**. § 3 Abs. 1 S. 5 RV

usw. usw.

Der oben aufgeführten idealtypischen Situation einer Klinik sei nun der tatsächliche Zustand gegenübergestellt, wobei auf einige Forderungen des Entlassungsmanagements Bezug genommen wird:

- Die klinische Situation des Patienten ändert sich ständig. Neue Befunde machen andere therapeutische Strategien erforderlich. Entsprechend muss die Entlassungsplanung einschließlich der Weiterversorgung immer wieder neu angepasst werden.
- Durch Bettennot finden in vielen Akutkrankenhäusern Entlassungen oft überstürzt und ungeplant statt.
- Durch den Kostendruck steht Assistenzpersonal für Stationsärzte nicht zur Verfügung. Ein großer Teil der logistischen Aufgaben, die mehrheitlich keiner ärztlichen Kompetenz bedürfen, wird trotzdem auf die Ärzte abgewälzt.
- Die nachfolgenden Leistungserbringer sind häufig überlastet und schlecht erreichbar.

- Gleiches gilt für Kranken- und Pflegekassen. Notwendige Genehmigungen sind daher zeitnah nicht zu bekommen und werden wie z. B. notwendige Reha-Maßnahmen oft abgelehnt, was aufwändige Widersprüche notwendig macht.
- Die Stationsärzte sind häufig keine deutschen Muttersprachler und mit den Regularien des deutschen Sozialsystems und insbesondere der Kassenärztlichen Vereinigung nicht vertraut. Korrekt ausgefüllte Formulare (Verordnungen) werden die Ausnahme bleiben.
- Fachärzte sind auch in Kliniken rar und werden für kompetente medizinische Leistungen benötigt. Nur sie sind jetzt aber ermächtigt, Verordnungen zu unterschreiben. Außerhalb der Regelarbeitszeit haben Fachärzte in der Regel nur eine Rufbereitschaft. Wie also sollen Verordnungen auf legale Weise an Wochenenden oder Feiertagen stattfinden?
- Durch die meist fehlende Kontinuität in der stationsärztlichen Versorgung (Nachtdienste, Arbeitszeitgesetz, Teilzeitmitarbeiter usw.) wird auch die durchgängige Planung der Anschlussversorgung beeinträchtigt (unzureichende Übergabe, schlechte Dokumentation usw.).

Auch diese Liste ließe sich noch verlängern.

Grundsätzlich sind die gesetzlichen Vorgaben durchaus an den Bedürfnissen der Patienten orientiert und insoweit auch vernünftig. Damit sie aber erfüllbar wären, müssten grundsätzliche Anpassungen der Infrastruktur erfolgen.

So könnten z. B. auf der Station als zusätzliche Berufsgruppe eingeführte Medizinische Fachangestellte (MFA), früher zutreffend Arzthelfer(innen) genannt, einen großen Teil der Aufgaben kompetent übernehmen. Zu diesem Thema siehe auch Abschn. 4.16 und die diesbezügliche Veröffentlichung im Deutschen Ärzteblatt (Pless und Schafmeister 2009).

Auch die Sozialdienste der Krankenhäuser müssten entsprechend ertüchtigt werden, sofern überhaupt entsprechendes Fachpersonal gefunden werden kann.

Die Kranken- und Pflegekassen müssten eine Art „fast track" für Belange des Entlassungsmanagements einrichten.

Dass Verordnungen nur durch Fachärzte ausgestellt werden dürfen, ist ein in Krankenhäusern kaum legal lösbares Problem, führt zumindest aber zu einer unnötigen Störung der Abläufe, zu Arbeitsverdichtung bei Ärzten und zu Kostensteigerungen. Vermutlich (ich rufe ausdrücklich nicht dazu auf!) werden auf den Stationen unterschriebene Blankorezepte kursieren. Wollte der Gesetzgeber das wirklich erreichen?

Auch die Erreichbarkeit mit Angabe der Telefonnummer des zuständigen Ansprechpartners 365/7 ist kaum zu verwirklichen. Es kann sich ja nur um den behandelnden Arzt handeln. Wie soll dessen tägliche Erreichbarkeit aber möglich sein? Am Wochenende ist nur der Diensthabende vor Ort, der war aber meist für den konkreten Patienten nicht zuständig, kann also keine valide Auskunft geben. Gern hätte ich den Verfasser dieser Vorschrift dazu befragt, leider war er nicht erreichbar, hatte noch nicht einmal seine Telefonnummer hinterlassen.

Last not least ist eine Refinanzierung für die zusätzlichen Leistungen der Krankenhäuser in das DRG-System einzubauen. Genau das ist aber jedenfalls zum Zeitpunkt der Gesetzgebung noch nicht erfolgt. Das eingangs genannte Kostendämpfungspotential würde – bei korrekter Bezahlung der Kliniken – zumindest teilweise von diesen wieder aufgebraucht werden.

Diesem Gesetz und vor allem dem konkretisierenden Rahmenvertrag ist also die völlige Praxisferne zu bescheinigen. Ähnlich wie bei den Regelungen zur Krankenhausabrechnung (DRG-System) und den gesetzlich vorgeschriebenen Qualitätssicherungsmaßnahmen – siehe jeweils dort – wurde eine eigentlich gute Idee durch ihre bürokratische Aufblähung entwertet. Der wesentlichste Effekt wird die weitere Arbeitsverdichtung für das ärztliche Personal, aber auch für andere Berufsgruppen sein. Das Mehr an Arbeit umfasst darüber hinaus vor allem solche Tätigkeiten, die wenig attraktiv sind und nicht zwingend ärztliche Kompetenz erfordern, trotzdem aber größtenteils den Ärzten aufgegeben werden.

Bei Gesprächen mit vielen Chefärzten war festzustellen, dass die genannten Vorschriften kaum gelebt wurden, oftmals sogar nicht einmal bekannt waren. Man mag dies als die Macht des Faktischen sehen hinsichtlich von Regeln, die undurchführbar sind oder als einen Akt zivilen Ungehorsams. Leider werden die Kliniken dadurch angreifbar, z. B. bei Verhandlungen über Erlöse. Vielleicht war dies ja auch der Hauptgrund für das Gesetz und weniger die Belange der Patienten.

Wundert sich jetzt noch jemand über den Ärztemangel an deutschen Kliniken?

Für den Leitenden Arzt gibt es somit einiges zu tun:

To-do-Liste: Standardisiertes Entlassungsmanagement

Maßnahme	Termin	Folgetermin
Prüfen Sie, wie in Ihrer Klinik das Entlassungsmanagement organisiert ist		
Gleichen Sie den Ist-Zustand mit den gesetzlichen Vorgaben ab		
Besprechen Sie notwendige Verfahrensänderungen mit den beteiligten Berufsgruppen		
Besprechen Sie notwendige Ergänzungen der Infrastruktur bzw. des Personals mit der Geschäftsführung		
Informieren Sie sich auf den Stationen und in der Frühbesprechung über die tatsächlich gelebten Abläufe		
Und jetzt wird es politisch: Verwenden Sie Ihren Einfluss (bei Fachgesellschaften, Berufsverbänden, Parteien, Bundestagsabgeordneten usw.) darauf, dass dieser Unsinn wieder geändert wird!		

6.6 Arztbrief/Entlassungsbericht

Dass Arztbriefe ein wichtiges Führungsinstrument sind, wurde schon erwähnt. Der Leitende Arzt kann durch die regelmäßige Besprechung der Briefe seine medizinischen Vorstellungen und gewünschten Abläufe verankern. Gleichzeitig spiegeln die Entlassungsberichte die Geschehnisse in der Klinik nach außen wider, sie sind somit die Visitenkarte.

Trotzdem werden die Arztbriefe häufig nur als notwendiges Übel gesehen, von den Assistenzärzten hastig erstellt und von den Ober- und Chefärzten durchgewunken.

Schon bei den Adressaten wird vieles falsch gemacht: Der Brief ist an den Hausarzt gerichtet, Zuweiser oder weiterbehandelnde Kliniken wurden im Verteiler vergessen. Die Zuweiser sind zu Recht verärgert und die nachbehandelnden Kliniken müssen nachrecherchieren mit Aufwand für beide Seiten.

Übersicht

Tatsächlich ist die Liste der möglichen <u>Adressaten</u> lang:

- **Hausarzt**: Der meist wichtigste Partner. Er wird die Diagnosen und die Entlassungsmedikation lesen, vielleicht auch Teile der Epikrise.
- **Zuweiser**: Wenn nicht der Hausarzt, ist der Zuweiser oft ein Facharzt. Ihn interessieren vor allem die fachspezifischen Befunde.
- **Notarzt**: Er ist neugierig, was aus seinem Patienten wurde. Erhält er durch den Brief ein Feedback, wird er die Klinik gerne wieder ansteuern.
- **Nachbehandelnder Arzt/Klinik**: Das kann entweder die Reha-Klinik sein oder eine Spezialklinik. Natürlich sind sie auf die Vorbefunde angewiesen.
- **Der Briefautor selbst**: Oft werden Patienten nach einiger Zeit wieder aufgenommen und vielleicht vom selben Stationsarzt versorgt. Ein guter Brief aus dem Voraufenthalt erspart ihm oder seinen Kollegen viel Arbeit.
- **Codierer**: Er ist zur ordnungsgemäßen Codierung auf eine sorgfältige Dokumentation angewiesen. Der Entlassungsbericht ist dabei das Herzstück.
- **MD**: Auch bei der Prüfung durch den MD ist der Brief das wichtigste, manchmal das einzige Dokument. Sind die codierten Fakten dem Brief rasch zu entnehmen, geht die Prüfung schnell und fällt für die Klinik positiv aus. Beispielhaft seien die Gründe für einen die obere Grenzverweildauer übersteigenden Aufenthalt genannt. Diese sollten in der Epikrise stehen.
- **Versicherungen**: Unfall- oder Lebensversicherungen fordern gerne den Entlassungsbericht zur Prüfung ihrer Leistungspflicht an.
- **Juristen**: Bei zivilrechtlichen Auseinandersetzungen oder gar Strafverfahren werden die Arztbriefe regelmäßig eingesehen. Ungeschickte Aussagen oder gar Schuldzuweisungen haben daher im Brief nichts zu suchen.

- **Last not least der Patient**: Unvergessen bleibt mir der Patient, der vom neurologischen Konsiliararzt als Querulant eingestuft wurde, was dann auch im Arztbrief wörtlich wiederzufinden war. Immer und immer wieder rief der Patient an, um sich hierüber zu beklagen.

Alle Adressaten haben ihre spezifischen Bedürfnisse, die im Brief befriedigt werden müssen.

Der Brief beginnt meist mit dem bekannten Standardsatz: „Wir berichten über...". Das vermittelt die sachlichen Fakten, ist aber trocken und wenig persönlich. In angelsächsischen Ländern drückt man sich sehr viel individueller aus. So war im Befund einer Londoner Kardiologin zu lesen: „What an interesting and pleasant young lady you have sent", eine Formulierung, die zumindest in Deutschland Anlass zu Missverständnissen geben könnte.

Hier wäre ein Mittelweg sicher richtig. So könnte die **Einführung** mit einem Dank für die Zuweisung verbunden werden oder mit einem Hinweis auf ein Telefonat, dass man über diesen Patienten schon geführt hat. So – mit individueller Ansprache – baut man Brücken.

„Die Vorgeschichte des Patienten dürfen wir freundlicherweise als bekannt voraussetzten." Dieser Satz findet sich in einer Vielzahl von Briefen, ist aber sprachlich und sachlich eine Katastrophe. Sprachlich deshalb, weil der Bezug unstimmig ist. Das „freundlicherweise" bezieht sich so nämlich auf das „wir". Wir sind also so freundlich, dass wir die Anamnese voraussetzen?! Gemeint ist doch eigentlich, dass der Leser so freundlich sein möge, sich zu erinnern.

Aber auch sachlich ist der Satz überflüssig. Die Vorgeschichte gehört nämlich immer in den Brief, denn ein Großteil der zahlreichen Adressaten (s. o.) wird die Anamnese eben nicht kennen. Also sollten wir freundlicherweise unsere Arbeit machen.

Zurück zu den sprachlichen Unfällen.

Genauso üblich wie schrecklich ist die Floskel „Zustand nach", die nur in Arztbriefen, umgangssprachlich aber nie genutzt wird. Oder haben Sie schon einmal die Frage eines Kollegen bezüglich Ihres Befindens nach der Mittagspause mit dem Satz „Danke gut, Zustand nach Currywurst" beantwortet? Ist die Currywurst etwa ein „Zustand nach Schwein"?

„Zustand nach" ist im Übrigen völlig informationsfrei und daher problemlos verzichtbar. Viel besser ist es, stattdessen eine Zeitangabe einzufügen,

| also statt | „Zustand nach Hüft-TEP links" |
| besser | „September 2019 Hüft-TEP links" |

zu schreiben. Fehlt die Zeitangabe, könnte der Eingriff 3 Tage oder 20 Jahre zurückliegen, was ja doch eine gewisse Bedeutung hat. Als positiver Nebeneffekt der Zeitbestimmung ergibt sich, dass die Anamnesen künftig sorgfältiger erhoben werden.

Bei der Anamnese unterscheidet man die **Akutanamnese** von der weiteren Vorgeschichte. So kann man den eigentlichen Anlass, der zur Aufnahme führte, von früheren Erkrankungen trennen.

Zu erwähnen ist weiterhin die **Fremd-, Sozial-, Vegetativ- und die Sexualanamnese**, je nach Bedeutung für das jeweilige Fachgebiet.

In jedem Fachgebiet von Bedeutung ist die **Aufnahmemedikation**, also die Medikamentenanamnese.

Nach (manchmal auch vor) der Vorgeschichte werden üblicherweise die **Diagnosen** aufgeführt. Es findet sich meist ein kunterbuntes Durcheinander. Dieses sollte geordnet werden. Verschiedene Ordnungsprinzipien bieten sich an, keine davon ist immer richtig. Vielmehr kann je nach individueller Situation des Patienten oder auch je nach Fachgebiet das eine oder andere Verfahren sinnvoller sein.

Es gibt **Ordnungsprinzipien** mit Bezug auf

- das **Organsystem**: So könnten beispielsweise erst alle gastroenterologischen, dann die kardiologischen usw. Diagnosen aufgeführt werden.
- den **zeitlichen Verlauf**: Der akute Grund, der zur Aufnahme führte, wird zuerst genannt, alle zurückliegenden Erkrankungen chronologisch nachfolgend.
- die **kausale Verknüpfung**: Meist bedingen sich gleichzeitige Erkrankungen unterschiedlicher Organe gegenseitig. Dies sollte sich auch in den Diagnosen abbilden.
- die **Relevanz**: Die wichtigsten Diagnosen zuerst.

Meist bietet sich eine Kombination der Ordnungsprinzipien an. Eine kausale Verknüpfung sollte immer eingebaut werden.

Beispiel

Ein gut geordneter Diagnosenbaum könnte daher so aussehen:
  Akute respiratorische Globalinsuffizienz
- durch fulminantes Lungenödem
- bei persistierender Tachyarrhythmia absoluta
- und schwer beeinträchtigter linksventrikulärer Pumpfunktion (Ejektionsfraktion 20 %)
- nach 2012 erlittenem Vorderwandinfarkt
- bei koronarer 1-Gefäßerkrankung (chronischer Verschluss des R. interv. ant.) ◄

Bei diesem Beispiel stehen die Akuität und die Relevanz im Vordergrund. Zwei Organsysteme (Lunge und Herz) wurden kombiniert, was aber durch die gut herausgearbeitete Kausalität begründet ist.

Die Verdeutlichung der Kausalität darf man aber nicht übertreiben, sonst wird es unübersichtlich. Insoweit ist das obige Beispiel mit sechs verknüpften Diagnosen schon grenzwertig.

Die **Therapien** (in diesem Fall nicht-invasive Beatmung plus Medikation und Kardioversion) sollten separat im Anschluss an die Diagnosen aufgeführt werden. Dies machen die operativen Abteilungen schon lange, die internistischen ziehen allmählich nach.

Nach **Einführung**, **Anamnese**, **Diagnosen** und **Therapien** folgen die **Befunde**.

Bei einem guten Krankenhausinformationssystem laufen die **Befunde** – zumindest die Zusammenfassungen – automatisch in den Brief, der dadurch während der Fortdauer des stationären Aufenthalts ständig wächst. Voraussetzung ist, dass den ausführlichen Befunden jeweils eine separat zu verarbeitende Zusammenfassung angehängt ist. Die Untersucher bzw. Operateure müssen daher diese Zusammenfassungen so gestalten, dass sie hinreichende Informationen für den Arztbrief enthalten. Außerdem müssen sie so formuliert sein, dass die Weitergabe nach extern möglich ist. Kritische oder gar aggressive Anmerkungen hinsichtlich Indikation oder Vorbereitung gehören daher nicht hierher.

Nun zur **Epikrise**. Eine solche gut zu erstellen ist eine Kunst. Sie soll in gebotener Kürze alle Informationen für jeden der aufgelisteten Adressaten enthalten. Manche Fakten, die für die Kliniker belanglos sind, sind aus Abrechnungsgründen trotzdem zu erwähnen – leider.

Die Befunde müssen gewertet und die Entscheidungen nachvollziehbar sein. Dies ist von besonderer Bedeutung, denn ein Befund, der bei einem 60-jährigen wichtig ist, könnte bei einem 90-jährigen belanglos sein – und vice versa. Gerade die argumentativ vollzogene Wertung ist der wesentliche Bestandteil der Epikrise, ihr Fehlen muss immer moniert werden.

Bei vorläufigen Briefen die Regel, bei endgültigen dagegen nicht erlaubt: der Verweis auf noch ausstehende Befunde oder Termine. Der endgültige Brief muss alle Befunde und Termine enthalten.

Oft, zumindest bei internistischen Patienten, wird die Medikation geändert. Dies kann den banalen Grund haben, dass das bisherige Medikament von der Krankenhausapotheke nicht vorgehalten wird. Dann ist es unsinnig, wenn die abschließende Therapieempfehlung nicht daraufhin überprüft wird. Die niedergelassenen Kollegen sehen es zu Recht als Ärgernis an, wenn die Medikation zwar prinzipiell ohne Veränderungen blieb, die Substanzen aber ausgetauscht wurden.

Bewusst durchgeführte Änderungen der Medikation sind nachvollziehbar zu begründen. Gut ist es, wenn den Stationsärzten dabei bewusst ist, welche Kostensteigerungen dadurch eventuell induziert werden.

Ein weiteres Ärgernis sind Abkürzungen. Jede Fachrichtung hat ihre eigenen und kein Allgemeinarzt kann alle in ihren verschiedenen Bedeutungen kennen. Zudem bedeutet ein HWI manchmal Harnwegsinfekt oder aber Hinterwandinfarkt.

Ein befreundeter niedergelassener Kollege (Allgemeinarzt) las mir einmal folgende Passage vor: „Nach Darstellung mit der OCT behandelten wir die ISR der LAD mit einem DEB. Die DPH ist für weitere 6 Monate fortzuführen." – Ob wir denn noch alle Tassen im Schrank hätten?

Unverständliche Formulierungen im Entlassungsbericht können auch juristische Bedeutung erlangen. Kliniken sind nämlich zur Aufklärung verpflichtet, nicht nur der

Patienten, sondern auch der nachbehandelnden Kollegen. Die Rechtsprechung geht davon aus, dass die hochspezialisierten Fachabteilungen über ihre Eingriffe und die notwendigen Folgetherapien informieren (siehe Abschn. 6.5). Erfolgt dies unzureichend mit der Folge, dass der Hausarzt falsch behandelt, könnte das Krankenhaus in Haftung genommen werden.

Die Verordnungen und logistischen Vereinbarungen für die nachfolgende Behandlung einschließlich der sozialen Versorgung sind aufzulisten. Das weitere Procedere medizinischer Art wird beschrieben.

Die Epikrise muss weiterhin den Zustand des Patienten bei Entlassung bzw. Verlegung beschreiben. Sollten Infektionen oder Besiedelungen mit multiresistenten Keimen vorliegen, so dürfen Informationen hierüber und die diesbezüglichen Vorsichtsmaßnahmen nicht fehlen.

Entsprechend der gesetzlichen Vorgaben des standardisierten Entlassungsmanagements ist der Name des zuständigen Arztes und seine Telefonnummer anzugeben, und ebenso, ob es sich um einen vorläufigen oder den endgültigen Arztbrief handelt.

Die **Entlassungsmedikation** sollte sich nur bei medizinischer Notwendigkeit von der vorbestehenden Medikation unterscheiden. Veränderungen müssen in der Epikrise begründet werden.

Schließlich muss der Brief noch unterschrieben werden. Bei elektronischer Vidierung entfällt die handschriftliche **Unterschrift**. Zumindest der endgültige Brief sollte von allen Verantwortlichen (also in der Regel Chef-, Ober- und Assistenzarzt) unterschrieben sein.

Die Erstellung des Entlassungsberichtes ist also eine anspruchsvolle Tätigkeit, die leider im Studium – wie von Medizinstudierenden im Praktischen Jahr regelmäßig zu erfahren ist – nicht gelehrt wird. Dies, obwohl Arztbriefe in allen Fachgebieten essenziell sind. Darüber hinaus gehören die Diktate zu den wenig geliebten Arbeiten bei Ärzten. Gleiches gilt für die Tätigkeit des Korrigierens bzw. Vidierens bei Ober- und Chefärzten.

Das Ergebnis dieser Gemengelage ist den Briefen anzusehen: Sprachlich schlecht, ungeordnet, Wertungen und wichtige Informationen fehlen. Die sprachliche Unreife bei den Kollegen, deren Muttersprache nicht Deutsch ist, verschärft die Problematik.

Umso mehr Mühe müssen die leitenden Ärzte investieren, denn die Berichte haben eine große Bedeutung – intern wie extern. Gut ist es, wenn das Krankenhausinformationssystem es ermöglicht, die Briefe elektronisch zu vidieren bzw. zu monieren. Grammatikalische oder orthographische Fehler zu korrigieren, kann aber nicht ärztliche Aufgabe sein. Dies ist vom Schreibbüro zu erledigen.

Erarbeiten Sie gemeinsam mit Ihren Oberärzten einen Standard für die Briefe. Dadurch werden nicht nur die Berichte besser. Das strukturierte Denken, das für Brieferstellung notwendig ist, überträgt sich so auch auf die tägliche Arbeit am Krankenbett, z. B. bei der Visite. Die Einhaltung der Standards muss überwacht werden. Durch Fluktuation neu hinzukommende Kollegen brauchen entsprechende Einführungen durch die erfahrenen Stationsärzte. Mindestens einmal jährlich sollten Sie ein Seminar über Briefschreibung abhalten.

Wenn sich die Expertise Ihrer Abteilung, die Abläufe, die Methodik und die individuellen Bewertungen in Ihren Briefen ausdrückt, bedeutet dies einen Qualitätsgewinn für alle Beteiligten.

Übersicht: Der Arztbrief

- **Adressaten**: Wichtige Adressaten nicht im Verteiler vergessen! Die unterschiedlichen Bedürfnisse aller (auch der nicht im Verteiler aufgeführten!) Adressaten berücksichtigen.
- **Individuelle Anrede und Einführung**: Persönliche Ansprache statt staubiger Textbausteine.
- **Anamnese**: Bitte Anamnese freundlicherweise nicht unterschlagen! Die verschiedenen Anamnesearten berücksichtigen, insbesondere die Sozialanamnese nicht vergessen. Auch die bisherige Medikation muss aufgeführt werden.
- **Diagnosen**: Sinnvoll ordnen und logisch verknüpfen. Die Kausalkette muss deutlich werden.
- **Therapien**: Separat unterhalb der Diagnosen aufführen.
- **Befunde**: Automatische Eingliederung der Zusammenfassungen der Befunde in den Brief durch das Krankenhausinformationssystem.
- **Epikrise**: Knapp, aber vollständig. Die Schlüsselbefunde müssen genannt und die konsekutiven Maßnahmen begründet werden. Sorgfältige Bewertung der Gesamtsituation. Im endgültigen Brief müssen alle bisher noch ausstehenden Befunde oder Termine genannt sein. Abkürzungen vermeiden. Ansprechpartner mit Telefonnummer nennen.
- **Entlassungsmedikation**: Nur medizinisch notwendige Veränderungen an der Vormedikation.
- **Unterschriften**: Der endgültige Brief muss alle Unterschriften (oder elektronische Vidierungen) enthalten.

To-do-Liste: Arztbrief

Maßnahme	Termin	Folgetermin
Erstellen Sie (möglichst gemeinsam mit den Oberärzten) einen Standard für Arztbriefe. Dieser kann ein Beispiel für einen vorbildlichen Brief enthalten		
Dieser Standard muss im QM-Handbuch verfügbar sein		
Kommunizieren Sie den Standard bei der Frühbesprechung sowie 1x jährlich bei Fortbildungen		
Monieren Sie Abweichungen oder Fehler konsequent		

6.7 IT/Digitalisierung

„Die administrativen und medizinischen Daten inklusive Bilddaten wie Röntgenbilder, Koronarangiographie, EKG, Ergometrie und Ultraschall sind überall … abrufbar. Bilddokumente werden sofort nach der Untersuchung archiviert und stehen über Netz zur Auswertung und Befundung zur Verfügung.

Der innerbetriebliche Kommunikationsweg für Leistungsanforderungen, Protokolle und Befunde werden über die vernetzten Mulitfunktionsarbeitsplätze abgewickelt (Glasfaser Netzwerk 100 MBit/sec). Befunde werden online in das elektronische Krankenblatt des Patienten eingetragen. Damit wird die administrative Arbeit, insbesondere bei der Kurvenführung durch die Krankenschwester, wesentlich reduziert. Notizen während Visite werden über ein „Notepad" sofort dokumentiert."

„Zukunftsmusik" wird vielleicht der eine oder andere Leser seufzen. „Wenn wir nur schon so weit wären!" Übrigens: Das obige Zitat stammt aus einem Prospekt der Herzzentrum Frankfurt AG aus dem Jahr 1994 (!), die ich damals auch besichtigt hatte.

Szenenwechsel. *„Amazon hat in den USA ein Patent eingereicht, das es erlaubt Kunden Produkte zu schicken, die diese zwar noch nicht bestellt haben, jedoch dringend benötigen. Und entsprechend behalten und bezahlen. Echtzeit ist nicht schnell genug."* (Müschenich 2017) Weitere Schlagzeilen in dieser Veröffentlichung: *„Technische Kompetenz schlägt die traditionelle Kernkompetenz." „Das digitale Business ist global."* Die Zitate wurden einem aktuellen Buch über <u>Krankenhausmanagement</u> entnommen, Kapitelüberschrift: „Digital Leadership in der Medizin", Tenor: *„Der Digital Leader muss eine digitale Vision entwickeln."*

Für mich stellt sich wie so oft vor allem die Frage „Cui bono?". Profitiert denn wirklich vor allem der Kunde, wenn er etwas geschickt bekommt, das er sooo dringend benötigt, dass er es noch nicht einmal bestellt hat? Oder nicht doch eher die Firma Amazon, die ihre Kunden so durchleuchtet, dass sie abschätzen kann, wer wahrscheinlich auch Unbenötigtes nicht zurückschicken wird? Warum lässt sich der Kunde bevormunden?

Wollen wir Ärzte wirklich zulassen, dass die Kernkompetenz keine Rolle mehr spielen soll? Dass ärztlicher Sachverstand und menschliches Einfühlungsvermögen durch die von findigen Programmierern ersonnene Künstliche Intelligenz ersetzt wird?

Es gibt viele Probleme auf der Welt und die IT-Branche bietet viele Lösungen an. Nur leider passen die Lösungen oft nicht zu den Problemen. Ist das autonom fahrende Auto denn die richtige Antwort auf die Ursache von Flüchtlingswellen oder die Klimakatastrophe?

Ähnlich verhält es sich im Gesundheitswesen. Die Digitalisierung von Krankenhäusern und Arztpraxen hat zu einem sicherlich <u>nicht</u> geführt: der Arbeitsentlastung von Ärzten (oder des Pflegepersonals). Technisch möglich wäre es, aber offenbar nicht von Belang oder nicht gewollt. Ärzte verbringen heute mehr Zeit vor den Rechnern als beim Patienten. Jegliche Erleichterung durch die EDV wird durch vermehrte Anforderungen sofort zunichte gemacht. Wirklich hilfreich, weil am Nutzer orientiert, wäre eine Ausstattung wie

1994 in Frankfurt realisiert. Das aber funktioniert auch 2020 in vielen Krankenhäusern noch nicht störungsfrei.

Stattdessen wird von Big Data und „mHealth" im Gesundheitswesen geredet. „Mobile" würde von dem Patienten und dem medizinischen Personal eingefordert werden (Albrecht 2017).

Einer der Urväter der Medienkritik, Neil Postman, hat in den 80er Jahren des letzten Jahrtausends Bücher verfasst wie „Wir amüsieren uns zu Tode" oder „Die Verweigerung der Hörigkeit" (jeweils nur noch antiquarisch erhältlich). Auch wenn es damals eher um das Fernsehen ging, bleiben die Botschaften dieselben bzw. werden umso dringlicher angesichts der heutigen technischen Möglichkeiten.

Jegliche Einführung oder Modifizierung von IT-Technologie in Kliniken muss ärztlicherseits begleitet und kritisch hinsichtlich des Nutzens für diejenigen, die die medizinische Kernleistung erbringen, hinterfragt werden. Dabei darf nicht vergessen werden, dass der immense finanzielle Aufwand für IT die Ressourcen aufbraucht, die in der eigentlichen Medizin häufig besser angelegt wären. Das Primat der Medizin muss wieder anerkannt werden.

Dennoch möchte ich hier nicht den Technikmuffel geben, der gerne ins 19. Jahrhundert zurückwill. Natürlich schreibe ich dieses Buch am Computer und nicht auf der Schreibmaschine. Die fertige Datei wird der Springer-Verlag via E-Mail erhalten. Von Facebook, Instagram und Co. habe ich mich aber bisher ferngehalten (und dabei nichts vermisst).

Effiziente Abläufe wären ohne ein gut gepflegtes Krankenhausinformationssystem (KIS) nicht mehr vorstellbar. Arztbriefschreibung, Befunderstellung, Information: Alles geht mit EDV einfacher. Die Bildgebung hat eine fantastische Qualität erreicht, dank Big Data.

Auf dem diesbezüglichen Markt tummeln sich aber viele Player, die ihren Kunden Leistungen oder Ausstattungen verkaufen wollen, die sie wirklich nicht brauchen (siehe Beispiel Amazon). Die Marketingabteilungen sind sehr geschickt und koppeln einen kleinen, aber unbedingt notwendigen Nutzen mit der ganz großen Lösung, die in diesem Umfang eben nicht gebraucht wird. Dabei wird dann immer mit Abonnements (Wartungsverträgen) gearbeitet, damit die Geldquellen (bzw. beim Kunden die Kosten) nicht versiegen.

Vielleicht hilft auch hier das Pareto-Prinzip (Sie erinnern sich, Abschn. 1.17). Wenn es uns Kunden gelänge, durch einen kleinen Aufwand (z. B. 20 %) einen großen Benefit (80 % des Gesamten) zu erzielen, hätten wir viel erreicht. Das setzt natürlich einen sehr kritischen und kompetenten Umgang mit dem Thema voraus.

Die Vorteile moderner Medien werden vor allem dann bewusst, wenn sie durch Störungen nicht verfügbar sind. Das wiederum kennzeichnet die entstandene Abhängigkeit. Einige deutsche Kliniken haben schon Hacker- bzw. Virusangriffe mit schwerwiegenden Konsequenzen erfahren müssen (2016 Lukaskrankenhaus Neuss, 2019 Klinikum Fürth).

Folgende praktische Hinweise sollten Sie beim Thema IT berücksichtigen:

1. Der (interne und externe) Datenschutz ist zu gewährleisten. Als Leitender Arzt sollten Sie die Rechteverteilung beeinflussen und überwachen. Moderne System protokollieren den Zugriff auf die Dokumente. Sie sollten ab und zu Stichproben machen, wer welche Dokumente einsieht und bei Missbrauch einschreiten.
2. Wie die Bezeichnung schon sagt, muss jede Nutzung auch mit einem Nutzen verbunden sein. Unnötige Formulare, Auswertungen oder Ausarbeitungen haben zu unterbleiben.
3. E-Mail ist großartig und sehr praktisch. Leider aber auch mit viel Spam verbunden. Mitarbeiter, die immer dann, wenn sie eine Tabelle erstellt haben, diese an die ganze Klinik schicken (es soll ja jeder sehen, dass sie gearbeitet haben) müssen auf den internen E-Mail-Codex hingewiesen werden. Wenn Sie unnötige Mails erhalten, geben Sie entsprechendes Feedback. Manche Firmen haben schon E-Mail-freie Tage eingeführt.
4. Nicht jede Auswertung, die möglich ist, ist auch erlaubt. Statistiken, die Mitarbeiter betreffen, fallen hierunter und könnten Beschwerden des Betriebsrats hervorrufen.
5. Vergessen Sie nicht, ein wirkungsvolles System der Datensicherung vorzuhalten (wird meist schon zentral erledigt).
6. Öffnen Sie keine suspekten Anhänge von E-Mails und überspielen Sie keine externen Dateien auf Ihren Rechner (auch dies wird meist schon durch das System verhindert).
7. Schnittstellen mit Fremdanbietern sind die Quellen vielen Unheils. Erstens funktionieren Sie oft nicht und zweitens öffnen sie das System nach extern, z. B. für die Fernwartung. Als Beispiel sei das ferngewartete Herzkatheterlabor genannt, das über eine Schnittstelle Röntgen- oder hämodynamische Daten an das KIS übergibt.

Literatur

Albrecht UV (2017) mHealth-Strategie im Krankenhaus. In: Debatin JF et al (Hrsg) Krankenhausmanagement. Strategien, Konzepte, Methoden, 3. Aufl. Medizinisch Wissenschaftliche Verlagsgesellschaft mbH & Co. KG, Berlin

APS e.V. (Hrsg) (2016) Anforderungen an klinische Risikomanagementsysteme im Krankenhaus, Berlin, Pinger-Eden

Ausfüllhinweise zu Arznei- und Hilfsmittelverordnungen im Entlassmanagement., https://www.aok-gesundheitspartner.de/plus/entlassmanagement/verordnungen/arzneimittel/index.html. Zugegriffen am 02.12.2019

Bundesärztekammer (Hrsg) (2016) Methodischer Leitfaden Morbiditäts- und Mortalitätskonferenzen. Band 32 der Schriftenreihe Texte und Materialien der Bundesärztekammer zur Fortbildung und Weiterbildung. 1. Auflage

Müller M (2004) Risiko und Risikomanagement im Luftverkehr. Zeitschrift für Evidenz, Fortbildung und Qualität im Gesundheitswesen. Jahrgang 98, Heft 7, 10-2004, S. 559–565

Müschenich M (2017) Die digitale Transformation und „Digital Leadership" in der Medizin. In: Debatin JF et al. (Hrsg.), Krankenhausmanagement. Strategien, Konzepte, Methoden. 3. Auflage. Medizinisch Wissenschaftliche Verlagsgesellschaft mbH & Co. KG, Berlin

Pless H, Schafmeister S (2009) Medizinische Fachangestellte im Krankenhaus: Ärzte und Pflegekräfte werden entlastet. Dtsch Arztebl 2009 106(27):A-1431/B-1219/C-1187

Rahmenvertrag über ein Entlassmanagement beim Übergang in die Versorgung nach Krankenhausbehandlung., https://www.kbv.de/html/entlassmanagement.php. Zugegriffen am 30.11.2019

7.1 Die Struktur der gesetzlichen Normen in Deutschland

Für Nicht-Juristen (aber oft genug auch für Juristen) ist das Rechtssystem durch seine Vielzahl an Vorschriften und Normen kaum durchschaubar. Befasst man sich genauer mit einzelnen Aspekten, erkennt man, dass trotz der Gesetzesfülle vielfach Rechtsunsicherheit herrscht. Gelegentlich widersprechen sich auch einzelne Rechtsgebiete, z. B. Sozial- und Arbeitsrecht. Dies wird im Abschn. 7.11 (Scheinselbständigkeit) gut deutlich.

Auch wenn die Bundesrepublik Deutschland im internationalen Vergleich über ein funktionierendes Rechtssystem verfügt, kommt die Justiz oft zu für den Bürger nicht immer verständlichen Ergebnissen.

Untenstehend werden Sie über die Rechtsstruktur in Deutschland informiert. In den nachfolgenden Kapiteln finden Sie Informationen über grundsätzliche juristische Arbeitsprinzipien, über einzelne Rechtsgebiete und schließlich über einige im Gesundheitswesen bedeutsame Spezialproblematiken.

Sehr hilfreich ist die Webseite www.gesetze-im-internet.de des Justizministeriums, wo Sie alle gültigen Gesetze finden und auch im pdf-Format herunterladen können. Wie Sie bei einem Besuch dieser Internet-Seite feststellen werden, sind die unten aufgeführten Gesetze nur die „Spitze des Eisbergs".

In diesem Buch werden zahlreiche Gesetze zitiert. Bitte lesen Sie den Gesetzestext immer nach! Nur so bekommen Sie ein wenig Übung im Umgang mit Paragrafen. Wenn Sie die Bezeichnung in einer Suchmaschine eingeben, gelingt das auch ohne das Wälzen dicker Bücher. Versuchen Sie es mal und geben Sie „§ 433 BGB" ein.

An oberster Stelle der Normenpyramide steht das **Grundgesetz**.

In der nachgeordneten Gesetzesstruktur wird zwischen dem **öffentlichen Recht** und dem **Privatrecht** unterschieden.

© Springer-Verlag GmbH Deutschland, ein Teil von Springer Nature 2020
H. Pless, *Führen im Krankenhaus*, Erfolgskonzepte Praxis- & Krankenhaus-
Management, https://doi.org/10.1007/978-3-662-60982-8_7

Das **öffentliche Recht** regelt die Beziehungen des einzelnen Bürgers zum Staat und den übrigen Trägern öffentlicher Gewalt sowie der Körperschaften öffentlichen Rechts bzw. der Träger öffentlicher Gewalt zueinander. Teilgebiete des öffentlichen Rechts sind unter anderem das Verwaltungsrecht, das Steuerrecht, das Sozialrecht und das Völkerrecht. Kennzeichnend für das öffentliche Recht ist die Unterordnung des Bürgers gegenüber dem Staat, der als Autorität die Interessen des Gemeinwohls vertritt (Subordinationstheorie). Daher wird meist auch das Strafrecht dem öffentlichen Recht zugeordnet.

Im Gegensatz dazu stehen sich der Bürger und die anderen Rechtsträger beim **Privatrecht** gleichgeordnet gegenüber.

Die genaue Abgrenzung beider Rechtsgebiete ist bis heute nicht völlig gelungen. Sie wird auch dadurch erschwert, dass der Staat sich traditionell des Privatrechts bedienen und sogar in privatrechtlichen Organisationsformen (AG, GmbH) tätig werden darf.

Als weiteres wesentliches Recht ist das **Europarecht** zu nennen, das in vielfältiger Weise das nationale Recht überlagert bzw. bestimmt.

Das Öffentliche Recht

Gegenstand des allgemeinen **Verwaltungsrechts** ist die öffentliche Verwaltung.

Rechtsquellen des Verwaltungsrechts sind in erster Linie das Verwaltungsverfahrensgesetz (VwVfG) und die Verwaltungsgerichtsordnung (VwGO).

Zentrales Handlungsinstrument der Verwaltung ist der Erlass eines **Verwaltungsaktes**.

Beim **Steuerrecht** gilt ähnlich wie beim Bürgerlichen Gesetzbuch das Klammerprinzip: Das Allgemeine Steuerrecht (z. B. Abgabenordnung, Finanzgerichtsordnung usw.) umfasst alle Normen, die dann für das Besondere Steuerrecht (z. B. Einkommensteuerrecht, Umsatzsteuerrecht usw.) gelten.

Das **Sozialrecht** soll die soziale Gerechtigkeit und soziale Sicherheit verwirklichen (siehe auch § 1 Abs. 1 SGB I). Die zahlreichen Ansprüche und Rechtsbeziehungen sind in mittlerweile 12 Sozialgesetzbüchern geregelt.

Das **Völkerrecht** beschäftigt sich mit den Menschenrechten, dem Seerecht, den Rechten internationaler Organisationen usw.

Das **Strafrecht** im Allgemeinen ist normiert durch das Strafgesetzbuch StGB. Unter anderem Tatbestände, Deliktformen, Täterschaft und Phasen einer Straftat sind hier definiert. Außerhalb des Strafrechts findet das Ordnungswidrigkeitengesetz OWiG Anwendung.

Für das große Gebiet der Wirtschaftsstrafsachen sind eine Vielzahl von Gesetzen und Tatbeständen im § 74c Abs. 1 GVG (Gerichtsverfassungsgesetz) aufgeführt.

Das Privatrecht

Die grundlegende Vorschrift des **Privatrechts** ist das Bürgerliche Gesetzbuch (BGB), das am 01.01.1900 in Kraft getreten ist.

Aufgeteilt auf 5 Bücher normieren hier ca. 2500 Paragrafen die Rechtsverhältnisse der Bürger untereinander bzw. zu freiwilligen Vereinigungen wie Ehe oder Gesellschaften. Egal, ob man juristisch interessiert ist oder nicht, als Bürger sollte man sich 2 oder 3 Abende Zeit nehmen und in dieser Grundlage deutscher Zivilisation blättern. Wahrscheinlich wird man feststellen, dass auch ein Gesetzestext in seiner Logik fesselnd sein kann. Die gedruckte Version kostet 5,90 € (ca. 900 Seiten).

Das erste Buch umfasst den Allgemeinen Teil (§§ 1–240). Die hier aufgeführten Vorschriften sind auch auf die folgenden vier Bücher anzuwenden (sogenannte Klammertechnik, durch die mehrfache Wiederholungen vermieden werden).

Die Bücher zwei bis fünf beschäftigen sich mit dem Schuld-, dem Sachen-, dem Familien- und dem Erbrecht.

Zu den Gesetzbüchern gibt es meist Kommentare, die die Auslegung der einzelnen Paragrafen erläutern. Bezüglich des BGB ist der bedeutsamste Kommentar „der Palandt", 3000 Seiten, eng gedruckt, jedes zweite Wort abgekürzt.

Weitere wichtige Rechtsgebiete im Privatrecht sind das Handelsrecht mit dem Handelsgesetzbuch (HGB) als zentraler Norm und das Arbeitsrecht (und viele weitere Gebiete!).

Das Europarecht

Europarechtlich wird zwischen **primärem** und **sekundärem Unionsrecht** unterschieden.

Bestandteile des **primären Unionsrechts**:

- Gründungsverträge mit ihren Protokollen und Anhängen
- Beitrittsverträge neuer Mitgliedsstaaten
- Charta der Grundrechte.

Die hierbei wesentlichsten Verträge sind der Vertrag über die Europäische Union (EUV) und der Vertrag über die Arbeitsweise der Europäischen Union (AEUV).

Das **sekundäre Unionsrecht** umfasst die Rechtsakte, die gemäß Art. 288 AEUV von den Unionsorganen erlassen werden.

Es handelt sich hier um

- Richtlinien (die von den Mitgliedsstaaten in nationales Recht umgesetzt werden müssen)
- Verordnungen (abstrakte Normen mit unmittelbarer Gültigkeit in den Mitgliedsstaaten)
- Beschlüsse (konkrete Regelung eines Einzelfalls mit unmittelbarer Gültigkeit, zu vergleichen mit einem deutschen Verwaltungsakt)
- Empfehlungen und Stellungnahmen (ohne Verbindlichkeit).

Wichtig ist vor allem die Unterscheidung der Verordnungen mit unmittelbarer Gültigkeit von den Richtlinien, die zur Erlangung der Rechtswirksamkeit von den Staaten erst in nationales Recht umgesetzt werden müssen.

Die zentralen Prinzipien der Verträge sind die **vier Grundfreiheiten**: Der freie

- Waren-,
- Personen-,
- Dienstleistungs- und
- Kapitalverkehr.

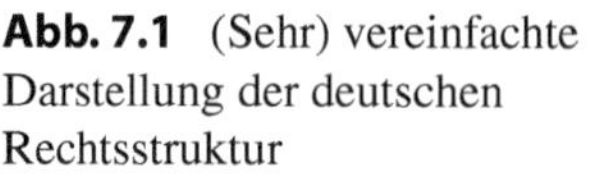

Abb. 7.1 (Sehr) vereinfachte
Darstellung der deutschen
Rechtsstruktur

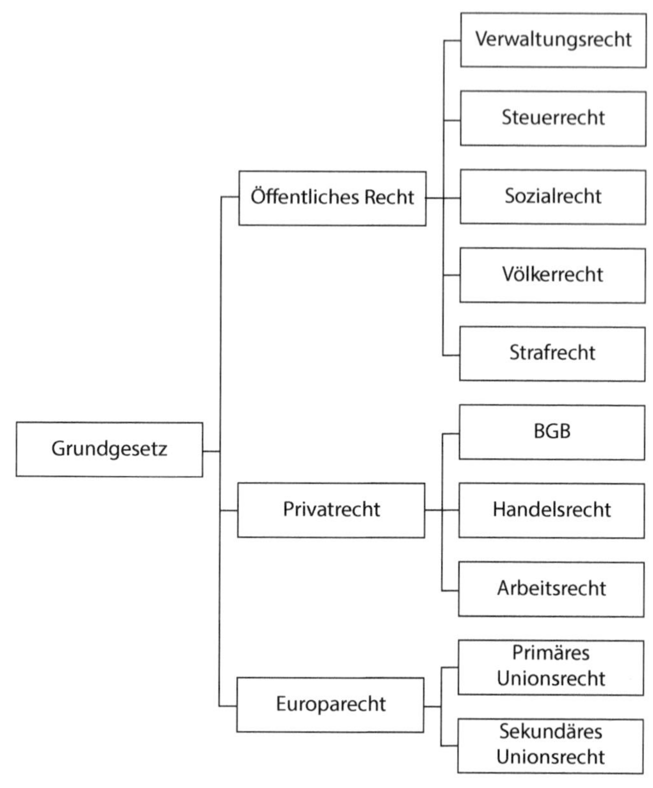

Die Abb. 7.1 fasst das Gesagte optisch zusammen. Bitte bedenken Sie, dass die Darstellung sehr gestrafft ist und nur einen sehr kleinen Teil der zahlreichen Rechtsgebiete zeigen kann.

7.2   Begriffsklärungen und juristische Arbeitstechniken

Vertrag, Willenserklärung

Ein **Vertrag** kommt durch Antrag (oder Angebot) einerseits und Annahme des Antrags
andererseits zustande §§ 145 ff. BGB.

Sowohl der Antrag als auch die Annahme desselben erfolgen durch sogenannte **Willenserklärungen** §§ 116 ff. BGB. Damit der Vertrag wirksam werden kann, müssen die Willenserklärungen der Vertragsparteien in den wesentlichen Punkten übereinstimmen
§ 154 Abs. 1 S. 1 BGB. Wesentliche Punkte sind z. B. der Kaufgegenstand und der Preis,
je nach Sachverhalt auch eine Frist.

Bei manchen Rechtsgeschäften ist die Wirksamkeit einer Willenserklärung an eine bestimmte Form gebunden §§ 126 ff. BGB, z. B. die Schriftform bei der Kündigung eines
Arbeitsvertrages § 623 BGB.

Andererseits können Willenserklärungen ganz banal, sogar wortlos erfolgen und trotzdem wirksam sein, vorausgesetzt, sie sind eindeutig und „im Verkehr üblich". Zeigen Sie also in der Kneipe Ihres Vertrauens dem Wirt schweigend Ihr leeres Bierglas, so ist das eine eindeutige und im Verkehr (hier: in der Kneipe) übliche Form der Willenserklärung. Sie haben also einen Antrag gestellt bzw. ein Angebot gemacht. Nickt der Wirt nun, dann hat er Ihren Antrag (ebenfalls schweigend) angenommen. Somit ist ein wirksamer Kaufvertrag über ein Glas Bier zustande gekommen. Man kann davon ausgehen, dass Ihnen der Preis bekannt ist und von Ihnen akzeptiert wird.

Bringt Ihnen der Wirt das Bier und tilgt dadurch seine Schuld aus dem Vertrag § 433 Abs. 1 BGB , müssen Sie dieses auch annehmen und bezahlen und somit Ihre Schuld tilgen (§ 433 Abs. 2 BGB, siehe unten, bitte lesen!).

Zeigen Sie allerdings im Autohaus erst auf den neuesten Porsche, dann auf sich selbst und der Verkäufer nickt, dann ist – anders als in der Kneipe – kein wirksamer Vertrag entstanden. Erstens ist diese Form der Willenserklärungen im Verkehr (hier: im Autohaus) nicht üblich. Zweitens war Ihre Willenserklärung nicht eindeutig: Vielleicht wollten Sie ja nur sagen, dass Ihnen das Auto gefällt und keineswegs, dass Sie es auch kaufen wollen. Drittens wurden die für einen Autokauf wesentlichen Punkte weder besprochen, noch vereinbart.

Während bei den beiden Beispielen die rechtliche Situation klar und nachvollziehbar ist, kann die Auslegung von Willenserklärungen bei anderen Sachverhalten durchaus strittig sein.

Marketingmaßnahmen wie Zeitungsannoncen oder die Ausstellung von Ware in Schaufenstern sind entgegen landläufiger Meinung übrigens keine rechtswirksamen Angebote bzw. einen Vertrag begründende Willenserklärungen. Sie sind nur eine Einladung an den potenziellen Käufer zur Abgabe eines Angebots („invitatio ad offerendum"). Dies gilt auch für Preisauszeichnungen. Wenn also eine Kamera im Schaufenster mit 500 € ausgezeichnet ist, können Sie nicht darauf bestehen, sie zu diesem Preis zu erwerben. Der eigentliche Kaufvertrag (mit den beiden Willenserklärungen) wird erst im Laden zwischen Ihnen und dem Verkäufer geschlossen.

Eine schwer nachvollziehbare Spezialität des deutschen Privatrechts ist das **Abstraktionsprinzip**, d. h. die Trennung schuldrechtlicher von sachenrechtlichen Rechtsgeschäften.

Dies sei am Beispiel eines Autokaufes erläutert. Das **Schuldrecht** regelt, wer wem etwas schuldet: Der Verkäufer dem Käufer das Auto § 433 Abs. 1 BGB, der Käufer dem Verkäufer das Geld § 433 Abs. 2 BGB.

Die *Verfügung* über die Sachen, also die Übergabe, ist auch im BGB, aber im **Sachenrecht** § 929 BGB festgelegt. Da es sich um zwei Sachen handelt (Auto und Geld) resultieren zwei sachenrechtliche ergänzend zu dem einen schuldrechtlichen Rechtsgeschäft. Ein Kauf besteht also aus mindestens drei Rechtsgeschäften und – da zu jedem der Rechtsgeschäfte mindestens zwei übereinstimmende Willenserklärungen gehören – aus sechs Willenserklärungen.

Dies gilt genauso für den oben geschilderten Kauf eines Bieres in der Kneipe des Vertrauens.

Gutachtenstil

Die juristische Arbeit besteht meist darin, zu prüfen, ob eine gesetzliche Norm auf einen bestimmten Sachverhalt anzuwenden ist oder nicht.

Dies kann im Gutachten- oder im Urteilsstil erfolgen.

Die Vorgehensweise im Gutachtenstil beim Privatrecht ist wie folgt:

Ähnlich wie bei einer wissenschaftlichen Fragestellung wird eine Hypothese formuliert, die man als **Obersatz** bezeichnet. Dieser gibt im Konjunktiv die Antwort auf die Frage

„Wer verlangt von wem was woraus?"

Der nächste – und oft sehr umfangreiche – Schritt ist die Untersuchung oder Prüfung, genannt „**Subsumtion**".

In der Bearbeitung dieses Obersatzes sind zunächst die Parteien zu definieren („**wer von wem?**"). Das ist oft nicht so eindeutig, wie es auf den ersten Blick erscheint. So kann bei Verträgen mit mehr als zwei Parteien unklar sein, wer der Anspruchsgegner ist. Auch gesetzliche Regelungen können überlagern. Beispielhaft sei hier der Fall einer Fehlbehandlung eines Krankenhauspatienten genannt. Ist der Klinikarzt oder die Klinik der Anspruchsgegner?

Das „**Was**" bezeichnet den **Anspruch**. Eine entsprechende Legaldefinition findet sich in § 194 Abs. 1 BGB: Der Anspruch ist das Recht, von einem anderen ein Tun oder Unterlassen zu verlangen.

Nun ist noch die **Anspruchsgrundlage**, also das „**woraus**" zu erarbeiten. In der Regel sind dies Gesetzesparagrafen, die einem Tatbestand als Rechtsfolge einen Anspruch zuweist. So ergibt sich z. B. der Anspruch auf Zahlung des Kaufpreises aus § 433 Abs. 2 BGB.

Der Bedeutung wegen ist nachfolgend § 433 BGB (Kaufvertrag) zitiert. Aus Gründen der Übersichtlichkeit sind aber viele andere zitierte Gesetzesparagrafen hier nicht wörtlich aufgeführt. Bitte lesen Sie diese im Internet oder im Gesetzesbuch nach.

> *„§ 433 Vertragstypische Pflichten beim Kaufvertrag*
> (1) *Durch den Kaufvertrag wird der Verkäufer einer Sache verpflichtet, dem Käufer die Sache zu übergeben und das Eigentum an der Sache zu verschaffen. Der Verkäufer hat dem Käufer die Sache frei von Sach- und Rechtsmängeln zu verschaffen.*
> (2) *Der Käufer ist verpflichtet, dem Verkäufer den vereinbarten Kaufpreis zu zahlen und die gekaufte Sache abzunehmen. "*

Beispiel

Nun ein Beispiel für eine **Subsumtion**:

Sachverhalt: Patient P hat im Krankenhaus einen Wahlleistungsvertrag abgeschlossen, der die Behandlung durch den Chefarzt vorsieht.

Der **Obersatz** könnte beispielsweise so lauten:

„Der Patient P könnte gegenüber dem Chefarzt C einen Anspruch auf höchstpersönliche Behandlung haben § 630a BGB."

Bezogen auf den genannten Obersatz ist zunächst zu prüfen, ob ein wirksamer Behandlungsvertrag nach § 630a BGB zwischen P und C vorliegt.

Wäre P beispielsweise nicht geschäftsfähig § 104 BGB, gäbe es keinen wirksamen Behandlungsvertrag § 105 Abs. 1 BGB. Ohne einen Behandlungsvertrag gäbe es aber keinen Rechtsgrund für C, eine höchstpersönliche (Privat-)Behandlung vorzunehmen.

Liegt ein (wirksamer) Behandlungsvertrag vor, ist zu prüfen, ob dieser mit dem Chefarzt abgeschlossen wurde oder ihm zuzurechnen ist.

Abschließend ist das **Ergebnis** festzustellen. Hierbei kann man den Obersatz wiederholen, diesmal aber nicht im Konjunktiv: „Der Patient P hat gegenüber dem Chefarzt C …". ◄

Das Gegenstück zum Gutachtenstil ist der **Urteilsstil**. Hier wird nicht mit einer Hypothese eingeleitet, sondern mit einer Feststellung, also einem Urteil, das ähnlich formuliert werden könnte wie das (dort an den Schluss platzierte) Ergebnis im Gutachtenstil. Das Urteil wird dann begründet, wobei wieder die gesetzliche Norm (bzw. genauer: Der im Gesetz abstrakt genannte Tatbestand) mit dem Sachverhalt abgeglichen wird.

Übersicht: Gutachtenstil

Erster Schritt: **Obersatz:** Wer verlangt von wem was woraus?
Zweiter Schritt: **Subsumtion:** Prüfung der Anwendbarkeit gesetzlicher Normen
                          auf den Sachverhalt
Dritter Schritt: **Ergebnis**

An dieser Stelle sind zwei weitere Begriffe zu erläutern:

Der **Sachverhalt** ist das, was tatsächlich geschehen ist.

Der **Tatbestand** ist das, was im Gesetz formuliert ist. Gesetzestexte müssen immer abstrakt sein, damit sie auf die jeweilige konkrete Situation, also den Sachverhalt, sehr vieler möglicher Geschehnisse anwendbar sind.

Im Gesetz werden also abstrakte Tatbestände aufgeführt, während der Sachverhalt das konkrete, tatsächlich Geschehene abbildet.

Verdeutlichen wir dies mit einem **Beispiel** aus dem Strafrecht und wenden uns dem Betrug zu. Die maßgebliche Norm ist § 263 Abs. 1 StGB:

„§ 263 Betrug

> (1) *Wer in der Absicht, sich oder einem Dritten einen rechtswidrigen Vermögensvorteil zu verschaffen, das Vermögen eines anderen dadurch beschädigt, dass er durch Vorspiegelung falscher oder durch Entstellung oder Unterdrückung wahrer Tatsachen einen Irrtum erregt oder unterhält, wird mit Freiheitsstrafe bis zu fünf Jahren oder mit Geldstrafe bestraft."*

In diesem Gesetzestext ist also der **Tatbestand** aufgeführt.

Der zu prüfende **Sachverhalt** könnte sein: Metzger M etikettiert bereits verdorbenes Fleisch mit falschen Verbrauchsdaten und verkauft es als frisches Fleisch.

Gleichen wir jetzt den konkreten Sachverhalt aus dem Beispiel Schritt für Schritt mit den in § 263 Abs. 1 StGB genannten abstrakten Tatbeständen ab:

- Liegt eine Absicht vor, handelte M also vorsätzlich: Ja, durch die Umetikettierung ist die Absicht belegt.
- Sich oder einem Dritten: Ja, M handelt für sich.
- Rechtswidrig: Ja, denn die Rechtsnormen schreiben eine korrekte Angabe der Verbrauchsdaten vor
- Vermögensvorteil: Ja, denn es ist nur mit Fleisch, das das Verbrauchsdatum noch nicht erreicht hat, ein Erlös zu erzielen
- Vermögen eines anderen beschädigt: Ja, beschädigt wird das Vermögen des Käufers
- Vorspiegelung falscher Tatsachen: Ja, das Verbrauchsdatum ist falsch angegeben
- Irrtum: Ja, der Käufer glaubt, er kauft frisches Fleisch, handelt daher im Irrtum
- erregt oder unterhält: Ja, die Umetikettierung ist die Erregung des Irrtums
- *durch* Vorspiegelung: Hier ist noch die Kausalität zu prüfen. Ja, die Vorspiegelung der falschen Tatsachen (Umetikettierung) ist die Ursache für den Irrtum des Käufers.

Sie sehen also, dass der Gesetzestext Wort für Wort durchzugehen ist. Die abstrakt genannten Tatbestände müssen lückenlos auf den konkreten Sachverhalt anzuwenden sein.

Man wird bei diesem Sachverhalt zu dem Ergebnis kommen, dass M sich des Betrugs schuldig gemacht hat, denn die Prüfung sämtlicher Tatbestände wurde mit „Ja" beantwortet.

Wäre das Fleisch schon im Schlachthof und ohne Kenntnis des M falsch etikettiert worden, dann würde er den Irrtum nicht erregen, aber unterhalten und der Vermögensvorteil würde nicht ihm zufließen, aber dem Schlachthof, also einem Dritten. Auch diese Tatbestände sind im Gesetz berücksichtigt. Alle anderen Tatbestände sind ebenfalls einschlägig, mit einer Ausnahme: M handelte ohne Absicht, denn er hatte keine Kenntnis. Da aber *alle* im Gesetz aufgeführten Tatbestände für eine Strafbarkeit erfüllt sein müssten, wäre M in diesem Fall also *nicht* wegen Betrugs zu bestrafen.◄

Übersicht: Juristisches Glossar

Abstraktionsprinzip	Besonderheit im deutschen Rechtssystem: die Trennung schuldrechtlicher von sachenrechtlichen Rechtsgeschäften
Anspruch	Recht, von einem anderen ein Tun oder Unterlassen zu verlangen
Anspruchsgrundlage	Rechtsnorm, die einem Tatbestand als Rechtsfolge einen Anspruch zuweist

Gutachtenstil	Juristische Arbeitsweise, bei der ein zu prüfender Obersatz am Anfang steht
Obersatz	Erster Arbeitsschritt im Gutachtenstil: Wer verlangt von wem was woraus?
Sachenrecht	Rechtsbereich, in dem die Rechtsverhältnisse zu Sachen geregelt ist
Sachverhalt	Das, was konkret und tatsächlich geschehen ist
Schuldrecht	Rechtsbereich, in dem geregelt ist, wer wem was schuldet
Subsumtion	Prüfung der Anwendbarkeit von Gesetzen bzw. Tatbeständen auf den Sachverhalt
Tatbestand	Abstrakte Umschreibung im Gesetzestext für das, was das Gesetz regelt
Urteilsstil	Juristische Arbeitsweise, bei der eine zu begründende Feststellung am Anfang steht
Vertrag	Rechtsgeschäft auf der Basis übereinstimmender Willenserklärungen
Willenserklärung	Äußerung, die auf einen rechtlichen Erfolg gerichtet ist

7.3   Arbeitsrecht

Die Rechtsquellen des Arbeitsrechts sind unübersichtlich. Ein „Arbeitsgesetzbuch" gab es nur in der DDR, es verschwand aber mit der Wiedervereinigung. Somit wird das Arbeitsrecht durch eine Vielzahl von Rechtsnormen geregelt.

Bei dem Arbeitsverhältnis handelt es sich um ein Dienstverhältnis. Der diesbezügliche § 611 BGB wurde 2017 um den § 611a BGB ergänzt, der den Arbeitsvertrag definiert.

Aber auch dieses Gesetz muss im Zusammenhang mit etlichen anderen Normen interpretiert werden. Dies begründet sich unter anderem daraus, dass der Arbeitnehmer als schutzbedürftiges Rechtssubjekt gesehen wird, denn er ist wirtschaftlich von seiner Arbeit abhängig und daher ein schwächerer Vertragspartner als der Arbeitgeber.

Außerdem wurden weitere Schutzerfordernisse erkannt. Natürlich bedürfen die werdende Mutter und ihr Kind besonderer Beachtung. Der Jugendliche kann noch nicht so belastet werden wie ein Erwachsener. Der Auszubildende hat besondere Bedürfnisse.

Jeder Arbeitnehmer ist bei der Arbeit gesundheitlichen Gefahren ausgesetzt. Weiterhin muss er vor Diskriminierung bewahrt werden und hat das Recht auf Gleichbehandlung.

Schließlich wird das Rechtsverhältnis zwischen Arbeitnehmer und Arbeitgeber überlagert durch weitere Stakeholder wie den Betriebsrat und die Gewerkschaften. Deren Rechte und Pflichten sind Gegenstand des kollektiven Arbeitsrechts.

Nachfolgend werden die wichtigsten Normen besprochen. Da die Materie überaus komplex ist, kann dies hier nur schmaler Überblick sein.

Was ist eigentlich ein **Arbeitnehmer**?

Eine für alle Rechtsgebiete gleichermaßen gültige Legaldefinition des Arbeitnehmers in der Form „Arbeitnehmer ist, wer …" sucht man in den gesetzlichen Normen vergebens.

In den einzelnen Sozialgesetzbüchern werden zwar z. B. „gegen Entgelt Beschäftigte" als Versicherungspflichtige definiert, aber eine eindeutige Arbeitnehmerdefinition ergibt sich daraus nicht, zumal keine ubiquitär verwendbare.

Laut Betriebsverfassungsgesetz gelten als Arbeitnehmer Arbeiter und Angestellte einschließlich der Auszubildenden und Heimarbeiter. Auch Beamte und Soldaten werden aufgeführt § 5 Abs. 1 BetrVG.

§ 622 BGB setzt lapidar ohne weitere Erläuterung Arbeiter und Angestellte Arbeitnehmern gleich.

Selbst der seit dem 01.04.2017 bestehende § 611a BGB definiert den Arbeitnehmer nur indirekt über den Arbeitsvertrag.

Der Arbeitnehmer ist demnach

- durch Arbeitsvertrag
- in den Diensten eines anderen
- zur Leistung weisungsgebundener,
- fremdbestimmter Arbeit
- in persönlicher Abhängigkeit beschäftigt.

Diese Formulierung bildet die herrschende Rechtsprechung nur unvollständig ab, denn ein weiteres wesentliches Kriterium ist die Eingliederung in die Arbeitsorganisation des Auftraggebers.

In der Rechtsprechung finden außerdem die bereits 2002 abgeschafften und in dem damaligen § 7 Abs. 4 SGB IV aufgeführten fünf folgenden Kriterien weiterhin Verwendung, so dass ihnen eine „gleichsam normativ-positivrechtliche Bedeutung" zukommt (Seewald 2018):

1. Die Person beschäftigt im Zusammenhang mit ihrer Tätigkeit regelmäßig keinen versicherungspflichtigen Arbeitnehmer,
2. sie ist auf Dauer und im Wesentlichen nur für einen Auftraggeber tätig,
3. ihr Auftraggeber lässt entsprechende Tätigkeiten regelmäßig durch von ihm beschäftigte Arbeitnehmer verrichten,
4. ihre Tätigkeit lässt typische Merkmale unternehmerischen Handelns nicht erkennen,
5. ihre Tätigkeit entspricht dem äußeren Erscheinungsbild nach der Tätigkeit, die sie für denselben Auftraggeber zuvor aufgrund eines Beschäftigungsverhältnisses ausgeübt hatte.

Bei Erfüllung von 3 der 5 Kriterien handelte es sich um einen Arbeitnehmer.

Die oft strittige Arbeitnehmerdefinition erfährt ihre besondere Brisanz bei dem Thema Scheinselbständigkeit, was im klinischen Bereich Bedeutung vor allem bei dem Einsatz von Honorarärzten (aber auch anderen Berufsgruppen) gewinnt.

Ein besonderer Arbeitnehmer ist der **leitende Angestellte**. Keineswegs ist ein Chefarzt oder Leitender Oberarzt automatisch ein leitender Angestellter. Eine Legaldefinition des leitenden Angestellten findet sich in § 5 Abs. 3 und 4 BetrVG. Demnach sind auch Chefärzte nur ausnahmsweise leitende Angestellte, nämlich dann, wenn sie die dortige Charakterisierung erfüllen (z. B. Prokura). Leitender Angestellter zu sein, hat durchaus Nachteile. So findet das Betriebsverfassungsgesetz (BetrVG) keine Anwendung für leitende Angestellte § 5 Abs. 3 S. 1 BetrVG. Außerdem ist der Kündigungsschutz eingeschränkt § 14 Abs. 2 S. 2 KSchG.

Vertragliche Bindungen

Die Legaldefinition des **Arbeitsvertrages** wurde oben schon erwähnt § 611a BGB.

Der Arbeitsvertrag kann befristet oder unbefristet sein. Eine Befristung ist an einen Sachgrund gebunden, damit das Kündigungsschutzgesetz nicht ausgehöhlt wird.

Eine nicht abschließende Liste möglicher Sachgründe findet sich in § 14 Abs. 1 TzBfG (Teilzeit und Befristungsgesetz) :

- Nur vorübergehender Bedarf
- Befristung im Anschluss an eine Ausbildung
- Vertretung
- Erprobung
- Eigenart der Arbeitsleistung
- Befriste Haushaltsmittel usw.

Spezialgesetzlich wurde für Ärzte in der Weiterbildung ein eigener Sachgrund normiert: Gesetz über befristete Arbeitsverträge mit Ärzten in der Weiterbildung (ÄArbVtrG). Danach liegt ein sachlicher Grund vor, wenn die Beschäftigung des Arztes seiner zeitlich und inhaltlich strukturierten Weiterbildung zum Facharzt oder dem Erwerb einer Anerkennung für einen Schwerpunkt oder dem Erwerb einer Zusatzbezeichnung, eines Fachkundenachweises oder einer Bescheinigung über eine fakultative Weiterbildung dient § 1 Abs. 1 ÄArbVtrG.

Bei Neueinstellungen kann eine Befristung auch ohne Sachgrund vereinbart werden. Neueinstellung heißt, dass der Arbeitnehmer auch in der Vergangenheit nie in diesem Unternehmen beschäftigt worden sein darf. Die sachgrundlose Befristung darf sich nur auf maximal 24 Monate erstrecken und innerhalb dieser Zeit nur höchstens dreimal verlängert werden.

Für den *unbefristeten* Arbeitsvertrag ist die Schriftform nicht vorgeschrieben. Er kann also im Gegensatz zu seiner Kündigung, die stets schriftlich erfolgen muss § 623 BGB, auch mündlich geschlossen werden. Allerdings wird der Arbeitgeber im Nachweisgesetz (NachwG) verpflichtet, innerhalb eines Monats die wesentlichen Vereinbarungen schriftlich niederzulegen, zu unterzeichnen und dem Arbeitnehmer auszuhändigen § 2 Abs. 1 NachwG. Der Mindestinhalt ist in 10 Punkten aufgeführt.

Der *befristete* Arbeitsvertrag dagegen muss schriftlich geschlossen werden § 14 Abs. 4 TzBfG. Wurde dies versäumt, gilt er als unbefristeter Arbeitsvertrag.

Neben dem Arbeitsvertrag könnte der **Tarifvertrag** zu befolgen sein. Der Konjunktiv hat seinen Grund, denn die Bindung an den Tarifvertrag ist an Voraussetzungen geknüpft.

Tarifgebunden sind nämlich nur die Mitglieder der Tarifvertragsparteien *und* derjenige Arbeitgeber, der selbst Partei des Tarifvertrags ist § 3 Abs. 1 TVG.

Für die Arbeitnehmer heißt das, dass für sie der Tarif nur dann gilt, wenn sie selbst organisiert, also Mitglied der Gewerkschaft sind. Alternativ könnte in dem Arbeitsvertrag die Gültigkeit des Tarifvertrags vereinbart sein.

Der Arbeitgeber ist dann tarifgebunden, wenn er entweder Mitglied des vertragsschließenden Arbeitgeberverbandes ist oder aber selbst direkter Vertragspartner (Haustarifvertrag).

Ergänzend hat die Politik (genauer: Das Bundesministerium für Arbeit und Soziales) die Möglichkeit, einen bestehenden Tarifvertrag für allgemeinverbindlich zu erklären § 5 TVG.

Auch der Betriebsrat kann regelnd eingreifen, und zwar durch **Betriebsvereinbarungen**. Diese sind aber subsidiär („*… sofern eine gesetzliche oder tarifliche Regelung nicht besteht …* " § 87 Abs. 1 BetrVG). Insbesondere können im Tarifvertrag geregelte oder zu regelnde Arbeitsentgelte ausdrücklich *nicht* Gegenstand einer Betriebsvereinbarung sein § 77 Abs. 3 S. 1 BetrVG.

Außerdem sind die möglichen Betriebsvereinbarungen begrenzt auf soziale Angelegenheiten. Eine abschließende Auflistung der zulässigen Themenbereiche geben die §§ 87 und 88 BetrVG. Betriebsvereinbarungen gelten im Betrieb unmittelbar und zwingend § 77 Abs. 4 S. 1 BetrVG. Somit spielen anders als beim Tarifvertrag Gewerkschafts- oder Arbeitgeberverbandsmitgliedschaften keine Rolle.

Gelegentlich kommen Verträge auch automatisch, quasi unmerklich zustande. Das ist der Fall bei der **Betrieblichen Übung**.

Dieses Rechtsinstitut fußt auf § 151 BGB, wonach Verträge auch ohne Erklärungen der Vertragspartner zustande kommen können. Es soll sicherstellen, dass Arbeitnehmer auf die Fortführung bisheriger Verfahrensweisen vertrauen können. Diese erhalten somit Vertragsstatus, ohne ausdrücklich mündlich oder schriftlich vereinbart worden zu sein.

Nicht gesetzlich normiert, aber nach herrschender Rechtsprechung sind dafür die folgenden Voraussetzungen erforderlich:

- Der Arbeitgeber gewährt dem Arbeitnehmer Vorteile
- und zwar mindestens dreimal hintereinander,
- in gleicher Art und Weise,
- und ohne Vorbehalte des Arbeitgebers.

Es muss also ein Arbeitsverhältnis (Arbeitgeber und Arbeitnehmer) bestehen. Die Existenz eines solchen könnte im Einzelfall überraschend sein. Wenn beispielsweise ein Chefarzt die Mitarbeiter einer Klinik für Ihre Unterstützung bei der Behandlung von Privatpatienten jedes Jahr mit Weihnachtsgratifikationen belohnt, entsteht dadurch ein direktes Rechtsverhältnis zwischen dem Chefarzt und diesen Mitarbeitern. Dieses kann nur ein *Arbeits*verhältnis sein, denn der Chefarzt vergütet Dienstleistungen, die für ihn weisungsgebunden und fremdbestimmt erbracht wurden (siehe § 611a BGB). Die Mitarbeiter sind also nicht nur Arbeitnehmer der Klinik, sondern trotz fehlender *ausdrücklicher* Vereinbarung auch des Chefarztes.

Die Vorteile (im Beispiel die Weihnachtsgratifikationen) müssen mindestens dreimal *hintereinander* erfolgt sein. Wurden sie dreimal gewährt, aber nur in den Jahren 1, 2 und 4, ist die Bedingung also nicht erfüllt.

Sie müssen in gleicher Art und Weise gewährt worden sein. Wechselnde Geldbeträge sind daher ein Ausschlusskriterium.

Schließlich darf der Arbeitgeber auch keine Vorbehalte geäußert haben, in dem Sinne, dass er sich durch diese Zahlungen nicht für die Zukunft binden wolle.

Will der (vielleicht ungewollte) Arbeitgeber also vermeiden, an eine betriebliche Übung gebunden zu werden, sollte er zumindest einen entsprechenden Vorbehalt äußern.

> **Übersicht: Regelungsquellen im Arbeitsverhältnis**
> - Gesetzesnormen
> - Arbeitsvertrag
> - Tarifvertrag
> - Betriebsvereinbarungen
> - Betriebliche Übung

Kündigungsschutz

Ein sehr wesentliches Gesetz im Arbeitsrecht ist das Kündigungsschutzgesetz (KSchG). Grundlegender Gedanke ist, dass der Arbeitnehmer (AN) als der in der Regel sozial schwächere Vertragspartner zu schützen ist. Entsprechend lautet der erste Satz des KSchG:

> *„Die Kündigung des Arbeitsverhältnisses gegenüber einem Arbeitnehmer, …, ist rechtsunwirksam, wenn sie sozial ungerechtfertigt ist."* § 1 Abs. 1 KSchG

Der Umkehrschluss lautet entsprechend, dass die Kündigung dann wirksam ist, wenn sie sozial gerechtfertigt ist. Es ist also keineswegs so, dass AN grundsätzlich vor Kündigungen sicher sind. Die Hürden für eine Kündigung sind allerdings hoch.

Will man verstehen, wann eine Kündigung möglich ist, muss man § 1 KSchG „spiegeln" (die doppelte Verneinung aufheben), denn dieser befasst sich mit den unwirksamen, also sozial ungerechtfertigten Kündigungen.

> Kündigungen sind demnach sozial (*nicht un-*) gerechtfertigt, wenn folgende Gründe einer Weiterbeschäftigung entgegenstehen § 1 Abs. 2 S. 1 KSchG:
>
> 1. Gründe, die in der *Person* oder
> 2. in dem *Verhalten* des AN liegen
> 3. dringende *betriebliche* Erfordernisse (betriebsbedingte Kündigungen).

Ad 1: Der wesentlichste Fall einer *personen*bedingten Kündigung ist die einer Weiterbeschäftigung entgegenstehende Krankheit. Krankheit schützt also mitnichten vor einer Kündigung, sondern sie kann im Gegenteil die Ursache für diese sein. Allerdings kann die Kündigung nicht mit der Krankheit begründet werden, sondern nur mit den damit verbundenen Einschränkungen.

Eine personenbedingte Kündigung ist dann rechtwirksam, wenn (Schaub et al. 2019):

- der AN wegen persönlicher Eigenschaften nicht mehr in der Lage ist, seine arbeitsvertraglichen Verpflichtungen zu erfüllen (negative Gesundheitsprognose),
- dies dazu führt, dass die Interessen des Arbeitgebers (AG) erheblich beeinträchtigt sind,
- keine Weiterbeschäftigungsmöglichkeit auf einem anderen Arbeitsplatz besteht,
- die Interessenabwägung zulasten des AN ausfällt.

Alle vier Kriterien müssen vorliegen. Die Kündigung ist nämlich die ultima ratio, gefunden werden soll aber möglichst eine mildere Form der Problemlösung.

Zur Prüfung, ob die Kriterien erfüllt sind, ist bei AN, die innerhalb eines Jahres länger als sechs Wochen ununterbrochen oder wiederholt arbeitsunfähig sind, ein „betriebliches Eingliederungsmanagement" durchzuführen § 167 Abs. 2 S. 1 SGB IX.

Abmahnungen müssen bei Langzeit-Erkrankten nicht erfolgen, denn eine Erkrankung ist keine Verfehlung, die vom AN abgestellt werden kann.

Ad 2: Zur Prüfung der Rechtswirksamkeit einer *verhaltens*bedingten Kündigung sind drei Schritte erforderlich (Schaub et al. 2019):

- Liegt eine schuldhafte Verletzung vertraglicher Pflichten vor?
- Wurde vorher ein milderes Mittel (in der Regel die Abmahnung) eingesetzt?
- Ergibt die Interessenabwägung, dass die Kündigung angemessen ist?

Die Abmahnung erfolgt vorzugsweise schriftlich, die Schriftform ist aber nicht vorgeschrieben. Sie muss konkret sein, also

- das abgemahnte Verhalten genau beschreiben,
- zur Unterlassung auffordern und
- die Kündigung im Wiederholungsfall ankündigen.

Eine Abmahnung ist entbehrlich, wenn dem AG die Fortführung des Arbeitsverhältnisses nicht zugemutet werden kann, wenn also z. B. nach einem Diebstahl das Vertrauensverhältnis schwer gestört ist.

Ad 3: Eine *betriebs*bedingte Kündigung gilt dann als nicht sozial ungerechtfertigt, wenn

- der Arbeitsplatz auf Dauer und
- ohne andere Beschäftigungsmöglichkeit für den AN wegfällt,
- eine korrekte Sozialauswahl getroffen wurde,
- eine Interessenabwägung stattgefunden hat.

Sozialauswahl heißt, dass der AG prüfen muss, welcher AN sozial am wenigsten schutzbedürftig ist. Hierzu gibt § 1 Abs. 3 KSchG konkrete Erläuterungen.

Bei Kündigungen sind immer noch **weitere Formalien** zu beachten:

So ist gegebenenfalls der Betriebsrat zu beteiligen §§ 95 und 102 ff BetrVG.

Außerdem können Abmahnungen und Kündigungen nur durch Personen mit Personalhoheit (also in der Regel nicht durch Chefärzte) ausgesprochen werden.

7.4 Sozialrecht

In Deutschland wurde schon unter Bismarck eine Sozialgesetzgebung initiiert, zunächst 1883 die Krankenversicherung, dann 1884 die Unfallversicherung. Im Laufe der Jahre – mittlerweile kann man sogar sagen, Jahrhunderte – kamen immer wieder neue und in eigene Gesetze gefasste Sozialversicherungszweige hinzu. Seit 1975 wurden diese zu einem Sozialgesetzbuch zusammengefasst. Daraus hat sich bis heute ein umfangreiches 12-bändiges Regelwerk entwickelt.

Diese Normen regeln die Ansprüche der Bürger bezüglich einer Vielzahl von Leistungen.

2018 erreichten die Sozialleistungen einen Umfang von rund 996 Milliarden Euro (!), die gerecht bzw. bedarfsadaptiert zu verteilen sind. Dadurch soll das Sozialstaatsgebot des Grundgesetzes (Art. 20 Abs. 1 GG) verwirklicht werden.

Untenstehend finden Sie die 12 Sozialgesetzbücher aufgeführt, wobei ihre jeweilige Funktion und gegebenenfalls die für Kliniker wichtigsten Paragrafen genannt sind, wobei eine ausführlichere Würdigung den Rahmen dieses Buches sprengen würde.

Sozialgesetzbuch (SGB)
SGB I: Allgemeiner Teil. Grundsätzliche Regelungen, die für alle anderen Sozialgesetzbücher bindend sind (in der Systematik also „vor die Klammer gezogen").

Das Recht des Sozialgesetzbuches soll zur Verwirklichung sozialer Gerechtigkeit und sozialer Sicherheit Sozialleistungen ... gestalten. § 1 Abs. 1 S. 1 SGB I

SGB II: Grundsicherung für Arbeitsuchende. Das Gesetz trat 2005 in Kraft und enthält die gut bekannten „Hartz IV"-Regelungen. Diesbezüglich wesentlich sind die §§ 19 ff. SGB II.

Erwerblose Leistungsberechtigte erhalten Arbeitslosengeld II. § 19 Abs. 1 S. 1 SGB II

SGB III: Arbeitsförderung. Ziel ist die vorrangige Vermittlung in Ausbildung und Arbeit und die Vermeidung von Arbeitslosigkeit.

Die Leistungen der aktiven Arbeitsvermittlung sind entsprechend ... einzusetzen, um sonst erforderliche Leistungen zum Ersatz des Arbeitsentgelts ... zu vermeiden ...
§ 5 SGB III

SGB IV: Gemeinsame Vorschriften. Dieses Buch bezieht sich vor allem auf die Kranken-, Unfall-, Renten-, Pflege- und mit Einschränkungen auch auf die Arbeitslosenversicherung. Bedeutung haben die Regelungen unter anderem hinsichtlich der Versicherungspflicht.

In allen Zweigen der Sozialversicherung sind versichert ... Personen, die gegen Arbeitsentgelt oder zu ihrer Berufsausbildung beschäftigt sind, ... § 2 Abs. 2 Nr. 1 SGB IV
Beschäftigung ist die nichtselbständige Arbeit, insbesondere in einem Arbeitsverhältnis. Anhaltspunkte für eine Beschäftigung sind eine Tätigkeit nach Weisungen und eine Eingliederung in die Arbeitsorganisation des Weisungsgebers. § 7 Abs. 1 S. 1 SGB IV

SGB V: Gesetzliche Krankenversicherung. Für den Arzt die zentrale Vorschrift des SGB. Die Versicherungssystematik, der Leistungsumfang, das Beitragsrecht und vieles andere wird umfassend normiert. Beispielhaft sei der den Bürgern wenig, den im Gesundheitswesen Tätigen umso besser bekannte § 12 (Wirtschaftlichkeitsgebot) zitiert:

Die Leistungen müssen ausreichend, zweckmäßig und wirtschaftlich sein; sie dürfen das Maß des Notwendigen nicht überschreiten. § 12 Abs. 1 S. 1 SGB V

SGB VI: Gesetzliche Rentenversicherung. Dieses Buch beschäftigt sich mit den drei Rentenarten Alter, verminderte Erwerbsfähigkeit und Tod. In fünf Kapiteln werden

1. der versicherte Personenkreis
2. die Leistungen
3. die Organisation und der Datenschutz
4. die Finanzierung (Umlageverfahren und steuerliche Zuschüsse)
5. Sonderregelungen und Bußgeldvorschriften geregelt.

SGB VII: Gesetzliche Unfallversicherung. Der Umfang der gesetzlichen Unfallversicherung umfasst nur die *Arbeits*unfälle einschließlich der Wegeunfälle und die Berufskrankheiten. Eine besondere Bedeutung hat die Unfallverhütung. Private, häusliche und Freizeitunfälle sind nicht versichert.

Die Unfallversicherungsträger haben mit allen geeigneten Mitteln für die Verhütung von Arbeitsunfällen, Berufskrankheiten ... zu sorgen. § 14 Abs. 1 S. 1 SGB VII

SGB VIII: Kinder- und Jugendhilfe. Die Kinder- und Jugendhilfe des Staats erfolgt subsidiär, denn die Erfüllung des Rechtes junger Menschen auf Förderung und Erziehung liegt primär bei den Eltern. Bei dortigen Defiziten erfolgen Leistungsangebote. Nur in Notfällen greifen Jugendämter gegen den Willen der Eltern ein.

Jeder junge Mensch hat ein Recht auf Förderung seiner Entwicklung und auf Erziehung zu einer eigenverantwortlichen und gemeinschaftsfähigen Persönlichkeit. § 1 Abs. 1 SGB VIII

SGB IX: Rehabilitation und Teilhabe von Menschen mit Behinderungen. In diesem Bereich besteht die besondere Problematik darin, dass die Zuständigkeiten auf eine Vielzahl von Sozialleistungsträgern (Kranken-, Pflege-, Unfall-, Renten- und Arbeitslosenversicherung) verteilt sind. Durch den auch „Turboparagraph" genannten § 14 SGB IX soll die Zuständigkeitsermittlung mittels Festlegung der Abläufe beschleunigt werden.

Werden Leistungen zur Teilhabe beantragt, stellt der Rehabilitationsträger innerhalb von zwei Wochen ... fest, ob er ... zuständig ist. § 14 Abs. 1 S. 1 SGB IX

SGB X: Sozialverwaltungsverfahren und Sozialdatenschutz. Für das öffentliche Recht stehen Verwaltungsverfahrensgesetze des Bundes und der Länder zur Verfügung. Die Verwaltungsverfahrensnormen für den Bereich des Sozialgesetzbuches werden im SGB X spezifiziert. Auch hier ist die zentrale Maßnahme der Verwaltungsakt.

Verwaltungsakt ist jede Verfügung, Entscheidung oder andere hoheitliche Maßnahme, die eine Behörde zur Regelung eines Einzelfalles auf dem Gebiet des öffentlichen Rechts trifft und auf unmittelbare Rechtswirkung nach außen gerichtet ist. § 31 S. 1 SGB X

SGB XI: Soziale Pflegeversicherung. Die Pflegeversicherung wurde 1994 als letzter Zweig der Sozialversicherung geschaffen. Auch wenn den Pflegebedürftigen insgesamt geholfen werden soll, hat die häusliche Pflege Vorrang.

Die Pflegeversicherung soll mit ihren Leistungen vorrangig die häusliche Pflege und die Pflegebereitschaft der Angerhörigen und Nachbarn unterstützen, ... § 4 Abs. 1 S. 1 SGB XI

SGB XII: Sozialhilfe. Auch das System der Sozialhilfe ist nur nachrangig. Ähnlich wie im SGB II werden die Leistungen nur bei Bedürftigkeit gewährt. So soll das Existenzminimum sichergestellt werden.

Hilfe zum Lebensunterhalt ist Personen zu leisten, die ihren notwendigen Lebensunterhalt nicht oder nicht ausreichend aus eigenen Kräften und Mitteln bestreiten können. § 27 Abs. 1 SGB XII.

Auch wenn Ihr Interesse an der Sozialgesetzgebung durch die obigen Zeilen vermutlich mit nur kleiner Flamme hochgelodert ist, sollten Sie – am besten mit einem Ihre Euphorie unterstützenden Glas trockenen fränkischen Silvaners – einen Abend opfern und sich mit diesen Ihren Alltag stark beeinflussenden Gesetzestexten beschäftigen. Das Sozialgesetzbuch mit allen 12 Büchern gibt es in einem Taschenbuch (insgesamt ca. 2000 Seiten) für rund 20 Euro käuflich zu erwerben (Beck-Texte 2019).

Als Arzt, Staatsbürger und Wähler werden Sie von einem erheblichen Erkenntnisgewinn profitieren.

Übersicht: Die 12 Bücher des Sozialgesetzbuches (SGB)
SGB I: Allgemeiner Teil.
SGB II: Grundsicherung für Arbeitsuchende.
SGB III: Arbeitsförderung.
SGB IV: Gemeinsame Vorschriften.
SGB V: Gesetzliche Krankenversicherung.
SGB VI: Gesetzliche Rentenversicherung.
SGB VII: Gesetzliche Unfallversicherung.
SGB VIII: Kinder- und Jugendhilfe.
SGB IX: Rehabilitation und Teilhabe von Menschen mit Behinderungen.
SGB X: Sozialverwaltungsverfahren und Sozialdatenschutz.
SGB XI: Soziale Pflegeversicherung.
SGB XII: Sozialhilfe.

7.5   Unternehmensrecht

Krankenhäuser und Klinikkonzerne werden unter verschiedenen Rechtsformen geführt. Es ist daher sinnvoll, sich über die Rechtsform des eigenen Unternehmens und die sich daraus ergebenen Konsequenzen zu informieren (s. Abb. 7.2).

Zu differenzieren sind im Unternehmensrecht zunächst die **Personen-** von den **Kapitalgesellschaften**. Wie die Namen schon sagen, ist hier jeweils die Person des einzelnen Gesellschafters oder aber die Kapitalbeteiligung wesentlich.

Dies hat insbesondere Bedeutung für die **Haftung**. Der Haftungsbegriff beschränkt sich dabei nicht etwa auf Personen- oder Sachschäden, sondern betrifft sämtliche (finanzielle und andere) Verpflichtungen des Unternehmens. Für die Gesellschafter einer Personengesellschaft gilt, dass sie regelmäßig persönlich (also auch mit ihrem Privatvermögen; Ausnahme: Kommanditisten, siehe unten) haften, bei Kapitalgesellschaften dagegen ist die Haftung auf das Gesellschaftsvermögen begrenzt. Die Gesellschafter der Kapitalgesellschaften haften nur mit ihrer persönlichen Einlage.

Während bei Kapitalgesellschaften ein freies **Ein- und Austrittsrecht** der Anteilseigner besteht, führt das Ausscheiden eines Gesellschafters bei Personengesellschaften zur Auflösung § 727 BGB.

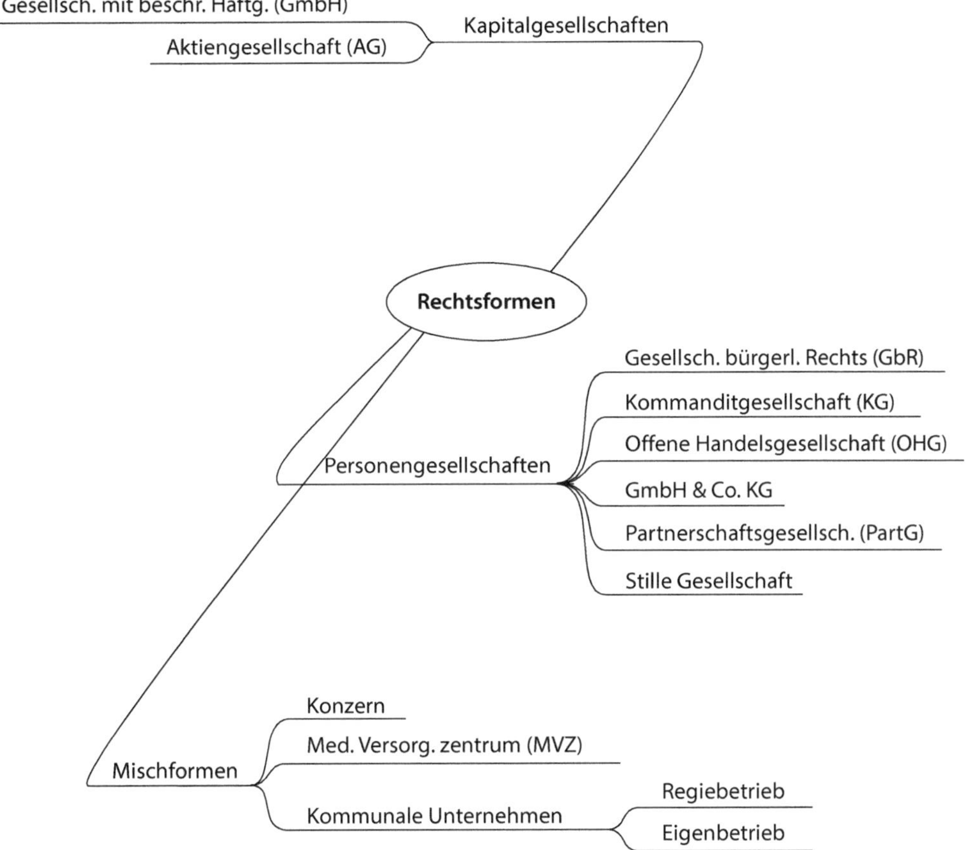

Abb. 7.2 Rechtsformen von Unternehmen

Zu unterscheiden ist weiterhin das **Innen-** vom **Außenverhältnis**. Ersteres betrifft die Rechtsbeziehungen der Gesellschafter bzw. Kapitalgeber untereinander, letzteres die Haftung nach extern, also zu Partnern außerhalb der Gesellschaft.

Personengesellschaften

Die „Mutter aller Personengesellschaften" ist die **Gesellschaft bürgerlichen Rechts (GbR)**, deren Rechtsgrundlage die §§ 705 ff. BGB bilden, weshalb sie oft auch BGB-Gesellschaft genannt wird. Sie muss aus mindestens zwei Personen bestehen, die einen Gesellschaftsvertrag geschlossen haben. Aus diesem muss ein gemeinsamer Zweck hervorgehen, der von den Gesellschaftern zu fördern ist § 705 BGB.

Die **Offene Handelsgesellschaft (OHG)** ähnelt einer Gesellschaft bürgerlichen Rechts. Ihr Zweck ist aber explizit der Betrieb eines Handelsgewerbes, weshalb die Vorschriften für die OHG dem Handelsgesetzbuch (§§ 105 ff. HGB) zu entnehmen sind. Die Legaldefinition des Handelsgewerbes findet sich in den §§ 1 bis 3 HGB. Ein Handelsgewerbe ist jeder Gewerbebetrieb, es sei denn, dass das Unternehmen nach Art oder Umfang einen in kaufmännischer Weise eingerichteten Geschäftsbetrieb *nicht* erfordert § 1 Abs. 2 HGB. Sonst wäre es ein Kleingewerbe und somit eine GbR. Auch bei der OHG darf bei *keinem* der Gesellschafter die Haftung gegenüber den Gesellschaftsgläubigern beschränkt sein § 105 Abs. 1 HGB.

Wird von einzelnen Gesellschaftern eine Haftungsbeschränkung gewünscht, bietet sich die **Kommanditgesellschaft (KG)** an §§ 161 ff. HGB. Hier existieren zwei Arten von Gesellschaftern: die *Komplementäre* und die *Kommanditisten*. Während die Komplementäre unbeschränkt persönlich haften (und die Geschäfte führen), begrenzt sich die Haftung bei den Kommanditisten auf ihre Vermögenseinlage. Sie sind daher in der Regel nicht mit der Geschäftsführung betraut § 164 S. 1 HGB (was aber vertraglich anders vereinbart werden kann § 163 HGB).

Eine Sonderform der KG (und damit den Personengesellschaften zugerechnet) ist die **GmbH & Co. KG**. Hier ist der meist einzige Komplementär eine GmbH, welche mit ihrem Gesellschaftsvermögen haftet.

Für Ärzte besonders interessant ist die **Partnerschaftsgesellschaft (PartG, „& Partner", „Partnerschaft")**. Die Partnerschaft ist eine Gesellschaft, in der sich Angehörige *Freier Berufe* zur Ausübung ihrer Berufe zusammenschließen. Sie übt kein Handelsgewerbe aus § 1 Abs. 1 S. 1 und 2 PartGG (Partnerschaftsgesellschaftsgesetz). Zwar haften für Verbindlichkeiten der Partnerschaft den Gläubigern neben dem Vermögen der Partnerschaft die Partner als Gesamtschuldner § 8 Abs. 1 S. 1 PartGG, waren aber nur einzelne Partner mit der Bearbeitung eines Auftrags befasst, so haften nur diese § 8 Abs. 2 PartGG. Die Freien Berufe sind in § 1 Abs. 2 PartGG aufgeführt. Ärzte gehören dazu.

Die **Stille Gesellschaft** §§ 230 ff. HGB besteht nur im Innenverhältnis, so dass der Stille Gesellschafter keine über seine Einlage hinausgehende Haftung gegenüber Gläubigern hat.

Kapitalgesellschaften

Kennzeichen der Kapitalgesellschaften ist die auf das Gesellschaftsvermögen beschränkte Haftung. Zum Schutz der Gläubiger bzw. Geschäftspartner bestehen daher ausführliche gesetzliche Vorschriften, z. B. das GmbH-Gesetz (GmbHG) bzw. das Aktiengesetz (AktG).

Das Stammkapital der **Gesellschaft mit beschränkter Haftung (GmbH)** muss mindestens 25.000 Euro betragen. Obwohl es sich um eine „Gesellschaft" handelt, kann sie von nur einem (aber auch von mehreren) Gesellschaftern gegründet und geführt werden. Ein weiteres Merkmal ist die Freiheit der Gesellschafter bei der Gestaltung ihrer Satzung (*Satzungsautonomie*).

Das Grundkapital der **Aktiengesellschaft (AG)** beträgt mindestens 50.000 Euro und ist auf Aktien verteilt. Es gilt das Prinzip der *Satzungsstrenge* § 23 Abs. 5 AktG. Dadurch ist die Aktiengesellschaft weniger flexibel als die GmbH und eignet sich eher für große Unternehmen.

Konzerne

Kliniken sind oft in Konzerne eingegliedert. Als Konzern bezeichnet man den Zusammenschluss mehrerer unter dem Dach eines herrschenden Unternehmens. Dabei sind viele und oftmals unübersichtliche Konstruktionen möglich. Auch wenn die abhängigen Unternehmen rechtlich unabhängig bleiben, verlieren sie doch ihre finanzielle Eigenständigkeit und könnten so zum Spielball des herrschenden Unternehmens werden. Für Chefärzte von einer einem Konzern angeschlossenen Klinik kann dies von existenzieller Bedeutung sein. Strategische Entscheidungen von Konzernleitungen sind unwägbar und nehmen meist keine Rücksicht auf lokale Befindlichkeiten.

Medizinische Versorgungszentren

Medizinische Versorgungszentren (MVZs) können unter verschiedenen Rechtsformen gegründet werden, z. B. GbR, PartG, aber auch GmbH. Auch die Eingliederung in einen Konzern ist möglich und üblich. Der ärztliche Leiter muss in dem medizinischen Versorgungszentrum selbst als angestellter Arzt oder als Vertragsarzt tätig sein; er ist in medizinischen Fragen weisungsfrei § 95 Abs. 1 SGB V.

Kommunale Unternehmen

Für die von Kommunen getragenen Kliniken existieren spezielle Rechtsformen, z. B. den **Regiebetrieb** oder den **Eigenbetrieb**. Allerdings können Kommunen auch Kapitalgesellschaften gründen.

Regiebetriebe sind unmittelbare Teile der öffentlichen Verwaltung und haben keine eigene Rechtspersönlichkeit. Der gesetzliche Vertreter ist daher meist der Bürgermeister. Wenn überhaupt, eignet sich diese Rechtsform nur für kleine Krankenhäuser. Durch den starken Einfluss der Politik sind Interessenkonflikte mit medizinischen Belangen vorgezeichnet. Auch *Eigenbetriebe* haben keine eigene Rechtspersönlichkeit, aber immerhin ein ausgegliedertes und gesondert verwaltetes kommunales Sondervermögen.

7.6 Verwaltungsrecht, Kammerrecht

Gegenstand des allgemeinen Verwaltungsrechts ist die **öffentliche Verwaltung**, wobei diese nicht per Legaldefinition bestimmt ist.

Rechtsquellen des Verwaltungsrechts sind in erster Linie das Verwaltungsverfahrensgesetz (VwVfG) und die Verwaltungsgerichtsordnung (VwGO). In der Verwaltungsgerichtsordnung sind auch die Rechtsschutzmittel normiert, z. B. der Anfechtungswiderspruch §§ 68 ff. VwGO, die Anfechtungs- und Verpflichtungsklage § 42 VwGO und die Feststellungsklage § 43 VwGO.

Zentrales Handlungsinstrument der Verwaltung ist der Erlass eines **Verwaltungsaktes**. Dieser ist im Verwaltungsverfahrensgesetz definiert: Es handelt sich um eine hoheitliche Maßnahme einer Behörde zur Regelung eines Einzelfalles auf dem Gebiet des öffentlichen Rechts mit Außenwirkung § 35 Satz 1 VwVfG.

Die Maßnahme muss dabei verhältnismäßig sein, also geeignet, erforderlich und angemessen.

Bürger kommen in vielfältiger Hinsicht mit Verwaltungsakten in Berührung. Jeder Steuerbescheid ist ein solcher Verwaltungsakt, aber auch das Knöllchen für den Falschparker und die Baugenehmigung für den Häuslebauer.

Die oben aufgeführte Definition des Verwaltungsaktes ist von Bedeutung, da jede derartige hoheitliche Maßnahme gerichtlich überprüfbar ist. Ein Bürger, der sich durch einen Verwaltungsakt zu Unrecht beschwert fühlt, kann von den vorgesehenen Rechtsschutzmitteln Gebrauch machen.

Durch Klage kann die Aufhebung eines Verwaltungsakts (**Anfechtungsklage**) sowie die Verurteilung zum Erlass eines abgelehnten oder unterlassenen Verwaltungsakts (**Verpflichtungsklage**) begehrt werden § 42 Abs. 1 VwGO.

Um die Gerichte vor einer Flut von Klagen zu schützen, ist in der Regel vor einer Anfechtungs- oder Verpflichtungsklage ein weniger aufwändiges **Vorverfahren** durchzuführen. Damit soll versucht werden, die Einwände des Bürgers unter Vermeidung einer Klage zu würdigen.

Das Vorverfahren beginnt mit der Erhebung des Widerspruchs § 69 VwGO. Hiermit haben vermutlich etliche Leser schon Erfahrung, denn bei Fehlern im Steuerbescheid kann so oft abgeholfen werden. Wird der Widerspruch abgelehnt, kann Klage vor dem Verwaltungsgericht (bzw. der Finanzgerichtsbarkeit) erhoben werden.

Nicht nur Behörden im engeren Sinne, sondern auch **Körperschaften des öffentlichen Rechts** können der Verwaltungsgerichtsbarkeit unterliegen. Solche Körperschaften sind z. B. die ärztlichen Selbstverwaltungsorgane wie die Kassenärztlichen Vereinigungen § 77 Abs. 5 SGB V und die Ärztekammern (länder- und satzungsrechtlich geregelt). Sie können öffentliche Aufgaben unter Einsatz hoheitlicher Maßnahmen (wie z. B. dem Verwaltungsakt) vornehmen.

Die Besonderheit im Vergleich zu unmittelbaren staatlichen Behörden zeigt sich in der Staatsdistanz. Die Kammern sind verpflichtet, die Interessen der Mitglieder zu vertreten. Dies können auch wirtschaftliche Interessen sein und dies möglicherweise auch im Gegensatz zu anderen Interessen der Allgemeinheit.

Ärzte sind kraft Landesgesetz Pflichtmitglied der Ärztekammer bzw. des Ärztlichen Kreisverbandes. Die Kammern finanzieren sich durch die Beiträge der Pflichtmitglieder, obwohl sich die Aufgaben nicht auf die Interessenvertretung der Ärzte beschränken. Trotzdem hat das Bundesverfassungsgericht keine Bedenken und entschied, dass die Pflichtmitgliedschaft nicht gegen die negative Vereinigungsfreiheit des Art. 9 Abs. 1 GG verstößt.

Die **Ärztekammern**, die hoheitliche Aufgaben vom Staat übertragen bekommen haben, unterliegen der staatlichen Rechtsaufsicht. Zuständig ist das jeweils zuständige Landesministerium.

7.7   Strafrecht

Der Arzt ist in seiner klinischen Tätigkeit in vielfältiger Weise vom Strafrecht bedroht. Dabei registriert er dies oft nur im Unterbewusstsein, wenn überhaupt.

Nachfolgend werden beispielhaft zwei Bereiche des Strafrechts besprochen, mit denen der Arzt am ehesten in Konflikt kommen kann.

Abrechnungsbetrug

Lässt ein zur Durchführung ambulanter Kassenleistungen (gesetzliche Krankenversicherung) ermächtigter Krankenhausarzt diese Leistungen von einem Mitarbeiter erbringen und rechnet sie dann ab, könnte dies die Tatbestände des § 263 BGB erfüllen. Da die vertragsärztliche Leistung in der Regel höchstpersönlich erbracht werden muss, erregt der abrechnende Vertragsarzt bei der Krankenkasse den Irrtum, er hätte selbst geleistet. Er erlangt auch einen Vermögensvorteil, und zwar zu Lasten der Krankenkasse. Der Vorsatz (die Absicht) dürfte kaum zu leugnen sein.

Dabei lohnt ein Blick auf § 263 Abs. 3 StGB. Hier wird der besonders schwere Fall definiert. Er ist dann gegeben, wenn gewerbsmäßig gehandelt wird § 263 Abs. 3 Nr. 1 StGB oder ein Vermögensverlust großen Ausmaßes herbeigeführt wird. Beide Tatbestände dürften dann gegeben sein, wenn sich der ermächtigte Arzt regelhaft und über einen längeren Zeitraum vertreten lässt, ohne dass diese Vertretung durch seinen kassenärztlichen Vertrag gedeckt ist. Auch für ansonsten hochangesehene Chefärzte sind dann auf einmal tatsächlich zu vollziehende Gefängnisstrafen sowie berufsrechtliche Maßnahmen wie der Entzug der Approbation im Bereich des Möglichen.

Ähnliches gilt auch für die Abrechnungen mit privaten Krankenkassen. Es ist dringend anzuraten, alle Abrechnungen von Leistungen (unabhängig davon, ob gesetzliche oder private Krankenversicherung) hinsichtlich ihrer Rechtskonformität zu prüfen. Da dies für jeden Einzelfall zu aufwändig wäre, sind die Abläufe bei der Erbringung der Leistungen entsprechend zu gestalten. Dies kann einerseits dadurch erfolgen, dass die persönliche Durchführung sichergestellt wird und andererseits Vertretungsregelungen juristisch unanfechtbar sind. Sollte dann trotzdem mal eine rechtswidrige Abrechnung stattfinden, kann der betreffende Arzt gut belegen, dass er ohne Absicht handelte, wäre also auch nicht nach § 263 StGB zu bestrafen.

Fälschlicherweise wird trotz der strafrechtlichen Bedrohung die rechtswidrige Abrechnung insbesondere im Bereich der privaten Krankenversicherung, aber auch bei Ermächtigungen für kassenärztliche Leistungen von Ärzten oft als Kavaliersdelikt angesehen und damit die mögliche Strafbarkeit verdrängt.

Schlagzeilen machte der Fall eines Chefarztes, der wegen der kassenärztlichen Abrechnung von Herzschrittmacherkontrollen, die er nicht *selbst (höchstpersönlich)* erbracht hatte, zu einer Geldstrafe von 100.000 € und einer Gefängnisstrafe von 1 Jahr auf Bewährung verurteilt wurde. Der Arzt räumte den Sachverhalt ein, erstattete die Erlöse, zahlte die Strafe und verzichtete auf die Fortführung der Ermächtigung. Die Ärztekammer hatte im

Rahmen eines berufsrechtlichen Verfahrens auf eine weitergehende Sanktionierung verzichtet. Das Land dagegen widerrief die Approbation, wogegen der Arzt zunächst erfolglos Widerspruch erhob und dann vor dem Verwaltungsgericht klagte.

Dieses widerrief den Entzug der Approbation und übte Kritik an dem Ermächtigungsausschuss, der unvernünftigerweise diese Routineaufgaben an den vielbeschäftigten Chefarzt vergeben hatte. Insbesondere sah das Verwaltungsgericht in dem vorliegenden rechtskräftigen Strafbefehl keinen Grund für die schwerwiegende Maßnahme des Approbationsentzugs.

> *„Bei der erforderlichen Gesamtbewertung hat das Gericht keine Zweifel daran, dass ein billig und gerecht Denkender in Ansehung der besonderen Umstände des vorliegenden Falles die Integrität des Klägers, die zur vertrauensvollen Ausübung des Arztberufes unerlässlich ist, nicht nachhaltig in Zweifel ziehen wird. …rechtfertigen die von der Beklagten angeführten Argumente den schwerwiegenden Grundrechtseingriff des Approbationswiderrufs nicht.“*
> (Urteilsbegründung VG Hamburg 17 k 4618/18 vom 23.01.2019).

Trotz dieses verständnisvollen Urteils darf man nicht verkennen, dass der Arzt durch den gesamten Vorgang mit all seinen Konsequenzen schwer belastet wurde: Geldstrafe, auf Bewährung ausgesetzte Gefängnisstrafe, Erstattung der Erlöse und natürlich die Rufschädigung durch den Medienrummel.

Es ist also auf keinen Fall anzuraten, die Vorschriften bzw. die vertraglichen Vereinbarungen zu missachten oder kleinzureden. Auch das Verwaltungsgericht stellte fest, dass es sich bei der persönlichen Leistungserbringung nicht lediglich um eine „formale“ Pflicht handele, wie der klagende Arzt ausgeführt hatte. Vielmehr solle dadurch der Standard der vertragsärztlichen Versorgung durch (ausgesucht) qualifizierte Ärzte gewährleistet werden.

Insoweit ist auch die Stellungnahme der zuständigen Fachgesellschaft zur persönlichen Ermächtigung nicht unproblematisch: „Im häufig nicht einfach planbaren Klinikalltag kommt es immer wieder vor, dass das im stationären Bereich übliche und qualitätsvolle arbeitsteilige Vorgehen auch im ambulanten Bereich gewählt wird.“ Immerhin wird anschließend auf die Strafbarkeit hingewiesen (Deutsche Gesellschaft für Kardiologie 2016, URL siehe Literatur).

Die Formulierung der Fachgesellschaft „… kommt es immer wieder vor …“ hat genau den bagatellisierenden Klang, der gefährlich ist. Rechtswidriges Verhalten bleibt auch dann rechtswidrig, wenn es häufig oder gar üblich ist. Wird Klage erhoben, prüft und urteilt das Gericht auf der Basis der Gesetze. Dass das zu bestrafende Verhalten möglicherweise häufig vorkommt, ist ohne Belang. Das ist ähnlich wie im Straßenverkehr: Wenn in einer bestimmten Straße oft zu schnell gefahren wird, nutzt das dem, der geblitzt wurde, wenig.

Der Fall illustriert gut, wie sehr sich die „Denke“ des Arztes von der des Juristen unterscheidet. Der Arzt muss viele seiner medizinischen Entscheidungen pragmatisch und unter hohem Zeitdruck treffen. Dabei kann er sich oft nicht an Evidenz orientieren. Für den Richter dagegen ist das Gesetz die Evidenz, ohne Ansehen der Person. Problematisch wird es für den Arzt dann, wenn er seine pragmatische Orientierung auf den rechtlichen Bereich überträgt. Die typisch ärztliche Abneigung gegen alles „rein Formale" findet beim Juristen keine Entsprechung, ganz im Gegenteil. Hier prallen Welten aufeinander.

Es ist sehr zu empfehlen, sich die im Internet verfügbare Begründung des oben aufgeführten Urteils durchzulesen (URL siehe Literatur). Sorgfältig werden auf 23 Seiten alle Aspekte des Sachverhalts gewürdigt. Das Gericht hat sich erkennbar große Mühe bei der Entscheidung gegeben, ob dem 66-jährigen Arzt die Approbation zu entziehen sei oder nicht – und nur darum ging es bei diesem Prozess noch, abgesehen von dem emotionellen Stellenwert für den Betroffenen.

Vergleicht man diesen juristischen Aufwand mit den zeitlichen Ressourcen, die Ärzten zur Verfügung steht, werden die Unterschiede deutlich. Bei einer kardiologisch/kardiochirurgischen Konferenz beispielsweise, dem sogenannten „Heart Team" (bei der Tumorkonferenz mag es ähnlich sein), kommt es durchaus vor, dass in 1,5 Stunden 10 Patienten besprochen und dabei weitreichende Entscheidungen getroffen werden. Es muss abgewogen werden, ob ein Patient medikamentös, katheterinterventionell oder mit einer offenen Herzoperation behandelt wird. Dabei geht es um Gesundheit, Lebensqualität, Leben oder Tod und viel Geld. Im Ergebnis findet sich für den individuellen Patienten ein Zweizeiler im Protokoll: „Aus den vorliegenden Befunden einer hochgradigen Aortenklappenstenose und der klinischen Symptomatik des Patienten – Dyspnoe bei geringer Belastung, entsprechend dem Stadium NYHA III – ergibt sich die Indikation zum Aortenklappenersatz. Des Alters und der Begleiterkrankungen wegen sollte dieser katheterinterventionell (TAVI) erfolgen." Kaum einer der Beteiligten wird Zeit haben, hier auf 23 Seiten zu begründen. Dies ist keineswegs als Kritik an dem vorbildlichen Vorgehen des Gerichtes zu verstehen, sondern soll nur auf das ärztliche Dilemma aufmerksam machen.

Interessant ist die Kritik des Gerichts an dem Ermächtigungsausschuss der Kassenärztlichen Vereinigung (KV). Dem Gericht ist nämlich das grundsätzliche Problem der Erteilung von Ermächtigungen durch die KV an Ärzte, die wegen der Vielzahl ihrer Funktionen und Aufgaben *vorhersehbar* keine Möglichkeit haben, die Leistungen persönlich zu erbringen, nicht entgangen. Es ist tatsächlich bigott, dass eben diese KV dann Strafanzeige erstattet, wenn sich der von Anbeginn erwartbare und durch die KV geförderte Sachverhalt einstellt. Allerdings trifft den Arzt auch ein Übernahmeverschulden.

Damit ist nicht die Sinnhaftigkeit der Ermächtigungen für Krankenhausärzte insgesamt infrage zu stellen. Allerdings wäre eine Institutsermächtigung häufig sinnvoller. Die persönliche Ermächtigung birgt die Gefahr einer unnötigen Kriminalisierung von Ärzten.

Eine von diesen möglicherweise angeführte Überlastung, die zu Gesetzesverstößen wie hier die Nicht-Beachtung der Notwendigkeit der persönlichen Erbringung von Leistungen geführt habe, führt nicht zur Straffreiheit.

In der Konsequenz darf also der Arzt nur solche Aufgaben übernehmen, die er tatsächlich auch leisten kann. Die Abläufe seines Arbeitstages sind entsprechend zu gestalten. Eventuelle Vertretungsregelungen sowie die Abrechnungsformalitäten sind juristisch auf Rechtskonformität zu prüfen und durchgängig zu befolgen. Sinnvoll ist auch eine gute Dokumentation dieser Verfahrensweise, wodurch der Arzt im Falle von Ermittlungen bei trotzdem erfolgten Delikten widerlegen kann, vorsätzlich rechtswidrig gehandelt zu haben.

Fahrlässige Körperverletzung oder Tötung

Ärztliche Eingriffe, aber auch die Unterlassung notwendiger Maßnahmen können den Patienten schädigen oder gar töten. Bei den untenstehenden Ausführungen wird von *Fahrlässigkeit* ausgegangen, denn bei *vorsätzlichen* Schädigungen dürfte es sich um besondere Ausnahmefälle handeln. Auch die Tötung auf Verlangen wird hier nicht behandelt.

Die einschlägigen Rechtsnormen sind die §§ 222 (Fahrlässige Tötung) und 229 (Fahrlässige Körperverletzung) StGB. Die fahrlässige Körperverletzung wird nur auf Antrag verfolgt, es sei denn, der Staatsanwalt erkennt ein besonderes öffentliches Interesse an der Verfolgung § 230 Abs. 1 S. 1 StGB.

Fahrlässig handelt der Arzt dann, wenn er nicht sorgfältig arbeitet. Dies ist natürlich ein dehnbarer Begriff. Ausgangspunkt ist der sogenannte Facharztstandard. Es wird hierbei nicht das theoretische Optimum erwartet, sondern eine durchschnittliche Leistung. Dies gilt auch dann, wenn der individuelle Arzt als Spezialist theoretisch besser als der durchschnittliche Facharzt hätte handeln können. Dabei wird dem Arzt die Therapiefreiheit zugestanden. Die Beurteilung erfolgt ex ante, also wie sich ein umsichtiger und erfahrener Arzt in gleicher Situation verhalten hätte (Laufs et al. 2019). Später bekannt gewordene Umstände spielen keine Rolle.

Ist ein Arzt von vornherein nur zu einer unterdurchschnittlichen Leistung in der Lage, kann er die erwartete Qualität nicht erbringen. Wenn er also trotzdem ohne Not die Behandlung durchführt, kann ihm ein Übernahmeverschulden angelastet werden. Dabei ist nicht nur auf die fachliche Kompetenz abzustellen, sondern auch auf andere Umstände (Übermüdung, Zeitmangel durch Überlagerung mehrerer Pflichten usw.).

Die Erfüllung des Facharztstandards ist nicht abhängig von dem Titel, also der bestandenen Facharztprüfung. Auch ein Nicht-Facharzt kann bei entsprechender Kompetenz den Standard erfüllen. Umgekehrt wird bei einem Facharzt nicht automatisch angenommen, dass er immer den Standard eingehalten hat.

Unterschieden wird die unbewusste von der bewussten Fahrlässigkeit. Letztere ist dann gegeben, wenn der Arzt bewusst ein Risiko eingeht, aber darauf vertraut, dass es schon gutgeht.

Unterschieden wird weiterhin der Diagnosefehler von dem Behandlungsfehler im engeren Sinn. Ein Diagnosefehler liegt nicht zwingend bei einer Fehldiagnose vor, sondern auch dann, wenn diagnostische Verfahren nicht dem Standard entsprechend durchgeführt und befundet oder wenn sie gar fehlerhaft unterlassen werden.

Die Sorge, einen Diagnosefehler zu begehen, hat zu einem kontraproduktiven Anreiz dahingehend geführt, dass oft eine Überdiagnostik veranlasst wird, nur um ja nicht belangt werden zu können, sollte ein Befund wegen einer unterlassenen diagnostischen Maßnahme übersehen worden sein.

Diese Überlegungen sind aus zweierlei Gründen nicht zielführend. Erstens kann der Patient auch durch die Diagnostik geschädigt werden (z. B. durch ein Kontrastmittel induziertes Nierenversagen), was bei fehlender Indikation vorwerfbar wäre.

Zweitens fordert die Rechtsprechung keineswegs, dass immer auch alle seltenen Erkrankungen unbedingt ausgeschlossen werden müssen. Vielmehr ist zu prüfen,

- wie schwer und bedrohlich die auszuschließende Erkrankung wäre,
- wie wahrscheinlich sie ist und
- wie der Patient durch die Diagnostik belastet oder gar geschädigt werden könnte.

Hinweise auf „kluge Entscheidungen" geben Leit- und Richtlinien. Im Zweifelsfall ist der Arzt gut beraten, seine diesbezüglichen Überlegungen sorgfältig zu dokumentieren, insbesondere dann, wenn er von den Empfehlungen der Leitlinie abweicht.

Wirtschaftliche oder logistische Erwägungen sind dagegen strafrechtlich belanglos, können also nicht zur Entlastung des Arztes führen.

Bestraft werden kann nur der, der durch seine Fahrlässigkeit die Körperverletzung oder den Tod *verursacht*. Die Kausalität muss somit gegeben und beweisbar sein. Bitte lesen Sie die §§ 222 und 229 StGB!

Bei der Subsumtion ist also der Sachverhalt auf folgende im Gesetz codierte Tatbestände zu prüfen:

- Fahrlässigkeit
- Körperverletzung bzw. Tod
- Kausalität.

Es müssen alle drei Tatbestände erfüllt sein:

1. Fehlt die Fahrlässigkeit (oder natürlich der Vorsatz), war der Verlauf schicksalhaft.
2. Wenn es nicht zu einem Schaden kam (Körperverletzung oder Tod), sind die Tatbestände des § 229 StGB ebenfalls nicht erfüllt und ist keine Strafbarkeit gegeben.
3. War der Arzt fahrlässig und kam es dann zu einem Schaden, stellt sich die Frage nach der Kausalität. Könnte man sich die Fahrlässigkeit wegdenken und der Schaden wäre trotzdem entstanden, mangelt es an der Ursächlichkeit und konsekutiv an der Strafbarkeit nach § 229 StGB.

Die Körperverletzung könnte auch durch fahrlässiges Unterlassen entstanden sein. Dies setzt eine Garantenstellung des Arztes voraus. Diese liegt dann vor, wenn er die Behandlung übernommen hat oder als diensthabender Bereitschaftsarzt zur Übernahme verpflichtet war. Dann ist er auch verpflichtet, tätig zu werden, hat also eine Garantenstellung. Bleibt er trotzdem untätig, könnte er sich der fahrlässigen Körperverletzung durch Unterlassen schuldig machen. Hat er aber zuvor die Übernahme der Behandlung abgelehnt und durfte dies auch, hat er keine Garantenpflichten und kann entsprechend nicht belangt werden.

Die Vorschriften des § 323c StGB (Unterlassene Hilfeleistung) bleiben davon unberührt. Im Notfall kann die Behandlung nicht abgelehnt werden. Allerdings löst diese allgemeine Hilfspflicht keine Garantenstellung des Arztes aus.

Verständnisfrage: Welche Rechtsfolge ergibt sich daraus, dass in diesem Fall keine Garantenstellung des Arztes entsteht?[1]

Umgekehrt wird der Arzt *mit* Garantenstellung, die er durch die Übernahme einer Behandlung erlangt hat, bei Untätigkeit mit konsekutivem Schaden nicht wegen unterlassener Hilfeleistung § 323c StGB, sondern wegen fahrlässiger Körperverletzung durch Unterlassen § 229 StGB bestraft.

7.8   Haftung

Die Gesundheit ist ein hohes und im Wortsinne wertvolles Gut. Ein an ihr entstandener Schaden kann also auch finanziell beträchtlich sein – neben dem persönlichen Leid des betroffenen Patienten. Die Fragen, **wer wann für was** zu haften hat, spielt eine Rolle nicht nur im Schadensfall, sondern beeinflusst auch viele Abläufe und Entscheidungen in der Medizin. Mit meist positiven Auswirkungen dann, wenn die Gesundheit des Patienten geschützt werden soll; eher negativ dann, wenn es um die persönliche Absicherung der Handelnden geht.

Bei der Haftpflicht gilt das **Verschuldensprinzip**. Ärzte müssen für verschuldetes Unrecht, nicht aber für schicksalhaftes Unglück einstehen. Die **Beweislast** für die Schuld des Arztes liegt in der Regel beim Patienten: *Er* muss nachweisen, dass der „negative Erfolg" vom Arzt verschuldet ist und nicht das Ergebnis tragischer Zufälle.

Ausnahmen bestehen dann, wenn sich der ungünstige Verlauf im Zusammenhang mit einem offensichtlichen Fehler einstellt, der „einem Arzt schlechterdings nicht passieren darf". Es handelt sich dann um einen **groben Behandlungsfehler** § 630h Abs. 5 S. 1 BGB. Verstirbt beispielsweise ein Patient durch Kreislaufversagen nach der Verwechselung einer Blutkonserve, kommt es zur Beweislastumkehr: Nun muss der Arzt beweisen, dass sich dieser Verlauf ebenso ohne den Fehler ergeben hätte. Gleiches gilt bei **qualifizierten Befunderhebungsfehlern** § 630h Abs. 5 S. 2 BGB (Braun und Schlesiger 2019).

Eine Beweislastumkehr kommt auch bei **Dokumentationsfehlern** in Frage § 630h Abs. 3 BGB.

Unterschieden wird zwischen der **vertraglichen** und der **deliktischen** Haftung.

---

[1]Lösung: Der Arzt, der zufällig zu einem Verkehrsunfall kommt und keine Hilfe leistet, könnte nur wie jedermann nach § 323c StGB wegen unterlassener Hilfeleistung bestraft werden, nicht aber wegen fahrlässiger Körperverletzung durch Unterlassen § 229 StGB, was sich unter anderem im Strafmaß ausdrückt.

Durch Vertrag verpflichtet sich der Arzt bzw. das Krankenhaus zu einer Dienstleistung, weshalb man auch von einem **Dienstvertrag** nach § 611 BGB spricht, bzw. als konkreter Sonderfall von einem **Behandlungsvertrag** § 630a BGB. Geschuldet ist also die Leistung, nicht aber der Erfolg, denn dann läge ein Werkvertrag § 631 BGB vor. Erfolgte die Leistung nicht oder war sie schlecht, führt das zur vertraglichen Haftung. Schuldner ist dabei nicht zwingend der Arzt, sondern der Vertragspartner, also in der Regel das Krankenhaus. Je nach Vertragsverhältnis kann das differieren, z. B. bei Wahlleistungspatienten oder Belegärzten.

Als Vertragspartner des Patienten haben Krankenhausträger (bzw. evtl. der Arzt) für die Fehler der von ihnen herangezogenen Gehilfen nach § 278 BGB einzustehen. Für die Gehilfen selbst kann eine **deliktische** Haftpflicht in Frage kommen (Kern und Rehborn 2019).

Diese ergibt sich aus dem **Recht der unerlaubten Handlungen**. Nach § 823 Abs. 1 BGB haftet aus unerlaubter Handlung, wer vorsätzlich oder fahrlässig das Leben, den Körper, die Gesundheit, die Freiheit, das Eigentum oder ein sonstiges absolutes Recht (z. B. Urheberrecht, Persönlichkeitsrecht) eines anderen widerrechtlich verletzt.

So kann also der Arzt auch ohne Vertragspartner des Patienten zu sein, diesem haften müssen, denn die fahrlässige Verletzung der Gesundheit ist widerrechtlich und somit ein die deliktische Haftung begründendes Delikt.

Schon bei Abschluss des Arbeitsvertrages sollte der leitende Arzt also seinen Versicherungsschutz prüfen und ordnen. Wann haftet er selbst als Vertragspartner (z. B. Wahlleistungspatienten), wann haftet die Klinik für ihn als Erfüllungsgehilfen? Besteht hierfür jeweils Versicherungsschutz? Ist auch die persönliche deliktische Haftung abgedeckt?

7.9 Organisationsverschulden

Eine Haftpflicht kann sich auch aus einer fehlerhaften Organisation ergeben. Der Krankenhausträger hat durch klare Anweisungen und adäquate organisatorische Maßnahmen dafür Sorge zu tragen, dass der Patient lege artis versorgt wird. Mangelt es daran, greift wieder § 823 BGB, denn im Ergebnis wird der Patient durch Fahrlässigkeit in seiner Gesundheit gefährdet bzw. verletzt.

Der Begriff des Organisationsverschuldens ist in der Geschäftsführung gefürchtet, denn dadurch kann auch nicht-medizinisches Personal für medizinische Verläufe haftbar gemacht werden. Entsprechend dünnhäutig könnte die Reaktion sein, wenn mit diesem Begriff auf Defizite aufmerksam gemacht wird.

Zur Vermeidung eines Schadens einerseits, andererseits aber auch zum persönlichen Schutz ist bei organisatorischen Missständen die rechtzeitige und dokumentierte Unterrichtung der Administration erforderlich. Geeignet ist z. B. eine Überlastungsanzeige.

Im Übrigen gelten die in Abschn. 7.8 genannten Grundsätze. Die Beweislast für ein Organisationsverschulden liegt beim Patienten, es sei denn, es liegt ein grober Fehler vor. Dies ist z. B. bei dem Einsatz von Berufsanfängern denkbar.

Der Krankenhausträger haftet auch für seine „Verrichtungsgehilfen" § 831 Abs. 1 S. 1 BGB. Kann er allerdings nachweisen, dass er diese gut ausgewählt hat, ist er nicht ersatzpflichtig § 831 Abs. 1 S. 2 BGB. In diesem Fall (der selten ist, da der Nachweis kaum gelingt) müsste sich dann der Anspruchsberechtigte (der geschädigte Patient) an den Verrichtungsgehilfen (also den Arzt) halten.

Auch wenn ein Arzt durch seine Leitungsfunktion gegenüber dem Hilfspersonal (z. B. Assistenzärzten) dadurch nicht zu deren Geschäftsherrn wird (dies bleibt der Krankenhausträger), kann ihn eine persönliche Haftpflicht aber treffen, wenn er Eingriffe durch ungeeignete, z. B. unerfahrene Ärzte durchführen lässt. Insoweit kann also nicht nur der Administration, sondern auch dem Chefarzt gegebenenfalls ein Organisationsverschulden angelastet werden.

In den Zeiten des Fachkräftemangels hat das Organisationsverschulden erhebliche praktische Bedeutung. Die Alternative könnte Schlechtbesetzung versus Schließung eines Funktionsbereiches lauten. Rechtlich ist die Antwort eindeutig: Steht das erforderliche Personal quantitativ und/oder qualitativ nicht zur Verfügung, darf die Leistung nicht angeboten werden. Übernimmt ein Arzt eine Aufgabe, für deren Bewältigung er eigentlich nicht kompetent ist, kann ihn eine Übernahmeverschulden treffen.

Ist die personelle Situation kritisch, dürfen verantwortungsbewusste Leitende Ärzte kein Risiko zu Lasten der Patienten und Mitarbeiter eingehen.

7.10 Chefarztvertrag

Früher war die Chefarztposition in vielerlei Hinsicht – Position, Arbeitsbedingungen, Vergütung, Ansehen usw. – hochattraktiv und eine sichere Lebensstellung. Diese Situation hat sich substanziell gewandelt. Die Bedingungen für Chefärzte sind bisweilen schlechter als die für Oberärzte, so dass die Träger der Kliniken Schwierigkeiten haben, die Abteilungsleitungen zu besetzen. Entsprechend kann von Lebensstellung keine Rede mehr sein. Die meisten Bewerber für eine Chefarztstelle sind Chefärzte, die ihre bisherige Stelle frustriert aufgeben wollen.

Aber auch bei Krankenhausgeschäftsführern ist die Halbwertszeit durch hohe Fluktuation gesunken. Da also die frühere langjährige vertrauensvolle Zusammenarbeit nicht mehr gegeben ist, kommt einem gut durchdachten Chefarztvertrag eine umso größere Bedeutung zu.

Ein guter Vertrag soll ein wesentliches Arbeitsfeld des Juristen vermeiden, den Streitfall nämlich. Daher sind mögliche Streitgegenstände zu antizipieren und durch adäquate Formulierungen zu entschärfen. Die Balance zwischen angemessener Flexibilität – Stichwort Entwicklungsklausel – und notwendiger Konkretisierung – Stichwort Vergütung – ist manchmal schwierig. Undeutliche und auslegungsbedürftige Formulierungen sollten vermieden werden.

Nachfolgend finden Sie einige wesentliche Hinweise zu den wichtigsten Aspekten des Chefarztvertrages. Damit aber Ihre individuelle Situation ausreichend berücksichtigt wird, sollten Sie sich vor Unterschrift des für Sie so wichtigen Vertrages durch einen hierauf spezialisierten Anwalt beraten lassen.

Position

Die Bezeichnung muss die Leitungsfunktion unmissverständlich widerspiegeln, am besten also Chefarzt, alternativ Leitender Abteilungsarzt. Patienten können den Begriff Chefarzt besser einordnen, daher wäre dieser zu bevorzugen.

Die Tätigkeit und das Aufgabengebiet sind festzulegen, genauso wie die Tatsache, dass für diese Bereiche die Leitung besteht. Dies ist insbesondere dann von Bedeutung, wenn ein Kollegialsystem (zwei Chefärzte für eine Abteilung) geplant ist oder durch die Entwicklungsklausel später (von Ihnen vielleicht ungewünscht) geschaffen wird.

Chefärzte sind in der Regel keine „Leitenden Angestellten", da sie nicht die hierfür typischen Rechte und Pflichten haben. Die entsprechenden Merkmale sind im Betriebsverfassungsgesetz aufgeführt § 5 Abs. 3 S. 2 BetrVG. Bedeutsam in diesem Zusammenhang ist die in aller Regelung fehlende Personalhoheit. Diese sollte daher auch nicht angestrebt werden, da leitende Angestellte einen eingeschränkten Kündigungsschutz haben § 14 Abs. 2 KSchG.

Vergütung

Chefärzte verdienten 2017 laut „Kienbaum Vergütungsreport" durchschnittlich 288.000 Euro jährlich mit einer weiten Spanne abhängig von der Größe des Hauses, Alter des Vertrags, Lage der Klinik usw. (Löbach 2018). Sie verdienten damit deutlich mehr als die Geschäftsführer desselben Hauses (199.000 Euro, bzw. 139.000 Euro für den Verwaltungsdirektor).

Die Vergütung setzt sich aus mehreren, zum Teil optionalen Bestandteilen zusammen:

1. dem festen Anteil
2. dem variablen Anteil oder Boni
3. den Liquidationserlösen
4. den Nebentätigkeitserlösen
5. den Rufbereitschaftsvergütungen.

Ad 1: Der feste Anteil wird als Jahresgehalt, das zu jeweils 1/12 monatlich ausbezahlt wird, vereinbart. Bei der Bemessung muss nicht auf einen Tarifvertrag Bezug genommen werden. Die immer nötige Anpassungsklausel könnte aber auf dessen Steigerungsraten verweisen. Ist dies nicht der Fall, sollte eine Neuverhandlung schon nach 2, und nicht wie meist vorgeschlagen, erst nach 5 Jahren möglich sein. Um die Unabhängigkeit des Chefarztes nicht zu gefährden, sollte der feste Vergütungsanteil nicht unter 70 % liegen.

Ad 2: Der variable Anteil wird mit Zielvereinbarungen verknüpft. Diese sollten nicht nur SMART sein (siehe Abschn. 1.5). Die Erreichbarkeit muss auch beeinflussbar sein. Außerdem ist zu berücksichtigen, dass die *medizinischen* Entscheidungen von Zielvorgaben unbeeinflusst bleiben, es ist also § 135c SGB V zu beachten. Dort ist auch festgelegt, dass sich die Kliniken in ihrem im Internet zu veröffentlichendem Qualitätsbericht zur Existenz solcher Zielvereinbarungen zu „outen" haben § 135c Abs. 2 SGB V.

Zur Zulässigkeit von Zielvereinbarungen kann die Gemeinsame Koordinierungsstelle „Zielvereinbarungen" der Bundesärztekammer und des Verbandes der Leitenden Krankenhausärzte Deutschlands Auskunft geben.

Ad 3: Das in Altverträgen selbstverständliche Liquidationsrecht (also die Möglichkeit, Wahlleistungen bei Privatpatienten eigenständig abzurechnen) ist weitgehend verschwunden und – wenn überhaupt – durch die Beteiligung an den Wahlleistungseinnahmen ersetzt worden.

Davon unabhängig besteht trotzdem die chefärztliche Verpflichtung, Wahlleistungen höchstpersönlich zu erbringen bzw. bei Verhinderung eine Individualvereinbarung zur Vertretungsregelung mit dem Patienten zu treffen, um Vorwürfe hinsichtlich Abrechnungsbetrugs zu vermeiden.

Ad 4: Bei den Nebentätigkeiten kann es sich um mit der Klinik verbundene Leistungen handeln, z. B. eine Ermächtigungsambulanz, oder aber um genehmigungspflichtige, ansonsten aber von der Chefarzttätigkeit unabhängige Nebentätigkeiten (Gutachten, Vorträge usw.). Sinnvoll ist eine vom Chefarztvertrag getrennte Nebentätigkeitsvereinbarung sowie gegebenenfalls ein separater Nutzungsvertrag für Ressourcen der Klinik.

Ad 5: Siehe unten

Pool

Die Beteiligung der Mitarbeiter an den Wahlleistungseinnahmen ist in der Berufsordnung verankert § 29 Abs. 3 der Musterberufsordnung, sollte aber ohnehin selbstverständlich sein. Die genaue Ausgestaltung ist in manchen Bundesländern vorgeschrieben, so z. B. im Landeskrankenhausgesetz Baden-Württemberg §§ 34 ff. In anderen Bundesländern, z. B. Bayern, existieren keine gesetzlichen Regelungen.

Sofern Gestaltungsmöglichkeiten bestehen, sollte der Chefarzt die leistungsabhängige Verwendung der Gelder bestimmen dürfen und hat so einen – wenn auch sehr begrenzten – Einfluss auf das Führungsinstrument Geld (siehe Abschn. 1.10).

Versicherungen

Haftpflichtversicherungen sind teuer. Es ist also darauf zu achten, dass alle Arbeitsbereiche einschließlich Wahlleistungspatienten und Ermächtigungsambulanz durch die Versicherung des Trägers abgedeckt sind, und zwar sowohl für die vertragliche als auch für die deliktische Haftung.

Befristung, Probezeit

Bezüglich einer Befristung gelten die Bestimmungen des Teilzeit- und Befristungsgesetzes (TzBfG). Abweichende und für den Chefarzt nachteilige Vereinbarungen sind nicht möglich § 22 Abs. 1 TzBfG.

Eine Probezeit kann wie üblich vereinbart werden. War der künftige Chefarzt aber schon langjährig Oberarzt am Haus, entfällt die Möglichkeit einer Probezeit.

Urlaub, Lohnfortzahlung

Urlaub (meist 30 Tage) und Freistellung für Fortbildungen (10–15 Tage) können frei vereinbart werden. Es sollte festgelegt werden, dass der Chefarzt seine Abwesenheiten der Geschäftsführung nur mitteilen, also keinen zu genehmigenden Antrag stellen muss.

Auch die Lohnfortzahlung im Krankheitsfall kann gestaltet werden, wobei Spannen zwischen 6 und 26 Wochen üblich sind. Wichtig ist die Vereinbarung, dass sich die Lohnfortzahlung auf alle Gehaltsbestandteile bezieht.

Bereitschaftsdienst, Rufbereitschaft, Arbeitszeit

Eine Vereinbarung über die Pflicht des Chefarztes, am *Bereitschaftsdienst* teilzunehmen, ist sehr ungewöhnlich und nur in begründeten Ausnahmefällen akzeptabel.

Üblicher, insbesondere an kleineren Häusern, ist die chefärztliche Beteiligung an der *Rufbereitschaft*, was aber vertraglich vereinbart sein muss. Immer dagegen obliegt dem Chefarzt die Organisation der Rufbereitschaft, er muss also sicherstellen, dass die Abteilung jederzeit funktionstüchtig ist. In Zeiten des Fachkräftemangels, hier konkret des Oberärztemangels, kann dies mit einem erheblichen Konfliktpotential verbunden sein.

Zur Absicherung des Chefarztes muss eine Obergrenze der vom ihm zu leistenden Rufbereitschaften festgeschrieben sein, damit für den Fall, dass nicht genügend Oberärzte zur Verfügung stehen, die Pflicht des Trägers, hinreichend Personal zur Verfügung zu stellen, nicht auf dem Rücken des Chefarztes vernachlässigt werden kann. Auch sollte eine mindestens der Oberarztregelung entsprechende Vergütung der Rufbereitschaft zusätzlich zu den übrigen Gehaltsbestandteilen vereinbart sein.

Das Arbeitszeitgesetz (ArbZG) gilt für Chefärzte ausdrücklich nicht § 18 Abs. 1 Nr. 1 ArbZG. Fehlen vertragliche Vereinbarungen, lassen sich nur abstrakte Normen heranziehen, z. B. „Treu und Glauben" § 242 BGB oder „Billiges Ermessen" § 315 BGB. Ein Chefarzt, der die Klinik nur selten betritt, kann sich also nicht auf die im Vertrag fehlende Festlegung von Wochenarbeitsstunden berufen.

Umgekehrt hat der Arbeitgeber eine Fürsorgepflicht gegenüber dem Chefarzt und darf ihn nicht entgegen der „guten Sitten" ausnützen § 138 BGB. Die personelle Ausstattung der Abteilung muss also so beschaffen sein, dass der Umfang der Aufgaben des Chefarztes angemessen bleibt.

Beteiligungsform

Die Beteiligung des Chefarztes an unternehmerischen Entscheidungen kann jeweils unterschiedlich in drei Stufen vereinbart werden.

Die schwächste Form ist die „*Anhörung*". Die Äußerungen des Chefarztes bleiben hier leider ohne Belang.

Besser ist „*im Benehmen*". Hier muss ein ernsthaftes Bemühen der Geschäftsführung dokumentiert sein, die Argumente des Chefarztes zu würdigen. Allerdings ist nach Abwägung seiner Interessen auch eine Verfügung gegen ihn möglich.

Ist dagegen eine Entscheidung „*im Einvernehmen*" zu treffen, kann nicht gegen den Chefarzt gehandelt werden.

Entwicklungsklausel

Im stark volatilen Gesundheitswesen müssen die Krankenhausträger in der Lage sein, strategische Entscheidungen zu treffen und umzusetzen. Da dabei chefärztliche Interessen tangiert werden, enthalten die Verträge vorweggenommene Einverständnisklauseln.

Enthalten die Klauseln aber Formulierungen mit unangemessener Benachteiligung des Chefarztes, sind sie insgesamt unwirksam § 307 Abs. 1 S. 1 BGB. Ein Blankoscheck für die Geschäftsführung ist also nicht möglich.

So sind die Bedingungen, die zu einer Umstrukturierung führen können, zu konkretisieren, wie z. B. medizinische Entwicklungen, die eine Zentrumsbildung erfordern.

Die Entscheidung ist mindestens „im Benehmen" mit dem Chefarzt zu treffen. Eine alleinige Anhörung reicht nicht aus. Für finanzielle Einbußen ist er zu entschädigen.

Um nicht existenziell bedroht zu werden, sollte der Chefarzt auf folgenden Absicherungen bestehen:

- Die Leitung seines Arbeitsschwerpunktes muss unangetastet bleiben. Würde beispielsweise eine Kardiologie in die Schwerpunkte Intervention bzw. Elektrophysiologie geteilt werden, darf dem Interventionalisten die Leitung dieser Subspezialisierung nicht entzogen werden.
- Ein Ortswechsel (z. B. in eine andere Klinik des Konzerns) muss ausgeschlossen sein.
- Für das ihm zu- bzw. untergeordnete Personal müssen Untergrenzen festgelegt sein.

Wettbewerbsverbot

Ist ein nachvertragliches Wettbewerbsverbot vereinbart, dann ist dieses

- zeitlich,
- inhaltlich und
- örtlich

zu konkretisieren. Außerdem ist eine Karenzentschädigung zu vereinbaren.

Eine mangelhafte Vereinbarung (ohne die obige Konkretisierung) ist insgesamt unwirksam.

7.11 Scheinselbständigkeit/Honorarärzte

Gesellschaftlicher Hintergrund

Die Problematik der Scheinselbständigkeit ist keineswegs nur in der Industrie virulent, sondern auch im Gesundheitswesen angekommen und hier interessanterweise insbesondere bei der Ärzteschaft, aber auch im Bereich der Pflege.

In der Industrie geht die Initiative, die Arbeit von bisher fest angestellten Arbeitskräften auf (scheinbar) Selbständige zu verlagern, eher von den Arbeitgebern aus. Diese versprechen sich Personalkosteneinsparungen durch entfallende Sozialabgaben oder sonstige

Kosten. Außerdem können Mitarbeiter(innen) dann bei Bedarf nur zeitweise eingesetzt werden und müssen nicht dauerhaft finanziert werden. Weiterhin ist die Reduktion der eigenen Stammbelegschaft häufig eine für die Bemessung der Boni von Führungskräften relevante Bemessungsgrundlage.

Die Situation ist bezogen auf den ärztlichen Personalstand in Kliniken gänzlich anders. Hier hat eine Verschiebung der Rahmenbedingungen dergestalt stattgefunden, dass Ärzte in einer angestellten Position im Krankenhaus nicht mehr ihre Lebensperspektive sehen. Neben der enormen Arbeitsverdichtung und dem damit einhergehenden verschlechterten Betriebsklima wünschen sich Ärzte bzw. insbesondere Ärztinnen flexible Arbeitszeitoptionen, und zwar bezogen sowohl auf die Wochen-, Jahres- und auch auf die Lebensarbeitszeit. Das Berufsbild hat sich gewandelt von dem selbstlosen und klaglos arbeitsamen, der Hierarchie und dem Ethos verpflichteten Arzt hin zu dem selbstbewussten und gerne auch selbständigen Arzt. Tatsächlich ist insbesondere bei Fachärzten die Frustration groß, zumal der früher verheißungsvolle Karriereendpunkt, die gut dotierte, mit Liquidationsrecht und sonstigen Privilegien versehene Chefarztposition heute meist nicht Realität wird.

Dies ist der Nährboden für das Modell des „Honorararztes", der seine Dienstleistungen nicht fest angestellt, sondern nur für begrenzte Zeiträume, meist für Vertretungen oder zur passageren Unterstützung bei Engpässen selbständig erbringt.

Gerade das Honorararztmodell birgt aber eine Vielzahl juristischer Fallstricke, sowohl für die Auftragnehmer-, besonders aber für die Auftraggeberseite.

Fraglich ist nämlich in jedem Einzelfall, ob es sich tatsächlich um eine selbständige oder doch um eine abhängige Beschäftigung handelt. Diese Statusdefinition hat eine Fülle von Rechtsfolgen mit Auswirkungen nicht nur für die beiden direkt beteiligten Parteien, sondern auch für die Behörden, die sich infolgedessen in der Regel einmischen.

Wesentliche Rechtsfolge einer abhängigen Beschäftigung ist die gesetzliche Sozialversicherungspflicht. Eine bestehende Sozialversicherungspflicht führt zu Abgaben in Höhe von insgesamt ca. 40 % des Lohns. Die zuständige Behörde, insbesondere die Deutsche Rentenversicherung (auch wenn Ärzte dort meist nicht rentenversichert sind) hat also ein bedeutsames Interesse an der Feststellung einer Sozialversicherungspflicht. Interessanterweise ist ausgerechnet die Deutsche Rentenversicherung vom Gesetzgeber beauftragt, diese Statusfeststellungen durchzuführen § 7a Abs. 1 S. 4 SGB IV. Weiterhin sind die Träger der Rentenversicherung dafür zuständig, bei den Arbeitgebern zu prüfen, ob diese ihren Pflichten hinsichtlich der Beitragszahlungen des Gesamtsozialversicherungsbeitrags sowie der Meldungen nachkommen. Hierfür müssen mindestens alle 4 Jahre Betriebsprüfungen stattfinden § 28p Abs. 1 S. 1 SGB IV.

Die Schwierigkeit der im Sozialversicherungsrecht üblichen und schwammigen Arbeitnehmerdefinition setzt sich darin fort, dass der dort festgestellte Status für andere Rechtsgebiete nicht bindend ist. So kann also ein Honorararzt sozialrechtlich als Arbeitnehmer eingestuft werden, arbeitsrechtlich aber vergeblich seine Arbeitnehmerrechte einfordern. Auch steuerrechtlich werden die Einschätzungen der anderen Rechtsgebiete lediglich als Indiz gewertet (Bundesfinanzhof (BFH), Urteil vom 02.12.1998, XR 83/96). Spiegelbildlich hat das Bundessozialgericht die Unabhängigkeit der sozialrechtlichen Bewertung von der Entscheidung der Finanzbehörden betont (Obenhaus et al. 2016).

Rechtsfolgen bei festgestellter Scheinselbständigkeit
Wird ein vorgeblich freier Mitarbeiter rechtswirksam als Arbeitnehmer eingestuft, müssen die Rechtsbeziehungen neu geordnet werden. Der Auftraggeber wird zum Arbeitgeber und der Auftragnehmer (ehemals freie Mitarbeiter) wird zum Arbeitnehmer, und zwar rückwirkend.

Der Arbeitgeber hat den Gesamtsozialversicherungsbeitrag zu zahlen § 28e Abs. 1 S. 1 SGB IV. Dies gilt in der Regel für den gesamten Zeitraum der Tätigkeit des Arbeitnehmers, es sei denn, es ist Verjährung eingetreten. Die Verjährung tritt nach 4 Jahren ein, allerdings nur, wenn die Beiträge nicht vorsätzlich vorenthalten wurden, denn dann beträgt die Frist 30 Jahre § 25 Abs. 1 SGB IV. Da bedingter Vorsatz ausreicht und dieser bereits dann angenommen wird, wenn die mögliche Arbeitnehmereigenschaft billigend in Kauf genommen wurde (Reiserer und Bölz 2014), muss der Arbeitgeber meist für den gesamten Zeitraum nachbezahlen, und zwar, da es sich um den Gesamtsozialversicherungsbeitrag handelt, Arbeitgeber- und Arbeitnehmeranteil.

Der diesbezügliche Rückgriff des Arbeitgebers auf den Arbeitnehmer beschränkt sich auf die letzten drei Monate § 28g S. 3 SGB IV. Eine eventuelle frühere vertragliche Vereinbarung mit dem Ziel einer unbegrenzten Erstattungspflicht ist nichtig (Reiserer und Bölz 2014), denn privatrechtliche Vereinbarungen dürfen nicht zum Nachteil des Sozialleistungsberechtigten von den Vorschriften des Sozialgesetzbuchs abweichen § 32 SGB I.

Ein praktisch unberechenbares Risiko könnte sich aus einem unfallversicherungsrechtlichen Regress ergeben. Nach dem Unfall eines nur dem Schein nach Selbständigen muss der Auftrag- (bzw. jetzt Arbeit-)geber der zuständigen Unfallversicherung sämtliche Kosten ersetzen, so z. B. Behandlungskosten, Reha, Rente usw. (Mette 2015).

Der vermeintlich Selbständige (Arzt), der ex post zum Arbeitnehmer wird, genießt – auch rückwirkend – sämtliche Arbeitnehmerrechte. Hinsichtlich der bisherigen und zukünftigen Vergütung hat aber eine Vergütungsanpassung stattzufinden, wobei bei beiderseitigem Rechtsirrtum die Grundsätze über den Wegfall der Geschäftsgrundlage anzuwenden sind (Bundesarbeitsgericht (BAG), Urteil vom 09.07.1986, 5 AZR 50/97). Für die Zukunft hat der Arbeitnehmer bei Fortbestand des Arbeitsverhältnisses nur den Anspruch auf die tarifliche oder übliche Vergütung, nicht aber auf seine bisherigen, regelhaft höheren Honoraransprüche (Bundesarbeitsgericht (BAG), Urteil vom 21.01.1998, 5 AZR 44/85).

Steuerrechtlich haftet der Auftraggeber für die nicht einbehaltene Lohnsteuer und wird dann zahlungspflichtig, wenn der Scheinselbständige seine Einkünfte in Deutschland nicht versteuert hat. Dabei unterstellen die Finanzämter eine Nettolohnrechnung, rechnen also das bezahlte Honorar auf einen deutlich höheren Bruttolohn um (Real 2016).

Strafrechtliche Relevanz besteht nur für den Arbeitgeber, denn das Vorenthalten von Sozialversicherungsbeiträgen (§ 266a StGB) ist ein Sonderdelikt mit Bezug ausschließlich auf den Arbeitgeber. Strafbar ist weiterhin nur die Vorenthaltung der Arbeitnehmer-, nicht aber der Arbeitgeberbeiträge § 266a Abs. 1 StGB.

Übersicht

Das Hauptrisiko liegt beim Arbeitgeber (ehemals Auftraggeber), denn im Falle endgültig festgestellter Scheinselbständigkeit mit konsekutiver (rückwirkender!) Neuordnung der Rechtsbeziehungen

- muss er dem Arbeitnehmer (ehemals Auftragnehmer) Arbeitnehmerrechte einräumen
- haftet er dem Finanzamt für die Abführung der Steuern
- muss er den Gesamtsozialversicherungsbetrag abführen
- wird er gegebenenfalls der Berufsgenossenschaft gegenüber schadensersatzpflichtig
- kann er strafrechtlich belangt werden.

Der jetzige Arbeitnehmer muss

- künftig Arbeitnehmerpflichten nachkommen
- sich mit einer schlechteren (meist Tarif abhängigen) Vergütung zufriedengeben
- den Arbeitnehmeranteil der Sozialversicherung für maximal 3 Monate nachzahlen
- wahrscheinlich Mitglied der regionalen Ärztekammer werden
- trotz Mitgliedschaft in (mindestens!) einer ständischen Versorgungseinrichtung Beiträge zur Deutschen Rentenversicherung zahlen (da er für diese Beschäftigung als vorgeblich Selbständiger keinen Befreiungsantrag – der für jedes Arbeitsverhältnis einzeln erfolgen muss – eingereicht hat).

Aktuelle Rechtsprechung

Die Möglichkeiten, selbständig als Honorararzt zu arbeiten, sind durch ein aktuelles Urteil des Bundessozialgerichtes weiter erheblich eingeschränkt worden (Bundessozialgericht (BSG), Urteil vom 04.06.2019, B 12 R 11/18).

Das Gericht entschied, dass Ärzte, die als Honorarärzte in einem Krankenhaus tätig sind, in dieser Tätigkeit regelmäßig nicht als Selbstständige anzusehen sind, sondern als Beschäftigte des Krankenhauses der Sozialversicherungspflicht unterliegen.

Entscheidend sei, ob die Betroffenen weisungsgebunden beziehungsweise in eine Arbeitsorganisation eingegliedert sind. Das sei bei Ärzten regelmäßig der Fall.

Als Konsequenz ist zu befürchten, dass Honorarärzte einen unselbständigen Weg der Beschäftigung wählen müssen (Festanstellung in Teilzeit oder befristet, alternativ Leiharbeitsfirma) mit allen unten beschriebenen Nachteilen.

Gleichartige Urteile ergingen auch für andere Berufsgruppen. Das Gericht hob hervor, dass Probleme des Arbeitsmarktes nicht durch Umgehung der Sozialgesetzgebung gelöst werden dürften.

Mögliche Optionen

Eine Alternative zur freien Mitarbeit ist die Festanstellung in Teilzeit. Fraglich ist dann aber die Ausgestaltung. Der Arbeitnehmer müsste bereit sein, Weisungen hinsichtlich der Einsatzzeiten zuverlässig zu folgen. Dem Teilzeitangestellten möglicherweise eingeräumte Privilegien könnten den Betriebsfrieden stören und auch gegen den Gleichbehandlungsgrundsatz verstoßen. Somit ergeben sich doch Einschränkungen verglichen mit der liberalen Honorararzttätigkeit.

Eine weitere Möglichkeit ist die Tätigkeit bei Leiharbeitsfirmen, die Ärzte zur Arbeitnehmerüberlassung einstellen. Lege artis durchgeführt, bedeutet dies Rechtssicherheit für alle Seiten.

Die Nachteile sind aber offensichtlich: Für den Arbeitgeber entstehen Mehrkosten, denn die Leistungen des Verleihers sind nicht umsonst. Auch der Arbeitnehmer (Honorararzt) hat erhebliche Nachteile. Er muss ebenfalls finanzielle Einbußen hinnehmen, denn sein Angestelltengehalt liegt regelmäßig deutlich niedriger als das eines Selbständigen. Er ist weisungsgebunden, kann also nicht selbst über die Annahme oder Ablehnung von Aufträgen entscheiden. Auch Bereitschaftsdienste gehören zu seinen Aufgaben. Er muss umherreisen und sich immer wieder neu einarbeiten. Kurz: Diese Option vereint die Nachteile des festangestellten Klinikarztes mit denen des Honorararztes.

Alternativ kommt die Ausgestaltung von flexiblen, sogenannten „Kapazitätsorientierten Arbeitsverhältnissen" und/oder die Vereinbarung kurzfristiger Arbeitsverhältnisse mit weniger als 70 Einsatztagen pro Kalenderjahr in Betracht. Bei einer solchen kurzfristigen Beschäftigung fallen keine Sozialabgaben an § 8 Abs. 1 Nr. 2 SGB IV (Meurer 2019).

Ein neueres Beschäftigungsmodell für Honorarärzte, aber auch andere Berufszweige, ist die Genossenschaft. Bei einer Genossenschaft handelt es sich um eine Gesellschaft, deren Zweck darauf gerichtet ist, u. a. die Wirtschaft ihrer Mitglieder durch gemeinschaftlichen Geschäftsbetrieb zu fördern § 1 Abs. 1 GenG. Die Mitglieder (hier: die Honorarärzte) haben als Gesellschafter Anteile der Genossenschaft, sind dort aber nicht angestellt, sondern behalten ihren Status als Selbständige. Bei dem Konzept entstehen vertragliche Beziehungen nur zwischen Auftraggeber (hier: die Klinik) und Genossenschaft. Das Verhältnis zwischen Genossenschaft und Mitglied (dem Honorararzt) regelt die Satzung der Genossenschaft. Letztere rechnet mit dem Auftraggeber ab und kehrt an die Mitglieder Ausschüttungen aus (keine Entgelte oder gar Gehaltszahlungen!). Somit erfüllt der Honorararzt weder im Verhältnis zur Genossenschaft noch zum Auftraggeber (möglicherweise!) die Kriterien eines Arbeitnehmers.

Es ist fraglich, ob sich das Genossenschaftsmodell der aktuellen Rechtsprechung des BSG entziehen kann. Die Genossenschaft Locumcert eG hat ihren Betrieb kurz nach dem oben genannten Urteil eingestellt, vicaredoc eG wird dagegen fortgeführt.

Weitere Probleme des Honorararztes

Ist der Honorararzt bundeslandübergreifend tätig, erwarten ihn – unabhängig von der Gefahr der Scheinselbständigkeit – weitere Probleme. Der föderalen Struktur in Deutschland geschuldet sind in den Bundesländern voneinander unabhängig agierende Landesärztekammern und ständische Versorgungswerke institutionalisiert. Die Satzungen sehen meist vor, dass die in dem jeweiligen Bundesland tätigen Ärzte auch dort Mitglieder werden sollen, also beitragspflichtig werden. Dies kann zur Konsequenz haben, dass einzelne Ärzte deutschlandweit für etliche Ärztekammern (und Kreisverbände!) Mitgliedsbeiträge zu zahlen haben. Mehr noch: Sie müssten gegebenenfalls bei mehreren Versorgungswerken Konten unterhalten, wobei jeweils zweifelhaft wäre, ob aus den Einzahlungen adäquate Versorgungsansprüche erwachsen. Manche Satzungen enthalten hierfür Regelungen, manche nicht. Verbindliche Rechtsauskünfte sind in der Regel nicht zu erhalten.

Daher werden Honorarärzte eventuelle Pflichten zu Mehrfach-Mitgliedschaften meist ignorieren. Auch dies ist ordnungspolitisch bedenklich.

Übrigens könnte die Stellung eines Antrags auf Befreiung von der Versicherungspflicht zur gesetzlichen Rentenversicherung als Indiz für die Anerkennung einer Arbeitnehmereigenschaft gewertet werden, denn der Selbständige ist ja sowieso nicht versicherungspflichtig!

Fazit

Im deutschen Rechtssystem wird der Problematik der Scheinselbständigkeit unzureichend begegnet. Die Betroffenen fühlen sich als Erwerbstätige zweiter Klasse (Siems 2019).

Viele Geschäftsführungen lehnen daher die Beschäftigung von Honorarärzten ab bzw. gehen anderenfalls in ein schwer kalkulierbares Risiko. Auch der Honorararzt selbst wird durch die Rechtsunsicherheit belastet.

Vielleicht kann das Genossenschaftsmodell einen Teil der Probleme lösen, die aktuelle Rechtsprechung lässt aber daran zweifeln.

7.12 Vorsorgevollmacht/Patientenverfügung

Vorsorgevollmacht und Patientenverfügung werden häufig verwechselt, denn beide dienen der Vorsorge für den Fall, dass man selbst nicht mehr entscheidungsfähig ist. Es handelt sich aber um zwei völlig verschiedene Dokumente.

Bei beiden gilt aber, dass sie nur wirksam sind, wenn der Ausstellende zum Zeitpunkt der Unterschrift geschäftsfähig war § 104 BGB. Auch der Vollmachtnehmer einer Vorsorgevollmacht muss geschäftsfähig sein.

Vorsorgevollmacht

Durch die Vorsorgevollmacht legt der Vollmachtgeber eine Person fest, die für ihn in festzulegenden Angelegenheitskreisen Entscheidungen treffen kann. Damit soll eine vom Gericht für den Fall der Entscheidungsunfähigkeit angeordnete Betreuung vermieden werden. Daraus ergeben sich mehrere Vorteile:

- Der Vollmachtgeber kann in guten Tagen die Person seines Vertrauens selbst bestimmen.
- Der Umfang der Vollmacht kann genau differenziert werden.

- Der Vollmachtnehmer hat weitergehende Kompetenzen als ein Betreuer.
- Bei Dringlichkeit entfällt die Suche nach einem Betreuer bzw. die Notwendigkeit, einen Richter hinzuzuziehen.

Eine Willenserklärung, die der Vollmachtnehmer im Namen des Vertretenen abgibt, wirkt unmittelbar für und gegen den Vertretenen § 164 Abs. 1 S. 1 BGB. Der Vollmachtgeber muss daher absolutes Vertrauen zu seinem Vertreter haben.

Für die Vollmacht gibt es keine Formvorschrift (Ausnahme: Immobiliengeschäfte). Trotzdem ist die Schriftform zu empfehlen.

Die Rechtssicherheit wird erhöht, wenn das vom Bundesjustizministerium (BMJV) zum Download zur Verfügung gestellte Formular verwendet wird (URL siehe Literaturhinweise).

In diesem Formular können für folgende 10 Angelegenheitskreise differenzierte Anordnungen getroffen werden:

1. Gesundheitssorge/Pflegebedürftigkeit
2. Aufenthalt und Wohnungsangelegenheiten
3. Behörden
4. Vermögenssorge
5. Post und Fernmeldeverkehr
6. Vertretung vor Gericht
7. Untervollmacht
8. Betreuungsverfügung
9. Geltung über den Tod hinaus
10. Weitere Regelungen.

Es empfiehlt sich zu ergänzen, ob der Bevollmächtigte von den Beschränkungen des § 181 BGB befreit ist, also Insichgeschäfte durchführen darf.

Außerdem sollte ein Ersatzbetreuer zu Ziffer 8 (nicht Ersatzbevollmächtigter!) benannt werden.

Der Vollmachtnehmer unterliegt trotz § 164 Abs. 1 S. 1 BGB Einschränkungen. Eheschließungen oder die Erstellung eines Testaments sind nicht möglich. Außerdem muss bei schwerwiegenden medizinischen Eingriffen bzw. freiheitsentziehenden Maßnahmen eine Genehmigung des Betreuungsgerichts eingeholt werden §§ 1904 Abs. 1 S. 1 BGB bzw. 1906 Abs. 2 S. 1 BGB. Die Genehmigung ist entbehrlich, wenn mit dem Aufschub Gefahr verbunden wäre.

Patientenverfügung

Die Patientenverfügung ist keine Vollmacht, sondern im Gegenteil eine in guten Tagen abgegebene eigene Willenserklärung, die unabhängig von einer eventuellen Vollmacht zu beachten ist bzw. Vorrang vor dieser hat.

Sie bezieht sich allein auf den medizinischen Themenkreis und legt den gewünschten Therapieumfang bei bestimmten medizinischen Situationen für den Fall der Entscheidungsunfähigkeit fest.

Diese Willenserklärung ist von den behandelnden Ärzten bzw. sonstigen Medizinpersonen zu befolgen. Eine Missachtung könnte als Körperverletzung bestraft werden. Auch der Vollmachtnehmer kann diese Willenserklärung nicht überstimmen, sondern hat vielmehr die Durchsetzung der Patientenverfügung sicherzustellen, und zwar auch dann, wenn er selbst eine andere Entscheidung treffen würde.

Die einschlägige Rechtsnorm für die Patientenverfügung ist § 1901a BGB.

Hier wird festgelegt, dass der Betreuer (bzw. der Bevollmächtigte § 1901a Abs. 6 BGB) die Festlegungen (also die Willenserklärung des Patienten) mit der aktuellen Lebenssituation abzugleichen hat § 1901a Abs. 1 S. 1 BGB. Stellt er fest, dass die konkrete Situation erfasst ist, muss er dem in der Patientenverfügung aufgeführten Willen Geltung verschaffen § 1901a Abs. 1 S. 2 BGB. Eine diesbezügliche Entscheidung des Betreuers (Bevollmächtigten) entfällt, denn diese wurde ja bereits vom Patienten getroffen.

Hier ist eine genaue Subsumtion vorzunehmen, denn der Bundesgerichtshof (BGH) hat in seinen diesbezüglichen Entscheidungen der letzten Jahre strenge Maßstäbe angelegt:

- So sind sowohl die Lebenssituation als auch die medizinischen Maßnahmen mit ihrem gegenseitigen Bezug in der Patientenverfügung jeweils zu nennen.
- Dabei ist auf konkrete Formulierungen zu achten. Allgemeine Angaben mit weitem Interpretationsspielraum („ich will würdevoll sterben") wurden von der Rechtsprechung (BGH) nicht anerkannt. Entsprechende Beschlüsse sind z. B. XII ZB 61/16 vom 06.07.2016 oder XII ZB 604/15 vom 08.02.2017.

Fehlt eine Patientenverfügung oder ist sie für die aktuelle Lebenssituation nicht einschlägig, ist der mutmaßliche Willen des Patienten zu ermitteln, wobei konkrete Anhaltspunkte wie frühere Äußerungen, ethische oder religiöse Überzeugungen sowie persönliche Wertvorstellungen heranzuziehen sind § 1901a Abs. 2 BGB. Auch der nur mutmaßliche Wille des Patienten hat Vorrang vor eventuellen anderen Wertvorstellungen des Bevollmächtigten oder des Arztes.

Patientenverfügungen werden nicht formaljuristisch, sondern auf der Basis von Lebensvorstellungen oder Glaubensüberzeugungen verfasst. Daher gibt es hierfür kein allgemeingültiges Formular. Dennoch stellt das BMJV eine ausführliche Broschüre zu diesem Thema zur Verfügung. In dieser sind Textbausteine enthalten, die Formulierungsvorschläge enthalten, die den Vorgaben des BGH genügen.

Bei der Abfassung der Patientenverfügung ist ein roter Faden zu beachten. Es sollte also nicht so sein, dass sich einzelne Formulierungen widersprechen oder völlig unterschiedliche Wertvorstellungen abbilden. Medizinisch Unkundige sollten sich vom Arzt beraten lassen.

Für die Patientenverfügung gilt die Schriftlichkeitserfordernis § 126 BGB (Schneider 2020). Mündliche Äußerungen sind also begrifflich keine Patientenverfügungen, aber als Willenserklärungen dennoch zu befolgen.

Für die Patientenverfügung besteht keine Geltungsdauer oder Aktualisierungspflicht. Empfehlenswert sind regelmäßige Aktualisierungen trotzdem.

Fazit: Ist ein Patient entscheidungsunfähig, ist vom Krankenhausarzt zu ermitteln, ob eine Patientenverfügung vorliegt, denn der eigene konkret geäußerte Patientenwille hat Vorrang. Fehlt eine Verfügung oder ist sie nicht kongruent mit der aktuellen Situation, ist gemeinsam mit dem (vom Patienten festgelegten oder anderenfalls vom Richter zu benennenden) Betreuer oder Bevollmächtigen der mutmaßliche Wille zu ermitteln und zu befolgen.

Eine Vollmacht ist daraufhin zu überprüfen, ob sie den erforderlichen Themenkreis (z. B. Gesundheitssorge, Aufenthaltsbestimmung) umfasst und auch keinen Einschränkungen unterliegt, also z. B. für die anstehende Entscheidung die Genehmigung des Betreuungsgerichts eingeholt werden muss.

Liegt weder eine Verfügung noch eine Vollmacht vor, ist es keineswegs so wie oft vermutet, dass die Angehörigen (z. B. der Ehepartner) entscheiden dürfen bzw. müssen. Vielmehr gilt auch hier der mutmaßliche Wille des Patienten. Dieser ist vom Arzt gemeinsam mit den Angehörigen oder sonstigen Vertrauten (z. B. dem Hausarzt) zu ermitteln und befolgen. Auch wenn die Angehörigen keine Vertretungsmacht haben, werden sie aber meist bei der Erforschung des mutmaßlichen Willens die wesentliche Rolle spielen. Ein vom Bundesrat angestrebtes Notfallvertretungsrecht des Ehepartners ist bisher noch nicht realisiert worden.

Im Gespräch mit den Angehörigen ist es sinnvoll, diese Zusammenhänge zu erläutern, insbesondere die Tatsache, dass bei nur vermutetem Willen die Entscheidung vom Arzt und nicht z. B. vom Ehepartner getroffen wird. Dadurch könnten möglicherweise lebenslange Schuldgefühle vermieden werden.

All diese Überlegungen setzen voraus, dass überhaupt eine Alternative zu entscheiden ist. Dieser Hinweis klingt banal, ist aber von Bedeutung. Medizinisch obsolete Maßnahmen dürfen vom Arzt nicht angeboten und vom Patienten bzw. Bevollmächtigten oder Angehörigen nicht eingefordert werden. Neben dem Wirtschaftlichkeitsgebot § 12 Abs. 1 S. 1 SGB V gelten hier ethische Gründe und die Regeln der evidenzbasierten Medizin (EBM, siehe Abschn. 1.13).

Die EBM schließt den wissenschaftlichen Standard genauso wie die ärztliche Expertise und den Patientenwillen ein. Ist beispielsweise entsprechend dem aktuellen Wissensstand eine perkutane endoskopische Gastrostomie (PEG) nicht indiziert, darf sie nicht angelegt werden. Insoweit ist also keine Entscheidung – von wem auch immer – erforderlich.

Das Beispiel PEG ist nicht zufällig, denn diese wird gerade im Zusammenhang mit der Patientenverfügung und der Bedeutung in der Sterbephase häufig diskutiert. In der Leitlinie der Deutschen Gesellschaft für Ernährungsmedizin (Oehmichen et al. 2013) heißt es hierzu „*Eine durchgängige Notwendigkeit zur künstlichen Flüssigkeits- oder Energiezufuhr kann in dieser Lebensphase nicht angenommen werden.*" Vielmehr muss symptomorientiert behandelt werden. Hunger und Durst empfinden Sterbende aber selten.

7.13 Todesfeststellung/Leichenschau

Die Todesfeststellung und die Leichenschau sind außerordentlich verantwortungsvolle ärztliche Tätigkeiten. Fehler könnten z. B. dazu führen, dass Tötungsdelikte unerkannt bleiben oder Angehörige versorgungsrechtliche Ansprüche verlieren. Außerdem könnten die amtlichen Statistiken, die ja auch politische Maßnahmen wie Mittelallokationen zur Folge haben, verfälscht werden.

Die Qualität der Leichenschauen in Deutschland ist leider traditionell schlecht. Das muss nicht verwundern, denn es ist weder eine diesbezügliche Aus- noch eine Fortbildung für Ärzte vorgeschrieben. Das Wort „Leichenschau" kommt in der Approbationsordnung für Ärzte (Stand August 2019) nicht vor. Gibt man auf der Webseite der Bundesärztekammer den Suchbegriff „Leichenschau" ein, findet man zwar 15 Treffer. Diese beschäftigen sich aber ausschließlich mit vergütungsrechtlichen (!) Fragestellungen.

Im Ergebnis sind nach der Görlitzer Studie 1986/1987 mit fast vollständiger Obduktionsquote 45 bis 49 % der Leichenschaudiagnosen diskrepant zum Obduktionsergebnis (Madea und Rothschild 2010). Es gibt keinen Anhalt dafür, dass heutige und bundesweite Ergebnisse anders ausfallen würden.

Die Leichenschau ist landesrechtlich geregelt, meist durch Bestattungsgesetze und damit verbundene Rechtsverordnungen. Eine Übersicht über die entsprechenden Normen gibt Laufs et al. (2019) § 134. Die nachfolgenden Ausführungen beziehen sich auf die Gesetzesnormen in Bayern (Bestattungsgesetz, BayBestG bzw. BestG und Bestattungsverordnung, BayBestV bzw. BestV) und sind nicht ohne weiteres auf alle anderen Bundesländer zu übertragen.

Ein hilfreicher Übersichtsartikel findet sich im Deutschen Ärzteblatt (Madea und Rothschild 2010), außerdem existiert eine AWMF-Leitlinie (S1) der Deutschen Gesellschaft für Rechtsmedizin (Klein et al. 2017). Auch das Handbuch des Arztrechts (Laufs et al. 2019) beschäftigt sich im § 134 ausführlich mit den rechtlichen Aspekten dieses Themas.

Wer ist **zuständig** für die Leichenschau? Hierbei ist zu unterscheiden zwischen der **Veranlassung** und der **Durchführung**.

Veranlasst werden muss die Leichenschau durch einen in der BestV aufgeführten Personenkreis, der u. a. die Verwandten, Betreuer, Schiffsführer und in den Kliniken den Leitenden (Abteilungs-)Arzt umfasst § 1 BestV.

Zur **Durchführung** verpflichtet ist jeder in dem zuständigen Verwaltungsgebiet niedergelassene Arzt und in Kliniken jeder Arzt Art. 2 Abs. 2 S. 1 BestG. Ein zufällig an einer Unfallstelle (vergeblich) Hilfe leistender Arzt ist also nicht verpflichtet, es sei denn, er ist dort niedergelassen.

Die Leichenschau ist **unverzüglich** zu veranlassen, zur Nachtzeit jedoch nur, wenn Anhaltspunkte für einen nicht natürlichen Tod vorliegen § 1 Abs. 1 S. 1 BestV. Der zur Leichenschau zugezogene Arzt hat die Leichenschau unverzüglich und sorgfältig vorzunehmen § 3 Abs. 1 S. 1 BestV. So liegt es interessanterweise im Ermessen der veranlassenden (nichtärztlichen) Person, den Arzt nachts zu verständigen oder nicht; der verständigte Arzt dagegen muss jedenfalls sofort kommen.

Die in manchen Kliniken praktizierte Wiederholung der Leichenschau nach einigen Stunden ist nicht notwendig.

Der Notarzt darf sich auf die Angabe weniger Daten beschränken (vorläufige Todesbescheinigung), wenn die vollständige Leichenschau durch einen anderen Arzt sichergestellt ist Art. 2 Abs. 2 S. 2 BestG.

Bei der **Untersuchung** der Leiche ist zunächst der eingetretene Tod sicher festzustellen (Totenflecke/- starre; Verletzungen, die ein Überleben unmöglich machen). Sollten Zweifel bestehen, sind natürlich adäquate medizinische Maßnahmen einzuleiten. Eine Todesfeststellung während laufender Reanimation – also die Entscheidung zum Abbruch der Maßnahme – hängt von etlichen Parametern ab, die hier nicht abschließend diskutiert werden können. Die S1-Leitlinie spricht von 20-minütiger erfolgloser Wiederbelebung und einem Null-Linien-EKG „über einen längeren Zeitraum". Allerdings werden Ausnahmen angeführt, z. B. Unterkühlung, Intoxikation; zu ergänzen wäre unter anderem noch die Reanimation unter laufender Lyse bei Verdacht auf eine ausgedehnte Lungenembolie.

Die Leiche ist zu entkleiden und bei adäquater Beleuchtung vollständig zu untersuchen. In bestimmten Fällen kann von einer Entkleidung abgesehen werden (bei Verdacht auf ein Tötungsdelikt zur Vermeidung einer Veränderung der Spuren oder bei Auffindesituationen in der Öffentlichkeit). Dies ist in der Todesbescheinigung zu vermerken (Leitlinie Punkt 4.3). Allerdings wird in der Rechtsnorm *„in jedem Fall die Durchführung der Leichenschau an der vollständig entkleideten Leiche"* vorausgesetzt. Gegebenenfalls ist nur eine vorläufige Todesbescheinigung auszustellen.

Zur Feststellung des **Todeszeitpunktes** gibt die Leitlinie etliche, auf rechtsmedizinischen Erkenntnissen beruhende Hinweise. Im klinischen Bereich sollte der Zeitpunkt in der Regel gut eingrenzbar sein.

Die **Todesbescheinigung** umfasst einen **nicht-vertraulichen** und einen **vertraulichen** Teil.

Im **nicht-vertraulichen Teil** sind die Personalien und die Art der Identifikation, der Sterbezeitpunkt, der Ort des Todes, evtl. Warnhinweise sowie Zusatzangaben bei Totgeborenen einzutragen.

Vor allem aber ist die **Todesart** anzugeben. Diesbezüglich ist die größte Fehlerquelle zu sehen bzw. besteht unter den Ärzten die größte Unsicherheit.

Bei den Todesarten werden unterschieden:

- **Natürlicher Tod**
- **Todesart ungeklärt**
- **Nichtnatürlicher Tod** (in Bayern: „Anhaltspunkte für einen nichtnatürlichen Tod")

Ein **natürlicher Tod** entsteht aus innerer, krankhafter Ursache. Er muss völlig unabhängig von rechtlich bedeutsamen Faktoren aufgetreten sein. Die Angabe eines natürlichen Todes ist in der Regel nur möglich, wenn (dokumentiert) bekannterweise gravierende Erkrankungen vorlagen, die ein baldiges Ableben erwarten ließen. Vorbehandelnde Ärzte haben eine Auskunftspflicht Art. 3 Abs. 2 S. 1 BestG.

Der **nicht-natürliche Tod** ist dagegen von außen verursacht, unabhängig davon, ob selbst- oder fremdverschuldet. Es kann sich also handeln um:

- Tötungsdelikte
- Unfälle
- Vergiftungen
- Suizide
- Behandlungsfehler
- und andere.

Dabei ist die Würdigung der Kausalkette wesentlich. Ein Schädel-Hirn-Trauma nach Sturz mit neurologischem Defizit, rezidivierenden Aspirationen und konsekutiver tödlicher Pneumonie ist als nicht-natürlicher Tod zu werten, auch wenn letztendlich die Pneumonie tödlich war. Trotzdem wird beispielsweise in 50–70 % der Todesfälle nach Oberschenkelhalsfraktur fehlerhaft – denn es handelt sich meist um einen Unfalltod – ein natürlicher Tod bescheinigt (Madea und Rothschild 2010).

Die auf dem Gesetzestext (§ 3 Abs. 3 S. 1 BestV) beruhende Formulierung in der bayerischen Todesbescheinigung „Anhaltspunkte für einen nicht natürlichen Tod" ist verwirrend, denn wenn lediglich Anhaltspunkte vorliegen, könnte es sich ja trotzdem um einen natürlichen Tod handeln. Somit wäre die korrekte Rubrik doch eigentlich die ungeklärte Todesart?! Vielleicht sollte mit diesem Wortlaut die Hürde, etwas anderes als den natürlichen Tod anzukreuzen, etwas niedriger gelegt werden.

Die Neigung der Ärzte, vorzugsweise einen natürlichen Tod zu vermerken, hängt vermutlich damit zusammen, dass bei ungeklärter und nicht natürlicher Todesart (sowie bei unbekannter Identität und bestimmten Infektionskrankheiten) eine mit einer zulässigen Durchbrechung der ärztlichen Schweigepflicht verbundene Meldepflicht besteht. Da die Polizei zu verständigen ist (§ 4 Abs. 1 S. 2 BestV) kommen also auf die Beteiligten Unannehmlichkeiten zu, was insbesondere bei Angehörigen zu Unverständnis führen kann.

Von Interessenkonflikten belastet ist die Vorgehensweise bei möglichen Behandlungsfehlern. Hierzu wird vorgeschlagen, bei unerwarteten Todesfällen im Zusammenhang mit ärztlichen Maßnahmen *immer* die Todesart „ungeklärt" anzugeben (Madea und Rothschild 2010). Daraus folgt keinesfalls das Eingeständnis eines Behandlungsfehlers.

Nach Laufs et al. (2019) ist *abzuwägen*. Im rechtswissenschaftlichen Schrifttum würde überwiegend der Tod bei oder nach einer Operation nur dann als „nicht natürlich" angesehen, „wenn wenigstens entfernte konkrete Anhaltspunkte für einen sogenannten ‚Kunstfehler' oder für sonstiges Verschulden des behandelnden Personals vorliegen. Wenn sich also in tabula das Risiko der Grunderkrankung tödlich verwirklicht, handelt es sich um einen natürlichen Tod.

Beispiel

Vielleicht bilden die folgenden **Beispiele** diese Sichtweise ab:

Wird ein Patient im kardiogenen Schock bei Vorderwandinfarkt katheterinterventionell behandelt und stirbt im Herzkatheterlabor während der Maßnahme, obwohl oder bevor die Wiedereröffnung des Infarktgefäßes gelungen ist, handelt es sich um einen natürlichen Tod.

Kam es dagegen bei einem primär stabilen Patienten im Rahmen der intrakoronaren Manipulationen zu einer Perforation mit konsekutiver Perikardtamponade, dann wäre die Todesart als ungeklärt zu klassifizieren. Konsequenzen ergäben sich daraus wahrscheinlich nicht, da es sich um ein sehr seltenes, aber für den Eingriff spezifisches und bekanntes Risiko handelt, dessen Verwirklichung schicksalhaft ist. Trotzdem bleibt immerhin die Möglichkeit („wenigstens entfernt konkreter Anhaltspunkt"), dass der Arzt die Komplikation durch eine fehlerhafte Vorgehensweise fahrlässig verursacht hat. Eine objektive Klärung ist im Interesse aller Seiten und eine durch Befangenheit rechtswidrige Ausstellung der Todesbescheinigung muss vermieden werden. ◄

Zu berücksichtigen ist, dass auch medikamentöse Therapien ärztliche Maßnahmen und rechtlich entsprechend einzuordnen sind. Eine spontane Hirnblutung als Folge einer überdosierten Antikoagulantien Therapie ist demnach kein natürlicher Tod.

Der **vertrauliche Teil** der Todesbescheinigung gliedert sich weiter in Teil 1 und 2.

Teil 1 ist immer auszufüllen, Teil 2 nur optional und bietet die Möglichkeit für zusätzliche Ausführungen, z. B. hinsichtlich der Anhaltspunkte für einen nicht natürlichen Tod oder eine ausführliche Epikrise.

In Teil 1 ist neben den Angaben zu vorbehandelnden Ärzten, den sicheren Todeszeichen und evtl. Reanimationsmaßnahmen vor allem die **Todesursache** darzustellen.

Wie oben bereits aufgeführt, muss hier die Kausalkette deutlich werden. Die *unmittelbare Todesursache* ist abzugrenzen von dem *Grundleiden* und bestehenden *Nebenerkrankungen*.

Außerdem ist anzugeben, ob eine **Obduktion** angestrebt wird. Abgesehen von der Bedeutung für den Einzelfall sind Sektionen für Kliniker sehr lehrreich. Selten hat man sonst die Möglichkeit, die erkrankten und behandelten Organe direkt in Augenschein nehmen und diese Erkenntnisse mit den klinischen bildgebenden Verfahren vergleichen zu können. Häufig werden bei Obduktionen bisher verborgene Befunde demaskiert.

Tatsächlich sollte es in Krankenhäusern die Regel sein, dass den Angehörigen bei *allen* Todesfällen eine Obduktion vorgeschlagen wird. Leider wird dies oft abgelehnt, was zu einer im internationalen Vergleich schlechten Sektionsquote in Deutschland geführt hat. Kliniken, die keine eigene Abteilung für Pathologie führen, sollten trotzdem eine Kooperation anstreben, die die routinemäßige Obduktion möglich macht.

Bei anderen als natürlichen Todesarten entscheidet die Staatsanwaltschaft, ob eine rechtsmedizinische Sektion angeordnet wird. In diesem Fall hätten sich die Angehörigen zu fügen. Die Staatsanwaltschaft wird eine solche Anordnung aber nur treffen, wenn ein Anhalt für ein Fremdverschulden vorliegt.

Welche **Konsequenzen** ergeben sich aus all dem für den Leitenden Arzt?

Mindestens alle 2 Jahre sollte eine interne Fortbildung zu diesem Thema stattfinden. Vielleicht lassen sich ein Rechtsmediziner, ein Staatsanwalt oder ein Mitarbeiter des Standesamtes als Referenten gewinnen. Es sollte hier keine Scheu vor der Justiz herrschen, sondern im Gegenteil eine gute Zusammenarbeit gepflegt werden. Bei kritischen Sachverhalten sind vorbestehende Kontakte immer hilfreich, zumal wenn sich die Klinik in Folge der Fortbildungen den Ruf erworben hat, immer korrekt vorzugehen und qualitativ hochwertige Todesbescheinigungen zu erstellen.

Alle Todesfälle sind in der Frühbesprechung zu erwähnen, was die Möglichkeit für eine kritische Aufarbeitung der Epikrise eröffnet. Auch die Eintragungen in der Todesbescheinigung können dabei diskutiert und in der Folge gegebenenfalls noch korrigiert werden.

To-do-Liste: Todesfeststellung/Leichenschau		
Maßnahme	Termin	Folgetermin
Fortbildung zum Thema Todesbescheinigung initiieren		
Hinweis in der Frühbesprechung, dass alle Todesfälle zu erwähnen sind		

7.14 Aufklärung vor/nach medizinischen Maßnahmen

Die Aufklärung ist ein Gebiet mit vielen Facetten und wird (aller)spätestens dann zum Thema, wenn der Anwalt des Patienten eine Kopie der Krankenakte anfordert. Wer aber in der Aufklärung nur eine bürokratiebelastete Dokumentationsschikane sieht, vor der man sich tunlichst drücken sollte, verkennt die Chancen, die mit einer guten Aufklärung verbunden sind:

Übersicht
Die Aufklärung **vor** medizinischen Maßnahmen

- verbessert das Arzt-/Patientenverhältnis
- beruhigt den Patienten durch gute Information
- trägt zur guten Vorbereitung des Patienten vor dem Eingriff bei
- erleichtert die postoperative Behandlung
- kann zu Marketingzwecken genutzt werden
- ist eine verantwortungsvolle und lehrreiche Aufgabe für nachgeordnete Ärzte
- ist eine Hauptpflicht aus dem Behandlungsvertrag § 630c Abs. 2 S. 1 BGB

Die Aufklärung **nach** medizinischen Maßnahmen

- hilft, Komplikationen zu vermeiden
- erhöht die Patientencompliance
- richtet sich nicht nur an den Patienten, sondern auch an die nachbehandelnden Mediziner
- ist ebenfalls eine Hauptpflicht aus dem Behandlungsvertrag
- und darüber hinaus auch an anderer Stelle gesetzlich normiert (siehe Abschn. 6.5)

Wer wird aufgeklärt?

Es ist derjenige aufzuklären, der die Einwilligung zu dem Eingriff zu erteilen hat, in der Regel also der Patient. Ausnahmen ergeben sich dann, wenn dieser nicht einwilligungsfähig ist. Dann sind die Berechtigten (also z. B. Sorgeberechtigten, Betreuer usw.) aufzuklären. Bei Heranwachsenden ist die geistige und sittliche Reife zu würdigen. Bei unter 14-Jährigen sind meist die Eltern aufzuklären. Bei über 14-Jährigen könnte die Pflicht, die Sorgeberechtigten aufzuklären, mit dem Selbstbestimmungsrecht des noch nicht volljährigen, aber bezüglich des Eingriffs verständigen Patienten sowie der Schweigepflicht des Arztes kollidieren. Aber auch hier geht die Rechtsprechung insbesondere bei *schweren* Eingriffen von dem notwendigen Einverständnis der Eltern aus (Laufs et al. 2015).

Aus dem oben gesagten ergibt sich natürlich, dass auch dann, wenn die Eltern als Einwilligungsberechtigte aufzuklären sind, die Kinder bzw. Jugendlichen je nach ihrer Reife sowie Art des Eingriffs in das Gespräch einbezogen werden müssen.

Kann in einem Notfall weder der Patient noch ein Berechtigter einwilligen (und somit aufgeklärt werden), muss der Arzt den „mutmaßlichen Willen des Patienten" ermitteln § 630d Abs. 1 S. 4 BGB. Dieser mag im Einzelfall offensichtlich (z. B. bei einem Schädel-Hirn-Trauma eines 30-Jährigen nach Verkehrsunfall), in anderen Fällen aber durchaus strittig sein (z. B. bei hochbetagten multimorbiden Patienten). Der Arzt wird hier in der Regel die Angehörigen befragen, ob und wie sich der Patient in guten Tagen gegebenenfalls geäußert hat. Zu Patientenverfügungen siehe Abschn. 7.12. Sind die Angehörigen nicht ausdrücklich bevollmächtigt, dienen sie nur als Auskunftsperson. Die Entscheidung aber hat der Arzt zu treffen – gegebenenfalls sogar gegen den Willen der Angehörigen, wenn er bei dem Patienten einen anderen Willen vermutet. Natürlich sollten die diesbezüglichen Bemühungen und Überlegungen gut dokumentiert werden (in der Krankenakte oder auf dem dann nur von dem Arzt unterschriebenen Aufklärungsbogen).

Eine bestehende Betreuung schließt keineswegs aus, dass der Betreute aufklärungs- und einwilligungsfähig ist. In diesem Fall ist *sein* Wille maßgeblich und nicht der des Betreuers. Die häufig geübte Praxis, bei Betreuten die Aufklärung und Unterschrift des Betreuers zu erwirken, wäre dann also nicht nur umständlich, sondern auch schlicht und einfach rechtswidrig.

Hinsichtlich der Aufklärung *nach* medizinischen Maßnahmen sind neben dem Patienten meist die nachbehandelnden medizinischen Personen die Adressaten der Aufklärung.

Dies ergibt sich aus den vielfältigen, komplexen und innovativen Therapien, die ein Hausarzt unmöglich alle überblicken kann.

Wer klärt auf?

Die medizinische Aufklärung ist genuin ärztliche Tätigkeit und kann nicht an nichtärztliches Personal delegiert werden. Vorbereitungen, wie z. B. das Ausgeben des Aufklärungsbogens mit der Bitte, diesen durchzulesen und die dort aufgeführten Fragen zu beantworten, können natürlich von Assistenzpersonal (z. B. den Arztsekretärinnen, siehe Abschn. 4.16) erledigt werden. Das ist auch sinnvoll, denn dann hatte der Patient schon die Möglichkeit, sich vorzubereiten und Fragen zu überlegen.

Wünschenswert ist es natürlich, dass der den Eingriff durchführende Arzt auch selbst aufklärt. Er ist nicht nur am ehesten kompetent, sondern kann durch das Gespräch auch ein Vertrauensverhältnis aufbauen. Für den Patienten ist dies von außerordentlicher Bedeutung, was sogar jeder Arzt, der sich selbst schon einer Operation unterziehen musste, gerne bestätigen wird. Auch der Gesetzgeber sieht den Behandelnden in der Verantwortung § 630e Abs. 1 S. 1 BGB. Allerdings sind Kliniken sehr arbeitsteilig organisiert, so dass dieser Königsweg nur selten beschritten wird. Außerdem steht zum Aufklärungszeitpunkt oft noch nicht fest, wer der Operateur sein wird. Bei Wahlleistungspatienten wird dies anders sein.

Somit klärt meist der Stationsarzt auf, was juristisch durchaus möglich ist. Natürlich muss er hierfür über die notwendige Ausbildung verfügen § 630e Abs. 2 S. 1 Nr. 1 BGB. Der Assistenzarzt im ersten Jahr kann also kaum über eine Whipple-Operation oder einen Aortenklappenersatz aufklären. Der leitende Arzt muss die Aufklärungskompetenz organisatorisch sicherstellen. Das erfolgt leider nur selten. Um die Qualität der Kommunikation mit dem Patienten zu erhöhen und gleichzeitig das Prozessrisiko zu minimieren, wäre ein „**Aufklärungsführerschein**" eine gute Möglichkeit. Das könnte beispielsweise wie folgt gestaltet werden:

> **Aufklärungsführerschein:**
> - Es wird eine Liste der wichtigsten bzw. häufigsten aufklärungspflichtigen Eingriffe der Abteilung angefertigt.
> - Der hierfür jeweils kompetenteste Oberarzt erstellt ein möglichst knapp gehaltenes Merkblatt in dem
>   - die Indikation
>   - die möglichen Alternativen
>   - die Vorgehensweise
>   - die möglichen Komplikationen/Risiken
>   - und die Nachsorge des Eingriffs dargestellt werden.
> - Jeder aufklärende Arzt ist verpflichtet,
>   - das Merkblatt durchzuarbeiten
>   - mehrfach bei dem jeweiligen Eingriff teilzunehmen
>   - und sich von dem Operateur über die wesentlichsten Aspekte belehren zu lassen.
> - Der Aufklärungsführerschein besteht aus der Liste der Eingriffe sowie drei Spalten (Merkblatt, Teilnahmen, Belehrung). Der zuständige Oberarzt hat die Spalten gegenzuzeichnen und bestätigt somit die „Aufklärungsreife" für diesen Eingriff.

Natürlich bietet auch dieses Modell keine Garantie für gute Aufklärungen oder gar juristische Sicherheit. Kommt es aber zu einem Prozess, bestünden gute Chancen, dass der Richter hierin einen Beleg für den im Gesetz geforderten hinreichenden Ausbildungsstand sieht.

Das System Aufklärungsführerschein kann nur dann funktionieren, wenn es ständig gepflegt wird. Dies kann durch die mandatorische Einbindung in die Facharztweiterbildung geschehen, vor allem aber muss es sowohl beim Assistenzpersonal (Arztsekretärinnen!), als auch im oberärztlichen Bereich Zuständigkeiten für die Überwachung geben.

Wie wird aufgeklärt?

Die Aufklärung muss *mündlich* erfolgen § 630e Abs. 2 S. 1 Nr. 1 BGB. Gerade auf das umfassende erläuternde Gespräch wird von der Rechtsprechung großen Wert gelegt. Ein bloßes Austeilen des Bogens und Einsammeln nach der Unterschrift reicht keinesfalls aus. Es empfiehlt sich daher, während des Gesprächs Vermerke und Zeichnungen (z. B. auf den vorhandenen Bildern) als Beleg für die stattgehabten Erläuterungen einzufügen. Sollten die meist im Bogen aufgeführten Fragen nicht schon im Vorfeld beantwortet worden sein, muss das im Gespräch nachgeholt werden. Individuell auf die Situation des konkreten Patienten bezogene Anmerkungen sind sinnvoll. Ein zwar unterschriebener, aber ansonsten unberührter Bogen wird vom Gericht als Hinweis auf ein nicht stattgehabtes Gespräch gewertet.

Die Aufklärung muss *verständlich* sein, es muss also auf Vorkenntnisse oder intellektuelle sowie sprachliche Einschränkungen Rücksicht genommen werden. Gegebenenfalls ist ein Dolmetscher hinzuzuziehen. Auch der Arzt muss der deutschen Sprache mächtig sein, ein heutzutage nicht überflüssiger Hinweis.

Es muss *schonend* aufgeklärt werden (Laufs et al. 2015), jedenfalls nicht rücksichtslos.

Die Aufklärung muss *rechtzeitig* erfolgt sein. Das ist ein dehnbarer Begriff. Der Patient muss genügend Bedenkzeit gehabt haben. Dieser Aspekt ist umso wesentlicher, je schwerwiegender, je weniger dringlich und je weniger indiziert (z. B. kosmetische Operation) der geplante Eingriff ist. Bei elektiven Maßnahmen sollte am Vortag aufgeklärt werden. Bei einem Notfall dagegen kann gegebenenfalls die Aufklärung auch vollständig entfallen.

Das schriftliche Formular ist weder für die Aufklärung noch für die Einwilligung vorgeschrieben; im Prinzip reicht ein Vermerk in der Krankenakte § 630 f Abs. 2 BGB. Die Bögen dienen somit nur der Beweisvorsorge für den Arzt. Fehlen sie aber, könnte dies zur Beweislastumkehr führen § 630h Abs. 3 BGB. Werden sie benutzt und vom Patienten unterschrieben, sind diesem Kopien auszuhändigen § 630e Abs. 2 S. 2 BGB. Dieser Aspekt ist wesentlich, leider aber auch mit erheblichem logistischem Aufwand verbunden, denn auch der Erhalt der Kopien sollte dokumentiert sein. Mangelt es daran, könnte – zumindest im juristischen Sinne – die Aufklärung unwirksam sein.

Sollte der Patient auf die Aufklärung verzichten (was ihm natürlich gestattet ist), muss auch dies gut dokumentiert sein.

Was wird aufgeklärt?

Es muss über alle wesentlichen Umstände informiert werden: „*… insbesondere Art, Umfang, Durchführung, zu erwartende Folgen und Risiken der Maßnahme sowie ihre Notwendigkeit, Dringlichkeit, Eignung und Erfolgsaussichten im Hinblick auf die Diagnose oder die Therapie. Bei der Aufklärung ist auch auf Alternativen zur Maßnahme hinzuweisen …*“ § 630e Abs. 1 S. 2 und 3 BGB.

Gerade die Besprechung der Alternativen wird gerne vergessen (oder bewusst weggelassen?). Auch dies könnte zur Unwirksamkeit führen.

Juristische Bedeutung der Aufklärung

Jeglicher Eingriff bedarf der Einwilligung des Patienten § 630d BGB. Diese ist aber nur wirksam, wenn vorher aufgeklärt wurde § 630d Abs. 2 BGB.

Eine nicht wirksame, also nicht alle oben besprochenen Aspekte einschließlich der Aushändigung der Kopien (!) berücksichtigende Aufklärung hat also den Wegfall der Einwilligung zur Folge.

Die Rechtsfolgen sind schon in zivilrechtlicher Hinsicht schwer vorhersehbar und vom Einzelfall abhängig. Möglicherweise kann sich der Patient bei eigentlich schicksalhafter Verwirklichung eines Risikos trotz lege artis durchgeführtem Eingriff darauf berufen, dass er der Operation bei vorheriger Kenntnis dieser Gefahr nicht zugestimmt hätte.

Rechtsstreitigkeiten nach medizinischen Behandlungen werden vom Patienten weniger häufig über den Nachweis einer Falschbehandlung geführt (und gewonnen), sondern eher über die mangelhafte Aufklärung, denn so ist die Beweisführung meist einfacher.

Allerdings kann dem Patienten entgegengehalten werden, dass er sich auch bei erfolgter Aufklärung vermutlich hätte operieren lassen. Er muss dann das Gegenteil glaubhaft darlegen. Vorstellbar wäre beispielsweise das klassische Risiko der Recurrensparese nach Strumektomie. Wäre weder über diese Gefahr noch über die mögliche Alternativtherapie mit Radiojod aufgeklärt worden, hätte der Patient auch bei lege artis durchgeführter Indikationsstellung und Operation gute Chancen, Schadensersatz zu erlangen.

Nicht nur zivil-, sondern auch *strafrechtlich* ist der Arzt in Gefahr. Ein ohne wirksame Aufklärung (= ohne Einwilligung) durchgeführter Eingriff gilt als Körperverletzung, auch wenn medizinisch alles korrekt verlief. Im schlimmsten Fall, bei tödlichem – sogar schicksalhaftem, also ohne Verschulden des Arztes – Ausgang könnte der Verwurf der fahrlässigen Tötung erhoben werden.

Fazit: Die gut organisierte und durchgeführte Aufklärung bietet viele *Chancen*, vor allem wird der Patient seine Operation kooperativ und zufrieden unterstützen.

Die *Risiken* schlechter Aufklärung dagegen sind immens.

Abteilungsleiter haben also einige Aufgaben:

To-do-Liste: Aufklärungen		
Maßnahme	Termin	Folgetermin
Erhebung des Status quo		
Entwurf eines Modells „Aufklärungsführerschein"		
Benennung zweier Verantwortlicher (ein Arzt und eine Assistenzperson)		
Kommunikation in der Oberarztbesprechung		
Festlegung einer Frist für die Fertigstellung der Merkblätter		
Verpflichtende Einbindung in die Facharztweiterbildung und die Mitarbeitergespräche		
Kommunikation in der Frühbesprechung		
Regelmäßige Überwachung der Funktionalität des Systems		

7.15 Umgang mit Polizei und Staatsanwalt

Auch wenn es sicher übertrieben ist, zu sagen, der Arzt stünde immer mit einem Bein im Gefängnis, so kann er doch unerwartet – und erst recht ungewollt – zum Ziel polizeilicher oder staatsanwaltlicher Ermittlungen werden.

Zivilrechtliche Verfahren werden meist nicht strafrechtlich (also vom Staatsanwalt) begleitet. Wenngleich es wohl früher nicht unüblich war, dass Patientenanwälte Strafanzeige erstattet hatten, um die Beweiserhebung durch die Staatsanwaltschaft erledigen zu lassen, gilt dies heute eher als anwaltlicher Kunstfehler, da die Versicherungen den Abschluss des Strafprozesses vor eventuellen Leistungen abwarten. Bei sich dahinschleppendem Strafverfahren über möglicherweise mehrere Instanzen könnte sich so der Schadensersatz über viele Jahre verzögern.

Allerdings könnte der Staatsanwalt von Amts wegen tätig werden oder z. B. Missgünstige aus Rache Strafanzeige erstatten. Der Beschuldigte erfährt dies meist erst dann, wenn die Polizei am ärztlichen Arbeitsplatz erscheint, um Akten zu beschlagnahmen.

Zu unterscheiden ist in diesem Fall, ob der Patient oder der Arzt der Beschuldigte ist.

Zwar sind Beweismittel vom Besitzer herauszugeben § 95 StPO und von den Ermittelnden in Verwahrung zu nehmen § 94 StPO. Krankenblätter betreffen jedoch den höchstpersönlichen Bereich und genießen daher einen besonderen Schutz, damit die Rechte des Patienten auf Selbstbestimmung und Würde gewahrt bleiben. Ist der *Patient* Beschuldigter, dürfen schriftliche Mitteilungen zwischen ihm und dem Arzt, Aufzeichnungen des Arztes über den Patienten sowie ärztliche Untersuchungsbefunde *nicht* beschlagnahmt werden § 97 Abs. 1 StPO. Würde der Arzt diese Daten herausgeben, könnte er sich der Verletzung der ärztlichen Schweigepflicht schuldig machen § 203 Abs. 1 Nr. 1 StGB.

Anders ist die Situation, wenn der Arzt verdächtigt wird, an einer Straftat des Patienten beteiligt zu sein § 97 Abs. 2 S. 2 StPO. Dann ist die Beschlagnahme möglich.

Auch in einem Strafverfahren gegen den Arzt gilt das Beschlagnahmeverbot nicht (Laufs et al. 2019), es sei denn, der Sachverhalt kann durch andere Beweismittel aufgeklärt werden.

Mündliche Einlassungen sollten im Verkehr mit Polizei und Staatsanwaltschaft, aber auch mit externen Anwälten vermieden werden. Nur dann, wenn es gilt, eine Gefahr abzuwenden, kann die ärztliche Schweigepflicht gebrochen werden. Dies wird dann durch den „rechtfertigenden Notstand" § 34 StGB gedeckt. Dabei muss eine nachvollziehbare Rechtsgüterabwägung vorgenommen werden.

Ansonsten sind jegliche Auskünfte, die die Schweigepflicht tangieren könnten, zu unterlassen. Dabei darf man sich nicht von möglicherweise selbstbewusst auftretenden und fordernden Beamten beeindrucken lassen. Selbstverständlich sind Einblicke in die (elektronische) Krankenakte tabu. Auch wenn Gefangene in öffentlichen Kliniken behandelt und von der Polizei bewacht werden, dürfen ihr keine medizinischen Informationen gegeben werden. Gleiches gilt gegenüber Anwälten, die mündlich oder schriftlich Auskünfte einfordern. Wurde der Arzt vom Patienten von der Schweigepflicht befreit, darf er (in diesem Rahmen!) Auskunft geben.

Die nachgeordneten Mitarbeiter sollten durch wiederholte Fortbildungen darin geschult werden, ihre Schweigepflicht auch (und gerade) gegenüber Polizei und Staatsanwalt einzuhalten.

Wird man selbst oder werden Kollegen beschuldigt und von einem Straf- oder Zivilverfahren bedroht, ist Schweigen ebenfalls am besten. Unüberlegte Äußerungen (z. B. Ent- oder Beschuldigungen) könnten sich verheerend auswirken.

Es empfiehlt sich, bei Ermittlungen gegen Mitarbeiter der Klinik grundsätzlich sofort die Geschäftsführung bzw. den Justiziar einzuschalten und nicht selbst Akten aus der Hand zu geben.

7.16 Medizinprodukte-Betreiberverordnung

Den Umgang mit Medizinprodukten im Krankenhaus regelt die Medizinprodukte-Betreiberverordnung (MPBetreibV). Es handelt sich um eine Rechtsverordnung auf der Basis des Medizinproduktegesetzes (§ 37 Abs. 5 MPG). Das MPG setzt entsprechende europäische Richtlinien in nationales Recht um (siehe Abschn. 7.1) und hat die früher geltende Medizingeräteverordnung MedGV abgelöst.

In der MPBetreibV sind **Betreiber** und **Anwender** (§ 2 Abs. 2 bzw. 3 MPBetreibV) definiert. Anwender ist demnach, wer ein Medizinprodukt im Anwendungsbereich dieser Verordnung am Patienten einsetzt § 2 Abs. 3 MPBetreibV.

Gesundheitseinrichtungen mit regelmäßig mehr als 20 Beschäftigten haben einen **Beauftragten für Medizinproduktesicherheit** zu bestimmen § 6 Abs. 1 MPBetreibV. Dieser muss sachkundig und zuverlässig sein und über eine im Gesetz ausgeführte Ausbildung verfügen.

Medizinprodukte dürfen nur von Personen betrieben oder angewendet werden, die die dafür erforderliche Ausbildung oder **Kenntnis und Erfahrung** besitzen § 4 Abs. 2 MPBetreibV.

Eine **Einweisung** in die ordnungsgemäße Handhabung des Medizinproduktes ist erforderlich § 4 Abs. 3 S. 1 MPBetreibV. Diese Einweisung wird für bestimmte, in der Anlage 1 aufgeführte Medizinprodukte genauer spezifiziert § 10 Abs. 1 und 2 MPBetreibV. *Anwender* sind demnach entweder durch den Hersteller oder durch eine vom Betreiber beauftragte Person unter Berücksichtigung der Gebrauchsanweisung einzuweisen § 10 Abs. 2 MPBetreibV.

Diese *beauftragte Person* wiederum muss vom Hersteller oder einer im Einvernehmen mit dem Hersteller handelnde Person eingewiesen werden § 10 Abs. 1 S. 1 Nr. 2 MPBetreibV. Dabei ist eine Funktionsprüfung des Gerätes durchzuführen § 10 Abs. 1 S. 1 Nr. 1 MPBetreibV.

In der oben genannten Anlage 1 sind nicht nur komplexe oder Großgeräte aufgeführt, sondern auch solche zur „unmittelbaren Einbringung von Substanzen und Flüssigkeiten in den Blutkreislauf unter potenziellem Druckaufbau", also Perfusoren oder Infusomaten Anlage 1 Nr. 1.4. Eine Einweisung ist nicht erforderlich, wenn sie für ein **baugleiches** Gerät bereits erfolgt ist § 10 Abs. 1 S. 2 MPBetreibV. Im Umkehrschluss bedeutet dies, dass *alle* Anwender in *alle* nicht baugleichen Geräte eingewiesen werden müssen. Geräte verschiedener Hersteller oder Gerätegenerationen sind *nicht* baugleich. Der Zahl der notwendigen Einweisungen wird dadurch potenziert. Der junge Arzt muss also vor seinem ersten Dienst in der Notaufnahme oder auf der Intensivstation in alle Geräte einschließlich aller unterschiedlichen Infusomaten und Perfusoren eingewiesen werden. Aber auch erfahrene Kollegen werden vermutlich feststellen, dass sie für einen großen Teil der täglich bedienten Geräte nicht eingewiesen wurden.

Aus Sicht des Betreibers handelt es sich bei der Einweisung um eine **Bringschuld** und aus Sicht des Anwenders um eine **Holschuld** (Aktionsbündnis Patientensicherheit e. V. 2017), was beiden oft nicht bekannt ist. Zuwiderhandlungen können als Ordnungswidrigkeit bestraft werden § 17 MPBetreibV. Schwerwiegender sind aber die Schäden an Patienten bei Fehlbedienungen durch nicht eingewiesene Anwender und die sich daraus ergebene Haftpflicht. Möglicherweise ist dann sogar der Versicherungsschutz in Gefahr.

Für die in den Anlagen 1 und 2 der MPBetreibV aufgeführten Geräte muss ein **Medizinproduktebuch** geführt werden § 12 Abs. 1 S. 1 MPBetreibV. Dies kann auch elektronisch geschehen § 12 Abs. 2 S. 1 MPBetreibV. Die Vorschrift bezieht sich auf das *jeweilige Medizinprodukt*. Es ist aufzuführen:

1. erforderliche Angaben zur eindeutigen Identifikation des Medizinproduktes,
2. Beleg über die Funktionsprüfung und Einweisung nach § 10 Absatz 1,
3. Name der nach § 10 Absatz 1 Satz 1 Nummer 2 beauftragten Person, Zeitpunkt der Einweisung sowie *Namen der eingewiesenen Personen,*
4. Fristen und Datum der Durchführung sowie das Ergebnis von vorgeschriebenen sicherheits- und messtechnischen Kontrollen
5. Datum, Art und Folgen von Funktionsstörungen und wiederholten gleichartigen Bedienungsfehlern sowie
6. Angaben zu Vorkommnismeldungen an Behörden und Hersteller.

Der Beauftragte für Medizinproduktesicherheit hat also viel Arbeit. Insbesondere die Pflege der Auflistung der eingewiesenen Anwender ist aufwändig. Da die Anwender meist selbst keinen Überblick darüber haben, in welche Geräte sie eingewiesen sind, empfiehlt sich eine doppelte Buchführung, also zusätzlich zu der vorgeschriebenen **Geräte bezogenen** eine **Personen bezogene** Liste der Einweisungen, damit die Anwender ihrer Holschuld gerecht werden können.

Für **implantierbare Medizinprodukte** sind dem Patienten eine *Information* § 15 Abs. 1 Nr. 1 MPBetreibV sowie ein *Implantatpass* § 15 Abs. 1 Nr. 2 MPBetreibV auszuhändigen. Dies betrifft nicht nur Gelenkprothesen oder Herzschrittmacher, sondern beispielsweise auch Coronarstents. Der Betreiber hat die *Dokumentation* zu den Implantaten so aufzubewahren (20 Jahre), dass für den Fall „korrektiver Maßnahmen" die jeweiligen Patienten eindeutig identifiziert und erreicht werden können § 15 Abs. 2 MPBetreibV. Dies hatte schon häufiger praktische Relevanz bei Rückrufen von z. B. Brustimplantaten, Gelenkprothesen und Herzschrittmachern bzw. Defibrillatoren.

Der Leitende Arzt ist in der Regel nicht der Betreiber. Als Anwender treffen ihn die gleichen Pflichten wie alle anderen Medizinpersonen auch. Doch schon zum Schutz der Patienten sollte er sicherstellen, dass die Medizinprodukte-Betreiberverordnung in seiner Abteilung nachvollzogen wird.

Daraus ergibt sich folgende To-do-Liste:

To-do-Liste Medizinprodukte- Betreiberverordnung		
Maßnahme	Termin	Folgetermin
Besprechung mit dem Beauftragten für Medizinproduktesicherheit		
Recherche des Status quo		
Information aller Mitarbeiter über die Vorschriften		
Sicherstellung der Einweisungen in Absprache mit dem Beauftragten		
Gegebenenfalls Benennung eines für die MPBetreibV Zuständigen der eigenen Abteilung		
Regelmäßige Wiederaufnahme dieses Themas		

7.17 Strahlenschutzverordnung

Gesetzesnormen

Die frühere Röntgenverordnung (RöV) ging 2018 in der neu gefassten Strahlenschutzverordnung (StrlSchV) auf. Diese stellt gemeinsam mit dem Strahlenschutzgesetz (StrlSchG) die gesetzlichen Normen für die Anwendung ionisierender Strahlen im Krankenhaus. Ergänzend von Bedeutung ist die „Richtlinie Fachkunde und Kenntnisse im Strahlenschutz bei dem Betrieb von Röntgeneinrichtungen in der Medizin oder Zahnmedizin".

Personen, Verantwortlichkeiten

Der **Strahlenschutzverantwortliche** ist derjenige, der einer Genehmigung (z. B. zum Betreiben eines Röntgengerätes) nach dem Strahlenschutzgesetz bedarf § 69 StrlSchG, also in der Regel der Geschäftsführer.

Der Strahlenschutzverantwortliche hat unverzüglich eine ausreichende Menge von **Strahlenschutzbeauftragten** schriftlich zu bestellen § 70 Abs. 1 S. 1 StrlSchG. Trotzdem bleibt er für die Einhaltung der Pflichten verantwortlich § 70 Abs. 1 S. 2 StrlSchG. Ist der Strahlenschutzverantwortliche kein Arzt, müssen für die Anwendung am Menschen die Strahlenschutzbeauftragten über die ärztliche Approbation verfügen § 14 Abs. 1 Nr. 1 StrlSchG.

Die **Aufgaben** der Strahlenschutzbeauftragten sind schriftlich festzulegen § 70 Abs. 2 S. 1 StrlSchG.

Die **Bestellung** eines Strahlenschutzbeauftragten hat der Strahlenschutzverantwortliche der zuständigen Behörde unter Angabe der festgelegten Aufgaben und Befugnisse unverzüglich schriftlich mitzuteilen § 70 Abs. 4 S. 1 StrlSchG. Der Mitteilung ist die Bescheinigung über die erforderliche Fachkunde im Strahlenschutz beizufügen § 70 Abs. 4 S. 2 StrlSchG. Dem Strahlenschutzbeauftragten und dem Betriebsrat oder dem Personalrat ist je eine Abschrift der Mitteilung zu übermitteln § 70 Abs. 4 S. 3 StrlSchG.

Der Strahlenschutzbeauftragte genießt **Kündigungsschutz** § 70 Abs. 6 S. 2 StrlSchG.

Dosisgrenzwerte

Die **Grenzwerte** für beruflich exponierte Personen sind in den §§ 77 und 78 StrlSchG aufgeführt. Die Berufslebensdosis beträgt 400 Millisievert § 77 S. 1 StrlSchG.

Indikationsstellungen

Die **medizinische** Indikation zu einer Röntgenuntersuchung kann jeder approbierte Arzt stellen. Allerdings setzt die konkrete Anwendung der Strahlung eine **rechtfertigende** Indikation voraus. Die kann nur der Arzt *mit* der Fachkunde im Strahlenschutz stellen.

Dies hat erhebliche praktische Bedeutung, denn der nicht fachkundige Assistenzarzt darf eine Röntgenaufnahme noch nicht einmal anordnen (auch nicht im Nachtdienst!), ohne dass die rechtfertigende Indikation durch einen fachkundigen Arzt geprüft wurde.

Kenntnisse, Sachkunde, Fachkunde

Viel Verwirrung gibt es immer im Zusammenhang mit der **Fachkunde** im Strahlenschutz. Die allgemeine Verunsicherung entsteht dadurch, dass die Vorschriften sehr unsystematisch auf das Gesetz (StrlSchG), die Verordnung (StrlSchV) und die Richtlinie verteilt wurden. Die meisten Landesärztekammern haben immerhin Übersichten erstellt.

Ärzte müssen zunächst die „**erforderlichen Kenntnisse im Strahlenschutz**" nachweisen. Dies ist die Voraussetzung, um *unter Aufsicht eines Fachkundigen* ionisierende Strahlung am Menschen anzuwenden Abs. 3.3 der Richtlinie. Die Kenntnisse werden erworben durch den „**Kenntniskurs**".

Nach dem Kenntniskurs beginnt die Ausbildung zur **Fachkunde**. Diese berechtigt zur *selbstständigen* Anwendung von Strahlung am Menschen.

Die Fachkunde beinhaltet außer dem **Grund**- und dem **Spezialkurs** die praktische Ausbildung in der Klinik (= die „**Sachkunde**"), die durch eine bestimmte Anzahl von dokumentierten Untersuchungen sowie einer Mindestzeit für das entsprechende Anwendungsgebiet nachzuweisen ist. Das „Mindestanwendungsgebiet" ist die Notfalldiagnostik (in der Richtlinie „Rö2" genannt) mit 600 Untersuchungen und einer Mindestzeit von 12 Monaten. Eine Tabelle der Mindestzahlen und -zeiten findet sich in der Richtlinie (dortige Tab. 4.2.1).

Diese Ausbildung kann erst *nach dem Kenntniskurs* begonnen werden! Das ist eine häufige Stolperfalle, da etliche Ärzte erst bei dem Grundkurs entdecken, dass ganz am Anfang eigentlich der Kenntniskurs zu stehen hat und somit die bisher erworbene Sachkunde hinfällig ist.

Der Grund- und der Spezialkurs können dagegen parallel zum Erwerb der Sachkunde absolviert werden. Dann kann die Fachkunde bei der zuständigen Landesärztekammer beantragt werden. Gegebenenfalls sind für Spezialgebiete wie die Interventionelle Radiologie (also auch im Herzkatheterlabor) oder die Computertomographie zusätzliche Spezialkurse zu besuchen.

Die Fachkunde ist alle 5 Jahre durch einen Auffrischungskurs zu aktualisieren § 48 Abs. 1 S. 1 StrlSchV.

Zusammenfassend sieht also die Strahlenschutzausbildung wie folgt aus:

> **Übersicht Fachkunde im Strahlenschutz**
> - *Kenntniskurs* (notwendig zur Anwendung von Strahlung unter Aufsicht; nicht ausreichend für die Stellung der rechtfertigenden Indikation) **Danach:**
> - Erwerb der *Sachkunde* (= praktische Ausbildung in der Klinik), nachzuweisen durch ein standardisiertes Zeugnis mit Dokumentation der durchgeführten Untersuchungen
> - *Grundkurs* (24 Stunden)
> - *Spezialkurs* (20 Stunden)
> - Optional: Weitere Spezialkurse für bestimmte *Spezialgebiete*

Leitende Ärzte sollten Wert darauf legen, dass alle Ärzte der Abteilung möglichst rasch die Fachkunde erwerben, denn sie ist zum raschen Progress der Weiterbildung wichtig. Über die praktische Wertigkeit der Kurse soll an dieser Stelle kein Wort verloren werden.

To-do-Liste Strahlenschutzverordnung		
Maßnahme	Termin	Folgetermin
Recherche des Ausbildungsstandes der Ärzte der Abteilung gemeinsam mit dem StrlSchBeauftragten		
Fortlaufende Aktualisierung		
Organisation der Sachkundeausbildung, Angebot von Kursen		

Literatur

Aktionsbündnis Patientensicherheit e.V. (2017) Umsetzung der Einweisungsverpflichtung für Medizinprodukte, 1. Aufl. APS e. V., Berlin

Beck-Texte (2019) Sozialgesetzbuch, 48. Aufl. Beck, München

Braun B, Schlesiger C (2019) Medizinische Sachverständigengutachten im Arzthaftungsrecht. Bayer Arztebl 7-8/2019, S 354–355

Bundesärztekammer (2018) (Muster-)Berufsordnung, § 21

Bundesministerium der Justiz und für Verbraucherschutz (BMJV). Formular Vorsorgevollmacht. https://www.bmjv.de/SharedDocs/Downloads/DE/Service/Formulare/Vorsorgevollmacht.html. Zugegriffen am am 07.01.2020

Deutsche Gesellschaft für Kardiologie (2016) Stellungnahme des Vorstandes der Deutschen Gesellschaft für Kardiologie – Herz- und Kreislaufforschung e. V. zum Rücktritt von Prof. Dr. Karl-Heinz Kuck. https://dgk.org/daten/Stellungnahme-des-Vorstandes-der-Deutschen-Gesellschaft-f%C3%BCr-Kardiologie-160616.pdf. Zugegriffen am 07.03.2020

Kern BR, Rehborn M (2019) Kläger, Passivlegitimation und Haftungsgrundlagen, § 93 Rn 5. In: Laufs A et al (Hrsg) Handbuch des Arztrechts, 5. Aufl. Verlag C. H. Beck, München

Klein A et al (2017) S1-Leitlinie 054-001, Regeln zur Durchführung der ärztlichen Leichenschau. AWMF online https://www.awmf.org/uploads/tx_szleitlinien/054-002l_S1_Regeln-zur-Durchfuehrung-der-aerztlichen-Leichenschau_2018-02_01.pdf. Zugegriffen am 07.03.2020

Laufs A et al (2015) Arztrecht, 7. Aufl. Verlag C. H. Beck, München

Laufs A, Kern BR, Rehborn M (2019) Handbuch des Arztrechts, 5. Aufl. Verlag C. H. Beck, München

Löbach S (2018) Chefarztvergütung im Fokus: Ergebnisse des Kienbaum-Vergütungsreports 2017. Chefärztebrief 01-2018

Madea B, Rothschild M (2010) Ärztliche Leichenschau. Dtsch Arztebl Int 2010 107(33):575–588

Mette E (2015) Brennpunkt Scheinselbständigkeit. Neue Z Sozialrecht:721–727

Meurer F (2019) Honorarärzte: Gericht bestätigt grundsätzliche Sozialversicherungspflicht. Dtsch Arztebl 116(27–28):A-1342/B-1106/C-1090

Obenhaus N, Brügge P, Herden V, Schönhoft A (2016) Schwarzarbeitsbekämpfungsgesetz, 1. Aufl. Verlag C. H. Beck, München

Oehmichen F et al (2013) Leitlinie der Deutschen Gesellschaft für Ernährungsmedizin (DGEM). Ethische und rechtliche Gesichtspunkte der Künstlichen Ernährung. Aktuell Ernahrungsmed 38:112–117

Palandt O (2020) Bürgerliches Gesetzbuch, 79. Aufl. München, Verlag C. H. Beck

Real G (2016) Angst vor Scheinselbständigkeit – steuerrechtliche Risiken. DStR, S 2406–2409

Reiserer K, Bölz V (2014) Werkvertrag und Selbständigkeit. Die Problematik der Scheinwerkverträge und der Scheinselbständigkeit. De Gruyter, Berlin/Boston

Schaub, G. et al. (2019), Arbeitsrecht-Handbuch, 18. Aufl. §§ 131ff, Verlag C. H. Beck, München

Schneider (2020) BGB § 1901a Patientenverfügung. In: Säcker FJ et al (Hrsg) Münchener Kommentar zum Bürgerlichen Gesetzbuch. Verlag C. H. Beck, München

Seewald O (2018) Scheinselbständigkeit. In Körner K et al (Hrsg) Kasseler Kommentar Sozialversicherungsrecht, § 7 SGB IV, Rn. 188a

Siems, D (2019). Erwerbstätige zweiter Klasse. Welt am Sonntag 03.11.2019, S 31

Verwaltungsgericht Hamburg, Urteil vom 23.01.2019, 17 k 4618/18. https://justiz.hamburg.de/contentblob/12187642/abbf23a5388b1e45fd75d4ffbfbaef4d/data/17-k-4618-18-urteil-vom-23-01-2019-anonymisierte-fassung-doc.pdf. Zugegriffen am 07.03.2020

8.1 Es war einmal … (Ein Märchen für Chefärzte)

Es war einmal ein Chefarzt, der morgens gut ausgeschlafen in die Klinik kam. Fröhlich begrüßte ihn seine Sekretärin, die von keinen besonderen Problemen zu berichten wusste.

In der Frühbesprechung waren alle ärztlichen Mitarbeiter anwesend. Der Diensthabende berichtete von der Nacht. Er und der Oberarzt hatten mehrere schwerkranke Patienten erfolgreich behandelt. Die Abteilung ist sehr gut belegt, aber einige Betten stehen noch für Notfallpatienten zur Verfügung.

Nach der Frühbesprechung ging der Chefarzt zur Station, um Visite zu machen. Gemeinsam mit dem Assistenzarzt, der Pflegekraft und der Arztsekretärin wurden alle Patienten besucht. Störungen (insbesondere Telefonanrufe) wurden von der Arztsekretärin ferngehalten, so dass die Visite konzentriert durchgeführt werden konnte. Alle Patienten wurden mit ihren Problemen und Anliegen gewürdigt. Die Pflegekraft konnte ihre Gedanken beitragen. Die Ergebnisse der Gespräche wurden von der Arztsekretärin dokumentiert. Am Schluss der Visite waren alle Probleme gelöst bzw. die weiteren Behandlungspläne erstellt.

Danach ging der Chefarzt bei seinem Sekretariat vorbei, um einige Telefonate zu erledigen. Seine Sekretärin hatte ein paar Fragen für ihn, die er alle rasch beantworten kann.

Nun war es Zeit für die operativen bzw. interventionellen Eingriffe. Gemeinsam mit den Spezialisten seines Teams sowie einem jungen Arzt und dem Assistenzpersonal konnten die geplanten Prozeduren erfolgreich abgeschlossen werden. Die notwendige Dokumentation einschließlich der Qualitätssicherung wurde durch eine hierfür speziell ausgebildete Kraft erledigt, so dass sich die Ärzte voll auf die Medizin konzentrieren konnten.

Nach der Mittagspause wartete die Sprechstunde auf den Chefarzt, außerdem waren einige Gespräche und Telefonanrufe zu erledigen. Bezüglich zwei weiterer eigentlich für ihn vorgesehener Termine (Sitzung der Hygienekommission und ein internes Audit) hatte

© Springer-Verlag GmbH Deutschland, ein Teil von Springer Nature 2020
H. Pless, *Führen im Krankenhaus*, Erfolgskonzepte Praxis- & Krankenhaus-Management, https://doi.org/10.1007/978-3-662-60982-8_8

der Chefarzt bereits früher die Zuständigkeit an Oberärzte delegiert. Er hatte daher genügend Zeit, sich um die To-do-Listen dieses Buches zu kümmern.

Um 17 Uhr fuhr er nach Hause, wo seine Familie …

RRRRRR. 6 Uhr. Der Wecker klingelt. Der Traum ist vorbei.

Nach der hastigen Morgentoilette stürmt der Chefarzt in die Klinik. Für ein Frühstück bleibt – wie meist – keine Zeit.

Die Sekretärin ist im Haus unterwegs, hat ihm aber einen Zettel mit mehreren Problemen auf den Schreibtisch gelegt: Zwei Beschwerden, außerdem wollen ihn sowohl der Geschäftsführer als auch der Betriebsrat unbedingt sprechen.

In der Frühbesprechung berichten (der die deutsche Sprache nur marginal beherrschende) Diensthabende und der Oberarzt von einem in der Nacht verstorbenen Patienten. Leider konnte keine Diagnose gestellt werden, zumal ein wichtiges (und leider uraltes) Gerät ausgefallen war.

Noch während der Frühbesprechung klingelt das DECT-Telefon des Chefarztes. Der Geschäftsführer möchte ihn *sofort* sprechen. Also eilt der Chefarzt zu ihm. Es stellte sich heraus, dass die Zahlen des letzten Monats schlechter als erwartet ausgefallen sind. Natürlich konnte sich der Chefarzt nicht auf das Gespräch vorbereiten, denn der Anlass der Besprechung war ihm noch nicht bekannt und die Zahlen erst recht nicht.

Leider wurde er schon bald dringend in den Eingriffsraum gerufen, wo sich eine Komplikation ereignet hatte. Der eigentlich zuständige Oberarzt war außerdem wegen einer Erkrankung nicht zum Dienst erschienen, eine Vertretung gab es nicht.

Stark verspätet kommt der Chefarzt auf die Station zur Visite und stellt fest, dass er diese allein absolvieren muss: Eine Pflegekraft ist wegen des Pflegenotstands schon lange nicht mehr dabei. Der Stationsarzt hilft auf einer anderen Station aus. Die Arztsekretärin wurde aus Kostengründen gestrichen. Die Anordnungen vermerkt der Chefarzt also selbst in der analogen Kurve – eine Digitalversion ist noch nicht eingerichtet. Eilig rennt er von Zimmer zu Zimmer …

… und wenn er nicht gestorben ist, dann rennt er noch heute.

8.2   Fazit und Ausblick

„Deutsche Krankenhäuser verlieren ihre Zukunft" (Karagiannidis et al. 2020). Wenn das Deutsche Ärzteblatt im Januar 2020 eine solche Schlagzeile für nötig hält, dann ist das nicht Alarmismus, sondern eher Untertreibung: Denn die Gegenwart haben die Krankenhäuser schon verloren.

Aktuell ist eine Vielzahl von Missständen zu besichtigen. Und es gibt *keine* Anzeichen dafür, dass dem angeblich so fleißigen Gesundheitsminister ein umfassendes und nachhaltiges Reformkonzept – und ein solches wäre zwingend nötig – vorliegt.

Hier sind die *wesentlichsten Befunde*:

- Miserable **Arbeitsbedingungen** in den Medizinberufen (Ärzte, Pflegekräfte, Hebammen). Eigentlich sollten diese Berufe besonders attraktiv sein: Arbeit mit und am Menschen, schöne Erfolgserlebnisse, hohes Ansehen. Leider überwiegt mittlerweile das Negative.
- Konsekutiver **Fachkräftemangel**. Die Verschlechterung der Arbeitsbedingungen führte zu einer Abwanderung der Mitarbeiter in andere Berufe, in die Industrie oder in vorzeitige Berufsaufgabe. Auf den schon seit Jahren bestehenden Ärztemangel folgte der Pflegenotstand. Auch Hebammen werden rar.
- So hat sich ein Teufelskreis entwickelt. Der Fachkräftemangel führt zur **Arbeitsverdichtung**, diese wiederum hat eine weitere Verschlechterung der Arbeitsbedingungen zur Folge.
- Die Einführung eines „einfachen Pauschalierungssystems" (DRG) hat zu einer Explosion der **Bürokratie** geführt. Eigentlich sollte Dokumentation dazu dienen, dass sich die behandelnden Personen gegenseitig über ihre Maßnahmen und Befunde informieren. Stattdessen muss nun zu Abrechnungszwecken dokumentiert werden, für die sogenannte Qualitätssicherung und aus juristischen Gründen. Die Dokumentationspflichten haben ein solches Ausmaß angenommen, dass für die eigentliche medizinische Tätigkeit immer weniger Zeit bleibt.
- Das Primat der Medizin wich dem der **Ökonomie**. Was als gutgemeinte Effizienzsteigerung um die Jahrtausendwende geplant war, hat zu einer völlig veränderten Priorisierung geführt. Nicht mehr der medizinische Erfolg, die Gesundheit des Patienten, sondern die schwarze Null steht bei den Kliniken im Vordergrund des Bemühens.
- Das **Abrechnungssystem** verändert die Medizin. So finden manche Blutdruckmessungen nur noch deshalb in einer definierten Häufigkeit statt, damit die einschlägige Komplexpauschale abrechenbar wird. Hier wedelt der Schwanz mit dem Hund.

Dass Kliniken eine Abteilung für Controlling haben, ist gut und nachvollziehbar. Mit dem DRG-System kam dann das Medizin-Controlling dazu. Jetzt gibt es in vielen Häusern zusätzlich ein Pflege-Controlling, somit also drei Controlling-Abteilungen in einem Krankenhaus! Diese Entwicklung ist symptomatisch.

Ebenfalls im Deutschen Ärzteblatt (interessanterweise in einer Glosse: Böhmeke 2017) fand sich eine Aufstellung von vielen jetzt in Kliniken tätigen Berufsgruppen und ihren Aufgaben: Neben Ärzten und Pflegekräften waren dies die Sekretariate, das Controlling, die Logistik, die Medizintechnik, die Instandhaltung, die Rechtsabteilung, die operative und strategische Unternehmensentwicklung, das Arbeitszeitmanagement, das ambulante und stationäre Patientenmanagement, die Beauftragten für das Berichtswesen, den Datenschutz, das Rechnungswesen und den Einkauf, den sicherheitstechnischen Dienst, Mitarbeiter für Umweltschutz, Gärtnerei und Außenanlagen sowie Genderfragen, PR-Abteilungen, Qualitätssicherungskontrolleure, die Zertifizierungsabteilung usw.

Medizin ist nicht nur in Deutschland ein ganz wesentlicher Industriezweig geworden. Viele Marketender möchten hier kräftig mitverdienen: Die Ökonomen mit ihren Unternehmensberatungen, die IT-Branche, die endlich künstliche Intelligenz verkaufen möchte, die Geräteindustrie, die immer neue Indikationen für den Einsatz ihrer Großgeräte (er-) findet, die Krankenkassen, die ihre Macht ständig erweitern möchten. Auch diese Liste ließe sich verlängern.

Die bisherigen Eingriffe der Politik waren wenig hilfreich, sondern eher kontraproduktiv. Als Personaluntergrenzen für Pflegekräfte eingeführt wurden, hatte das oft zur Folge, dass die Besetzung anderer Hilfsberufe in den Kliniken ausgedünnt wurde. Da durch den Fachkräftemangel der Pflegebereich aber nicht gestärkt werden konnte, war die Situation für die Betroffenen am Ende schlechter als zuvor. Außerdem wurde die Untergrenze als Sollausstattung interpretiert.

Konzepte wie das Standardisierte Entlassungsmanagement werden zwar vorgeschrieben, aber nicht gelebt. Es hat niemand Zeit dafür. Schlimmstenfalls führen solche theoretischen, aber nicht in die Praxis überführbaren Vorschriften dazu, dass den Krankenkassen Argumente aufgezeigt werden, wie sie die Zahlung der Erlöse verweigern können.

Vielleicht ist Ihnen aufgefallen, dass in den obigen Auflistungen das Wort Geldmangel fehlt. Dem Gesundheitssystem mag in Summe nämlich genügend Geld zur Verfügung stehen. Die Allokation ist das Problem, und die Strukturen. Die vorhandenen Gelder müssen vor allem für die Medizin zur Verfügung gestellt und die ganzen übrigen Arbeitszweige entschlackt werden.

Evidenzbasierte Medizin ist ein Dreiklang (Abschn. 1.13). Ökonomie kommt in diesem Dreiklang nicht vor. In der Realität überstrahlen die ökonomischen Zwänge trotzdem medizinische Entscheidungen im Einzelfall sowie strukturelle Entwicklungen im Gesamten. In Münchener Krankenhäusern werden Kinderstationen geschlossen, weil es zu viel Zeit kostet, Kinder zu behandeln. Weniger lange zuhören, erklären oder trösten ist also profitabler (Göpel 2020).

Ressourcen sind nicht unendlich – weder in der Medizin noch in anderen Industriezweigen. Auch Ärzte müssen für Effizienz sorgen und ökonomisch denken. Ökonomische Überlegungen haben in der Medizin aber anders stattzufinden. Effizienzsteigerungen müssen zu vermehrter Wertschöpfung für die Medizin führen und nicht zu besseren Zahlen in der Bilanz.

Damit wären wir wieder bei dem eigentlichen Anliegen dieses Buches: Der (ärztlichen) Führung im Krankenhaus. Die Krise im Gesundheitswesen bietet Führungskräften die Chance, Ihren Einfluss zurückzugewinnen:

- **Arbeiten** Sie für den Patienten. Er ist die Hauptperson.
- **Treffen** Sie kluge medizinische Entscheidungen.

- **Tragen** Sie dazu bei, Krankenhäuser besser zu machen.
- **Setzen** Sie die Ressourcen effizient für eine gute Medizin ein.
- **Seien** Sie ein guter Chef und ein Vorbild. Sie haben in diesem Buch viele Tipps gefunden.
- **Beweisen** Sie Rückgrat. Politiker und Ökonomen müssen auf selbstbewusste Ärzte treffen.

Von allen Führungskräften haben die der Medizinberufe am ehesten die Chance, den Krankenhäusern ihre Zukunft zurückzugeben. Werten Sie dies als optimistischen Ausblick. Sie müssen aber etwas dafür tun. Denken Sie daran: There ain't no such thing as a free lunch.

Literatur

Böhmeke T (2017) Krankenhausmitarbeiter. Dtsch Arztebl 114(20):64
Göpel M (2020) Unsere Welt neu denken – Eine Einladung. Ullstein, Berlin
Karagiannidis C (2020) Deutsche Krankenhäuser verlieren ihre Zukunft. Dtsch Arztebl 117(4):A-131.
   /B-118/C-114

© Springer-Verlag GmbH Deutschland, ein Teil von Springer Nature 2020

H. Pless, *Führen im Krankenhaus*, Erfolgskonzepte Praxis- & Krankenhaus-Management, https://doi.org/10.1007/978-3-662-60982-8